적중! 중학영문법
3300제

LEVEL
2

불규칙 변화 동사표

동사원형	과거	과거분사	의미
awake	awoke	awoken	(잠에서) 깨다
be	was / were	been	~이다, 있다
beat	beat	beaten	때리다, 치다
become	became	become	~해지다, ~이 되다
begin	began	begun	시작하다
bend	bent	bent	구부리다
bind	bound	bound	묶다
bite	bit	bitten	물다
blow	blew	blown	불다
break	broke	broken	깨다
bring	brought	brought	가져오다, 가져다주다
build	built	built	(건물을) 짓다
burn	burned / burnt	burned / burnt	불에 타다
buy	bought	bought	사다, 사 주다
catch	caught	caught	잡다
choose	chose	chosen	고르다, 선택하다
come	came	come	오다
cost	cost	cost	비용이 들다
cut	cut	cut	자르다, 베다
deal	dealt	dealt	다루다
do	did	done	하다
draw	drew	drawn	그리다
drink	drank	drunk	마시다
drive	drove	driven	운전하다
eat	ate	eaten	먹다
fall	fell	fallen	떨어지다
feed	fed	fed	먹이다, 먹이를 주다
feel	felt	felt	(기분이) 들다/느끼다
fight	fought	fought	싸우다
find	found	found	찾다
fly	flew	flown	날다

동사원형	과거	과거분사	의미
forget	forgot	forgotten	잊다, 잊어버리다
forgive	forgave	forgiven	용서하다
freeze	froze	frozen	얼다
get	got	got / gotten	받다, 시키다
give	gave	given	주다
go	went	gone	가다
grow	grew	grown	자라다, 재배하다
have	had	had	가지고 있다, 먹다
hear	heard	heard	듣다
hide	hid	hidden	숨기다
hit	hit	hit	치다, 때리다
hold	held	held	쥐다, 잡다
hurt	hurt	hurt	다치게 하다
keep	kept	kept	유지하다, 계속 있다
know	knew	known	알다, 알고 있다
lay	laid	laid	놓다, 두다
lead	led	led	이끌다
leave	left	left	떠나다
lend	lent	lent	빌려주다
let	let	let	시키다, 허락하다
lie	lay	lain	누워 있다, 눕다
lose	lost	lost	지다, 잃어버리다
make	made	made	만들다
mean	meant	meant	의미하다
meet	met	met	만나다
mistake	mistook	mistaken	실수하다, 오해하다
pay	paid	paid	지불하다
put	put	put	놓다, 두다
quit	quit / quitted	quit / quitted	그만두다
read[ri:d]	read[red]	read[red]	읽다
ride	rode	ridden	타다

동사원형	과거	과거분사	의미
ring	rang	rung	울리다
rise	rose	risen	오르다
run	ran	run	달리다, 운영하다
say	said	said	말하다
see	saw	seen	보다, 알다
seek	sought	sought	찾다, 구하다
sell	sold	sold	팔다
send	sent	sent	보내다
set	set	set	놓다, 세우다
shake	shook	shaken	흔들다
shine	shone	shone	빛나다
shut	shut	shut	닫다
sing	sang	sung	노래하다
sit	sat	sat	앉다
sleep	slept	slept	(잠을) 자다
speak	spoke	spoken	말하다
spend	spent	spent	쓰다, 소비하다
stand	stood	stood	서다, 서 있다, 참다
steal	stole	stolen	훔치다
swim	swam	swum	수영하다
take	took	taken	가지고 가다
teach	taught	taught	가르치다
tell	told	told	말하다, 알려 주다
think	thought	thought	(~라고) 생각하다
throw	threw	thrown	던지다
understand	understood	understood	이해하다
wake	woke	woken	(잠에서) 깨다
wear	wore	worn	입고 있다
win	won	won	이기다
write	wrote	written	(글을) 쓰다

적중! 중학영문법 3300제 주요 특징

1 최신 교육과정 교과서 연계표

중학 영어 교과서의 문법을 분석하여 학교 시험에 완벽하게 대비할 수 있도록 하였습니다.
활용 Tip) 학교 시험 기간에 시험 범위에 해당하는 문법만을 골라 집중적으로 예습 · 복습할 수 있습니다.

2 서술형 대비 강화

학교 시험에 자주 나오는 서술형 문제 유형을 분석하여 출제한 실전 문제를 통해
갈수록 비중이 커져가는 서술형 평가에 완벽하게 대비할 수 있습니다.

3 한눈에 쏙 들어오는 문법 정리

복잡하고 어려운 영문법 내용을 표로 간결하게 정리하였습니다. 또한 출제 빈도가 높은 내용은
좀 더 자세하게 설명하여 문법 내용을 쉽게 이해할 수 있도록 구성하였습니다.

4 나만의 학습 플랜

단원별로 공부한 날짜, 학습 확인 등을 표시할 수 있도록 하였습니다. 자신의 학습 능력과
상황에 따라 스스로 학습 플랜을 완성하고, 문법 학습과 복습에 활용할 수 있습니다.

5 문법 인덱스

책에 수록된 문법 사항을 abc, 가나다 순서로 정리하여
궁금한 문법 사항이 생겼을 때 찾아보기 쉽도록 구성하였습니다.

6 워크북

「적중! 중학영문법 3300제」에 나오는 단어를 테스트할 수 있는 단어 암기장과
내신 대비 추가 문제를 제공합니다.

구성과 특징 Features

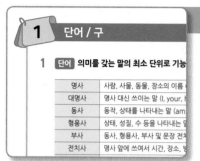

한눈에 쏙 들어오는 문법 정리

복잡하고 어려운 영문법 내용을 표로 간결하게 정리하였습니다. 또한 출제 빈도가 높은 내용은 좀 더 자세하게 설명하여 문법 내용을 쉽게 이해할 수 있도록 구성하였습니다.

또한 한 단계 심화된 영문법 내용을 **ǃ**로 제시하여 학교 시험에 출제되는 고난도 문제에도 당황하지 않고 대처할 수 있습니다.

EXERCISE A 다음 밑줄 친 단어의 품사를 쓰시오.

1 My lunch was only a piece of bread.

2 Oh, it is very kind of you to help me!

3 Sometimes I found his drawers locked.

4 I must finish my work before I go home.

5 You must transfer at the next station.

6 I saw an exciting baseball game last night.

체계적이고 다양한 연습 문제

해당 문법을 익히기에 가장 적합한 유형으로 구성된 연습 문제를 풀면서 문법 개념을 반복적으로 연습하다보면 영문법을 마스터할 수 있습니다.

최근 주관식 문제로 많이 출제되는 영작 문제에 대비할 수 있도록 문장 완성 및 작문 연습 문제를 충분히 실었습니다.

Chapter 01
문장의 형식

학교 시험 대비

01 다음 빈칸에 들어갈 말로 알맞지 않은 것은?

He _____ me to fix the computer.

① asked ② made ③ ordered
④ told ⑤ wanted

05 다음

① We ca
② She p
③ He pa
④ She ga
⑤ They

학교 시험 대비 문제

학교 시험에 자주 나오는 문제 유형을 분석하여 출제한 실전 문제를 통해 학교 시험을 완벽하게 대비할 수 있습니다.

특히, 서술형 평가에 대비한 실전 문제를 강화하여 고득점을 받을 수 있는 실력을 키울 수 있습니다.

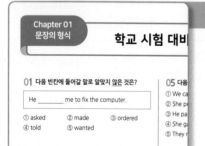

워크북(단어 암기장 + 내신 대비 추가 문제)

본문에 나오는 어휘들을 테스트 할 수 있는 단어 암기장과 서술형으로 자주 나오는 유형을 집중 연습할 수 있는 서술형 대비 문장 연습, 학교 시험 대비 문제가 추가로 제공됩니다.

다음 단원으로 넘어가기 전에 워크북을 활용해 학습한 내용을 확실하게 점검할 수 있습니다.

차례 Contents

학습 플랜 Plan

자신의 학습 능력과 상황에 따라 스스로 학습 플랜을 완성하고, 문법 학습과 복습에 활용해 보세요.

학습 확인	□ 학습률 0%	☑ 1회 학습	☑☑ 2회 학습	☑☑☑ 3회 학습	■ 학습률 100%

단원	공부한 날				학교 시험 대비 문제 점수		학습 확인
	시작한 날짜		마친 날짜				
문장의 기초	월	일	월	일	선택형		☐ ☐ ☐
					서술형		
Chapter 01 문장의 형식	월	일	월	일	선택형		☐ ☐ ☐
					서술형		
Chapter 02 시제	월	일	월	일	선택형		☐ ☐ ☐
					서술형		
Chapter 03 조동사	월	일	월	일	선택형		☐ ☐ ☐
					서술형		
Chapter 04 부정사	월	일	월	일	선택형		☐ ☐ ☐
					서술형		
Chapter 05 동명사	월	일	월	일	선택형		☐ ☐ ☐
					서술형		
Chapter 06 분사	월	일	월	일	선택형		☐ ☐ ☐
					서술형		
Chapter 07 수동태	월	일	월	일	선택형		☐ ☐ ☐
					서술형		
Chapter 08 명사와 관사	월	일	월	일	선택형		☐ ☐ ☐
					서술형		
Chapter 09 대명사	월	일	월	일	선택형		☐ ☐ ☐
					서술형		
Chapter 10 형용사와 부사	월	일	월	일	선택형		☐ ☐ ☐
					서술형		
Chapter 11 비교	월	일	월	일	선택형		☐ ☐ ☐
					서술형		
Chapter 12 접속사	월	일	월	일	선택형		☐ ☐ ☐
					서술형		
Chapter 13 관계사	월	일	월	일	선택형		☐ ☐ ☐
					서술형		
Chapter 14 가정법	월	일	월	일	선택형		☐ ☐ ☐
					서술형		
Chapter 15 전치사	월	일	월	일	선택형		☐ ☐ ☐
					서술형		

문장의 기초

1 단어 의미를 갖는 말의 최소 단위로 기능, 형태, 의미에 따라 8개의 품사로 나눌 수 있다.

명사	사람, 사물, 동물, 장소의 이름 (Jane, water, park, Korea, darkness, family)
대명사	명사 대신 쓰이는 말 (I, your, him, hers, it, everything, nothing)
동사	동작, 상태를 나타내는 말 (am, run, become, look, say, give, want)
형용사	상태, 성질, 수 등을 나타내는 말 (cool, foolish, high, interesting, many)
부사	동사, 형용사, 부사 및 문장 전체를 꾸미는 말 (usually, early, late, very)
전치사	명사 앞에 쓰여서 시간, 장소, 방향 등을 나타내는 말 (on, in, for, before, after)
접속사	단어와 단어, 구와 구, 절과 절을 연결하는 말 (and, but, because, when)
감탄사	감정을 표현하는 말 (wow, oops, oh, ouch, gee)

2 구 두 개 이상의 단어가 모여 이루어진 것으로 명사구, 형용사구, 부사구가 있다.

단어: morning 아침 / 구: in the morning 아침에

▶▶ 정답과 해설 p. 3

EXERCISE Ⓐ 다음 밑줄 친 단어의 품사를 쓰시오.

1 My <u>lunch</u> was only a piece of bread.

2 <u>Oh</u>, it is very kind of you to help me!

3 <u>Sometimes</u> I found his drawers locked.

4 I must finish my work <u>before</u> I go home.

5 You must transfer <u>at</u> the next station.

6 I saw an <u>exciting</u> baseball game last night.

7 There <u>are</u> some trees in front of the house.

8 <u>This</u> is part of Nami's email to a British student.

9 He always comes to school <u>late</u> in the morning.

10 The <u>first</u> two women spoke Korean very well.

11 He stayed there <u>during</u> the summer vacation.

2 문장

1 **문장** 단어들이 일정한 순서로 모여서 어떤 의미를 나타내는 것을 말한다. 문장의 핵심 요소는 주어와 동사이다.

I come home early. 나는 집에 일찍 온다. 〈주어＋동사＋수식어〉

I am a boy. 나는 소년이다. 〈주어＋동사＋보어〉

I love you. 나는 당신을 사랑한다. 〈주어＋동사＋목적어〉

2 **문장성분** 문장 안에서 일정한 역할을 하며 문장을 구성하는 요소를 말한다.

주어	문장이 서술하는 동작이나 상태의 주체가 되는 말 (~은, ~는, ~이, ~가)
동사	주어가 하는 동작이나 주어의 상태를 나타내는 말 (~한다, ~이다)
목적어	주어가 하는 동작의 대상을 나타내는 말 (~을, ~를, ~에게)
보어	주어나 목적어에 대해 보충 설명하는 말
수식어	각 문장성분을 수식하는 말

The movie made me excited very much. 그 영화는 나를 매우 많이 흥분하게 만들었다.
　주어　　동사　목적어　보어　　수식어

▶▶ 정답과 해설 p. 3

EXERCISE (A) 다음 밑줄 친 부분의 문장성분을 쓰시오.

1 It was <u>a big problem</u>.

2 He <u>walked</u> into his room.

3 She finished <u>her homework</u>.

4 This job requires <u>experience</u>.

5 <u>Of course</u> this piano is heavy.

6 He came <u>the day before yesterday</u>.

7 Tom <u>is wearing</u> his new shoes today.

8 <u>The children</u> crossed the road safely.

9 Charles will <u>soon</u> make friends with you.

10 My brother is <u>interested</u> in science fiction.

11 He also spoke <u>with several young people</u>.

12 This sports center was first planned <u>in 1994</u>.

13 I saw <u>the scene</u> when I was walking along the river.

14 <u>To everyone's surprise</u>, David bought Melanie a present yesterday.

3 의문사가 있는 의문문

1 「의문사 + 동사 + 주어 ~?」

Who is that girl? 저 소녀는 누구니? \<be동사>
What does Susan **like**? Susan은 뭘 좋아하니? \<일반동사>

2 「의문사 + 동사 ~?」

Who was at the door? 누가 문 앞에 있었니?
Who woke you up in the morning? 누가 아침에 널 깨웠니?
Who wakes you up in the morning? 누가 아침에 널 깨워주니?
Which bus goes to the station? 어떤 버스가 역으로 가니?

who	누구 (사람의 이름, 관계)	when	언제 (시각, 날짜, 때)
whose	누구의, 누구의 것 (소유)	where	어디에 (위치, 장소)
what	무엇 (사물이나 사람의 이름, 직업) ＊「what + 명사」: 무슨 ~	why	왜 (원인, 이유)
which	어떤 것 (정해진 대상에서 선택) ＊「which + 명사」: 어떤 ~	how	어떻게 (방법, 상태) ＊「how + 형용사(부사)」: 얼마나 ~

! 의문사가 있는 의문문은 Yes 또는 No로 답할 수 없다.

▶▶ 정답과 해설 p. 3

EXERCISE Ⓐ 다음 문장을 의문문의 어순에 맞게 바르게 고쳐 쓰시오.

1 Where my keys are? ➡ _____

2 Whose coat this is? ➡ _____

3 When they did arrive? ➡ _____

4 How we can find a restaurant? ➡ _____

5 What the accident caused? ➡ _____

6 Who you helps with your homework? ➡ _____

7 How much the ticket for the concert is? ➡ _____

4 부가의문문

부가의문문은 상대방에게 자신이 한 말에 대한 확인이나 동의를 구하기 위해 문장 끝에 덧붙이는 짧은 의문문을 말한다. 앞 문장이 긍정문이면 부가의문문은 부정으로, 앞 문장이 부정문이면 부가의문문은 긍정으로 쓴다.

1 be동사를 사용한 평서문 「be동사 + 주어(대명사)?」

The Frozen is a great movie, **isn't it**? '겨울왕국'은 훌륭한 영화야, 그렇지 않니?

2 일반동사를 사용한 평서문 「do(does) + 주어(대명사)?」

Mr. Kim likes dancing, **doesn't he**? 김 씨는 춤 추는 걸 좋아해, 그렇지 않니?

3 조동사를 사용한 평서문 「조동사 + 주어(대명사)?」

Alex can't speak Chinese, **can he**? Alex는 중국어를 못해, 그렇지?

+ 「There + be동사」 구문은 「be동사 + there?」의 형태로 부가의문문을 붙인다.

! • 「명령문 + will you?」: ~해줄래?
   • 「Let's 제안문 + shall we?」: ~할래?

▶▶ 정답과 해설 p.3

EXERCISE A 다음 문장의 빈칸에 알맞은 부가의문문을 쓰시오.

1 That isn't the right answer, _____?
2 He exercises every morning, _____?

3 Andrew can't ride a bike, _____?
4 We play soccer on Fridays, _____?

5 You saw that movie yesterday, _____?
6 The tunnel was very dark, _____?

7 There is a post office nearby, _____?

8 You didn't see the dog in the garden, _____?

9 David and Susan are your neighbors, _____?

10 Aunt Sarah could come to our house for dinner, _____?

5 감탄문

감탄문은 기쁨, 슬픔, 놀라움, 두려움 등의 감정을 나타내는 문장이다. 감탄문에서 「주어＋동사」는 생략이 가능하다.

1 「How + 형용사(부사) + (주어 + 동사)!」

This book is really **boring**. 이 책은 정말 지루하다.
➡ **How boring** this book is! 〈형용사 강조〉

She plays the piano very **well**. 그녀는 피아노를 정말 잘 친다.
➡ **How well** she plays the piano! 〈부사 강조〉

2 「What + (a(an)) + 형용사 + 명사 + (주어 + 동사)!」

He is a very rude **boy**. 그는 몹시 무례한 소년이다.
➡ **What** a rude **boy** he is! 〈단수명사 강조〉

Those are very tall **buildings**. 저것들은 매우 높은 빌딩이다.
➡ **What** tall **buildings** those are! 〈복수명사 강조〉

▶▶ 정답과 해설 p.3

EXERCISE A 다음 문장을 감탄문으로 바꿔 쓸 때 빈칸에 알맞은 말을 쓰시오.

1 This soup is very salty.
➡ ＿＿＿＿＿ ＿＿＿＿＿ this soup is!

2 It is a really expensive ring.
➡ ＿＿＿＿＿ ＿＿＿＿＿ ＿＿＿＿＿ ring it is!

3 The movie is really interesting.
➡ ＿＿＿＿＿ ＿＿＿＿＿ the movie is!

4 This program is very boring.
➡ ＿＿＿＿＿ ＿＿＿＿＿ this program is!

5 You have very beautiful dresses.
➡ ＿＿＿＿＿ ＿＿＿＿＿ dresses you have!

6 It is a really fine day.
➡ ＿＿＿＿＿ ＿＿＿＿＿ fine day!

2 2형식

「주어 + 동사 + 주격보어(명사 / 형용사)」: ~은 …이다(되다)

2형식은 주어를 보충 설명하는 주격보어가 필요한 문장이다.

I **am** a student. 나는 학생이다.　　　I **am** busy. 나는 바쁘다.

+ 2형식 동사(연결동사)의 종류

상태동사	be동사(~이다) / keep, stay, remain(계속 ~이다)
상태변화동사	get, become(~하게 되다) / grow, turn, go(~인 상태로 변하다)
감각동사	feel, look, sound, smell, taste

▶▶ 정답과 해설 p.4

EXERCISE Ⓐ **다음 밑줄 친 부분을 〈보기〉와 같이 주어(S), 동사(V), 보어(C), 수식어(M)로 구분하고, 몇 형식 문장인 지 고르시오.**

〈보기〉
This book is a storybook. [1형식 / 2형식]
　S　V　　C

1 Time flies fast. [1형식 / 2형식]

2 He was angry at that time. [1형식 / 2형식]

3 The sun rises in the east. [1형식 / 2형식]

4 The leaves turn red in autumn. [1형식 / 2형식]

5 Tim and Jim became police officers. [1형식 / 2형식]

6 Food goes bad quickly in hot weather. [1형식 / 2형식]

EXERCISE Ⓑ **다음 우리말과 일치하도록 주어진 단어와 어구를 배열하여 문장을 완성하시오.**

1 Tom은 내년에 14살이 된다. (years, fourteen, becomes, old)
　➡ Tom _____ next year.

2 날씨가 점점 더 추워진다. (is, colder and colder, getting)
　➡ It _____.

3 내 남동생은 무척 영리하다. (brother, smart, My, is, very, little)
　➡ _____

2형식 - 감각동사 + 형용사

「감각동사 + 형용사」: ~한 상태로 …하다

감각동사는 다섯 가지 감각을 나타내는 동사를 가리키며, 감각동사의 주격보어는 형용사만 쓸 수 있다.

> look(~하게 보이다)　　sound(~처럼 들리다)
> smell(~한 냄새가 나다)　　taste(~한 맛이 나다)　　feel(~처럼 느껴지다)

The cake **looks delicious**. 그 케이크는 맛있어 보인다.

+　「감각동사 + like + 명사」: ~처럼 …하다

He **looks like a movie star**. 그는 영화배우처럼 보인다.

▶▶ 정답과 해설 p. 4

EXERCISE A　다음 괄호 안에서 알맞은 것을 고르시오.

1　My brother [looks nicely / looks nice / looks like nice] today.

2　The grapes [taste sweet / taste sweetly / taste like sweet].

3　They [looked / looked like / looked handsome] soccer players.

4　This perfume [smells well / smells good / smells like good].

5　My sister [looks young / looks like young / looks] for her age.

6　This [sounds good / sounds like / sounds] a practical plan.

EXERCISE B　다음 우리말과 일치하도록 주어진 단어를 사용하여 문장을 완성하시오. (필요시 형태 변화)

1　좋은 약은 맛이 쓰다. (taste, bitter)
　➡ Good medicine _____.

2　그는 가수처럼 보인다. (singer, look)
　➡ He _____.

3　이 노래는 아름다운 것 같다. (beautiful, sound)
　➡ This song _____.

4　나는 그 인터뷰 때문에 긴장했다. (because of, nervous, feel, the interview)
　➡ I _____.

4 3형식

「주어 + 동사 + 목적어」: ~을 …하다

3형식은 동작의 대상이 되는 목적어가 필요한 문장이다. 명사 상당어구(명사, 대명사, to부정사, 동명사, 명사절, 명사구)가 목적어로 쓰인다.

He **ate** an apple. 그는 사과 한 개를 먹었다. 〈명사〉

I **don't want** to stay here. 나는 여기 머물고 싶지 않다. 〈to부정사〉

I **finished** doing my homework. 나는 숙제하는 것을 끝마쳤다. 〈동명사〉

I **think** that she is pretty. 나는 그녀가 예쁘다고 생각한다. 〈명사절〉

I **don't know** how to swim. 나는 수영하는 법을 모른다. 〈명사구〉

▶▶ 정답과 해설 p.4

EXERCISE A 다음 밑줄 친 부분을 〈보기〉와 같이 주어(S), 동사(V), 목적어(O)로 구분하시오.

〈보기〉

She looked me in the eye.
　S　　V　　O

1 We didn't start the fight.

2 I believe that he will succeed.

3 I don't know what to do next.

4 I don't want to be late for class again.

5 He enjoyed playing soccer with his friends.

EXERCISE B 다음 우리말과 일치하도록 주어진 단어를 사용하여 문장을 완성하시오. (필요시 형태 변화)

1 나는 애플파이를 먹고 싶다. (want, eat)
　➡ I _____ an apple pie.

2 그는 지갑 찾는 것을 그만 두었다. (stop, look for)
　➡ He _____ his wallet.

3 나는 우리의 계획에 관해 전혀 아무 말도 하지 않았다. (say, anything)
　➡ I _____ at all about our plan.

4 너는 내가 달걀을 좋아하지 않는다는 것을 알고 있다. (know, that, like, eggs)
　➡ You _____ .

「주어 + 동사 + 간접목적어(사람) + 직접목적어(사물)」: ~에게 …을 해주다

I bought **him a watch**. 나는 그에게 시계 한 개를 사줬다.

He gave **me a book**. 그는 나에게 책 한 권을 주었다.

Pass **me that pencil**. (○) 내게 저 연필을 건네줘.

Pass *that pencil* **me**. (×) * 대명사를 직접목적어로 쓸 수 없음

▶▶ 정답과 해설 p.4

EXERCISE A 다음 밑줄 친 부분을 〈보기〉와 같이 주어(S), 동사(V), 목적어(O), 간접목적어(IO), 직접목적어(DO), 수식어(M)로 구분하고, 몇 형식 문장인지 고르시오.

〈보기〉
He gave me a book. [3형식 / 4형식]
S   V   IO   DO

1 The boy told her the truth. [3형식 / 4형식]

2 Susan ordered a new skirt. [3형식 / 4형식]

3 Mike sent me a letter yesterday. [3형식 / 4형식]

4 My father made us a delicious sandwich. [3형식 / 4형식]

5 My mother bought some apples at the store. [3형식 / 4형식]

6 A kind boy showed me the way to the airport. [3형식 / 4형식]

EXERCISE B 다음 우리말과 일치하도록 주어진 단어를 배열하여 문장을 완성하시오. (필요시 형태 변화)

1 엄마는 지난달에 내게 드레스를 만들어주셨다. (make, a dress, I)
➡ Mom _____ _____ _____ _____ last month.

2 내 여동생이 어제 그녀에게 선물을 사주었다. (she, buy, a present)
➡ My sister _____ _____ _____ _____ yesterday.

3 그 노부인은 매일 그에게 점심을 요리해준다. (lunch, cook, every day, he)
➡ The old woman _____ _____ _____ _____ _____.

4 Derek은 Bob에게 그가 제일 좋아하는 옷을 주었다. (Bob, give, clothes, favorite, his)
➡ Derek _____ _____ _____ _____ _____.

6 4형식 문장의 3형식 문장 전환

4형식 문장의 간접목적어 앞에 전치사를 붙여 직접목적어 뒤에 두면 3형식 문장이 된다.

「주어 + 동사 + 간접목적어 + 직접목적어」

➡ 「주어 + 동사 + 직접목적어 + 전치사 + 간접목적어」

My brother gave **me** his book. 〈4형식〉 나의 형이 내게 그의 책을 주었다.

➡ My brother gave **his book to me**. 〈3형식〉

He bought **her** a red rose. 〈4형식〉 그는 그녀에게 장미꽃 한 송이를 사주었다.

➡ He bought **a red rose for her**. 〈3형식〉

to를 쓰는 동사	give, send, show, tell, teach, lend, write, bring
for를 쓰는 동사	make, buy, cook, get, find, order
of를 쓰는 동사	ask

▶▶ 정답과 해설 p.4

EXERCISE A 다음 4형식 문장을 3형식 문장으로 바꿔 쓰시오.

1 I will give you a birthday gift.

➡ I will give _____ _____ _____ _____ _____ .

2 Susan told me a secret.

➡ Susan told _____ _____ _____ _____ .

3 He bought his daughter a pretty doll.

➡ He bought _____ _____ _____ _____ _____ .

4 My mom made me a toy.

➡ My mom made _____ _____ _____ _____ .

5 The woman asked him his age.

➡ The woman asked _____ _____ _____ _____ .

6 My girlfriend lent me some money.

➡ My girlfriend lent _____ _____ _____ _____ .

7 Tom cooked his mother a meal.

➡ Tom cooked _____ _____ _____ _____ _____ .

8 I brought the repair shop a digital camera.

➡ I brought _____ _____ _____ _____ _____ _____ .

7 5형식 – 명사 / 형용사 목적격보어

「주어 + 동사 + 목적어 + 목적격보어(명사/형용사)」

5형식은 목적어 뒤에 목적어를 보충 설명해 주는 목적격보어가 필요한 문장이다. 목적격보어 자리에는 부사를 쓸 수 없다.

My mother made **me a doctor**. 우리 어머니는 나를 의사로 만들었다. **〈5형식〉**

cf. My mother made **me a cake**. 우리 어머니는 내게 케이크를 만들어주셨다. **〈4형식〉**

▶▶ 정답과 해설 p. 4

EXERCISE Ⓐ 다음 밑줄 친 부분을 〈보기〉와 같이 주어(S), 동사(V), 목적어(O), 간접목적어(IO), 직접목적어(DO), 목적격보어(OC), 수식어(M)로 구분하고 몇 형식 문장인지 고르시오.

┌─〈보기〉─
│ They found the movie funny. [4형식 / 5형식]
│ S   V   O   OC
└

1 I made my dad angry. [4형식 / 5형식]

2 Mary bought me a shirt. [4형식 / 5형식]

3 We named our new puppy "Happy." [4형식 / 5형식]

4 Everybody thinks James a great coach. [4형식 / 5형식]

5 My mother made me a beautiful dress. [4형식 / 5형식]

6 She always keeps the children busy in class. [4형식 / 5형식]

EXERCISE Ⓑ 다음 우리말과 일치하도록 주어진 단어와 어구를 바르게 배열하시오.

1 그는 의자가 낡았다고 생각했다. (old, thought, the chair)
➡ He _____.

2 그들은 그녀를 '백설공주'라고 불렀다. (her, "Snow White", called)
➡ They _____.

3 할머니는 문을 열어 두셨다. (open, left, the door)
➡ Grandma _____.

4 그들은 John을 학급 회장으로 선출했다. (the president, of, John, elected, the class)
➡ They _____.

8 5형식 – to부정사 목적격보어

「주어 + 동사 + 목적어 + 목적격보어(to부정사)」

I **want** him **to study** hard. 나는 그가 열심히 공부하기를 원한다.

She **told** me **to come** here. 그녀는 내게 여기로 오라고 말했다.

▶▶ 정답과 해설 p. 5

EXERCISE A 다음 우리말과 일치하도록 주어진 단어를 사용하여 문장을 완성하시오. (필요시 형태 변화)

1 나는 모든 사람이 이곳에 오기를 원한다. (come, everyone)

➡ I want _____ here.

2 아빠는 내게 방을 청소할 것을 요구하셨다. (I, clean)

➡ Dad asked _____ the room.

3 나는 그녀가 우리와 함께 캠핑하러 가기를 원한다. (go, she)

➡ I'd like _____ camping with us.

4 의사는 그에게 금주할 것을 권했다. (stop, he)

➡ The doctor advised _____ drinking.

EXERCISE B 다음 우리말과 일치하도록 주어진 단어와 어구를 바르게 배열하시오.

1 그들은 사람들이 여기서 낚시하는 것을 허가한다. (fish, people, allow, to)

➡ They _____ here.

2 나는 상품이 제때 도착할 것을 기대한다. (to, expect, the goods, arrive)

➡ I _____ on time.

3 엄마는 내가 스웨터 입기를 원하신다. (to, would, like, me, wear)

➡ Mom _____ a sweater.

4 우리는 그녀가 번지점프하는 것을 원하지 않는다. (bungee jump, don't, her, to, want)

➡ We _____.

5 경찰은 그 남자에게 밖으로 나오라고 명령했다. (to, out, ordered, the man, come)

➡ The police _____.

6 우리는 안내원에게 우리를 들여보내 달라고 요청했다. (asked, the doorman, let us in, to)

➡ We _____.

9 5형식 – 사역동사

사역동사 make, have, let, help(준사역동사)

사역동사는 목적어로 하여금 어떤 행동이나 동작을 하게 하는 동사이며, 목적격보어로 동사원형을 쓴다.
help의 목적격보어로는 to부정사를 쓰기도 한다.

My teacher **made** me **study** hard. 나의 선생님은 내가 열심히 공부하게 만드셨다.
I will **help** you **(to) study** English. 나는 네가 영어 공부하는 것을 도울 것이다.

+ 「get + 목적어 + to부정사」는 사역동사의 의미이지만 목적격보어로 to부정사를 사용한다.
I'll **get** him **to fix** my bike. 나는 그가 내 자전거를 수리하게 할 것이다.

▶▶ 정답과 해설 p. 5

EXERCISE Ⓐ 다음 괄호 안에서 옳은 것을 고르시오. (답 2개 가능)

1 What makes you [think / to think / thinking] so?

2 My wife had me [to wash / wash / washing] the dishes.

3 Terry let me [play / playing / to play] with his cat.

4 He helped me [to paint / paint / painting] the house.

5 I will get her [come / came / to come] with us.

EXERCISE Ⓑ 다음 우리말과 일치하도록 주어진 단어를 사용하여 문장을 완성하시오. (필요시 형태 변화)

1 제 자신을 소개하겠습니다. (Let, I, introduce)
➡ _____ _____ _____ myself.

2 나는 어젯밤 그가 조심스럽게 운전하게 했다. (drive, he, make)
➡ I _____ _____ _____ carefully last night.

3 나는 어제 내 남동생에게 방 청소를 시켰다. (clean, my brother, have)
➡ I _____ _____ _____ _____ the room yesterday.

4 Brian은 내가 숙제하는 것을 돕는다. (my homework, do, I, help)
➡ Brian _____ _____ _____ _____ _____.

5 Paul한테 내게 다시 전화 달라고 해주세요. (Paul, call, get)
➡ Please _____ _____ _____ _____ me back.

10 5형식 – 지각동사

지각동사 see, watch, hear, feel

지각동사는 감각을 나타내는 동사를 말하며, 목적격보어로 동사원형을 쓴다. 지각동사의 목적어가 진행 중인 행동을 강조할 때 목적격보어로 현재분사(-ing)를 쓰기도 한다.

I **saw** him **walk** in the park. 나는 그가 공원에서 걷는 것을 봤다.
I **heard** her **singing** in the room. 나는 그녀가 방에서 노래하고 있는 것을 들었다.

▶▶ 정답과 해설 p. 5

EXERCISE A 다음 괄호 안에서 옳은 것을 고르시오. (답 2개 가능)

1 I saw my little brother [cried / cry / to cry] hard.

2 She watched her friend [ran / run / to run] fast.

3 Mike heard his dog [barked / bark / barking] at strangers.

4 She felt somebody [to touch / touch / touched] her hand.

5 I saw a young boy [crossed / cross / crossing] the street by himself.

EXERCISE B 다음 우리말과 일치하도록 주어진 단어와 어구를 바르게 배열하시오.

1 나는 길에서 그녀가 우는 것을 봤다. (saw, cry, her)
➡ I _____ on the street.

2 그들은 한 남자가 수영하고 있는 것을 봤다. (a man, swimming, watched)
➡ They _____ .

3 Karl은 그의 누이가 웃는 소리를 들었다. (laugh, his, heard, sister)
➡ Karl _____ .

4 우리는 그가 그 은행에 들어가는 것을 봤다. (enter, him, bank, watched, the)
➡ We _____ .

5 그는 누군가가 "도와주세요!"라고 외치는 소리를 들었다. (shout, somebody, "Help!", heard, He)
➡ _____

6 나는 어젯밤 콘서트에서 유명한 가수가 노래하는 것을 들었다. (sing, heard, a famous singer)
➡ I _____ at the concert last night.

학교 시험 대비 문제

▶▶ 정답과 해설 p. 5

01 다음 빈칸에 들어갈 말로 알맞지 <u>않은</u> 것은?

> He _____ me to fix the computer.

① asked   ② made   ③ ordered
④ told   ⑤ wanted

02 다음 빈칸에 공통으로 들어갈 말로 알맞은 것은?

> • She gave a book _____ me.
> • Ann teaches English _____ us.

① to   ② for   ③ of
④ on   ⑤ by

03 다음 <보기>와 문장의 형식이 같은 것은?

> ─<보기>─
> There is a cat on the floor.

① I am very happy.
② He is making a pie.
③ They are having lunch.
④ He is a teacher in this school.
⑤ A man is standing at the door.

04 다음 중 밑줄 친 부분이 어법상 <u>틀린</u> 것은?

① She <u>looked very sad</u>.
② He <u>looked at</u> the board.
③ The boy <u>looked unhappily</u>.
④ I was <u>looking for</u> my pencil.
⑤ <u>Look on</u> the bright side of things.

05 다음 중 문장의 형식이 나머지 넷과 <u>다른</u> 것은?

① We call this flower daisy.
② She pulled the string tight.
③ He painted his house white.
④ She gave the work to her son.
⑤ They made their child a scientist.

06 다음 빈칸에 공통으로 들어갈 말로 알맞은 것은?

> • I _____ a brother and a sister.
> • I will _____ him clean the house.

① make   ② find
③ get   ④ have
⑤ know

07 다음 중 짝지어진 두 문장의 형식이 같은 것은?

① He found the book easy.
   He read the book daily.
② It is hard to answer that.
   It is an interesting story.
③ She made her son a doctor.
   She made her son a box.
④ Jenny bought him a ball.
   Jenny bought a ball for him.
⑤ They left him a message.
   They left for Japan last night.

고난도

08 다음 중 어법상 틀린 것은?

① I want you take a chance.

② Mary made her husband help me.

③ My parents let me go to the party.

④ My grandmother made me a dress.

⑤ My mother wants me to be a writer.

09 다음 문장과 의미가 같은 것은?

> My mother can buy me a nice bag.

① My mother can buy a nice bag to me.

② My mother can buy to me a nice bag.

③ My mother can buy a nice bag of me.

④ My mother can buy me for a nice bag.

⑤ My mother can buy a nice bag for me.

고난도

10 다음 대화의 밑줄 친 부분 중 어법상 틀린 것은?

> A You're late again!
>   ①
> B I'm sorry, sir. My mom made me to clean
>   ②
>   my room before going out.
>   ③
>   I had no choice.
>   ④
> A Be on time!
>   ⑤

11 다음 밑줄 친 부분의 문장성분이 나머지 넷과 다른 것은?

① I will have dinner at home.

② He bought some food for me.

③ I opened the door very slowly.

④ I found the film interesting.

⑤ I borrowed some money from him.

12 다음 우리말을 영어로 바르게 옮긴 것은?

> 나는 그들에게 여기서 떠들지 말라고 말했다.

① I told them to make noise here.

② I told them not to make noise here.

③ I not told them to make noise here.

④ I didn't tell them to make noise here.

⑤ I didn't tell them not to make noise here.

13 다음 밑줄 친 부분의 의미가 나머지 넷과 다른 것은?

① He had a computer in his room.

② He had his brother read the book.

③ He had us put away all the garbage.

④ He had his wife prepare dinner for them.

⑤ He had the students clean the classroom.

14 다음 빈칸에 들어갈 말로 바르게 짝지어진 것은?

> • We heard the man _____ a speech.
> • We saw her _____ downstairs.

① make — came
② make — coming
③ made — come
④ made — coming
⑤ making — will come

[15-16] 다음 빈칸에 들어갈 말로 알맞지 <u>않은</u> 것을 고르시오.

15

> I _____ her playing the violin.

① made
② saw
③ watched
④ heard
⑤ listened to

16

> • When I listen to the rain, I relax.
> ➡ The sound of rain _____ me relax.

① helps
② gets
③ makes
④ has
⑤ lets

17 다음 빈칸에 공통으로 들어갈 말로 알맞은 것은?

> • He _____ a wooden table.
> • Her joke _____ us all laugh.
> • She _____ her daughter a dress.

① got
② became
③ had
④ took
⑤ made

18 다음 밑줄 친 부분의 쓰임이 나머지 넷과 <u>다른</u> 것은?

① He will buy <u>a cell phone</u>.
② He didn't say <u>anything</u> to me.
③ They planned <u>a wonderful party</u>.
④ I will call you <u>my little princess</u>.
⑤ Do you remember <u>our first date</u>?

19 다음 빈칸에 공통으로 들어갈 말로 알맞은 것은?

> • You shouldn't give chocolate _____ your dog.
> • She asked me _____ take care of her bird.

① of
② with
③ for
④ about
⑤ to

20 다음 빈칸에 들어갈 말로 알맞은 것은?

> Mr. Johnson is the man you have to meet.
> He will _____.

① bring you to advice
② give good advice you
③ give you good advice
④ save you a good advice
⑤ give you to good advice

21 다음 빈칸에 들어갈 말로 알맞지 <u>않은</u> 것은?

> Jake told us that he made a perfect plan about our camping. But the plan didn't sound _____.

① great   ② nice
③ perfect   ④ interesting
⑤ excellently

고난도
22 다음 중 어법상 **틀린** 것은?

① I made him a cake.
  ➡ I made a cake for him.
② Henry sent Sam a letter.
  ➡ Henry sent a letter for Sam.
③ He lent me a lot of money.
  ➡ He lent a lot of money to me.
④ The dragon brought him the ring.
  ➡ The dragon brought the ring to him.
⑤ My teacher asked me a question.
  ➡ My teacher asked a question of me.

23 다음 우리말을 영어로 바르게 옮긴 것은?

> 김 선생님은 우리가 집에 일찍 가도록 허락하지 않으신다.

① Mr. Kim lets us go home early.
② Mr. Kim lets us not to go home early.
③ Mr. Kim lets us not going home early.
④ Mr. Kim doesn't let us go home early.
⑤ Mr. Kim doesn't let us to go home early.

고난도
24 다음 중 어법상 **틀린** 것을 **모두** 고르시오.

① It was getting darkly.
② Brian looked so friendly.
③ It tastes like a strawberry.
④ Please keep the classroom neatly.
⑤ His bright smile makes me happy.

서 술 형

25 다음 두 문장을 한 문장으로 만들 때 빈칸에 알맞은 말을 쓰시오.

> • I saw my grandmother. My grandmother watered plants.
> ➡ I saw my grandmother _____.

26 다음 문장에서 주어와 동사를 찾아 쓰시오.

> There are many different sites on the
> Internet.

주어 : _____

동사 : _____

[27-30] 다음 그림은 Tom의 가족들이 Tom에게 하는 말이다. 그림을 보고, 주어진 문장을 완성하시오.

Come home early. Go to bed early. Clean your room. Do your homework. I'll help you.

Dad   Mom   Sister   Brother

27 Tom's dad makes Tom _____

_____.

28 Tom's mom has Tom _____

_____.

29 Tom's sister wants Tom _____

_____.

30 Tom's brother is going to help Tom _____

_____.

[31-33] 다음 괄호 안의 문장 형식이 되도록 빈칸에 알맞은 어구를 <보기>에서 골라 문장을 완성하시오.

> ─〈보기〉─
> to go home now
> trees and flowers at home
> older as time went by
> you to lend me some money
> rings with its mouth
> very fast in the pool

31 The dolphin moves _____

_____. (1형식)

The dolphin moves _____

_____. (3형식)

32 My parents grew _____

_____. (2형식)

My parents grew _____

_____. (3형식)

33 I want _____

_____. (3형식)

I want _____

_____. (5형식)

Chapter

02

시제

1 현재시제

1 일반적인 사실, 진리, 격언

The Moon **moves** around the Earth. 달은 지구 주위를 돈다. 〈진리〉

2 현재의 습관, 상태, 동작

I usually **get** up at 7 every morning. 나는 보통 매일 아침 7시에 일어난다. 〈현재의 습관〉

+ 시간이나 조건의 부사절에서는 현재시제로 미래를 나타낸다.

If it **rains** tomorrow, I'll be at home. 내일 비가 오면, 나는 집에 있을 것이다. 〈조건의 부사절〉

▶▶ 정답과 해설 p.7

EXERCISE A 다음 주어진 단어를 사용하여 문장을 완성하시오. (필요시 형태 변화)

1 The earth _____ round. (be)

2 He _____ to his office every day. (drive)

3 If it _____ tomorrow, I'll stay home. (snow)

4 I'll call you when she _____ at the airport. (arrive)

5 My son reads books before he _____ to bed. (go)

6 The sun _____ in the east and _____ in the west. (rise, set)

EXERCISE B 다음 문장의 밑줄 친 부분을 바르게 고쳐 쓰시오.

1 He is walking to school every day. ➡ _____

2 The Earth is moving around the Sun. ➡ _____

3 He is playing baseball every Sunday. ➡ _____

4 How often do your wife wash her hair? ➡ _____

5 My brother will be happy if he will hear the news. ➡ _____

6 My grandfather is always getting up at 7 in the morning. ➡ _____

2 과거시제

1 과거의 동작(상태)

He **invited** me to his birthday party. 그가 나를 그의 생일 파티에 초대했다.

2 역사적 사실

The Korean War **broke** out in 1950. 한국 전쟁은 1950년에 발발했다.

+ 과거의 특정 시점을 나타내는 부사(구)가 있는 문장은 반드시 과거시제를 쓴다.

yesterday(어제), ago(~ 전에), last(지난 ~에), 「in+지난 연도」, just now(지금 막), past(지난)

▶▶ 정답과 해설 p. 7

EXERCISE A 다음 괄호 안에서 옳은 것을 고르시오.

1 I [got / get / gotten] up at 9 this morning.

2 My dad [went / goes / go] to bed at 11 last night.

3 World War II [broke / breaks / broken] out in 1939.

4 He [finds / find / founded] his company in 2002.

5 He [teaches / taught / teach] me physics in 2013.

6 My brother [lost / loses / lose] his wallet in Spain last month.

EXERCISE B 다음 주어진 문장을 과거시제의 문장으로 고쳐 쓰시오.

1 Minsu plays computer games when his mother is not home.

➡ _____

2 What do you do on the weekend?

➡ _____

3 He takes my bag on the street.

➡ _____

4 I sometimes hear of you from my sister.

➡ _____

3 미래시제

1 「will + 동사원형」: ~할 것이다, ~일 것이다

Julia **will** be 15 years old next month. Julia는 다음 달에 15살이 된다. 〈미래 사건 언급(예측)〉
= Julia **is going to** be 15 years old next month.
It's too hot. I'**ll** turn on the air conditioner. 너무 덥다. 에어컨을 켜야 겠다. 〈순간적인 결정〉
I **will** study hard to get an A+. 나는 A+를 받기 위해 열심히 공부할 것이다. 〈주어의 의지〉
* will이 순간적인 결정이나 주어의 의지를 나타낼 때는 be going to로 바꿔 쓸 수 없다.

2 「be going to + 동사원형」: ~할 것이다, ~일 것이다

What **are** you **going to** do now? 너는 지금 무엇을 하려는 거니? 〈현재의 의도〉
I **am going to** visit my grandmother tonight. 나는 오늘 밤에 할머니를 뵈러 갈 예정이다. 〈예정된 미래〉

▶▶ 정답과 해설 p.7

EXERCISE A 다음 밑줄 친 부분을 will을 사용하여 고쳐 쓰시오.

1   I think it <u>snows</u> tomorrow.

2   My son <u>is</u> 7 years old next year.

3   I <u>go</u> shopping for my mother's gift.

4   You <u>don't go</u> to school this Friday.

5   My dog <u>doesn't bark</u> at you.

EXERCISE B 다음 주어진 문장을 be going to를 사용하여 미래시제의 문장으로 고쳐 쓰시오.

1   It doesn't rain this evening.

   ➡ _____

2   My sister drives to work today.

   ➡ _____

3   Lana doesn't come to our party this weekend.

   ➡ _____

4   We save a lot of energy with the recycling programs.

   ➡ _____

5   Does your brother study in Canada from this fall?

   ➡ _____

4 진행시제

1 현재진행 「am / are / is + -ing」: ~하고 있다, ~하는 중이다

What **are** you **doing** now? — I **am doing** my homework. 〈현재 진행 중인 일〉
너는 지금 뭐 하고 있니?　　　　　　　　나는 숙제하고 있어.

I'm **taking** yoga classes these days. 나는 요즘 요가 수업을 듣고 있다. 〈일시적으로 지속되는 상태〉

2 과거진행 「was / were + -ing」: ~하고 있었다, ~하는 중이었다

When she came in, they **were watching** TV. 〈과거 특정 시점에 진행 중인 일〉
그녀가 들어왔을 때, 그들은 TV를 보고 있었다.

✛ 왕래발착동사(go, come, arrive, start, leave, reach)는 현재시제나 현재진행시제를 사용하여 미래를 나타내는 부사와 함께 계획된 가까운 미래를 표현하기도 한다.

She **is leaving** tonight. 그녀는 오늘 밤에 떠날 예정이다.

▶▶ 정답과 해설 p.8

EXERCISE Ⓐ 다음 주어진 단어를 사용하여 문장을 완성하시오. (필요시 형태 변화)

1 What _____ you _____ at 6 p.m. yesterday? (do)

2 My mom _____ _____ when I came home. (cook)

3 **A** What is Gina wearing?　**B** She _____ _____ jeans. (wear)

4 I studied math. And I _____ _____ English grammar now. (study)

EXERCISE Ⓑ 다음 우리말과 일치하도록 주어진 단어를 사용하여 진행시제 문장을 완성하시오. (필요시 형태 변화)

1 너희 엄마는 어디서 주무시고 계시니? (your mom, sleep)
　➡ Where _____ ?

2 나는 요즘 일본어 수업을 듣고 있다. (take, Japanese lessons)
　➡ I _____ these days.

3 코치가 나를 불렀을 때 나는 공을 던지고 있었다. (throw, a ball)
　➡ I _____ when my coach called me.

4 Sam은 2015년부터 2017년까지 군 복무 중이었다. (serve, in the army)
　➡ Sam _____ from 2015 to 2017.

5 진행시제로 쓸 수 없는 동사

1 감정, 인식, 지각, 소유, 상태를 나타내는 동사는 진행시제로 쓰지 않는다.

I **miss** you. 나는 네가 그립다.
I **knew** him. 나는 그를 알았다.
It **smells** good. 이것은 냄새가 좋다.
I **have** a computer. 나는 컴퓨터를 가지고 있다.
I **resemble** my father. 나는 아빠를 닮았다.

I *am missing* you. (×)
I *was knowing* him. (×)
It *is smelling* good. (×)
I *am having* a computer. (×)
I *am resembling* my father. (×)

감정	love(사랑하다), hate(미워하다), like(좋아하다), miss(그리워하다)
인식	know(알다), believe(믿다), remember(기억하다), forget(잊다)
지각	see(보다), hear(듣다), feel(느끼다), smell(냄새나다)
소유	belong(속하다), have(가지다), own(소유하다)
상태	exist(존재하다), resemble(닮다)

2 진행시제로 쓰지 않는 동사라도 동작을 나타내는 의미이면 진행시제로 쓸 수 있다.

She **is having** breakfast. 그녀는 아침을 먹고 있다.
The woman **is smelling** the flower. 그 여자는 꽃 향기를 맡고 있다.

▶▶ 정답과 해설 p.8

EXERCISE Ⓐ 다음 문장의 밑줄 친 부분을 바르게 고쳐 쓰시오.

1 He is having a small car.

2 Yes! I am remembering you!

3 Is she liking him?

4 I was seeing monkeys in the zoo.

5 You are knowing me.

6 The house is belonging to his father.

7 His daughter is missing her daddy.

8 Are you having a wireless speaker?

9 She is resembling her aunt.

6 현재완료의 형태

```
        과거      현재      미래
    ←—————[////]—————|—————→
            현재완료
```

현재완료시제는 과거에 일어난 일이 현재까지 영향을 미치거나 관련이 있음을 나타낸다.

1 긍정문 「주어 + have(has) + p.p.」

I **have learned** English. 나는 영어를 배웠다.
He **has printed** his report. 그는 그의 보고서를 인쇄했다.

2 부정문 「주어 + have(has) not + p.p.」

I **have not learned** English. 나는 영어를 배우지 않았다.
He **has not printed** his report. 그는 그의 보고서를 인쇄하지 않았다.

3 의문사 없는 의문문 「Have(Has) + 주어 + p.p. ~?」
— Yes, 주어 + have(has). / No, 주어 + have (has) not.

Have you **learned** English? — Yes, I **have**. / No, I **haven't**.
너는 영어를 배웠니?   응, 그래.   아니, 그렇지 않아.

4 의문사 있는 의문문 「의문사 + have(has) + 주어 + p.p. ~?」

How long **have** you **learned** English? 너는 영어를 얼마나 오래 배웠니?

+ 의문사가 주어로 쓰일 경우 「의문사 + has + p.p. ~?」의 형태로 쓰인다.

Who **has learned** English? 누가 영어를 배웠니?

▶▶ 정답과 해설 p. 8

EXERCISE A 다음 문장을 현재완료 시제로 바꿔 쓰시오.

1 They opened a new shop.
➡ They _____ a new shop.

2 Tim made two spelling mistakes.
➡ Tim _____ two spelling mistakes.

3 I saw that actor in several movies.
➡ _____ that actor in several movies.

4 The boys drank all the soda in the refrigerator.

➡ _____ all the soda in the refrigerator.

5 My sister's boyfriend bought her a diamond ring.

➡ _____ her a diamond ring.

EXERCISE B 다음 문장을 현재완료 시제로 바꿔 쓰시오.

1 Tony didn't score a goal.

➡ Tony _____ a goal.

2 Our dog didn't hurt its leg.

➡ Our dog _____ its leg.

3 Uncle Tom didn't lose his wallet.

➡ _____ his wallet.

4 The Lees didn't move to Ohio.

➡ _____ to Ohio.

5 Dad and I didn't catch a big fish.

➡ _____ a big fish.

EXERCISE C 다음 문장을 현재완료 시제로 바꿔 쓰시오.

1 Did you put any sugar in my tea?

➡ _____ any sugar in my tea?

2 What did your child break?

➡ What _____ ?

3 Did Tom do all his homework?

➡ _____ all his homework?

4 Who caught the thieves?

➡ Who _____ ?

5 Why were you late for school?

➡ Why _____ ?

7 현재완료 - 완료

완료 과거에 시작한 일이 현재 끝난 상태

해석	~했다
주로 함께 쓰이는 단어	just(방금), already(이미, 벌써), yet(아직, 이제)
참고	• already는 긍정문(이미)과 의문문(벌써)에 쓰인다. • yet은 부정문(아직)과 의문문(아직, 이제)에 쓰인다.

My son **has just returned** home. 내 아들은 방금 집에 돌아왔다. 〈has + just + p.p.〉
Dad **has already taken** a shower. 아빠는 이미 샤워를 하셨다. 〈has + already + p.p.〉
Have you **finished** your homework **already**? 너는 벌써 숙제를 끝냈니?
I **have not finished** my homework **yet**. 나는 아직 숙제를 끝내지 못했다.

▶▶ 정답과 해설 p.8

EXERCISE A 다음 주어진 단어를 사용하여 빈칸에 알맞은 말을 쓰시오. (필요시 형태 변화)

1 Have you told your sister? ➡ Yes, I _____ her. (just, call)

2 The children's room looks neat. ➡ Yes, they _____ it. (just, clean)

3 Is Daniel making some coffee?
➡ It's ready. He _____ it. (just, make)

EXERCISE B 다음 우리말과 일치하도록 주어진 단어를 사용하여 문장을 완성하시오. (필요시 형태 변화)

1 넌 네 열쇠를 벌써 찾았니? (Have, you, find, already)
➡ _____ your keys _____?

2 나는 모퉁이에서 이미 Andrew를 봤다. (I, already, see)
➡ _____ Andrew at the corner.

3 그녀는 다음 주에 떠나기로 방금 결심했다. (just, decide)
➡ _____ to leave next week.

4 우리는 이미 너무 많은 돈을 썼다. (already, spend)
➡ _____ too much money.

5 그는 그의 일을 아직 끝내지 못했다. (not, do, yet)
➡ _____ his project _____.

8 현재완료 - 계속

계속 과거부터 현재까지 계속되는 상태

해석	계속 ~해왔다, ~해오고 있다
주로 함께 쓰이는 단어	for + 기간, since + 특정 시점, How long ~
참고	for 뒤에는 기간이 오고, since 뒤에는 과거의 특정 시점을 나타내는 어구가 온다.

I **have lived** in Korea **for** 10 years. 나는 10년째 한국에서 살고 있다. ⟨for + 기간⟩

I **have had** this bike **since** 2016. 나는 2016년부터 이 자전거를 갖고 있다. ⟨since + 특정 시점⟩

We **have been** friends **for** 20 years. 우리는 20년째 친구로 지내고 있다. ⟨for + 기간⟩

How long have you **worked** in this office? 너는 얼마나 오래 이 사무실에서 일해왔니? ⟨How long : 얼마나 오래⟩

▶▶ 정답과 해설 p.8

EXERCISE Ⓐ 다음 주어진 단어를 사용하여 빈칸에 알맞은 말을 쓰시오. (필요시 형태 변화)

1 You should wash your car. You _____ it for a week. (wash)

2 I will call my girlfriend. I _____ her since last weekend. (call)

3 We will visit our parents. We _____ them since last summer. (visit)

4 Let's play the computer game. We _____ it for 3 days. (play)

EXERCISE Ⓑ 다음 우리말과 일치하도록 주어진 단어와 for 또는 since를 사용하여 문장을 완성하시오. (필요시 형태 변화)

1 그녀는 6년째 피아노를 배우고 있다. (learn, the piano)

➡ She _____ 6 years.

2 우리는 2009년부터 서울에서 살고 있다. (live, in Seoul)

➡ We _____ 2009.

3 나는 일주일째 감기를 앓고 있다. (have, a cold)

➡ I _____ a week.

4 그들은 금요일부터 그 호텔에서 지내고 있다. (be, at the hotel)

➡ They _____ Friday.

5 우리는 작년부터 어떤 운동도 하지 않고 있다. (do, any sports)

➡ We _____ last year.

9 현재완료 – 경험

경험 과거부터 현재까지의 경험을 나타냄

해석	~한 적이 있다
주로 함께 쓰이는 단어	ever(언젠가), never(한 번도 ~ 않다), before(전에), once(한 번), twice(두 번)
참고	ever, never는 have와 p.p. 사이에 위치한다.

Have you **ever eaten** Thai food? 너는 태국 음식을 먹어본 적이 있니?

I **have never been** to Mexico. 나는 멕시코에 가본 적이 없다.

I **have not (haven't) met** her **before**. 나는 전에 그녀를 만난 적이 없다.

▶▶ 정답과 해설 p.8

EXERCISE A 다음 주어진 단어를 사용하여 〈보기〉와 같이 빈칸에 알맞은 말을 쓰시오. (필요시 형태 변화)

〈보기〉

A <u>Have you ever read *Hamlet*</u> ? (read, *Hamlet*)

B No, <u>I've never read *Hamlet*</u> , but <u>I've read *Macbeth*</u> . (never, *Macbeth*)

1 A Have you ever _____ ? (be, to Japan)

   B No, _____ , but _____ . (never, China)

2 A _____ (play, basketball)

   B No, _____ , but _____ . (never, volleyball)

3 A _____ (ride, a horse)

   B No, _____ , but _____ . (never, ride, an elephant)

EXERCISE B 다음 우리말과 일치하도록 주어진 단어를 사용하여 문장을 완성하시오. (필요시 형태 변화)

1 그는 전에 토론토에서 산 적이 있다. (live, before)

   ➡ He _____ in Toronto _____ .

2 나는 이 뮤지컬을 본 적이 없다. (never, see)

   ➡ I _____ this musical.

3 그녀는 내 집을 한 번 방문한 적이 있다. (visit, once)

   ➡ She _____ my house _____ .

4 당신은 전에 제게 꽃을 준 적이 없었어요. (never, give, before)

   ➡ You _____ me flowers _____ .

결과 과거의 일로 인해 현재에 나타난 결과를 표현함

해석	(…한 결과) ~하다
주로 함께 쓰이는 단어	gone(가고 없다), lost(잃어버리고 없다), broken(깨져(고장 나)버렸다), left(떠나버렸다)
참고	have(has) gone to : ~에 가버렸다 〈결과〉
	have(has) been to : ~에 가본 적이 있다 〈경험〉

She **has gone** to Canada. 그녀는 캐나다에 갔다. (그래서 지금 여기 없다.)

He **has lost** his passport at the airport. 그는 공항에서 여권을 잃어버렸다. (그래서 지금 가지고 있지 않다.)

John **has gone** out. John은 나가버렸다.

▶▶ 정답과 해설 p.9

EXERCISE A 다음 빈칸에 have(has) gone to 또는 have(has) been to를 써서 대화를 완성하시오.

1 **A** Where is Susan?

 B She _____ Busan. She is still there.

2 **A** Where is Rachel?

 B She _____ the supermarket. She'll be back soon.

3 **A** _____ you ever _____ Paris?

 B No, I have never been there.

4 **A** Where is Tom? Isn't he here?

 B No, he _____ London. He'll be back next year.

EXERCISE B 다음 우리말과 일치하도록 주어진 단어를 사용하여 현재완료 문장을 완성하시오. (필요시 형태 변화)

1 내 딸이 내 시계를 잃어버렸다. (lost, watch)

 ➡ My daughter _____.

2 내 남동생이 나의 새 카메라를 고장냈다. (break, new camera)

 ➡ My brother _____.

3 James는 그의 아내와 함께 중국으로 떠나버렸다. (leave for, China, wife)

 ➡ James _____.

4 그는 그의 여자 친구를 위해 비싼 반지 한 개를 샀다. (buy, expensive ring, girlfriend)

 ➡ He _____.

07 다음 〈보기〉의 밑줄 친 부분과 쓰임이 같은 것은?

〈보기〉

I <u>have</u> never <u>been</u> to Tokyo.

① He <u>has gone</u> to LA.
② She <u>has lived</u> here for 10 years.
③ <u>Have</u> you ever <u>read</u> the article?
④ She <u>has</u> just <u>finished</u> her homework.
⑤ I <u>have known</u> her since I was a boy.

`고난도`

08 다음 중 현재완료시제가 결과의 의미로 쓰인 것은? (답 2개)

① She has gone to Seoul.
② He has broken the window.
③ I have lived in Suwon since 2010.
④ I have studied English for six years.
⑤ I have already finished my homework.

09 다음 대화의 빈칸에 들어갈 말로 알맞은 것은?

A Have you ever been to Vancouver?
B _____

① Yes, I have. ② Yes, I do.
③ No, I don't. ④ No, I can't.
⑤ No, I am not.

10 다음 우리말을 영어로 바르게 옮긴 것은?

나는 어제 나의 제일 친한 친구를 만났다.

① I met my best friend yesterday.
② I meet my best friend yesterday.
③ I have met my best friend yesterday.
④ I am meeting my best friend yesterday.
⑤ I have been meeting my best friend yesterday.

11 다음 중 〈보기〉의 밑줄 친 부분과 쓰임이 같은 것은?

〈보기〉

I <u>have lived</u> here for a year.

① I <u>have</u> once <u>met</u> her.
② He <u>has</u> just <u>arrived</u> here.
③ Somebody <u>has taken</u> my bag.
④ Tom <u>has finished</u> his homework.
⑤ We <u>have been</u> good friends since we were young.

12 다음 중 어법상 틀린 것은?

① You will be a famous star someday.
② We'll see a modern art exhibition tomorrow.
③ Are you going to break the piggy bank yesterday?
④ Jack will walk up and down the stairs for his health.
⑤ They won't take part in the English camp.

13 다음 대화의 빈칸에 들어갈 말로 알맞은 것은?

> A Have you seen Edward?
> B No, I haven't seen him _____.

① yet   ② already
③ last   ④ just now
⑤ since

17 다음 대화의 빈칸에 들어갈 말로 알맞은 것은?

> A Have you ever ridden a camel?
> B _____ I hope to ride it someday.

① Yes, I do.   ② No, I don't.
③ No, I didn't.   ④ Yes, I have.
⑤ No, I haven't.

[14-15] 다음 빈칸에 들어갈 말로 알맞은 것을 고르시오.

14

> Have you ever _____ to Singapore?

① be   ② been   ③ was
④ were   ⑤ gone

15

> I _____ _____ dance lessons these days.

① am taken   ② have took
③ was taking   ④ had taken
⑤ am taking

고난도

16 다음 중 어법상 올바른 것은?

① I am born in 1998.
② He founded the company in 2004.
③ He used to lose his bag next month.
④ I have met my best friend yesterday.
⑤ She has received a birthday gift last week.

[18-19] 다음 빈칸에 들어갈 말로 바르게 짝지어진 것을 고르시오.

18

> • I have used this car _____ three years.
> • He has _____ me since last winter.

① for — known   ② at — known
③ for — know   ④ to — knows
⑤ in — knowing

19

> How long _____ you _____ Spanish?

① have — studied   ② was — studying
③ were — studied   ④ have — studying
⑤ did — studied

[20-21] 다음 중 어법상 틀린 것을 고르시오.

20 ① When did it start?

② It has rained yesterday.

③ I have just finished cleaning my room.

④ I have trained the dog since last year.

⑤ He has gone to London. He is not here now.

21 ① I'm leaving tonight.

② My sister has lost her purse.

③ I have not met my friend yet.

④ You have lived here since 4 months.

⑤ If it snows tonight, I won't go outside.

22 다음 빈칸에 들어갈 단어가 나머지 넷과 **다른** 것은?

① I have studied Japanese _____ 2017.

② The store has been here _____ 2003.

③ I have lost 5 kg _____ I started to jog.

④ He has lived in Paju _____ last month.

⑤ We haven't seen each other _____ a long time.

23 다음 중 미래의 일을 나타내는 문장은?

① What are you doing?

② I'm drinking coffee now.

③ She's going to LA next month.

④ I'm taking Korean classes these days.

⑤ They are reading books in my room.

24 다음 우리말을 영어로 바르게 옮긴 것은?

> 내일 비가 오면, 나는 집에 있을 거야.

① If it rains tomorrow, I stay at home.

② If it rains tomorrow, I will stay at home.

③ If it will rain tomorrow, I will stay at home.

④ If it is going to rain tomorrow, I stay at home.

⑤ If it will rain tomorrow, I'm going to stay at home.

25 다음 대화의 빈칸에 들어갈 말로 바르게 짝지어진 것은?

> A Have you _____ Minha since she came back from Toronto?
> B Yes, I _____ her this afternoon.

① saw — saw

② saw — see

③ seen — seen

④ seen — seeing

⑤ seen — saw

26 다음 대화의 빈칸에 들어갈 말로 알맞은 것은?

> A Susan may be hungry now!
> B No. She has _____ had a snack with me.

① yet

② already

③ since

④ still

⑤ just now

27 다음 우리말을 영어로 바르게 옮긴 것은?

> 엄마가 집에 오셨을 때 나는 책을 읽는 중이었다.

① I read a book when my mom came home.
② I read a book when my mom comes home.
③ I was reading a book when my mom came home.
④ I was reading a book when my mom comes home.
⑤ I have read a book when my mom was coming home.

고난도
28 다음 중 어법상 틀린 것은?

① I was eating out then.
② Now I'm watching TV.
③ I went fishing yesterday.
④ I went camping last week.
⑤ I am having an English book.

29 다음 빈칸에 들어갈 말로 알맞지 않은 것은?

> I got an A⁺ on the math test _____.

① last Friday   ② yesterday
③ 2 days ago   ④ last week
⑤ a few weeks later

30 다음 빈칸에 알맞은 전치사를 쓰시오.

> The Koreans have celebrated this holiday _____ 1945.

31 다음 우리말과 일치하도록 밑줄 친 동사의 시제를 바르게 고쳐 쓰시오.

> • 그들은 회의에서 토론에 대해 이야기하는 중이었다.
> ➡ They <u>talk</u> about the discussion in the meeting.

32 다음 빈칸에 공통으로 들어갈 전치사를 쓰시오.

> • He has lived in Mokpo _____ three years.
> • I have studied Korean _____ a long time.

33 다음 두 문장의 뜻이 일치하도록 빈칸에 알맞은 말을 쓰시오.

> • I lost my pencil and I can't find it now.
> = I _____ _____ my pencil.

46

34 다음 우리말과 일치하도록 빈칸에 각각 알맞은 말을 쓰시오.

> · Kate는 시장에 가버렸다.
> ➡ Kate _____ the market.
> · Kate는 시장에 가본 적이 있다.
> ➡ Kate _____ the market.

35 다음 밑줄 친 단어를 알맞은 형태로 각각 고쳐 쓰시오.

> · Jack exercise with his dog tomorrow.
> · Nicole wear a red dress at the concert next month.

[36-37] 다음 문장에서 어법상 **틀린** 부분을 찾아 바르게 고쳐 쓰시오.

36

> If it will snow tomorrow, I'll make a snowman.

37

> The 24th Olympics has been held in Seoul.

[38-39] 다음 주어진 문장을 괄호 안의 지시대로 바꿔 쓰시오.

38

> · Mike has fixed his car. (부정문으로)
> ➡ _____

39

> · Jacob has watched TV. (의문문으로)
> ➡ _____

[40-41] 다음 우리말과 일치하도록 빈칸에 알맞은 말을 쓰시오.

40

> · 나는 그 배우를 만난 적이 없다.
> ➡ I have never _____ the actor.

41

> · 조심해! 저 자전거가 너를 거의 칠 뻔했어!
> ➡ Watch out! That bike almost _____ you!

42 주어진 글과 의미가 같도록 〈조건〉에 맞게 문장을 완성하시오.

- Susan came to Korea in 2015.
- Susan still lives in Korea.

〈조건〉
- 현재완료 시제를 활용할 것.
- 제시된 Susan을 제외하고 6단어로 쓸 것.

➡ Susan _____.

고난도
[43-45] 다음 대화에서 밑줄 친 우리말을 현재완료시제를 사용하여 영어로 옮기시오.

Misun	Junsu, where's Christina? I haven't seen her recently.
Junsu	**43** 그녀는 파리에 공부하러 갔어.
Misun	Oh, that's why I haven't seen her recently. **44** 너는 파리에 가봤니?
Junsu	Yes, I have. How about you?
Misun	No, **45** 나는 아직 파리에 가본 적이 없어.
Junsu	Paris is one of the most beautiful cities in the world.

43 _____

44 _____

45 _____

[46-50] 다음 빈칸에 알맞은 동사를 〈보기〉에서 골라 문장에 맞게 고쳐 쓰시오.

〈보기〉

| lose | be | buy | open | visit |

46 I was hungry, so I _____ something to eat on my way home.

47 She _____ interested in the book because she didn't understand it.

48 I _____ my car keys. Can you help me look for them?

49 I _____ my grandmother every Sunday for dinner.

50 Look! That man _____ the door of your house.

Chapter

03

조동사

1 조동사의 쓰임

1 조동사 뒤에는 동사원형이 온다.

He **can** swim. (○) 그는 수영할 수 있다.　　　　He can *swims*. (×)

2 조동사는 주어의 인칭과 상관없이 형태가 같다.

Jane **must** study hard. Jane은 열심히 공부해야 한다.

3 두 개의 조동사를 연달아 쓸 수 없다. can은 be able to로, must는 have to로 바꿔 쓴다.

You *will can* speak English soon. (×)

You will **be able to** speak English soon. 너는 곧 영어로 말할 수 있을 것이다.

▶▶ 정답과 해설 p. 12

EXERCISE A 다음 문장의 밑줄 친 부분을 바르게 고쳐 쓰시오.

1 Teddy must <u>is</u> a police officer.　　　　➡ _____

2 She may <u>must</u> go to the dentist.　　　　➡ _____

3 She <u>wills</u> get up at 7 tomorrow morning.　➡ _____

4 John will <u>finishes</u> this work within a week.　➡ _____

5 If we earn some money, we'll <u>can</u> buy a new car.　➡ _____

6 You should <u>used</u> my special recipe for spaghetti.　➡ _____

EXERCISE B 다음 우리말과 일치하도록 주어진 단어를 배열하여 문장을 완성하시오.

1 Linda는 다이어트를 해야 한다. (go, should)

➡ Linda _____ on a diet.

2 우리는 다음번에 더 잘해야 할 것이다. (do, have to, will)

➡ We _____ better next time.

3 James는 파티에 와야 할지도 모른다. (have to, may, come)

➡ James _____ to the party.

4 Brian은 컴퓨터 프로그램을 작성할 수 있을 것이다. (be able to, write, will)

➡ Brian _____ a computer program.

2 조동사의 부정문 / 의문문

1 **부정문** 「조동사 + not + 동사원형」

I **will not be** late for class again. 나는 수업에 다시는 늦지 않을 것이다.
I **cannot(can't) talk** about this right now. 나는 이것에 대해 지금 말할 수 없다.

2 **의문문** 「조동사 + 주어 + 동사원형 ~?」
— 「Yes, 주어 + 조동사.」 / 「No, 주어 + 조동사 + not.」

May I **come** in? — Yes, you **may**. / No, you **may not**.
제가 들어가도 될까요?   네, 그래요.   아니요, 안 돼요.

▶▶ 정답과 해설 p. 12

EXERCISE A 다음 문장을 부정문으로 바꿔 쓰시오.

1 I can understand him easily.

➡ I _____ him easily.

2 My brother will be busy tomorrow.

➡ My brother _____ busy tomorrow.

3 He may order spicy food.

➡ He _____ spicy food.

4 I should spend more time with my grandma.

➡ I _____ more time with my grandma.

EXERCISE B 다음 문장을 의문문으로 바꿔 쓰시오.

1 He can study math alone.

➡ _____ math alone?

2 My father will raise a dog.

➡ _____ a dog?

3 We should obey the school rules.

➡ _____ the school rules?

4 It will rain or snow tomorrow morning.

➡ _____ tomorrow morning?

3 can / could

능력, 가능	~할 수 있다	She **can** play the violin. 그녀는 바이올린을 연주할 수 있다. (= be able to)
허가	~해도 된다	You **can** go to the concert. 너는 그 콘서트에 가도 된다. (= may)
	~하면 안 된다	You **cannot(can't)** run in the library. 너는 도서관에서 뛰면 안 된다. (= may not)
추측	~일 리가 없다	It **can't** be true. 그건 사실일 리가 없다.
	~일 수도 있다	It **can** be true. 그건 사실일 수도 있다.
요청	~해주시겠어요?	**Could** you turn off the radio? 라디오를 꺼주시겠어요? ⟨can보다 더 공손한 요청⟩

▶▶ 정답과 해설 p. 12

EXERCISE A 다음 두 문장의 뜻이 같도록 be able to를 사용하여 문장을 완성하시오.

1 I'm full. I can't eat anymore.

= I'm full. I _____ _____ _____ _____ eat anymore.

2 Can you help me with my homework?

= _____ you _____ _____ help me with my homework?

3 Sarah couldn't come to the party yesterday.

= Sarah _____ _____ _____ _____ come to the party yesterday.

EXERCISE B 다음 문장에서 밑줄 친 단어의 의미를 〈보기〉에서 고르시오.

〈보기〉
ⓐ 능력(가능)   ⓑ 허가   ⓒ 금지   ⓓ 요청   ⓔ 추측

1 She can't be my English teacher.

2 Could you lend me some money?

3 Can you finish the report by 8 p.m.?

4 You can use a coupon for this shampoo.

5 We cannot swim in the lake.

6 Diana can't be lying! She's one of my best friends.

7 Can you do me a favor?

4 may / might

허가	~해도 된다	**May** I use your cell phone? 제가 당신의 휴대 전화를 사용해도 될까요? (= Can)
	~하면 안 된다	You **may not** watch TV now. 너는 지금 TV를 보면 안 된다. (= cannot)
추측	~일지도 모른다 〈약한 추측〉	He **may** be sick in bed. 그는 아파서 누워 있을지도 모른다. *cf.* He **might** be sick in bed. 그는 아마도 아파서 누워 있을지도 모른다. 〈may보다 불확실한 추측〉
	~아닐지도 모른다 〈약한 부정의 추측〉	I **may not** have time to meet you. 나는 너를 만날 시간이 없을지도 모른다.

▶▶ 정답과 해설 p. 12

EXERCISE Ⓐ 다음 문장에서 밑줄 친 단어의 의미를 〈보기〉에서 고르시오.

─〈보기〉─
ⓐ 허가(금지)   ⓑ 추측

1 You <u>may</u> not come in.

2 It <u>might</u> rain in the evening.

3 <u>May</u> I ask your name again?

4 He <u>may</u> be studying in the library.

5 You <u>may</u> go to the concert with your friends tonight.

6 He <u>may</u> be a doctor because he is wearing a white gown.

7 You <u>may</u> call me if you have any questions.

EXERCISE Ⓑ 다음 우리말과 일치하도록 주어진 단어를 사용하여 문장을 완성하시오.

1 그 고양이는 욕조 안에 있을지도 모른다. (cat, be)
　➡ The _____ in the bathtub.

2 John은 지금 떠나도 되지만, Sally는 떠나서는 안 된다. (leave)
　➡ John _____ now, but Sally _____.

3 내가 다음 일요일에 너희 집에 가도 되니? (I, come)
　➡ _____ to your house next Sunday?

5 will / would

미래	~할 것이다	I **will** visit Boston next month. 나는 다음 달에 보스턴을 방문할 것이다. (= be going to)
	~하지 않을 것이다	He **won't** send the picture today. 그는 오늘 그 사진을 보내지 않을 것이다. (= be not going to)
의지	~하겠다	I **will** give her this ring. 나는 그녀에게 이 반지를 주겠다.
요청	~해주시겠어요?	**Will(Would)** you pass me the salt? 소금 좀 건네주시겠어요? * would는 will보다 공손한 표현이다.

▶▶ 정답과 해설 p. 12

EXERCISE A 다음 두 문장의 뜻이 같도록 be going to를 사용하여 문장을 완성하시오.

1 It will be windy tomorrow.

= It _____ _____ _____ _____ windy tomorrow.

2 Will you read your book?

= _____ _____ _____ _____ _____ your book?

3 When will you visit your grandparents?

= When _____ _____ _____ _____ _____ your grandparents?

4 Mom and Dad won't buy the laptop.

= Mom and Dad _____ _____ _____ _____ _____ the laptop.

EXERCISE B 다음 우리말과 일치하도록 주어진 단어를 사용하여 문장을 완성하시오.

1 밖은 곧 어두워질 것이다. (be)

➡ It _____ soon _____ dark outside.

2 Jane 이모는 곧 또 다른 아기를 갖게 될 것이다. (have)

➡ Aunt Jane _____ _____ _____ _____ another baby soon.

3 김 선생님, 문을 좀 닫아주시겠어요? (close)

➡ Mr. Kim, _____ _____ _____ the door, please?

4 서두른다면 Bill과 Ann은 학교에 지각하지 않을 것이다. (be, late)

➡ Bill and Ann _____ _____ _____ for school if they hurry.

5 당신의 휴대 전화를 보여주시겠어요? (show)

➡ _____ _____ _____ me your cell phone?

6 must / have to

의무	~해야 한다	Susan **must** clean the table. Susan은 그 테이블을 청소해야 한다. 〈현재〉 (= have(has) to)
		Susan **had to** clean the table. Susan은 그 테이블을 청소해야 했다. 〈과거〉
		Susan **will have to** clean the table. Susan은 그 테이블을 청소해야 할 것이다. 〈미래〉
추측	~임에 틀림없다 〈강한 추측〉	She **must** be Tom's mother. 그녀는 Tom의 엄마임에 틀림없다.

* must는 may나 might보다 강한 추측을 나타낸다. must > may > might

▶▶ 정답과 해설 p. 12

EXERCISE A 다음 문장에서 밑줄 친 단어의 의미를 〈보기〉에서 고르시오.

─〈보기〉─
ⓐ 의무   ⓑ 추측

1 She <u>must</u> be hungry.

2 You <u>must</u> always tell the truth.

3 You <u>must</u> speak louder. I can't hear you.

4 He isn't answering the phone. He <u>must</u> be busy.

EXERCISE B 다음 주어진 동사와 must / have to를 사용하여 문장을 완성하시오. (필요시 형태 변화)

1 Do you _____ _____ _____ tonight? (work)

2 Jane _____ _____ _____ her father at noon. (call)

3 You _____ _____ _____ _____ better next time. (do)

4 He _____ _____ _____ to the dentist yesterday. (go)

5 When does he _____ _____ _____ to the hospital? (go)

6 Mike _____ _____ _____ to school when his dad was busy. (walk)

7 Lisa isn't here. She _____ _____ studying in the library. (be)

8 She _____ _____ _____ _____ grandparents this weekend. (visit)

7 must의 부정

금지	~하면 안 된다	You **must not** clean the table. 너는 그 테이블을 청소해서는 안 된다. (= should not)
불필요	~할 필요가 없다	You **don't have to** worry about it. 너는 그것에 대해 걱정할 필요가 없다. (= don't(doesn't) need to = need not) * need not은 인칭과 상관없이 형태가 같다.
추측	~일 리가 없다	She **can't** be Tom's mother. 그녀가 Tom의 어머니일 리가 없다. * 추측을 나타내는 must의 부정은 cannot(can't) (~일 리가 없다)를 사용한다.

▶▶ 정답과 해설 p. 13

EXERCISE A 다음 빈칸에 must not / don't(doesn't) have to / cannot을 넣어 문장을 완성하시오.

1 You _____ drive when you are sleepy.

2 We _____ make sandwiches. There is a cafe.

3 You _____ drop the glasses. They will break.

4 You _____ wash those dishes. They are clean.

5 She _____ be a famous actress. I have never seen her on TV.

EXERCISE B 다음 우리말과 일치하도록 주어진 단어를 사용하여 문장을 완성하시오. (필요시 형태 변화)

1 너는 내 차를 사용해서는 안 된다. (must, use)
→ You _____ my car.

2 그녀는 자신의 가장 좋은 옷을 입을 필요가 없다. (have to, wear)
→ She _____ her best clothes.

3 너는 도서관에서 떠들면 안 된다. (must, make any noise)
→ You _____ in the library.

4 Mark는 오늘 보고서를 끝낼 필요가 없다. (have to, finish)
→ Mark _____ the report today.

5 우리 팀은 무척 강해서, 우리가 그 경기에서 질 리가 없다. (can, lose the game)
→ Our team is very strong, so we _____ .

8 should / ought to

should	~해야 한다 〈충고, 도덕적 의무〉	You **should** get some exercise. 너는 운동을 좀 해야 한다.
	~하면 안 된다 〈금지〉	You **should not** drive too fast. 너는 운전을 너무 빨리 하면 안 된다. ＊ should not → shouldn't
ought to	~해야 한다 〈충고, 도덕적 의무〉	You **ought to** write your mom a thank-you card. 너는 엄마에게 감사 카드를 써야 한다.
	~하면 안 된다 〈금지〉	You **ought not to** copy the report. 너는 그 보고서를 복사하면 안 된다.

▶▶ 정답과 해설 p. 13

EXERCISE A 다음 그림을 보면서 주어진 단어와 어구를 사용하여 문장을 완성하시오.

1

(take an umbrella)

You ＿＿＿＿ ＿＿＿＿ ＿＿＿＿ ＿＿＿＿ with you.

2

(not, eat fast food)

You ＿＿＿＿ ＿＿＿＿ ＿＿＿＿ ＿＿＿＿ ＿＿＿＿ much.

3

(not, drink)

You ＿＿＿＿ ＿＿＿＿ ＿＿＿＿ ＿＿＿＿ too much coffee.

4

(go home)

You ＿＿＿＿ ＿＿＿＿ ＿＿＿＿ ＿＿＿＿ and get some rest.

9 had better / would like to

had better (= 'd better)	~하는 것이 좋을 것이다, ~하는 게 좋겠다 〈권유, 충고〉	You **had better** stop watching TV. 너는 TV를 그만 보는 게 좋을 것이다. You**'d better not** go there again. 너는 다시는 거기에 가지 않는 게 좋을 것이다.
would like to (= 'd like to)	~하고 싶다 〈소망〉	I **would like to** go shopping. 나는 쇼핑하러 가고 싶다. I**'d like to** watch the movie again. 나는 그 영화를 다시 보고 싶다.

▶▶ 정답과 해설 p. 13

EXERCISE A 다음 빈칸에 had better / had better not을 넣어 문장을 완성하시오.

1 You look very sick. You _____ get some rest.

2 There's a lot of snow. I _____ drive my car.

3 He has an exam next week. He _____ study hard.

4 I have a bad cold. I _____ go out and play with my friends.

5 There's lots of traffic tonight. We _____ take the subway.

6 He has to get up early in the morning. He _____ stay up late.

EXERCISE B 다음 우리말과 일치하도록 주어진 단어를 사용하여 문장을 완성하시오. (필요시 형태 변화)

1 나는 새 컴퓨터를 한 대 사고 싶다. (buy)
   ➡ I _____ _____ _____ _____ a new computer.

2 당신은 오늘 밤에 뭘 하고 싶으세요? (what, do)
   ➡ _____ _____ _____ _____ _____ this evening?

3 내 아내가 나를 기다리고 있다. 나는 늦지 않는 게 좋겠다. (be)
   ➡ My wife is waiting for me. _____ _____ _____ _____ late.

4 나는 그와 내년에 결혼하고 싶다. (get married)
   ➡ _____ _____ _____ _____ _____ to him next year.

5 너는 차에서 안전벨트를 매는 게 좋을 거야. (wear)
   ➡ You _____ _____ _____ a seat belt in the car.

10　would / used to

would, used to는 지금은 일어나지 않는 과거의 동작이나 상태를 나타낼 때 쓰인다.

would	~하곤 했다 〈과거의 습관적인 동작〉	I **would** visit my uncle's farm. 나는 삼촌의 농장에 방문하곤 했다.
used to	~하곤 했다 〈과거의 습관적인 동작〉	I **used to** play soccer at school. 나는 학교에서 축구를 하곤 했다.
	예전에 ~이었다 〈과거의 상태〉	There **used to** be a shop at the corner. 그 모퉁이에 가게가 하나 있었다.

cf. be used to -ing : ~하는 데 익숙하다

　　He **is used to living** in the city.　그는 도시에 사는 데 익숙하다.

▶▶ 정답과 해설 p. 13

EXERCISE A 다음 우리말과 일치하도록 빈칸에 알맞은 말을 〈보기〉에서 골라 문장을 완성하시오. (답 2개 가능)

┌─〈보기〉─────────────────┐
│　would　　used to　　be used to　│
└───────────────────────┘

1 예전에 언덕 위에 커다란 나무가 한 그루 있었다.

　➡ There ＿＿＿＿＿＿＿＿＿ be a big tree on the hill.

2 그녀는 몇 년 전에 나의 집에 방문하곤 했다.

　➡ She ＿＿＿＿＿＿＿＿＿ visit my house a few years ago.

3 나는 혼자 영화 보러 가는 데 익숙하다.

　➡ I ＿＿＿＿＿＿＿＿＿ going to the movies alone.

4 내가 어렸을 때 저쪽에 음반 가게가 있었다.

　➡ When I was young, there ＿＿＿＿＿＿＿＿＿ be a record shop over there.

5 그는 고기를 먹곤 했지만, 지금은 채식주의자다.

　➡ He ＿＿＿＿＿＿＿＿＿ eat meat, but now he is a vegetarian.

6 그녀는 매일 많은 전화를 받는 데 익숙하다.

　➡ She ＿＿＿＿＿＿＿＿＿ getting lots of phone calls every day.

7 나는 엄마와 교회에 가곤 했다.

　➡ I ＿＿＿＿＿＿＿＿＿ go to church with my mom.

8 예전에 마을에 벼룩시장이 있었다.

　➡ There ＿＿＿＿＿＿＿＿＿ be a flea market in town.

11 do

1 일반동사의 부정문과 의문문을 만들 때 쓴다.

I **do not** like him. 나는 그를 좋아하지 않는다.

Does he play soccer? 그는 축구를 하니?

2 동사의 의미를 강조할 때 쓴다.

I **do** love you. 나는 너를 정말 사랑한다.

She **did** know the truth. 그녀는 정말 그 진실을 알고 있었다.

3 동사의 반복을 피하기 위해 대동사로 쓰인다.

Do you speak English? — Yes, I **do**. (= Yes, I speak English.)
너는 영어를 할 수 있니? 응, 나는 영어를 할 수 있어.

▶▶ 정답과 해설 p. 13

EXERCISE A 다음 밑줄 친 단어의 쓰임을 〈보기〉에서 고르시오.

〈보기〉
ⓐ 일반동사   ⓑ 부정문과 의문문을 만드는 조동사   ⓒ 동사 강조   ⓓ 대동사

1 How <u>did</u> you get your job?

2 He finished <u>doing</u> his homework.

3 My teacher said that I <u>did</u> a good job.

4 She <u>does</u> love to wear stylish shoes.

5 What <u>do</u> you think of it?

6 <u>Don't</u> use your phone to play games.

7 I <u>do</u> think it's great.

8 If you <u>don't</u> have enough money, you can't buy the car.

9 **A** Did you miss your family?   **B** Of course, I really <u>did</u>.

10 Where <u>did</u> they meet each other for the first time?

학교 시험 대비 문제

맞힌 개수	
선택형	_____ / 26
서술형	_____ / 11

▶▶ 정답과 해설 p. 13

[01-02] 다음 대화의 빈칸에 들어갈 말로 알맞은 것을 고르시오.

01

> **A** Tomorrow is Saturday. Let's go to the pool.
> **B** I'm sorry. _____

① I can go.
② I can't go.
③ I must go.
④ I need not go.
⑤ I have to go.

02

> **A** May I write a letter with a pencil?
> **B** Yes, _____.

① you must
② I may
③ I can
④ you may
⑤ I must

03 다음 빈칸에 들어갈 말로 바르게 짝지어진 것은?

> • 그녀는 아플지도 몰라.
> ➡ She _____ be sick.
> • 그녀는 아픈 게 틀림없어.
> ➡ She _____ be sick.
> • 그녀는 아플 리가 없어.
> ➡ She _____ be sick.

① may — must — can
② must — cannot — may
③ must — may — cannot
④ may — must — cannot
⑤ cannot — may — must

04 다음 빈칸에 들어갈 말로 알맞은 것은?

> • I am sure he is honest.
> = He _____ be honest.

① can
② may
③ must
④ have to
⑤ need to

05 다음 문장의 밑줄 친 부분과 쓰임이 같은 것은?

> I may go to the post office to send mail.

① You may come in.
② May I smoke here?
③ May I use this pen?
④ You may take a rest.
⑤ She may be sick.

06 다음 문장에서 어법상 틀린 것은?

> I think you should wrote down the things
>   ①   ②   ③   ④
> to bring.
>   ⑤

07 다음 문장을 부정문으로 바꿀 때 not의 올바른 위치는?

> You ① had ② better ③ go ④ out ⑤ tonight.

08 다음 주어진 문장과 의미가 같은 것은?

> Sometimes you don't have to go to the library.

① Sometimes you can't go to the library.
② Sometimes you may not go to the library.
③ Sometimes you must not go to the library.
④ Sometimes you shouldn't go to the library.
⑤ Sometimes you don't need to go to the library.

고난도
09 다음 중 부정문의 쓰임이 **틀린** 것은?

① The news may not be true.
② He isn't able to go to the party.
③ She can't download a music file.
④ The twins won't watch TV tonight.
⑤ You don't should buy useless things.

10 다음 주어진 내용과 의미가 같은 것은?

> There was a big tree near here. But the tree is not here anymore.

① There must be a big tree near here.
② There has to be a big tree near here.
③ There can be a big tree near here.
④ There used to be a big tree near here.
⑤ There should be a big tree near here.

11 다음 중 밑줄 친 must의 의미가 나머지 넷과 <u>다른</u> 것은?

① I <u>must</u> go there every day.
② He says you <u>must</u> apologize.
③ Children <u>must</u> obey their parents.
④ You <u>must</u> have breakfast every morning.
⑤ He's never lied to me. He <u>must</u> be honest.

12 다음 문장의 밑줄 친 부분과 바꿔 쓸 수 있는 것은?

> He <u>wasn't able to</u> go to his mother's house yesterday.

① couldn't   ② won't
③ must not   ④ doesn't have to
⑤ should not

13 다음 빈칸에 들어갈 말로 알맞지 <u>않은</u> 것은?

> This is for the disabled. _____

① You cannot park here.
② You must not park here.
③ You should not park here.
④ You ought not to park here.
⑤ You don't have to park here.

14 다음 중 밑줄 친 not의 위치가 틀린 것은?

① You will <u>not</u> eat too much.

② You may <u>not</u> eat too much.

③ You must <u>not</u> eat too much.

④ You should <u>not</u> eat too much.

⑤ You had <u>not</u> better eat too much.

15 다음 빈칸에 들어갈 말로 알맞은 것은?

> I thought he _____ be absent. He looked sick yesterday.

① may   ② might   ③ have to

④ can   ⑤ should

16 다음 빈칸에 공통으로 들어갈 말로 알맞은 것은?

> • There _____ be a bakery at the corner, but there is a church now.
> • I _____ like candies when I was a little boy, but I like ice cream now.

① would   ② used to

③ am used to   ④ have to

⑤ became used to

고난도
17 다음 중 밑줄 친 **used to**의 쓰임이 나머지 넷과 다른 것은?

① I <u>used to</u> stay up late.

② He is <u>used to</u> using the machine.

③ I <u>used to</u> get up early in the morning.

④ She <u>used to</u> jog every morning last year.

⑤ He <u>used to</u> go fishing on weekends.

18 다음 주어진 문장과 의미가 같은 것은?

> I think you should get a good sleep.

① You had better get a good sleep.

② You'd better to get a good sleep.

③ You must better get a good sleep.

④ You would better get a good sleep.

⑤ You should better get a good sleep.

19 다음 우리말을 영어로 바르게 옮긴 것은?

> 나는 생선회를 먹는 것에 익숙하지 않다.

① I used not to eat raw fish.

② I don't use to eat raw fish.

③ I'm not used to eat raw fish.

④ I don't use to eating raw fish.

⑤ I'm not used to eating raw fish.

20 다음 빈칸에 들어갈 말로 알맞은 것은?

> An astronaut _____ on the moon.

① cans walk   ② can walks

③ can walk   ④ is able walk

⑤ is able to walking

21 다음 대화에서 밑줄 친 부분의 의도로 알맞은 것은?

> **A** I only studied, slept, and ate. I didn't exercise at all.
> **B** <u>You should exercise hard.</u> It feels great.

① 통보   ② 격려   ③ 충고
④ 감사   ⑤ 명령

고난도

22 다음 중 밑줄 친 do의 쓰임이 나머지 넷과 다른 것은?

① When <u>does</u> he leave?
② <u>Don't</u> tell me about it.
③ <u>Do</u> you like that book?
④ She <u>doesn't</u> tell a lie to me.
⑤ I don't know what I have to <u>do</u>.

23 다음 대화의 빈칸에 들어갈 말로 알맞은 것은?

> **A** May I go out and play?
> **B** Yes, you may. But you _____ be back by seven.

① can   ② will   ③ may
④ must   ⑤ have

고난도

24 다음 중 어법상 올바른 것은?

① I'm able to play the violin.
② I don't able to find my book.
③ Can she speaks Chinese well?
④ You will can help your mother.
⑤ We are able to play soccer yesterday.

25 다음 중 어법상 틀린 것은?

① You had better not go there.
② I must get there before eight.
③ We not have to change our clothes.
④ He will be able to come and see you.
⑤ You will have to start tomorrow morning.

26 다음 글의 빈칸에 들어갈 말로 알맞은 것은?

> Michael is going to go camping tomorrow. The bus leaves at 7 a.m. His mom said to him, "You _____ go to bed early. You have to get up very early tomorrow." Michael set the alarm clock and went to bed.

① could   ② would
③ don't   ④ should
⑤ must not

서 술 형

[27-29] 다음 빈칸에 공통으로 들어갈 말로 알맞은 것을 〈보기〉에서 고르시오. (대·소문자 변화 가능)

―〈보기〉―

| may | must | had to | can't | couldn't |

27

- I _____ play the piano well before, but I can now.
- I _____ go to school because I was very sick yesterday.

28

- You _____ be sick. You look pale.
- We _____ always be kind to our classmates.

29

- _____ I ask you a question?
- The rumor _____ be false.

30 다음 문장을 부정문과 의문문으로 바꿔 쓰시오.

- Linda will be able to sing very well.

(부정문) ➡ _____

(의문문) ➡ _____

31 다음 밑줄 친 단어를 어법상 알맞은 형태로 각각 고쳐 쓰시오.

- They <u>help</u> the homeless this Sunday.
- The robots <u>build</u> a giant spaceship in the near future.

32 다음 우리말과 일치하도록 빈칸에 알맞은 말을 쓰시오.

- 어머니는 내게 "그것은 사실일 리가 없다."라고 말씀하셨다.
➡ My mother said to me, "It _____ _____ true."

33 다음 문장을 미래시제로 바꿔 쓸 때 빈칸에 알맞은 말을 쓰시오.

- He must get up early.
➡ He _____ _____ _____ get up early next week.

34 다음 대화문을 읽고 빈칸에 들어갈 말을 조건에 맞추어 완성하시오.

> **A** John, wake up! It's already 9:00 a.m.
> **B** Oh, my God! 9:00 a.m.? I am late for school! Why didn't you wake me up earlier, Mom?
> **A** What are you talking about? It's Sunday!
> **B** Oh, that's right. There is no class today.

─〈조건〉─
• have와 go를 포함하여 6단어로 쓸 것

➡ John thinks he overslept and is late for school, but he _____ because today is Sunday.

[35-37] 표지판의 내용에 맞게 주어진 조동사를 사용하여 문장을 완성하시오.

35

must

You _____ in the park.

36

can

You _____ in the park.

37

must

You _____ on the plane.

Chapter
04

부정사

1 부정사의 쓰임

1 부정사는 동사가 수, 인칭, 시제와 상관없이 항상 원형으로 사용되는 것을 말한다.
to부정사는 「to+동사원형」의 형태로 문장에서 명사, 형용사, 부사의 역할을 한다.

명사적 용법	주어, 목적어, 보어 역할	**To study** math is difficult. 수학을 공부하는 것은 어렵다. 〈주어 역할〉
형용사적 용법	(대)명사 뒤에서 (대)명사 수식	I have no one **to play** with. 나는 함께 놀 사람이 없다. 〈대명사 one 수식〉
부사적 용법	동사, 형용사, 부사 수식	Glad **to see** you again. 당신을 다시 만나 기쁩니다. 〈형용사 Glad 수식〉

2 to부정사의 부정형은 to부정사 앞에 not 또는 never를 붙여서 만든다.

Not to overwork is good for your health. 과로하지 않는 것이 당신의 건강에 좋다.
I decided **never to talk** to him again. 나는 다시는 그와 말을 하지 않기로 결심했다.

▶▶ 정답과 해설 p. 15

EXERCISE **A** 다음 괄호 안에서 옳은 것을 고르시오.

1 I am glad to [met / meet / not met] you.

2 She has no friend to [help / helped / not helps] her.

3 His plan is [not / to don't / not to] oversleep.

4 They don't want [go / going / to go] to the party.

5 [Not to eats / Eat / To eat] vegetables is good for your health.

EXERCISE **B** 다음 주어진 단어를 사용하여 〈보기〉와 같이 문장을 완성하시오.

〈보기〉
get James always ___gets___ up early in the morning.
He expects ___to get___ married soon.

1 read   I_____ the book yesterday.

I like _____ books.

2 buy   He _____ a new computer for them yesterday.

Jack went to the store _____ some food.

2 명사적 용법 – 주어 역할

to부정사가 주어로 쓰이는 경우, 주어 자리에 it을 쓰고 to부정사를 뒤로 보내는 것이 자연스럽다. 이때 it을 가주어, to부정사를 진주어라고 하며 it은 해석하지 않는다.

To become an actor is his dream. 배우가 되는 것은 그의 꿈이다.

➡ **It** is his dream **to become** an actor.

To walk against the traffic signal is dangerous. 교통 신호를 지키지 않고 걷는 것은 위험하다.

➡ **It** is dangerous **to walk** against the traffic signal.

▶▶ 정답과 해설 p. 15

EXERCISE A 다음 문장을 가주어 It을 사용하여 바꿔 쓰시오.

1 To read a good book is important.
➡ It _____ .

2 To tell a lie is wrong.
➡ It _____ .

3 To lift the heavy box is difficult.
➡ It _____ .

4 To have a true friend is lucky.
➡ It _____ .

EXERCISE B 다음 우리말과 일치하도록 주어진 단어와 어구를 배열하시오.

1 세계 일주를 하는 것이 내 꿈이다. (around, to, the world, travel)
➡ It is my dream _____ .

2 외국어를 배우는 것은 흥미롭다. (language, a, to, foreign, learn)
➡ It is interesting _____ .

3 교통 법규를 지키는 것은 중요하다. (obey, to, It, important, is)
➡ _____ the traffic laws.

4 밤에 혼자 걷는 것은 안전하지 않다. (is, to, safe, It, walk, not, alone)
➡ _____ at night.

3 명사적 용법 – 주격보어 역할

to부정사가 be동사 뒤에서 주어를 보충 설명하며, '~(하는) 것이다'라고 해석한다.

My hobby is **to play** computer games. 내 취미는 컴퓨터 게임을 하는 것이다.

My plan is **to finish** my homework by tomorrow. 나의 계획은 내일까지 숙제를 끝내는 것이다.

▶▶ 정답과 해설 p. 15

EXERCISE **A** 다음 문장을 밑줄 친 부분에 유의하여 우리말로 해석하시오.

1 My job is <u>to greet</u> guests at the hotel.

2 The most important thing is <u>not to give up</u>.

3 The important thing is <u>to listen</u> to others.

4 My brother's dream is <u>to become</u> a singer.

5 The most important thing is <u>to keep</u> an open mind.

EXERCISE **B** 다음 우리말과 일치하도록 주어진 단어와 어구를 배열하시오.

1 나의 목표는 법을 공부하는 것이다. (study, is, law, to)
➡ My goal _____.

2 그녀의 꿈은 언젠가 파리에서 사는 것이다. (live, to, Paris, in, someday)
➡ Her dream is _____.

3 우리의 목표는 우승하는 것이다. (win, goal, to, Our, is)
➡ _____ the championship.

4 나의 결심은 영어로 일기를 쓰는 것이다. (a diary, in, to, English, keep)
➡ My resolution is _____.

5 나의 목표는 올해 새 차를 사는 것이다. (a new car, buy, is, My goal, to)
➡ _____ this year.

6 거기에 가는 가장 쉬운 방법은 지하철을 타는 것이다. (to, is, take, the subway)
➡ The easiest way to go there _____.

7 나의 취미는 컴퓨터 게임을 하는 것이다. (computer games, to, is, play)
➡ My hobby _____.

4 명사적 용법 - 목적어 역할

to부정사를 목적어로 쓰는 동사		
want(원하다)	plan(계획하다)	hope(바라다)
agree(동의하다)	choose(선택하다)	offer(제안하다)
expect(기대하다)	refuse(거절하다)	pretend(~인 체하다)
promise(약속하다)	decide(결정하다)	would like(~하고 싶다)

I **want to go** to bed early tonight. 나는 오늘 밤에 일찍 자고 싶다.

She **refused to take** my advice. 그녀는 내 충고를 받아들이는 것을 거절했다.

I **decided** not **to waste** time. 나는 시간을 낭비하지 않기로 결심했다.

He **planned to study** abroad. 그는 해외에서 공부하기로 계획했다.

▶▶ 정답과 해설 p. 16

EXERCISE A 다음 주어진 문장을 〈보기〉와 같이 바꿔 쓰시오.

─〈보기〉─
He went fishing with his friends.
➡ He wanted _____to go fishing_____ with his friends.

1 He played football.
➡ He chose _____.

2 My brother didn't wear a cap.
➡ My brother agreed not _____.

3 Kevin didn't see Maria.
➡ Kevin refused _____.

4 He met foreigners there.
➡ He expected _____.

5 My parents will take a trip next Sunday.
➡ My parents planned _____.

6 He didn't send her a birthday card.
➡ He decided _____.

7 Susan saw the stars.
➡ Susan wanted _____.

EXERCISE B 다음 문장에서 어법상 틀린 부분을 찾아 바르게 고쳐 쓰시오.

1 I wanted to eating something delicious.

2 Nick expects goes to the movies with Lisa.

3 My daughter wants to is a doctor when she grows up.

4 Jenny promised meeting my brother again.

5 Mary and Mike decided get married next month.

6 I pretended read a book when my mom entered my room.

7 Sue offered taking care of my son while I was out.

8 My brother decided to bought a car because of his new baby.

EXERCISE C 다음 우리말과 일치하도록 주어진 단어와 어구를 배열하시오.

1 Alison은 파리에 가기를 원했다. (Paris, to, go, to)
➡ Alison wanted _____.

2 Tom은 경기를 이기는 걸 기대했다. (win, Tom, to, expected)
➡ _____ the game.

3 우리는 그곳에서 우리 상품을 판매하길 희망한다. (there, sell, to, our products)
➡ We hope _____.

4 나는 최선을 다할 것을 약속한다. (I, do, promise, to)
➡ _____ my best.

5 나는 다시는 늦지 않겠다고 약속했다. (to, again, late, be, not)
➡ I promised _____.

6 그녀는 올해 열심히 공부하기로 결심했다. (to, study, She, decided, hard)
➡ _____ this year.

7 그녀는 그의 부모님과 함께 살지 않을 것을 제안했다. (his parents, live, not, with, to)
➡ She offered _____.

8 Jimmy는 새 컴퓨터를 사지 않는 데 동의할 것이다. (agree, will, to, Jimmy, not, buy)
➡ _____ a new computer.

5 명사적 용법 – 목적격보어 역할

to부정사를 목적격보어로 쓰는 동사		
want(원하다)	expect(기대하다)	allow(허락하다)
tell(말하다)	advise(충고하다)	enable(가능하게 하다)
order(지시하다)	ask(부탁하다)	would like(바라다)

Mike **expects to go** there. Mike는 그곳에 가는 것을 기대한다. **〈3형식 - 목적어〉**

I **expect** Mike **to go** there. 나는 Mike가 그곳에 가기를 기대한다. **〈5형식 - 목적격보어〉**

Inho **wants to learn** English. 인호는 영어를 배우길 원한다. **〈3형식 - 목적어〉**

I **want** Inho **to learn** English. 나는 인호가 영어를 배우길 원한다. **〈5형식 - 목적격보어〉**

▶▶ 정답과 해설 p. 16

EXERCISE A 다음 괄호 안에서 옳은 것을 고르시오.

1 Jennifer asked me [singing / sing / to sing].

2 My friends expect me [to call / call / calling] them.

3 Mom told me [not to eat / to eating / not eat] junk food.

4 I want you [attend / attending / to attend] the meeting.

5 My father allowed me [to sleep / sleeping / sleep] late.

6 His teacher ordered Tim [making / makes / not to make] a noise.

7 The doctor advised him [stopping / stopped / to stop] smoking.

8 Technology enables us [use / using / to use] cell phones everywhere.

9 Mom asked me [to wash / wash / washing] the dishes.

EXERCISE B 다음 주어진 문장을 〈보기〉와 같이 완성하시오.

┌─〈보기〉───────────────────────────────
│ Jasmin wants to be a movie star.
│ ➡ I want <u> Jasmin </u> <u> to </u> <u> be </u> a movie star.
└──────────────────────────────────────

1 He wants to learn English.

   ➡ I want _____ _____ _____ English.

2 She wants to get a good grade in math.

➡ Her mother wants _____ _____ _____ a good grade in math.

3 You want to come to my birthday party.

➡ I want _____ _____ _____ to my birthday party.

4 Jake expected to pass the exam.

➡ Jake's parents expected _____ _____ _____ the exam.

5 We did a lot of homework.

➡ My teacher asked _____ _____ _____ a lot of homework.

6 I went to the swimming pool.

➡ My parents allowed _____ _____ _____ to the swimming pool.

EXERCISE C 다음 우리말과 일치하도록 주어진 단어와 어구를 배열하시오.

1 나는 그에게 내 책을 돌려달라고 말했다. (return, him, to, told)

➡ I _____ my book.

2 사장은 그가 규칙을 따르기를 원했다. (follow, him, wanted, to)

➡ The boss _____ the rules.

3 나는 그가 그녀를 다시 만나기를 기대했다. (see, to, him, expected)

➡ I _____ her again.

4 그것은 우리가 정보를 공유하는 것을 가능하게 한다. (share, to, us, enables)

➡ It _____ information.

5 나의 부모님은 내가 운전하도록 허락하셨다. (drive, me, allowed, to)

➡ My parents _____.

6 나는 그녀에게 피아노를 연주하라고 말했다. (play, her, to, the piano, told)

➡ I _____.

7 나의 엄마는 내가 매일 운동하기를 기대하신다. (me, every day, to, expects, exercise)

➡ My mom _____.

8 컴퓨터는 우리가 집에서 공부하는 것을 가능하게 한다. (us, home, study, at, to, enable)

➡ Computers _____.

6 명사적 용법 – 의문사 + to부정사

「의문사+to부정사」는 「의문사+주어+should+동사원형」으로 바꿔 쓸 수 있다.

Please tell me **what to do**. 무엇을 해야 할지 내게 말해주세요.

➡ Please tell me **what I should do**.

what + to부정사	무엇을 ~할지	how + to부정사	어떻게 ~할지, ~하는 법
whom + to부정사	누구를 ~할지	where + to부정사	어디로 ~할지
which + 명사 + to부정사	어느 …을 ~할지	when + to부정사	언제 ~할지

! 「why + to부정사」는 쓰지 않는다.

▶▶ 정답과 해설 p. 16

EXERCISE A 다음 주어진 단어를 사용하여 「how(what) + to부정사」의 형태로 문장을 완성하시오.

1 Can you tell me _____ a car? (park)

2 _____ money is the most important. (spend)

3 I don't know _____ with this paper. (make)

4 Do you know _____ an email through the Internet? (send)

EXERCISE B 다음 두 문장의 의미가 일치하도록 〈보기〉와 같이 문장을 완성하시오.

〈보기〉
Will you show me how to do this? = Will you show me ___how I should do___ this?

1 She didn't know how to spend the prize money.
= She didn't know _____ _____ _____ _____ the prize money.

2 Could you tell me where to go this Sunday?
= Could you tell me _____ _____ _____ _____ this Sunday?

3 Could you tell me when to leave?
= Could you tell me _____ _____ _____ _____ ?

4 Tell me what to do for the party.
= Tell me _____ _____ _____ _____ for the party.

1 「(대)명사 + to부정사」

My mom made me **a promise to buy** a cell phone. 나의 엄마는 내게 휴대 전화를 사준다는 약속을 하셨다.

2 「-thing / -body / -one(대명사) + 형용사 + to부정사」

I need **something warm to wear**. 나는 입을 만한 따뜻한 것이 필요하다.

▶ ▶ 정답과 해설 p. 16

EXERCISE A 다음 문장의 밑줄 친 부분을 바르게 고쳐 쓰시오.

1 I have <u>a lot of things do</u>. ➡ _____

2 She needs <u>a black pen use</u>. ➡ _____

3 I want <u>hot something to drink</u>. ➡ _____

4 Do you have <u>time have</u> a cup of coffee? ➡ _____

5 There's <u>nothing to read interesting</u> here. ➡ _____

EXERCISE B 다음 우리말과 일치하도록 주어진 단어와 어구를 배열하시오.

1 Eric은 그를 지지해줄 친구들이 필요하다. (needs, to, him, friends, support)
➡ Eric _____.

2 나는 너에게 말할 것이 있다. (have, something, you, tell, to)
➡ I _____.

3 그녀는 돌볼 아이가 두 명 있다. (two, has, to, look after, children)
➡ She _____.

4 나는 뭔가 흥미로운 읽을거리를 원한다. (interesting, something, to, want, read)
➡ I _____.

5 그녀는 입을 치마가 전혀 없다. (any, wear, to, doesn't, skirts, have)
➡ She _____.

8 형용사적 용법 – to부정사 + 전치사

to부정사에 자동사가 쓰여서 to부정사가 수식하는 명사가 전치사의 목적어가 될 경우, 「to부정사 + 전치사」 형태로 쓴다.

There is a chair. + I want to sit on the chair. 의자가 한 개 있다. + 나는 그 의자에 앉고 싶다.

➡ There is **a chair** to sit on. 앉을 의자가 한 개 있다.

There is a lake. + I will swim in the lake. 호수가 하나 있다. + 나는 그 호수에서 수영할 것이다.

➡ There is **a lake** to swim in. 수영할 호수가 하나 있다.

✚ to부정사 다음에 전치사를 써야 하는지 여부는 to부정사의 수식을 받는 명사와 to부정사에 쓰인 동사를 이용하여 평서문을 만들어 보면 쉽게 알 수 있다.

  a house **to sell** → sell a house (○)
  a house **to live** → live a house (×)
  a house **to live in** → live in a house (○)

▶▶ 정답과 해설 p. 17

EXERCISE (A) 다음 주어진 두 문장을 연결하여 〈보기〉와 같이 한 문장으로 바꿔 쓰시오.

┌〈보기〉─────────────────────────────
│ I don't have a pen. + I will write with the pen.
│ ➡ I don't have a pen _____ to write with _____.
└──────────────────────────────────

1 Amy is waiting for friends. + She will play with the friends.
  ➡ Amy is waiting for friends _____.

2 He is looking for an apartment. + He wants to live in the apartment.
  ➡ He is looking for an apartment _____.

3 I need a friend. + I want to talk with the friend.
  ➡ I need a friend _____.

4 This is a form. + People should fill out the form.
  ➡ This is a form _____.

5 I want a partner. + I will dance with the partner.
  ➡ I want a partner _____.

6 Maria needs a chair. + She will sit on the chair.
  ➡ Maria needs a chair _____.

EXERCISE B 다음 문장의 밑줄 친 부분을 바르게 고쳐 쓰시오.

1 She chose a hotel <u>to stay</u>. ➡ _____

2 There is nothing <u>to talk</u>. ➡ _____

3 Tim has a problem <u>to worry</u>. ➡ _____

4 She has enough friends <u>to talk</u>. ➡ _____

5 Give me a piece of paper <u>to write</u>. ➡ _____

6 Can you give me a pen <u>to write</u>? ➡ _____

7 Mike wants to have a friend <u>to play</u>. ➡ _____

8 This warm jacket has pockets <u>to put your hands</u>. ➡ _____

EXERCISE C 다음 우리말과 일치하도록 주어진 단어와 어구를 배열하시오.

1 제게 쓸 펜 하나만 빌려주시겠어요? (write, a pen, to, with)
➡ Could you lend me _____?

2 George는 의지할만한 남자가 아니다. (to, on, a man, depend)
➡ George isn't _____.

3 채워야 할 빈칸들이 많다. (in, to, blanks, fill, lots of)
➡ There are _____.

4 우리는 이야기할 많은 화제가 있다. (topics, talk, to, a lot of, about)
➡ We have _____.

5 Judy는 쓸 종이 한 장을 찾고 있다. (to, paper, a piece of, on, write)
➡ Judy is looking for _____.

6 나는 이야기할 친구가 전혀 없다. (friends, with, to, any, talk)
➡ I don't have _____.

7 나는 말을 걸 예쁜 소녀를 만났다. (girl, talk, pretty, to, to, a)
➡ I met _____.

8 Tim은 들을 만한 좋은 노래 한 곡을 안다. (a, listen, song, good, to, to)
➡ Tim knows _____.

9 부사적 용법 – 목적 / 원인 / 판단 근거

1 **목적** ~하기 위하여, ~하려고

동사를 수식하며 목적의 의미를 분명하게 나타내기 위해 in order to나 so as to를 쓰기도 한다.
in order to와 so as to의 부정형은 to 앞에 not을 붙인다.

He **drank** coffee **to stay** awake. 그는 깨어 있기 위해 커피를 마셨다.
= He **drank** coffee **in order to(so as to) stay** awake.

She **ran not to miss** the bus. 그녀는 그 버스를 놓치지 않기 위해 달렸다.
= She **ran in order not to(so as not to) miss** the bus.

2 **(감정의) 원인** ~해서, ~하게 되어서

감정을 나타내는 형용사 뒤에 쓰인다.

We are quite **happy to work** with you. 우리는 당신과 함께 일하게 되어 매우 기쁩니다.

3 **판단 근거** ~하다니 …가 틀림없다, ~일 리가 없다

판단의 근거를 to부정사로 나타내며, 주로 추측의 조동사 must, cannot과 함께 쓰인다.

They **must** be stupid **to do** such a thing. 그들이 그런 짓을 하다니 어리석은 게 틀림없다.

▶▶ 정답과 해설 p. 17

EXERCISE A 다음 주어진 두 문장을 연결하여 〈보기〉와 같이 한 문장으로 바꿔 쓰시오.

─〈보기〉─
I saw you at the park yesterday. I was happy.
➡ I was happy _____ to see you at the park yesterday _____.

1 They heard the bad news. They were sad.
➡ They were sad _____.

2 He got a bad grade. He was disappointed.
➡ He _____.

3 I was late for the meeting. I was sorry.
➡ I _____.

4 My father will go to London for a vacation. My father is excited.
➡ My father _____.

다음 주어진 두 문장과 어구를 사용하여 〈보기〉와 같이 한 문장으로 바꿔 쓰시오.

┌─〈보기〉───
│ I went to the bookstore. I wanted to buy a book. (in order to)
│ ➡ I went to the bookstore _____in order to buy a book_____ .
└──

1 My grandfather came here. He wanted to see me. (so as to)
➡ My grandfather came here _____ .

2 Susan went to Spain. She wanted to meet her cousin. (to)
➡ Susan went to Spain _____ .

3 He had to run. He didn't want to miss the first train. (in order to)
➡ He had to run _____ .

4 She turned off the computer. She won't surf the Internet. (so as to)
➡ She turned off the computer _____ .

다음 문장을 해석하고, 밑줄 친 to부정사의 의미를 〈보기〉에서 고르시오.

┌─〈보기〉─────────────────────────────
│ ⓐ 목적   ⓑ 원인   ⓒ 판단 근거
└──────────────────────────────────

1 Tom bought a small car to save money.

2 He cannot be honest to say something like that.

3 They went out to take a walk.

4 They were disappointed to discover his absence.

5 Dan must like her to give her a present.

6 Sam studied hard to pass the exam.

7 I went to the market to buy some food.

8 I must be foolish to believe him.

9 She was happy to receive a call from him.

10 He took a taxi to arrive in time.

80

10 부사적 용법 - 결과 / 조건 / 형용사 수식

1 [결과] ~해서 (결국) …하다

결과적으로 일어난 일을 to부정사로 표현한다.

She grew up **to be** a doctor. 그녀는 자라서 의사가 되었다.

➡ She grew up **and she became** a doctor.

+ 「only+to부정사」: ~하지만 (결국) …하다

He studied hard **only to fail** the exam. 그는 열심히 공부했지만 시험에 떨어졌다.

➡ He studied hard **but he failed** the exam.

2 [조건] ~한다면

주로 조동사 would, may와 함께 쓰인다.

I **would** be happy **to see** you. 내가 너를 본다면 기쁠 텐데.

3 [형용사 수식] ~하기에, ~한

형용사 뒤에서 부사처럼 형용사를 수식한다.

This problem is **easy to solve**. 이 문제는 풀기 쉽다.

▶▶ 정답과 해설 p. 17

EXERCISE A 다음 우리말과 일치하도록 주어진 단어를 사용하여 문장을 완성하시오. (필요시 형태 변화)

1 Christine은 90세까지 살았다. (live, be)
➡ Christine _____ _____ _____ 90 years old.

2 나는 잠에서 깨자 내가 유명해진 것을 알게 되었다. (wake up, find)
➡ I _____ _____ _____ _____ myself famous.

3 그 소녀는 자라서 위대한 발레리나가 되었다. (grow up, be)
➡ The girl _____ _____ _____ _____ a great ballerina.

4 Steve는 집에 돌아와서 그의 지갑이 도난당한 것을 알게 되었다. (get home, find)
➡ Steve _____ _____ _____ _____ his wallet stolen.

5 나는 박물관에 갔지만 그곳이 닫혀 있는 것을 알게 되었다. (only, find)
➡ I went to the museum _____ _____ _____ it closed.

EXERCISE B 다음 우리말과 일치하도록 주어진 단어를 사용하여 문장을 완성하시오. (필요시 형태 변화)

1 수학은 배우기 어렵다. (difficult, learn)

➡ Math is _____ _____ _____.

2 고양이는 훈련시키기 불가능하다. (train, impossible)

➡ Cats are _____ _____ _____.

3 이 책은 이해하기 어렵다. (understand, hard)

➡ This book is _____ _____ _____.

4 그 질문은 대답하기 쉽지 않다. (easy, answer)

➡ The question is _____ _____ _____ _____.

EXERCICE C 다음 두 문장의 의미가 일치하도록 문장을 완성하시오.

1 If he knew that, he would be angry.

= He would be angry _____.

2 If you helped others, you would be happy.

= You would be happy _____.

3 I would be glad if I joined your club.

= I would be glad _____.

EXERCISE D 다음 문장을 해석하고, 밑줄 친 to부정사의 의미를 〈보기〉에서 고르시오.

〈보기〉

ⓐ 결과   ⓑ 조건   ⓒ 형용사 수식

1 French is difficult to learn.

2 I would be glad to meet her there.

3 Those books are easy to understand.

4 The students are very difficult to teach.

5 My great-grandfather lived to be 100 years old.

6 To talk with him, you may understand him.

11 to부정사의 의미상 주어

의미상 주어란 to부정사가 나타내는 행위의 주체를 가리킨다.

1 to부정사의 의미상 주어가 문장의 주어와 다를 경우 「for + 목적격」으로 나타낸다.

This book is too difficult **for me to read**. 이 책은 내가 읽기에 너무 어렵다.

2 to부정사를 사람의 성격이나 태도를 나타내는 형용사와 함께 쓰는 경우 의미상 주어를 「of + 목적격」으로 나타낸다.

It is **foolish of you to say** such a thing. 네가 그런 말을 하다니 어리석다.

사람의 성격이나 태도를 나타내는 형용사		
kind(친절한)	rude(무례한)	thoughtful(사려 깊은)
wise(현명한)	brave(용감한)	careful(주의 깊은)
foolish(어리석은)	silly(어리석은)	clever(똑똑한)
stupid(바보 같은)	sweet(다정한)	careless(조심성 없는)
polite(예의 바른)	selfish(이기적인)	generous(관대한)

▶▶ 정답과 해설 p. 17

EXERCISE A 다음 문장의 밑줄 친 부분을 바르게 고쳐 쓰시오.

1 It is foolish <u>for her</u> to say so. ➡ _____

2 It is not easy <u>her</u> to carry the box. ➡ _____

3 It is clever <u>him</u> to solve the problem. ➡ _____

4 It was difficult <u>for they</u> to study English. ➡ _____

5 It is very kind <u>for you</u> to show me the way. ➡ _____

6 It is hard <u>of me</u> to answer the question. ➡ _____

7 It is impossible <u>of me</u> to get an A in math. ➡ _____

8 It is wise <u>for you</u> not to spend much money. ➡ _____

9 It is very important <u>for my</u> to forgive you. ➡ _____

10 That's very kind <u>you</u> to give me what I need. ➡ _____

다음 주어진 단어를 사용하여 <보기>와 같이 문장을 완성하시오.

─〈보기〉─────────────────
You helped us. (kind)
➡ It was _____ kind of you to help us _____.

1 I understand your idea. (very difficult)

➡ It is _____.

2 He fought against the robber. (brave)

➡ It was _____.

3 I finish the work in time. (impossible)

➡ It is _____.

4 You didn't write down her phone number. (silly)

➡ It was _____.

5 She doesn't answer the questions. (foolish)

➡ It is _____.

6 He doesn't wear a seat belt. (dangerous)

➡ It is _____.

다음 우리말과 일치하도록 주어진 단어와 어구를 배열하시오.

1 네가 영어를 배우는 것은 쉽다. (you, easy, to, for, learn)

➡ It is _____ English.

2 Jason이 열심히 공부하는 것은 중요하다. (study, Jason, for, to, important)

➡ It is _____ hard.

3 그는 전화기를 떨어뜨리다니 조심성이 없었다. (to, careless, of, drop, him)

➡ It was _____ the phone.

4 너는 그 개를 주인에게 데려다주다니 친절했다. (to, kind, take, of, you)

➡ It was _____ the dog to its owner.

5 그들은 다른 사람들을 배려하지 않다니 무례하다. (of, not, care, them, rude, to)

➡ It is _____ about others.

12 too ~ to

「too + 형용사(부사) + to부정사」 너무 ~해서 …할 수 없는

➡ 「so + 형용사(부사) + that + 주어 + can't(couldn't)」

She was **too busy to come** to the party. 그녀는 너무 바빠서 그 파티에 올 수 없었다.

➡ She was **so busy that she couldn't come** to the party.

This box is **too heavy** *for you* **to carry**. 이 상자는 너무 무거워서 네가 옮길 수 없다.

➡ This box is **so heavy that** *you* **can't carry** <u>it</u>. 〈목적어 it 생략 불가〉

* 문장의 주어가 to부정사의 목적어일 경우, 절로 전환할 때 반드시 목적어를 써줘야 한다.

▶▶ 정답과 해설 p. 18

EXERCISE (A) 다음 두 문장의 뜻이 같도록 빈칸에 알맞은 말을 쓰시오.

1 He is so young that he can't travel alone.

= He is ＿＿＿＿ ＿＿＿＿ ＿＿＿＿ ＿＿＿＿ alone.

2 I was too tired to walk anymore.

= I was ＿＿＿＿ tired ＿＿＿＿ I ＿＿＿＿ walk anymore.

3 This room is too noisy for me to study here.

= This room is so noisy ＿＿＿＿ ＿＿＿＿ ＿＿＿＿ study here.

4 This soup is too hot for her to eat.

= This soup is ＿＿＿＿ hot ＿＿＿＿ ＿＿＿＿ ＿＿＿＿ eat ＿＿＿＿.

EXERCISE (B) 다음 그림을 보면서 주어진 단어와 too ~ to를 사용하여 문장을 완성하시오.

1

(high, reach)
The shelf is ＿＿＿＿＿＿＿＿＿＿＿＿＿＿.

2

(hot, drink)
The water is ＿＿＿＿＿＿＿＿＿＿＿＿＿.

13 enough to

「형용사〔부사〕+enough+to부정사」: ~할 만큼 충분히 …한

➡ 「so+형용사〔부사〕+that+주어+can〔could〕」

He is **old enough to go** to school. 그는 학교에 갈 만큼 충분한 나이가 됐다.

➡ He is **so old that he can go** to school.

The ball was **slow enough** *for him* **to hit**. 그 공은 그가 칠 만큼 충분히 느렸다.

➡ The ball was **so slow that** *he* **could hit** it. 〈목적어 it 생략 불가〉

* 의미상 주어가 있는 경우, 의미상 주어가 that절의 주어가 된다.

▶▶ 정답과 해설 p. 18

EXERCISE A 다음 두 문장의 뜻이 같도록 빈칸에 알맞은 말을 쓰시오.

1 Jack was so clever that he could do the work.

= Jack was ＿＿＿＿ ＿＿＿＿ ＿＿＿＿ ＿＿＿＿ the work.

2 She is smart enough to understand the book.

= She is ＿＿＿＿ smart ＿＿＿＿ she ＿＿＿＿ ＿＿＿＿ the book.

3 This lesson is so easy that I can follow it.

= This lesson is ＿＿＿＿ ＿＿＿＿ ＿＿＿＿ ＿＿＿＿ ＿＿＿＿ .

4 The flower was pretty enough for me to buy.

= The flower was ＿＿＿＿ pretty ＿＿＿＿ ＿＿＿＿ ＿＿＿＿ buy ＿＿＿＿ .

EXERCISE B 다음 그림을 보면서 주어진 단어와 enough to를 사용하여 문장을 완성하시오.

1 (rich, buy)

She is ＿＿＿＿＿＿＿＿＿＿ a big house.

2 (thick, walk on)

The ice was ＿＿＿＿＿ for us ＿＿＿＿＿ .

14 원형부정사

1 「사역동사(make, have, let) + 목적어 + 원형부정사」

He **made** me **do** the work. 그는 내가 그 일을 하게 했다.

She **helped** her mother **(to) wash** the clothes. 그녀는 엄마가 빨래하는 것을 도왔다.

* help(준사역동사)는 목적격보어로 원형부정사 또는 to부정사를 모두 사용할 수 있다.

2 「지각동사(see, watch, hear) + 목적어 + 원형부정사」

We **saw** him **leave** a while ago. 우리는 그가 조금 전에 떠나는 것을 보았다.

I **saw** Jen **walk(ing)** with a boy. 나는 Jen이 어떤 소년과 함께 걷고 있는 것을 보았다.

* 지각동사의 목적어가 현재 진행 중인 행동임을 강조할 때 목적격보어로 현재분사(-ing)를 쓰기도 한다.

▶▶ 정답과 해설 p. 18

EXERCISE A 다음 괄호 안에서 옳은 것을 고르시오. (답 2개 가능)

1 We heard the woman [crying / to cry / cry] at night.

2 The teacher made me [writing / write / to write] the report.

3 He helped us [to cross / crossing / cross] the street safely.

4 The old man had me [to carry / carry / carrying] the heavy box.

5 I heard him [to sing / sing / singing] in the bathroom.

6 My father let me [to play / play / playing] outside with my friends.

EXERCISE B 다음 우리말과 일치하도록 주어진 단어들을 배열하여 문장을 완성하시오.

1 나의 엄마는 내가 거기에 가는 것을 허락하지 않으셨다. (go, let, didn't, me)

➡ My mom _____ there.

2 나는 어젯밤에 언니가 설거지하는 것을 도왔다. (wash, sister, helped, my)

➡ I _____ the dishes last night.

3 John은 두 소년이 배드민턴을 치고 있는 것을 보았다. (playing, two, the, saw, boys)

➡ John _____ badminton.

4 Susan은 누군가가 문을 두드리는 소리를 들었다. (the, someone, door, on, heard, knock)

➡ Susan _____ .

학교 시험 대비 문제

▶▶ 정답과 해설 p. 18

01 다음 밑줄 친 부분의 쓰임이 나머지 넷과 다른 것은?

① It is difficult <u>to say</u> sorry.

② I don't know <u>what to say</u>.

③ Her hobby is <u>to take</u> pictures.

④ He brought some bread <u>to eat</u>.

⑤ <u>To learn</u> other languages is not easy.

고난도

04 다음 밑줄 친 to의 쓰임이 나머지 넷과 다른 것은?

① It is not good <u>to</u> hunt animals.

② They have a solution <u>to</u> pollution.

③ The table is heavy for him <u>to</u> move.

④ This is the best way <u>to</u> persuade him.

⑤ It is difficult <u>to</u> write a letter in French.

02 다음 빈칸에 들어갈 말로 바르게 짝지어진 것은?

> • He has many friends to play _____ .
>
> • I need some paper to write _____ .

① with — in

② × — on

③ with — on

④ to — in

⑤ to — ×

05 다음 빈칸에 들어갈 말로 바르게 짝지어진 것은?

> • She asked him _____ the window.
>
> • I heard someone _____ in the dark.

① close — screaming

② to close — scream

③ close — to scream

④ closing — screaming

⑤ to close — to screaming

고난도

03 다음 우리말을 영어로 바르게 옮긴 것은? (답 2개)

> 그는 너무 어려서 그의 이름을 쓸 수 없었다.

① He was too young to write his name.

② He was young enough to write his name.

③ He was so young that he could write his name.

④ He was very young, so he could write his name.

⑤ He was so young that he couldn't write his name.

06 다음 우리말과 일치하도록 주어진 단어와 어구를 배열할 때 다섯 번째 오는 단어는?

> • 네가 온종일 일하는 것은 불가능하다. (you, it, to, impossible, for, all day long, is, work)
>
> ➡ _____

① you

② for

③ work

④ to

⑤ impossible

07 다음 중 두 문장의 의미가 서로 다른 것은?

① To play chess is interesting.
= It is interesting to play chess.
② I forgot where to go.
= I forgot where I should go.
③ He studied hard only to fail the exam.
= If he studies hard, he won't fail the exam.
④ This river is too deep to swim in.
= This river is so deep that we can't swim in it.
⑤ I went to the library to borrow a book.
= I went to the library in order to borrow a book.

08 다음 빈칸에 들어갈 단어가 나머지 넷과 다른 것은?

① It is nice _____ you to help me.
② It is difficult _____ him to get an A.
③ It is important _____ me to save time.
④ It is hard _____ me to write an essay in English.
⑤ It is necessary _____ her to read a lot of books.

09 다음 밑줄 친 부분의 쓰임이 나머지 넷과 다른 것은?

① Her dream is to become a singer.
② She decided to make a new plan.
③ I hope to have my own company.
④ Jane grew up to be a famous writer.
⑤ To travel around the world is my dream.

10 다음 중 어법상 틀린 것은?

① He wanted me go there.
② Tim helped me carry the boxes.
③ Jane made me wash the dishes.
④ Let me introduce myself to you.
⑤ Julie made her daughter read the book.

11 다음 대화의 빈칸에 들어갈 말로 바르게 짝지어진 것은?

> **A** Do you let your children _____ in the river?
> **B** No. I'm afraid the river is too dangerous for them _____ in.

① to swim — swim
② swim — to swim
③ to swim — to swim
④ swimming — swim
⑤ swim — swimming

12 다음 밑줄 친 부분의 쓰임이 나머지 넷과 다른 것은?

① I was excited to get a raise.
② He studied hard to be a doctor.
③ I got up early to catch the first train.
④ I went to Toronto to visit my cousin.
⑤ She exercises every day to lose weight.

13 다음 두 문장의 뜻이 일치하도록 빈칸에 들어갈 말로 알맞은 것은?

> • I can't decide where to go.
> = I can't decide _____.

① where I can go
② where can I go
③ where I may go
④ where I should go
⑤ where should I go

고난도

14 다음 〈보기〉의 밑줄 친 부분과 쓰임이 같은 것은?

〈보기〉

> <u>It</u> is fun to travel as a student ambassador.

① <u>It</u> is sunny today.
② <u>It</u> is easy to use a computer.
③ I bought a book and I like <u>It</u>.
④ <u>It</u> is quite warm at the moment.
⑤ <u>It</u> is not so far from here to Seoul.

15 다음 〈보기〉의 밑줄 친 부분과 쓰임이 같은 것은?

〈보기〉

> I don't have time <u>to go</u> shopping.

① I try <u>to lose</u> weight.
② It is helpful <u>to study</u> English.
③ I am happy <u>to hear</u> the news.
④ I want <u>to travel</u> all over the world.
⑤ South Africa has many places <u>to visit</u>.

16 다음 빈칸에 들어갈 말로 알맞은 것은?

> It is common _____ this
> question during a stay in New York.

① hear ② to hear
③ heard ④ to hearing
⑤ have heard

고난도

17 다음 중 어법상 올바른 것은?

① Joy expected me be on time.
② They advised me telling the truth.
③ Billy wants me taken care of his dog.
④ I told my mom giving me some money.
⑤ I asked my friend to lend me some books.

18 다음 대화의 빈칸에 들어갈 말로 알맞은 것은?

> **A** Why did you get up early this morning?
> **B** I got up early _____ the sunrise.

① see ② to see ③ saw
④ seen ⑤ seeing

고난도

19 다음 중 어법상 틀린 것은?

① I will let you know the truth.
② He advised me to work hard.
③ Jason felt something touch his shoulder.
④ I told the children not making too much noise.
⑤ My father wants me not to stay up late at
　 night.

고난도

20 다음 빈칸에 들어갈 말로 알맞은 것은?

> I will enter the piano contest tomorrow.
> _____
> But I'll do my best. I practiced a lot.

① I'm so nervous to sleep.

② I'm too nervous to sleep.

③ I'm nervous that I can sleep.

④ I'm nervous enough to sleep.

⑤ I'm too nervous that to sleep.

[21-23] 다음 대화를 읽고, 물음에 답하시오.

Minho	What's up, Jina?
Jina	I failed my math exam. ⓐ I really don't know what to do.
Minho	Don't take it so hard. How about studying with me tonight?
Jina	Thank you, Minho. It's very kind ⓑ _____ to offer.

21 위 글의 ⓐ를 다음과 같이 바꿀 때 빈칸에 들어갈 말로 알맞은 것은?

> I really don't know what I _____.

① can do　　② will do　　③ might do

④ must do　　⑤ should do

22 위 글의 ⓑ에 들어갈 말로 알맞은 것은?

① your　　② to you　　③ for you

④ of you　　⑤ in you

23 위 글의 내용과 일치하도록 다음 문장을 완성할 때 빈칸에 들어갈 말로 알맞은 것은? (답 2개)

> Minho will help Jina _____ math.

① studying　　② studied

③ study　　④ to studying

⑤ to study

24 다음 중 〈보기〉의 밑줄 친 부분과 쓰임이 같은 것은?

〈보기〉

> He studied hard in order to pass the exam.

① I was happy to meet you.

② I decided to keep a diary in English.

③ This is the best way to finish the work.

④ He must be rich to buy an expensive car.

⑤ She is going to the library to return some books.

25 다음 대화의 빈칸에 들어갈 말로 알맞은 것은?

> **A** I need something _____.
> 　　Do you have a pen?
> **B** Sure. Here you are.

① write　　② to write

③ to write on　　④ to write about

⑤ to write with

26 다음 밑줄 친 부분의 쓰임이 나머지 넷과 다른 것은?

① I expect him to go there.

② My mother allowed me to sleep late.

③ My father told me to go there.

④ My brother wanted a book to read.

⑤ He asked his sister to move the chair.

27 다음 빈칸에 들어갈 말로 알맞지 않은 것은?

| He _____ his son cross the street alone. |

① allowed   ② had   ③ saw

④ let   ⑤ helped

28 다음 대화의 빈칸에 들어갈 말로 알맞은 것은?

| A Do you have any hobbies?
B Not really. How about you?
A My hobby is _____ coins. |

① collection   ② collect

③ collected   ④ to collect

⑤ to collecting

서 술 형

29 다음 우리말과 일치하도록 주어진 단어를 사용하여 빈칸에 알맞은 말을 쓰시오.

- 나는 Jack을 내 생일 파티에 초대하지 않기로 결정했다. (invite)
➡ I've decided _____ _____ _____ Jack to my birthday party.

[30-32] 다음 주어진 단어와 어구를 사용하여 대화를 완성하시오. (필요시 형태 변화)

30

| A Why did Sangho go to the airport?
B He went to the airport _____
_____.
(his brother, see off) |

31

| A Why did you go to the store?
B I went to the store _____
_____. (a jacket, buy) |

32

> **A** It was _____ _____ _____
> to break the dish. (you, careless)
> **B** I'm sorry, but I wanted to help you.

33 다음 괄호 안에 주어진 단어를 사용하여 대화를 완성하시오.

> **A** I have decided _____ _____ (go)
> to England this summer.
> **B** England? Where exactly?
> **A** I'm going to London _____ _____
> (visit) the National Gallery. There are a
> lot of beautiful paintings and I would like
> _____ _____ (see) them. Then I
> will go to the Buckingham Palace.
> **B** I hope you enjoy your trip.

34 다음 두 문장의 뜻이 일치하도록 빈칸에 알맞은 말을 쓰시오.

> • Mike is active enough to get along with
> his classmates.
> = Mike is _____ _____ that _____
> _____ _____ along with his
> classmates.

[35-37] 다음 두 문장을 to부정사를 사용하여 한 문장으로 바꿔 쓰시오.

35

> • She wants to buy a big house. She will live
> in the house.
> ➡ She wants _____ _____ a big
> house _____ _____ _____.

36

> • Yujin needs a chair. She will sit on the chair.
> ➡ Yujin needs _____ _____ _____
> _____ _____.

37

> • Alan is very smart. He can fix the computer.
> ➡ Alan is _____ _____ that he
> _____ _____ the computer.
> ➡ Alan is _____ _____ _____
> _____ the computer.

[38-40] 다음 그림의 내용과 일치하도록, <조건>에 맞게 문장을 완성하시오.

<조건>
- to부정사를 사용할 것
- <보기>에서 알맞은 단어를 골라 사용할 것

<보기>

bread pictures buy books take borrow

38

Sumin

Sumin went to the library _____
_____.

39

Junsu

Junsu went to the bakery _____
_____.

40

Sangho

Sangho went to the park _____
_____.

고난도

[41-42] 다음 대화를 읽고, 주어진 단어를 사용하여 <보기>와 같이 문장을 쓰시오.

Sujin	Mom, will you let me go to the party?
Mom	Sujin, you are not allowed to go to the party.
Sujin	Please, Mom. Please let me go to the party.
Mom	No! Go upstairs and do your homework.

<보기>

Please, Mom. Please let me go to the party. (ask)

➡ Sujin asked her mom to let her go to the party.

41 Sujin, you are not allowed to go to the party. (allow)

➡ _____
_____

42 Go upstairs and do your homework. (order)

➡ _____
_____

Chapter

05

동명사

1 동명사의 쓰임

문장 안에서 「동사원형 + -ing」의 형태로 명사 역할을 하는 것을 동명사라고 한다.

1 '~하는 것, ~하기'로 해석하며, 주어, 목적어, 보어의 역할을 한다.

Using a computer is very simple. 컴퓨터를 사용하는 것은 아주 간단하다. 〈주어〉

Did you enjoy **talking** with him? 그와 이야기하는 게 즐거웠니? 〈목적어〉

Jenny is good at **swimming**. Jenny는 수영을 잘한다. 〈전치사의 목적어〉

His job is **taking** care of children. 그의 직업은 아이들을 보살피는 것이다. 〈보어〉

2 동명사의 부정형은 동명사 앞에 **not**을 붙여 만든다.

He regrets **not helping** her. 그는 그녀를 도와주지 않은 것을 후회한다.

cf. He doesn't regret **helping** her. 그는 그녀를 도와준 것을 후회하지 않는다.

▶▶ 정답과 해설 p.21

EXERCISE A 다음 주어진 단어를 사용하여 〈보기〉와 같이 문장을 완성하시오.

〈보기〉

| say | Come and ___*say*___ good-bye to your friend. |
| | He went out without ___*saying*___ good-bye. |

1 clean I _____ the table this morning.

_____ your room regularly is a good habit.

2 make My mother _____ me some cakes two days ago.

My hobby is _____ cookies.

3 close He always _____ all the doors and windows.

Would you mind _____ the window?

4 teach She _____ English after work every day.

Her job is _____ English.

5 write Chris _____ the letter in English yesterday.

_____ a letter in English is easy.

2 주어로 쓰이는 동명사

동명사는 주어의 자리에서 명사처럼 쓰이며, 주어로 쓰이는 동명사는 단수 취급한다.

Studying math is not easy. 수학을 공부하는 것은 쉽지 않다.

= **To study** math is not easy.

= It is not easy **to study** math.

▶▶ 정답과 해설 p.21

EXERCISE A 다음 빈칸에 알맞은 단어를 〈보기〉에서 골라 문장을 완성하시오. (필요시 형태 변화)

〈보기〉

talk	read	get	walk	have	study

1 _____ English grammar is easy.

2 _____ about rumors is not good.

3 _____ healthier is my goal.

4 _____ fast burns more calories than walking slowly.

5 _____ breakfast is more important than having other meals.

6 _____ books together is a good way to educate your children.

EXERCISE B 다음 우리말과 일치하도록 주어진 어구를 사용하여 문장을 완성하시오. (필요시 형태 변화)

1 다른 사람들을 비난하는 것은 시간 낭비다. (blame others)

➡ _____ is a waste of time.

2 제시간에 등교하는 것은 중요하다. (be on time for school)

➡ _____ is important.

3 어르신들을 돌보는 것은 매우 어렵다. (take care of the elderly)

➡ _____ very hard.

4 반 친구들과 어울리는 것은 중요하다. (get along with classmates)

➡ _____ important.

5 컴퓨터 게임을 하는 것은 매우 재미있다. (play computer games)

➡ _____ very interesting.

3 보어로 쓰이는 동명사

동명사가 동사 뒤에 나와 주어를 보충 설명한다.

My job is **answering** the phone. 내 직업은 전화를 받는 것이다.
= My job is **to answer** the phone.

Her hobby is **writing** short stories. 그녀의 취미는 단편 소설을 쓰는 것이다.
= Her hobby is **to write** short stories.

▶▶ 정답과 해설 p. 21

EXERCISE A 다음 빈칸에 알맞은 단어를 <보기>에서 골라 문장을 완성하시오. (필요시 형태 변화)

─<보기>─
| schedule | take off | draw | deliver | go |

1 His job is _____ pizza.

2 My work is _____ meetings.

3 Sandra's hobby is _____ cartoons.

4 My plan for this weekend is _____ fishing.

5 His strange habit is _____ his shoes when he sings.

EXERCISE B 다음 우리말과 일치하도록 주어진 어구를 사용하여 문장을 완성하시오. (필요시 형태 변화)

1 그의 꿈은 자신의 빵집을 운영하는 것이다. (run his own bakery)
➡ His dream is _____.

2 그의 목표는 유명한 배우가 되는 것이다. (become a famous actor)
➡ His goal is _____.

3 그녀의 계획은 세계 일주를 하는 것이다. (travel around the world)
➡ Her plan is _____.

4 그의 습관 중 하나는 물을 마시는 것이다. (drink water)
➡ One of his habits _____.

5 나의 관심사는 재능 있는 작가들을 찾는 것이다. (find the talented writers)
➡ My concern _____.

4 목적어로 쓰이는 동명사

동명사가 동사 또는 전치사 뒤에 나와 목적어 역할을 한다.

동명사를 목적어로 쓰는 동사		
finish(끝내다)	enjoy(즐기다)	give up(포기하다)
avoid(피하다)	stop(멈추다)	suggest(제안하다)
mind(꺼리다)	deny(부인하다)	consider(고려하다)
put off(연기하다)	postpone(연기하다)	quit(그만두다)
practice(연습하다)	appreciate(고마워하다)	admit(인정하다)

I **enjoyed reading** books in English. 나는 영어로 된 책을 읽는 것을 즐겼다.

Julie **gave up calling** him. Julie는 그에게 전화하는 것을 포기했다.

We talked **about going** to the zoo. 우리는 동물원에 가는 것에 대해 이야기했다.

* 전치사의 목적어 자리에 동사가 오면 동명사로 써야 한다.

▶▶ 정답과 해설 p. 21

EXERCISE A 다음 주어진 두 문장을 연결하여 〈보기〉와 같이 한 문장으로 바꿔 쓰시오.

〈보기〉
Jen learns new things. She enjoys it.
➡ Jen ____enjoys____ ____learning____ new things.

1 He didn't tell the truth. He denied it.

➡ He _____ _____ the truth.

2 I read that book. I finished it last week.

➡ I _____ _____ that book last week.

3 I don't watch horror movies. I avoid it.

➡ I _____ _____ horror movies.

4 Jane talked to a stranger. She doesn't mind it.

➡ Jane _____ _____ _____ to a stranger.

5 He had dinner with his family. He enjoyed it.

➡ He _____ _____ _____ with his family.

6 James didn't sell his house. He postponed it.

➡ James _____ _____ _____ _____.

EXERCISE B   다음 빈칸에 알맞은 단어를 〈보기〉에서 골라 문장을 완성하시오. (필요시 형태 변화)

〈보기〉

| do | save | go | turn | drive | learn | watch |

1 Don't put off _____ your homework.

2 She didn't mind _____ off the radio.

3 He enjoys _____ movies over the Internet.

4 He stopped _____ money to buy a computer.

5 I usually avoid _____ my car in the rush hour.

6 She postponed _____ Chinese from her father.

7 My uncle gave up _____ fishing because it rained.

EXERCISE C   다음 우리말과 일치하도록 주어진 단어와 어구를 사용하여 문장을 완성하시오. (필요시 형태 변화)

1 그녀는 온종일 피아노 연주하는 것을 즐겼다. (enjoy, play)
   ➡ She _____ _____ the piano all day.

2 나의 아버지는 건강을 위해 담배를 끊으셨다. (stop, smoke)
   ➡ My father _____ _____ for his health.

3 그녀는 나에게 점심을 먹는 것을 제안했다. (suggest, have)
   ➡ She _____ _____ lunch to me.

4 우리는 날씨 때문에 축구하는 것을 연기했다. (put off, play)
   ➡ We _____ _____ _____ soccer because of the weather.

5 나는 그를 기다리는 것을 포기했다. (give up, wait for)
   ➡ I _____ _____ _____ _____ him.

6 그들은 그 산의 정상에 오르는 것을 피하지 않았다. (avoid, climb)
   ➡ They _____ _____ _____ up to the top of the mountain.

7 나는 우리의 모임 시간이 바뀌는 것을 개의치 않았다. (mind, change)
   ➡ I _____ _____ _____ the time of our meeting.

5 동사 + 동명사 / to부정사 (같은 의미)

목적어로 동명사와 to부정사 모두를 사용하는 경우로 의미 차이가 거의 없다.

동명사와 to부정사를 모두 목적어로 쓰는 동사		
begin(시작하다)	start(시작하다)	continue(계속하다)
love(사랑하다)	like(좋아하다)	hate(싫어하다)

Cathy **started laughing**. Cathy는 웃기 시작했다.

= Cathy **started** to laugh.

She **began complaining** about her new boss. 그녀는 새 상사에 대해 불평하기 시작했다.

= She **began** to complain about her new boss.

▶▶ 정답과 해설 p. 21

EXERCISE A 다음 Danny가 좋아하는 것과 싫어하는 것에 관한 표를 보면서 문장을 완성하시오.

love	like	hate
1 play computer games 4 play soccer 7 watch soccer games 10 read comic books	2 go on an errand 5 read books 8 hang out with his friends	3 do his homework 6 get up early 9 take care of his younger brother

1 Danny loves _____.

2 Danny likes _____.

3 Danny hates _____.

4 Danny loves _____.

5 Danny likes _____.

6 Danny hates _____.

7 Danny loves _____.

8 Danny likes _____.

9 Danny hates _____.

10 Danny loves _____.

다음 주어진 단어를 사용하여 문장을 완성하시오. (답 2개 가능)

1 I want _____ Japanese. (learn)

2 Prices will continue _____. (rise)

3 I hate _____ to my parents. (lie)

4 We decided _____ to the beach. (go)

5 It started _____ two hours ago. (rain)

6 Why do you avoid _____ the mountain? (climb)

7 Susan likes _____ detective stories. (read)

8 He enjoys _____ coffee with cream and sugar. (drink)

9 My father started _____ golf a month ago. (play)

EXERCISE C 다음 우리말과 일치하도록 주어진 단어와 어구를 사용하여 문장을 완성하시오. (필요시 형태 변화)

1 그는 편지 쓰는 것을 계속했다. (continue, write)
   ➡ He _____ the letter.

2 Kevin은 해변에 눕는 것을 좋아한다. (like, lie)
   ➡ Kevin _____ on the beach.

3 아버지는 주말에 일찍 일어나는 것을 좋아하지 않으신다. (like, get up)
   ➡ My father _____ early on weekends.

4 나는 내일부터 조깅하는 것을 시작할 것이다. (will, start, jog)
   ➡ I _____ from tomorrow.

5 너는 언제 아이들 가르치는 것을 시작했니? (begin, teach)
   ➡ When _____ children?

6 Sally는 그녀의 친구들과 함께 이야기하는 것을 정말 좋아한다. (love, talk, friends)
   ➡ Sally _____.

동사 + 동명사 / to부정사 (다른 의미)

remember + 동명사 (~한 것을 기억하다)	remember + to부정사 (~할 것을 기억하다)
Do you **remember meeting** Jane last month? 너는 지난달에 Jane을 만난 것을 기억하니?	Do you **remember to meet** Jane tomorrow? 너는 내일 Jane을 만나기로 한 것을 기억하니?
forget + 동명사 (~한 것을 잊다)	forget + to부정사 (~할 것을 잊다)
I'll never **forget meeting** him. 나는 그를 만난 것을 절대 잊지 않을 것이다.	Don't **forget to lock** the door. 문 잠그는 것을 잊지 마라.
regret + 동명사 (~한 것을 후회하다)	regret + to부정사 (~하게 되어 유감이다)
I **regret not going** to university. 나는 대학에 가지 않은 것을 후회한다.	I **regret to say** that I can't help you. 널 도울 수 없다는 말을 하게 되어 유감이다.

+ 「try + 동명사」: 시험 삼아 (한번) ~해보다
  「try + to부정사」: ~하려고 애쓰다

  He **tried pushing** the red button. 그는 빨간 단추를 한번 눌러봤다.
  She **tried to lift** the heavy stone. 그녀는 무거운 돌을 들려고 애썼다.

+ 「stop + 동명사」: ~을 그만두다 〈동명사는 stop의 목적어〉
  「stop + to부정사」: ~하기 위해 멈춰 서다 〈to부정사는 '목적'을 나타내는 to부정사의 부사적 용법〉

  You'd better **stop smoking** for your health. 너는 건강을 위해 금연하는 것이 좋겠다.
  They **stopped to smoke**. 그들은 담배를 피우기 위해 멈춰 섰다.

▶▶ 정답과 해설 p. 22

EXERCISE A 다음 주어진 단어를 사용하여 문장을 완성하시오.

1 She regretted _____ at him. (laugh)

2 I felt tired, so I stopped _____. (work)

3 I stopped _____ a book at the bookstore. (buy)

4 I tried _____ calm, but I couldn't control my anger. (stay)

5 I shook hands with the TV star. I'll never forget _____ her. (see)

6 I forgot _____ some food, so I didn't eat anything that evening. (buy)

7 My cell phone is gone. I remember _____ it on the table. (leave)

8 He didn't recognize me. He forgot _____ me before. (meet)

1 I tried <u>to install</u> the program.

2 I tried <u>installing</u> the program.

3 They didn't stop <u>to help</u> us.

4 They didn't stop <u>helping</u> us.

5 Tony remembers <u>to feed</u> his dog.

6 Tony remembers <u>feeding</u> his dog.

7 Jake forgot <u>to meet</u> her.

8 Jake forgot <u>meeting</u> her.

9 I regret <u>to say</u> that I can't wait anymore.

10 I regret <u>saying</u> that I can't wait anymore.

EXERCISE C 다음 우리말과 일치하도록 〈보기〉와 주어진 단어를 사용하여 문장을 완성하시오. (필요시 형태 변화)

〈보기〉

| remember | regret | try | stop |

1 그는 그 그림을 보기 위해 멈춰 섰다. (see)
➡ He _____ the picture.

2 너는 어젯밤에 그에게 전화를 한 것이 기억 안 나니? (call)
➡ Don't you _____ him last night?

3 너는 내일 공항에서 그녀를 데려오기로 한 것을 기억해야 한다. (pick)
➡ You must _____ her up at the airport tomorrow.

4 나는 만일의 경우에 대비해 돈을 모아두지 않은 것을 후회한다. (not, save)
➡ I _____ money for a rainy day.

5 그는 프랑스어를 배우려고 애쓰는 중이다. (learn)
➡ He is _____ French.

7 동명사 관용 표현

go -ing ~하러 가다	Let's **go fishing** this weekend. 이번 주말에 낚시하러 가자.
feel like -ing ~하고 싶다	I don't **feel like eating** dinner. 나는 저녁을 먹고 싶지 않다.
be busy -ing ~하느라 바쁘다	They **are busy doing** their homework. 그들은 숙제하느라 바쁘다.
How(What) about -ing? **= What do you say to -ing?** ~하는 게 어때?	**How(What) about watching** the Olympics on TV? **= What do you say to watching** the Olympics on TV? TV로 올림픽 경기를 보는 게 어때?
spend + 시간/돈 + (on) -ing ~하는 데 시간/돈을 쓰다	He **spent too much time (on) playing** computer games. 그는 컴퓨터 게임을 하는 데 너무 많은 시간을 썼다.
have a good time -ing ~하는 데 즐거운 시간을 보내다	They **had a good time talking** about the movie. 그들은 그 영화에 대해 이야기하며 즐거운 시간을 보냈다.
have difficulty(trouble) -ing ~하는 데 힘든 시간을 보내다	I **had difficulty(trouble) finding** your house. 나는 너의 집을 찾느라 힘들었다.
cannot help -ing **= cannot but + 동사원형** ~하지 않을 수 없다, ~할 수밖에 없다	I **cannot help asking** him about that. **= I cannot but ask** him about that. 나는 그것에 대해 그에게 묻지 않을 수 없다.
It is no use -ing ~해도 소용없다	**It is no use crying** over spilt milk. 쏟아진 우유 때문에 울어봐야 소용없다. (엎질러진 물)
be worth -ing ~할 만한 가치가 있다	This book **is worth reading** many times. 이 책은 여러 번 읽을 만한 가치가 있다.
when it comes to -ing ~에 관해서는	**When it comes to cooking**, I am all thumbs. 요리에 관해서 나는 매우 서툴다.

▶▶ 정답과 해설 p.22

EXERCISE A 다음 괄호 안에서 옳은 것을 고르시오.

1 Let's go [swim / swimming] when it gets hotter.

2 How about [eat out / eating out] together?

3 She is busy [to take / taking] care of her baby.

4 You are a student, so you cannot help [to study / studying].

5 It is no use [learn / learning] something like that.

6 What do you say to [play / playing] badminton with me?

EXERCISE B 다음 주어진 단어를 사용하여 문장을 완성하시오. (필요시 형태 변화)

1 I spent an hour _____ my homework. (do)

2 She is busy _____ right now. (work)

3 When I heard the news, I couldn't help _____. (cry)

4 If you have difficulty _____ the building, please call me. (find)

5 How about _____ basketball with my friends? (play)

6 It is no use _____ to fix it. It is broken. (try)

7 I'll go _____ with my boyfriend. (shop)

8 The proposal is worth _____. (consider)

9 He looks smart when it comes to _____ math problems. (solve)

EXERCISE C 다음 우리말과 일치하도록 주어진 단어를 사용하여 문장을 완성하시오. (필요시 형태 변화)

1 나는 그 책을 찾는 데 꼬박 하루를 소비했다. (look for)
➡ I _____ the whole day _____ the book.

2 나는 이름을 기억하는 데 어려움을 겪는다. (difficulty, remember)
➡ I _____ names.

3 그는 파티를 준비하느라 바쁘다. (prepare)
➡ He _____ for the party.

4 그 전시회는 관람할 만한 가치가 있다. (see)
➡ The exhibition _____.

5 스키를 타러 가는 게 어때? (go, ski)
➡ What do you _____?

6 아이들에게 돈에 대해 가르치는 것에 관한 한 나는 경험이 없다. (teach)
➡ _____ kids about money, I have no experience.

7 우리는 그 영화를 보는 동안 웃지 않을 수 없었다. (laugh)
➡ We _____ while watching the movie.

학교 시험 대비 문제

▶▶ 정답과 해설 p.23

[01-02] 다음 빈칸에 들어갈 말로 알맞은 것을 고르시오.

01

> His job is _____ shoes.

① make　　② making　　③ to making
④ made　　⑤ makes

02

> She enjoys _____ to music.

① listen　　　　② to listen
③ listening　　　④ to listening
⑤ listened

03 다음 빈칸에 들어갈 말로 알맞지 <u>않은</u> 것은?

> Mark _____ playing badminton.

① wanted　　② liked　　③ started
④ enjoyed　　⑤ began

고난도

04 다음 밑줄 친 부분의 쓰임이 나머지 넷과 <u>다른</u> 것은?
① He began <u>crying</u>.
② My father likes <u>fishing</u>.
③ Can you stop <u>watching</u> TV?
④ He is <u>taking</u> photos.
⑤ She finished <u>doing</u> her homework.

[05-06] 다음 밑줄 친 부분이 어법상 <u>틀린</u> 것을 고르시오.

05 ① Thank you for <u>invite</u> me.
② We talked about <u>helping</u> her.
③ I'm interested in <u>writing</u> novels.
④ She is proud of <u>winning</u> the contest.
⑤ My son is afraid of <u>swimming</u> in the sea.

고난도

06 ① I'm sorry for <u>being</u> late.
② He started <u>to play</u> the violin.
③ He suddenly avoided <u>to talk</u> to him.
④ The workers finished <u>painting</u> the wall.
⑤ Would you mind <u>taking</u> a picture with me?

07 다음 빈칸에 들어갈 말로 바르게 짝지어진 것은?

> • I would like _____ him tonight.
> • I am very busy _____ right now.

① to see — study　　② seeing — study
③ to see — to study　　④ to see — studying
⑤ seeing — studying

08

_____ the mountain takes a lot of energy.

① Climb   ② Climbing

③ Climbed   ④ Climbs

⑤ To climbing

09

Chris left Seoul without _____ good-bye.

① say   ② to say   ③ saying

④ to saying   ⑤ said

10

Did you consider _____ a job abroad?

① get   ② got   ③ to get

④ getting   ⑤ gotten

11 다음 빈칸에 들어갈 말로 바르게 짝지어진 것은?

• Learning about other cultures _____ interesting. • Meeting new people _____ fun.

① is — is   ② is — are

③ are — is   ④ are — are

⑤ be — be

12 다음 우리말과 일치하도록 빈칸에 들어갈 말로 알맞은 것은?

• 나는 내 여동생을 병원에 데려갈 수밖에 없다. ➡ I cannot help _____ my sister to the hospital.

① to take   ② taking

③ took   ④ to taking

⑤ take

13 다음 밑줄 친 단어의 형태로 알맞은 것은?

It is no use call his name loudly.

① call   ② called

③ to call   ④ calling

⑤ to calling

14 다음 대화의 빈칸에 들어갈 말로 바르게 짝지어진 것은?

> **A** Thank you for _____ me some money. It was really helpful.
> **B** I forgot _____ money to you.

① lend — lending
② to lend — to lend
③ lending — lending
④ to lend — lending
⑤ lending — to lending

15 다음 우리말과 일치하도록 빈칸에 들어갈 말로 알맞은 것은?

> • 나의 남동생은 숙제를 하는 데 많은 시간을 보냈다.
> ➡ My brother spent a lot of time _____ his homework.

① do
② to do
③ done
④ doing
⑤ to doing

고난도
16 다음 두 문장의 의미가 서로 <u>다른</u> 것은?

① They started to work.
  = They started working.
② Dave hates to get up early.
  = Dave hates getting up early.
③ I stopped to see the poster.
  = I stopped seeing the poster.
④ It began to rain this morning.
  = It began raining this morning.
⑤ My sister likes to watch movies.
  = My sister likes watching movies.

17 다음 우리말과 일치하도록 주어진 단어를 배열할 때 세 번째 오는 단어는?

> • 그는 학교에서 열심히 공부하지 않은 것을 후회한다. (school, at, not, He, hard, regrets, studying)
> ➡ _____

① regrets
② studying
③ hard
④ at
⑤ not

고난도
18 다음 중 밑줄 친 부분이 어법상 틀린 것은?

> **A** Please don't forget <u>to study</u> hard and avoid
>   ①
>   <u>wasting</u> your time.
>   ②
> **B** I <u>know</u>, Mom. I'll remember <u>doing</u> so.
>   ③   ④
>   Don't <u>worry</u>.
>   ⑤

19 다음 대화의 빈칸에 들어갈 말로 알맞은 것은?

> **A** Do you know Mr. Smith?
> **B** I remember _____ him when I was a child.

① meeting
② to meet
③ meet
④ met
⑤ would meet

20 다음 대화의 빈칸에 들어갈 말로 바르게 짝지어진 것은?

> **A** You should spend less time _____ about the past.
> **B** It is easy for you _____ that.

① to worry — to say   ② worrying — say

③ to worry — saying   ④ worrying — to say

⑤ worrying — to saying

21 다음 두 문장의 뜻이 일치하도록 빈칸에 들어갈 말로 바르게 짝지어진 것은?

> I cannot help _____ at his joke.
> = I cannot but _____ at his joke.

① laugh — to laugh   ② to laugh — laugh

③ laughing — laugh   ④ laughing — to laugh

⑤ to laugh — laughing

[22-23] 다음 빈칸에 알맞은 것을 모두 고르시오.

고난도
22

> Cindy will continue _____ after she has her baby.

① work   ② worked   ③ working

④ to work   ⑤ to working

23

> _____ wild animals in the mountains is dangerous.

① Touch   ② To touch

③ Touching   ④ To touching

⑤ Touched

고난도
24 다음 밑줄 친 부분의 쓰임이 나머지 넷과 다른 것은?

① His job is taking care of animals.

② My hobby is reading detective stories.

③ My grandma is making a pumpkin pie.

④ The most important thing is having your dream.

⑤ My holiday plan is spending time with my family.

25 다음 중 어법상 틀린 것은?

① Why did he give up eating meat?

② She stopped cleaning the bathroom.

③ You should not put off doing the work.

④ Sam wants buying the book about stars.

⑤ Ann is proud of winning the speech contest.

26 다음 대화의 ⓐ와 ⓑ에 들어갈 말로 바르게 짝지어진 것은?

Mike	Good morning, Mom.
Mom	Good morning, Mike. Are you ready for breakfast?
Mike	No, I'm busy ⓐ _____ for school.
Mom	But you need to eat something. It is very important to start every morning with breakfast.
Mike	I don't have any appetite.
Mom	Then, how about ⓑ _____ some scrambled eggs and fruit?
Mike	Sounds good. Thank you, Mom.

① prepare — eat   ② preparing — to eat
③ to prepare — eating   ④ to prepare — to eat
⑤ preparing — eating

서술형

27 다음 세 문장의 의미가 일치하도록 빈칸에 각각 알맞은 말을 쓰시오.

Why don't you go swimming?
= How about _____ swimming?
= What do you say _____ swimming?

28 다음 우리말과 일치하도록 주어진 단어를 사용하여 문장을 완성하시오.

• Jack은 그가 틀렸다고 말하지 않은 것을 후회한다. (regret, say)
➡ Jack _____ _____ _____ he was wrong.

[29-30] 다음 주어진 단어를 사용하여 빈칸에 각각 알맞은 말을 쓰시오.

29

I like _____ riddles, so I enjoy _____ mystery books. (solve, read)

30

• I remember _____ my grandmother last weekend. (call)
• You should remember _____ the receipt first. (check)

31 다음 우리말과 일치하도록 주어진 단어를 사용하여 문장을 완성하시오. (필요시 형태 변화)

• 나의 할머니는 걷는 것을 즐기셔서 자주 걸으려고 애쓰신다. 그분은 걷는 것이 좋은 운동이라고 생각하신다. (walk)
➡ My grandmother enjoys _____, so she tries _____ often. She thinks that _____ is a good exercise.

[32-35] 다음 주어진 문장을 우리말과 일치하도록 바르게 고쳐 쓰시오.

32 He went fish with his dad last Sunday.
(그는 지난 일요일에 아빠와 낚시를 하러 갔다.)

➡ _____

_____

33 I was busy do my homework.
(나는 숙제를 하느라 바빴다.)

➡ _____

_____

34 I can't but thinking about you.
(나는 네 생각을 하지 않을 수 없다.)

➡ _____

_____

35 He spends most of his allowance play computer games.
(그는 컴퓨터 게임을 하는 데 그의 용돈 대부분을 쓴다.)

➡ _____

_____

[36-39] 다음 문장과 의미가 일치하도록 to부정사나 동명사를 사용하여 한 문장으로 다시 쓰시오.

36 Steven says that I've met him, but I can't remember that.

= _____

_____

37 I have met Tom Cruise once. I'll never forget it.

= _____

_____

38 Remember that you must turn off the light before you leave.

= _____

_____

39 We wanted to look around, so we stopped.

= _____

_____

Chapter

06

분사

1 분사는 동사의 형태를 변형한 것으로 문장에서 형용사처럼 명사를 수식하거나 보어로 쓰인다.

현재분사	과거분사
동사원형 + -ing	동사원형 + -ed (동사의 과거분사형)
능동, 진행 (~하고 있는, ~한)	수동, 완료 (~하게 된, ~당한, ~받은)
· **The person** writing a letter is John. 편지를 쓰고 있는 사람은 John이다.	· **The letter** written by John was long. John에 의해 쓰여진 편지는 길었다.
· Look at the **falling leaves**. 떨어지고 있는 나뭇잎들을 봐.	· We burned **fallen leaves**. 우리는 떨어진 나뭇잎들을 태웠다.

+ 현재분사를 주격보어로 취하는 주요 구문

lie -ing ~하면서 누워 있다   come -ing ~하면서 오다

sit -ing ~하면서 앉아 있다   stand -ing ~하면서 서 있다

2 분사는 문장에서 진행시제, 완료시제, 수동태를 만들 때도 쓰인다.

I **am playing** soccer.   나는 축구를 하고 있다. 〈진행시제〉

We **have lived** in Seoul for five years.   우리는 서울에서 5년째 살고 있다. 〈완료시제 - 계속〉

This building **was built** in 2008.   이 건물은 2008년에 지어졌다. 〈수동태〉

▶▶ 정답과 해설 p.25

EXERCISE A 다음 주어진 단어를 빈칸에 알맞은 분사로 변형하여 문장을 완성하시오.

1 Tom is _____ a letter to his parents. (write)

2 The _____ boy is my boyfriend. (dance)

3 That _____ vase is my favorite one. (break)

4 Dave has just _____ at the office. (arrive)

EXERCISE B 다음 문장을 밑줄 친 부분에 유의하여 우리말로 해석하시오.

1 I heard him <u>shouting</u> in public place.

2 I like the roof <u>painted</u> in blue.

3 The man <u>wearing</u> jeans is my father.

4 Look at the cat <u>running</u> after the mouse.

2 현재분사

1 단독으로 쓰일 경우에는 명사의 앞에서, 구를 이룰 경우에는 명사의 뒤에서 수식한다.

This is an **interesting story**. 이것은 재미있는 이야기이다.

The boy standing at the corner is my brother. 모퉁이에 서 있는 소년이 내 남동생이다.

2 '능동, 진행'의 의미로 주어와 목적어를 보충 설명하는 주격보어, 목적격보어로 쓰인다.

The news sounded **shocking**. 그 소식은 충격적으로 들렸다. **〈주격보어〉**

I saw her **walking** with her boyfriend. 나는 그녀가 남자 친구와 함께 걷고 있는 것을 보았다. **〈목적격보어〉**

▶▶ 정답과 해설 p. 25

EXERCISE A 다음 그림을 보고 주어진 단어를 사용하여 빈칸에 알맞은 말을 쓰시오. (필요시 형태 변화)

1
(cry, baby)

a _____ _____

2
(girl, dance)

a _____ _____

3
(fall, leaf)

a _____ _____ from the tree

4
(girl, talk)

a _____ _____ with her friend

EXERCISE B 다음 주어진 단어를 빈칸에 알맞은 분사로 변형하여 문장을 완성하시오.

1 I saw them _____ my house. (pass)

2 He is _____ by everybody. (respect)

3 Do you know the man _____ the children? (help)

4 My son is reading an _____ book. (interest)

5 I heard a woman _____ there. (scream)

6 The boys _____ basketball are my classmates. (play)

7 Have you ever read the book _____ by Dr. Ahn? (write)

8 The boy _____ over there likes to play with a ball. (walk)

EXERCISE C 다음 주어진 두 문장을 연결하여 <보기>와 같이 한 문장으로 바꿔 쓰시오.

┌─〈보기〉────────────────────────────────┐
│ Look at the dog. It is running after a bird.   │
│ ➡ Look at the dog _____ *running after a bird* _____ . │
└──────────────────────────────────────┘

1 I saw a wounded soldier. He was lying on the grass.
  ➡ I saw a wounded soldier _____ .

2 I saw the teacher. He was reading a book on the chair.
  ➡ I saw the teacher _____ .

3 The girl is my cousin. She is watering the flowers.
  ➡ The girl _____ is my cousin.

4 The man is my math teacher. He is standing in front of the gate.
  ➡ The man _____ is my math teacher.

EXERCISE D 다음 우리말과 일치하도록 주어진 단어와 어구를 배열하시오.

1 그는 TV로 그 영화를 시청하며 앉아 있었다. (the, sat, movie, watching)
  ➡ He _____ on TV.

2 나는 아침에 내 집이 흔들리고 있는 것을 느꼈다. (house, felt, shaking, my)
  ➡ I _____ in the morning.

3 자신의 인형을 만들고 있는 그 소녀는 내 딸이다. (making, doll, her, The girl, own)
  ➡ _____ is my daughter.

3 과거분사

1 단독으로 쓰일 경우에는 명사의 앞에서, 구를 이룰 경우에는 명사의 뒤에서 수식한다.

Look at the **broken window**. 깨진 창문을 봐.

Have you ever read **a story** written by Joanne Rowling?
너는 조앤 롤링이 쓴 이야기를 읽어본 적이 있니?

2 '수동, 완료'의 의미로 주어와 목적어를 보충 설명하는 주격보어, 목적격보어로 쓰인다.
사역동사/지각동사라 하더라도 목적어와 목적격보어의 관계가 수동이면 목적격보어는
동사원형이 아닌 과거분사로 써야 한다.

She **looked surprised** by the news. 그녀는 그 소식에 놀란 듯 보였다. 〈주격보어〉

I **heard** my name **called**. 나는 내 이름이 불리는 것을 들었다. 〈목적격보어〉

▶▶ 정답과 해설 p.25

EXERCISE A 다음 그림을 보고 주어진 단어를 사용하여 빈칸에 알맞은 말을 쓰시오. (필요시 형태 변화)

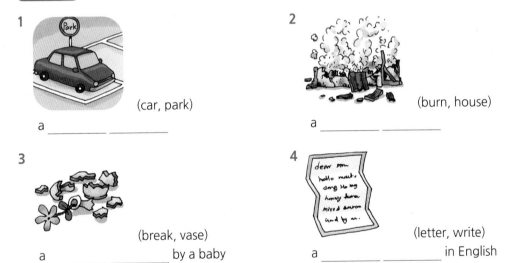

1

(car, park)

a ＿＿＿＿＿＿＿＿＿＿

2

(burn, house)

a ＿＿＿＿＿＿＿＿＿＿

3

(break, vase)

a ＿＿＿＿＿＿＿＿＿＿ by a baby

4

(letter, write)

a ＿＿＿＿＿ ＿＿＿＿＿ in English

EXERCISE B 다음 주어진 단어를 빈칸에 알맞은 분사로 변형하여 문장을 완성하시오.

1 He sat ＿＿＿＿＿ by his students. (surround)

2 I saw the man ＿＿＿＿＿ next to me. (smile)

3 Frank had his arm _____ in the accident. (break)

4 They are _____ in helping others. (interest)

5 This is the building _____ by my father. (design)

6 My friend came to me _____ my name. (call)

7 I want my broken computer _____ right now. (fix)

8 John walked along the street _____ a song. (sing)

EXERCISE C 다음 빈칸에 알맞은 단어를 〈보기〉에서 골라 문장을 완성하시오. (필요시 형태 변화)

〈보기〉

fall	make	name	injure

1 내게는 Coco라고 이름 붙여진 개 한 마리가 있다.
➡ I have a dog _____ Coco.

2 독일에서 만들어진 이 오토바이를 봐라.
➡ Look at this motorbike _____ in Germany.

3 부상당한 사람(부상자)은 누구든 병원에 가야 한다.
➡ Any _____ person should go to the hospital.

4 가을에 그들은 떨어진 잎들(낙엽)을 태우곤 했다.
➡ In fall, they used to burn the _____ leaves.

EXERCISE D 다음 우리말과 일치하도록 주어진 단어와 어구를 배열하시오.

1 나는 피카소가 그린 그림을 사고 싶다. (a, buy, painted, picture)
➡ I want to _____ by Picasso.

2 그는 나에게 스위스에서 만들어진 비싼 시계를 주었다. (made, Swiss, in, expensive, an, watch)
➡ He gave me _____.

3 나는 그가 불타고 있는 집에서 실려 나오는 것을 봤다. (the, him, burning, carried, house, out of)
➡ I saw _____.

4 감정을 나타내는 분사

현재분사(-ing)	(사물·사람·사건이) ~한 감정을 느끼게 하는
과거분사(-ed)	(사람이) ~한 감정을 느끼는

The book surprises me. 그 책은 나를 놀라게 한다.

➡ The book is **surprising**. 그 책은 놀랍다.

➡ I was **surprised** by the book. 나는 그 책에 놀랐다.

amuse (즐겁게 하다)	amusing 즐겁게 하는 amused 즐거운	bore (지루하게 하다)	boring 지루하게 하는 bored 지루한, 지루함을 느끼는
confuse (혼란시키다)	confusing 혼란스럽게 하는 confused 혼란스러운	depress (우울하게 하다)	depressing 우울하게 하는 depressed 우울한
disappoint (실망하게 하다)	disappointing 실망시키는 disappointed 실망한	interest (흥미롭게 하다)	interesting 흥미로운, 재미있는 interested 흥미 있는, 관심 있는
excite (흥분하게 하다)	exciting 흥미진진한 excited 흥분한	surprise (놀라게 하다)	surprising 놀라운 surprised 놀란
scare (무섭게 하다)	scaring 무섭게 하는 scared 무서운	shock (충격을 주다)	shocking 충격적인 shocked 충격을 받은
tire (지치게 하다)	tiring 지치게 하는 tired 지친	satisfy (만족하게 하다)	satisfying 만족시키는 satisfied 만족한

▶▶ 정답과 해설 p.25

EXERCISE A 다음 괄호 안에서 옳은 것을 고르시오.

1 He looks [surprising / surprised].

2 The scene was very [surprising / surprised].

3 With the long walk, we all became [tiring / tired].

4 The game was very [boring / bored].

5 His explanation is very [confusing / confused].

6 Nancy is [confusing / confused] with his explanation.

7 The story was [moving / moved].

8 We were [moving / moved] by the story.

9 His teacher was [embarrassing / embarrassed].

다음 주어진 단어를 사용하여 <보기>와 같이 문장을 완성하시오.

> ─〈보기〉─
> puzzle   This is a very _____puzzling_____ question.
>   I am _____puzzled_____ by the question.

1 shock   The news was _____.
            Many people were _____ at the news.

2 confuse   I'm very _____ by this theory.
            This theory is very _____.

3 disappoint Her math test score was _____.
            Her mother was _____ with her score.

4 amaze   The audience was _____ by the concert.
            The concert was _____.

5 annoy   I was _____ when he made excuses.
            His excuses were _____.

6 satisfy   We were quite _____ with the idea.
            The idea was quite _____.

7 touch   The scene in the movie was _____.
            I was so _____ by the beautiful movie.

8 frighten   The strange noise was _____.
            The children were _____ by the strange noise.

9 exhaust   I was _____ because of the trip.
            The trip was _____.

10 depress   That was a _____ movie.
            The movie made me _____.

11 interest She is _____ in the game.
            The game looks _____.

12 surprise The news was _____.
            I was _____ at the news.

6 분사구문 만드는 법

분사구문은 접속사가 이끄는 절(부사절)을 분사가 이끄는 구(부사구)로 바꾼 것을 말한다.

1 분사구문 만들기

① 부사절의 접속사 생략 (의미를 명확히 하기 위해 남겨두기도 함)	**When** he saw me, he ran away. <small>그가 나를 보았을 때, 그는 달아났다.</small>
② 부사절의 주어 생략 (주절과 부사절의 주어가 같은 경우)	~~When~~ ~~he~~ saw me, he ran away.
③ 동사 → 「동사원형 + -ing」 (주절과 부사절 동사의 시제가 일치할 경우)	~~When he~~ **saw** me, he ran away. ↳ Seeing

* 부사절의 시제가 주절의 시제보다 앞설 경우 「having + 과거분사」로 쓴다.

2 분사구문의 부정 : 분사 앞에 not이나 never를 붙인다.

~~As I~~ **didn't know** what to say, I kept silent.

➡ **Not knowing** what to say, I kept silent. <small>무슨 말을 해야 할지 몰라서, 나는 침묵했다.</small>

3 수동형 분사구문에서 being이나 having been은 생략되기도 한다.

~~When it~~ **was seen** from a distance, it looked like a ghost.

➡ **(Being) Seen** from a distance, it looked like a ghost. <small>멀리서 보였을 때, 그것은 유령처럼 보였다.</small>

▶▶ 정답과 해설 p. 26

EXERCISE A 다음 두 문장의 의미가 일치하도록 분사구문을 사용하여 문장을 완성하시오.

1 Because I had no money with me, I walked home.
   = _____, I walked home.

2 Before I go to school, I always have breakfast.
   = _____, I always have breakfast.

3 After we walked for hours, we were very tired.
   = _____, we were very tired.

4 While my mother was watching TV, she fell asleep.
   = _____, my mother fell asleep.

5 Because he didn't have a car, he went to work by subway.
   = _____, he went to work by subway.

1 Being tired, I'll go to bed early. (because)

= _____, I'll go to bed early.

2 Feeling ill, she stayed at home all day long. (because)

= _____, she stayed at home all day long.

3 Having no money, I decided to get a part-time job. (because)

= _____, I decided to get a part-time job.

4 Being tired from work, he went to bed early. (as)

= _____, he went to bed early.

5 Not knowing the way to the hotel, I asked some strangers. (because)

= _____, I asked some strangers.

6 Not liking the movie, I walked out of the cinema. (because)

= _____, I walked out of the cinema.

7 Walking down the street, I listened to the radio. (while)

= _____, I listened to the radio.

EXERCISE C 다음 우리말과 일치하도록 주어진 단어와 어구를 사용하여 분사구문을 완성하시오.

1 피곤함을 느꼈기 때문에, 그녀는 집에 머물렀다. (feel)

➡ _____ _____, she stayed at home.

2 저녁 식사 후에, 우리는 해변을 따라 산책했다. (finish, our dinner)

➡ _____ _____ _____, we took a walk along the beach.

3 서둘러 쓰였기 때문에, 그 책은 실수가 많다. (write, in haste)

➡ _____ _____ _____, the book has many mistakes.

4 그 결과를 인정하지만, 나는 그녀를 믿을 수가 없다. (admit, the results)

➡ _____ _____ _____, I can't believe her.

5 먹을 것이 아무것도 없었기 때문에, 나는 저녁을 먹으러 나가야 했다. (have, anything, to eat)

➡ _____ _____ _____ _____ _____, I had to go out for dinner.

7 분사구문 – 때 / 이유

1 [때, 시간] ~할 때(when, as), ~하는 동안(while), ~하기 전에(before), ~한 후에(after)

Feeling lonely, I usually sing songs. 외로울 때, 나는 보통 노래를 부른다.

= **When** I feel lonely, I usually sing songs.

Talking with you, I felt better. 너와 이야기하고 난 후, 나는 기분이 나아졌다.

= **After** I talked with you, I felt better.

2 [이유] ~때문에(because, as, since)

Getting sleepy, Ann couldn't do her homework anymore.

졸렸기 때문에, Ann은 더 이상 숙제를 할 수가 없었다.

= **Because** she got sleepy, Ann couldn't do her homework anymore.

Not feeling well, he stayed in bed. 몸이 좋지 않아서, 그는 계속 침대에 누워있었다.

= **As** he didn't feel well, he stayed in bed.

▶▶ 정답과 해설 p.26

EXERCISE Ⓐ 다음 두 문장의 의미가 일치하도록 분사구문을 사용하여 문장을 완성하시오.

1 As she is a foreigner, she can't read the book.

   = _____, she can't read the book.

2 When I have spare time, I usually surf the Internet.

   = _____, I usually surf the Internet.

3 As he had a lot of work to do, he called for help.

   = _____, he called for help.

4 While I was walking along the street, I met an old friend of mine.

   = _____, I met an old friend of mine.

5 Because he was not old enough, he couldn't see the movie.

   = _____, he couldn't see the movie.

6 While I was looking out the window, I thought about my problem.

   = _____, I thought about my problem.

7 Because I don't know Japanese, I can't understand the cartoon.

   = _____, I can't understand the cartoon.

다음 두 문장의 의미가 일치하도록 주어진 접속사를 사용하여 문장을 완성하시오.

1 Finishing his homework, he watched the game on TV. (after)

= _____, he watched the game on TV.

2 Starting at 7, he could arrive in Busan at 12. (as)

= _____, he could arrive in Busan at 12.

3 Seeing me, she suddenly stood up. (when)

= _____, she suddenly stood up.

4 Watching a movie on TV, she went to bed. (after)

= _____, she went to bed.

5 Reading the book, I fell asleep. (while)

= _____, I fell asleep.

6 Not studying hard, she failed the exam. (as)

= _____, she failed the exam.

7 Not knowing him well, she didn't talk to him. (as)

= _____, she didn't talk to him.

EXERCISE C 다음 우리말과 일치하도록 주어진 단어와 어구를 사용하여 분사구문을 완성하시오.

1 숙제를 끝마친 후에, 그는 외출했다. (finish, his homework)

➡ _____ _____ _____, he went out.

2 그 음악을 듣자, 그녀는 울기 시작했다. (listen, to, the music)

➡ _____ _____ _____ _____, she started to cry.

3 그 강을 따라 걸으면서, 나는 많은 사람들이 산책하는 것을 보았다. (walk, along, the river)

➡ _____ _____ _____ _____, I saw many people taking a walk.

4 역에서 그를 봐서, 나는 행복했다. (see, at the station)

➡ _____ _____ _____ _____ _____, I felt happy.

5 학생이 아니기 때문에, 그는 학교에 갈 필요가 없다. (be, student)

➡ _____ _____ _____ _____, he doesn't need to go to school.

8 분사구문 – 조건 / 양보

1 조건 ~한다면(if)

시간이나 조건의 부사절에서는 현재시제로 미래시제를 대신한다.

Finding her address, I'll send her an invitation. 그녀의 주소를 알게 되면, 나는 그녀에게 초대장을 보낼 것이다.
= **If** I find her address, I'll send her an invitation.

2 양보 ~일지라도, ~이지만(though, although)

although 또는 though 등이 쓰이는 양보 부사절은 분사구문으로 바꾸더라도 의미를 더 정확하게 전달하기 위해서 대개 접속사를 생략하지 않는다.

Though living next to her house, I never met her. 그녀의 옆집에 살았지만, 나는 그녀를 만난 적이 없었다.
= **Though** I lived next to her house, I never met her.

▶▶ 정답과 해설 p.26

EXERCISE A 다음 두 문장의 의미가 일치하도록 분사구문을 사용하여 문장을 완성하시오.

1 If you turn to the right, you will find a bookstore.
= _____ , you will find a bookstore.

2 Though he lived near her house, he never met her.
= Though _____ , he never met her.

3 If you work hard, you will succeed in life.
= _____ , you will succeed in life.

4 Though he went to bed early, he got up late.
= Though _____ , he got up late.

5 If you take the bus, you can save time.
= _____ , you can save time.

6 If you take his advice, you will win the election.
= _____ , you will win the election.

7 Though he didn't want to do it, he had to follow the rules.
= Though _____ , he had to follow the rules.

다음 두 문장의 의미가 일치하도록 접속사를 사용하여 문장을 완성하시오.

1 Although being very sick, he went to school.

= _____, he went to school.

2 Passing the test, you will get a new computer. (if)

= _____, you will get a new computer.

3 Though feeling cold, she didn't put on her coat.

= _____, she didn't put on her coat.

4 Working hard, he will get good results. (if)

= _____, he will get good results.

5 Going straight, you can get to the building. (if)

= _____, you can get to the building.

6 Not being busy tomorrow, I will go out. (if)

= _____, I will go out.

7 Although not knowing his name, I still remember his smile.

= _____, I still remember his smile.

EXERCISE C 다음 우리말과 일치하도록 주어진 단어와 어구를 사용하여 분사구문을 완성하시오. (필요시 형태 변화)

1 많이 잤지만, 나는 온종일 피곤했다. (sleep, a lot)

➡ Though _____ _____ _____, I felt tired all day.

2 택시를 타면, 너는 늦지 않을 것이다. (take, a taxi)

➡ _____ _____ _____, you won't be late.

3 부상을 당했지만, 그 달리기 선수는 계속해서 뛰었다. (injure)

➡ Though _____ _____, the runner kept running.

4 그와 이야기를 해보면, 너는 그가 똑똑한 사람이라는 것을 알게 될 것이다. (talk with)

➡ _____ _____ _____, you will realize he is a smart man.

5 길을 몰랐지만, 그녀는 그 도시의 지도를 사지 않았다. (know, the streets)

➡ Though _____ _____ _____ _____, she didn't buy the map of the city.

9 분사구문 - 동시 동작 / 연속 동작

1 동시 동작 ~하면서(as, while)

분사의 동작이 주절의 동작과 동시에 일어나는 것을 나타낸다.

Crying, she stood by the gate. 울면서, 그녀는 출입구 옆에 서 있었다.
= **As(While) she cried**, she stood by the gate.

Calling my name, he came into the room. 내 이름을 부르면서, 그는 방으로 들어왔다.
= **As(While) he called** my name, he came into the room.

2 연속 동작 그리고 ~하다(and)

사건이나 동작이 연속해서 일어나는 것을 나타낸다.

He got up early, **washing** his face. 그는 일찍 일어나서, 세수를 했다.
= He got up early, **and (he) washed** his face.

Kate turned off the light, **going** to bed. Kate는 불을 끄고, 잤다.
= Kate turned off the light, **and (she) went** to bed.

▶▶ 정답과 해설 p.27

EXERCISE A 다음 두 문장의 의미가 일치하도록 분사구문을 사용하여 문장을 완성하시오.

1 As the girl sat by the window, she listened to music.
= _____, the girl listened to music.

2 As John sat in the park, he fed the pigeons.
= _____, John fed the pigeons.

3 As she entered the room, she turned on the light.
= _____, she turned on the light.

4 While she stood there, she read a book.
= _____, she read a book.

5 He got on the train, and he watched TV.
= He got on the train, _____.

6 A ball flew into the room, and it broke the vase on the desk.
= A ball flew into the room, _____.

학교 시험 대비 문제

▶▶ 정답과 해설 p.27

[01-02] 다음 빈칸에 들어갈 말로 알맞은 것을 고르시오.

01

Who is the man _____ the window? Go and stop him.

① breaking   ② broke   ③ broken

④ to break   ⑤ break

02

I had my coat _____ at the dry cleaner's.

① clean   ② cleans   ③ cleaning

④ cleaned   ⑤ to clean

03 다음 밑줄 친 부분의 쓰임이 나머지 넷과 다른 것은?

① Kate is watering the plants.

② I was looking at the building.

③ She was running on the field.

④ Little Johnny minds taking pills.

⑤ Don't be afraid of these barking dogs.

04 다음 중 어법상 틀린 것은?

① What is he asking?

② I had my car repairing.

③ She is planting the trees.

④ I think his legs are broken.

⑤ I saw Julie talking to her friends.

05 다음 빈칸에 들어갈 말로 바르게 짝지어진 것은?

• John came to the girl _____ a box.   • I felt the house _____.

① carry — shake   ② carried — shake

③ carried — shaking   ④ carrying — shaken

⑤ carrying — shaking

고난도
06 다음 〈보기〉의 밑줄 친 부분과 쓰임이 다른 것은?

〈보기〉
They were playing soccer in the playground.

① He was writing a letter.

② My hobby is playing soccer.

③ She was dancing on the stage.

④ The man working hard is Sam.

⑤ The little boy was eating some food.

07 다음 우리말과 일치하도록 빈칸에 들어갈 말로 알맞은 것은?

• Susan에게 말하고 있는 소년은 Sam이다.   ➡ The boy _____ to Susan is Sam.

① to talk   ② talked

③ talking   ④ to talking

⑤ is talking

08 다음 두 문장을 한 문장으로 만들 때 빈칸에 들어갈 말로 알맞은 것은?

> • The car is the best. It was made in Korea.
> ➡ The car _____ in Korea is the best.

① make ② to make ③ making
④ made ⑤ be made

고난도
09 다음 빈칸에 들어갈 말로 바르게 짝지어진 것은?

> • I can't stand the _____ dog.
> • Some of the children _____ to the party couldn't come.

① barked — invited ② barked — inviting
③ barking — to invite ④ barking — invited
⑤ barking — inviting

[10-11] 다음 두 문장의 뜻이 일치하도록 빈칸에 들어갈 알맞은 말을 고르시오.

10

> • Because he had no friends, he was very lonely.
> = _____, he was very lonely.

① Has no friends
② No having friends
③ Having no friends
④ Because no friends
⑤ He having no friends

11

> • While I was watching TV, I fell asleep.
> = _____, I fell asleep.

① Watched TV
② I watching TV
③ Was watching TV
④ While watching TV
⑤ I being watching TV

12 다음 빈칸에 들어갈 말로 바르게 짝지어진 것은?

> • I felt my head _____ by someone.
> • I felt someone _____ my head.

① touch — touched
② touching — touch
③ touched — touched
④ touched — touching
⑤ touching — touching

고난도
13 다음 중 밑줄 친 부분이 어법상 틀린 것은?

① I can see him <u>coming</u>.
② I heard the alarm <u>ringing</u>.
③ Please leave your room <u>locked</u>.
④ I found the man <u>stood</u> at the door.
⑤ Rachel saw him <u>crossing</u> the road.

14 다음 빈칸에 들어갈 말로 바르게 짝지어진 것은?

> • He was so _____ about the game.
> • The Gala Show was very _____.

① excited — fascinate
② excited — fascinated
③ exciting — fascinated
④ excited — fascinating
⑤ exciting — fascinating

[15-17] 다음 두 문장의 뜻이 일치하도록 빈칸에 들어갈 알맞은 말을 고르시오.

15

> • Being tired, he had to take a taxi.
> = _____, he had to take a taxi.

① If he is tired
② As he is tired
③ When he is tired
④ Though he was tired
⑤ Because he was tired

16

> • Knowing her address, I could find her house easily.
> = _____ her address, I could find her house easily.

① I know   ② If I know
③ As I knew   ④ And I knew
⑤ Though I knew

17

> • Getting some rest, you'll feel better.
> = _____ some rest, you'll feel better.

① If you get   ② As I get
③ When I get   ④ Though you get
⑤ If you don't get

18 다음 밑줄 친 부분의 쓰임이 나머지 넷과 다른 것은?

① I don't like crying babies.
② He slept in a sleeping bag.
③ Where is a reading room?
④ They are in the waiting room.
⑤ I went to the singing room with my mom.

19 다음 빈칸에 들어갈 말로 알맞지 않은 것은?

> I saw my mother _____.

① fed the cat   ② watching TV
③ reading a book   ④ making some food
⑤ surrounded by children

고난도

20 다음 빈칸에 들어갈 말로 알맞은 것은?

> • As I am not rich, I can't buy a car.
> = _____, I can't buy a car.

① Being not rich
② Being rich not
③ Not being rich
④ I being not rich
⑤ I not being rich

21 다음 중 밑줄 친 부분이 어법상 **틀린** 것은?

① I was <u>shocked</u>.
② The movie was very <u>exciting</u>.
③ This is a very <u>interested</u> book.
④ The news was <u>surprising</u> to me.
⑤ She saw many <u>interesting</u> things.

서 술 형

[22-23] 다음 두 문장을 한 문장으로 만들 때 빈칸에 알맞은 말을 쓰시오.

22

> • The man is our teacher. He is swimming in the river.
> ➡ The man _____ is our teacher.

23

> • The picture is very great. It was taken by Chris.
> ➡ The picture _____ is very great.

[24-26] 다음 밑줄 친 부분에 유의하여 각 문장을 우리말로 옮기시오.

24

> • <u>Being busy</u>, she couldn't have lunch.
> ➡ _____

25

> • <u>Though being strong</u>, he couldn't move the box.
> ➡ _____

26

> • <u>Waiting for her</u>, he was doing nothing.
> ➡ _____

[27-28] 다음 우리말과 일치하도록 분사구문을 사용하여 문장을 완성하시오.

27

> • 좌회전을 하면, 너는 그 건물을 찾을 수 있을 것이다.
> ➡ _____ to the left, you will find the building.

28

> • 어린 시절에 대해 말하면서, 그녀는 울었다.
> ➡ _____ _____ her childhood, she cried.

┌─〈보기〉─────────────────────────┐
│ eat   call   satisfy   talk   play │
└──────────────────────────────┘

29 Do you know the woman (Kevin과 이야기하고 있는)?

➡ _____

_____

30 The martial art (태권도라고 불리는) is from Korea.

➡ _____

_____

31 There are so many boys (야구를 하고 있는).

➡ _____

_____

32 I saw her (벤치에서 뭔가를 먹고 있는).

➡ _____

_____

33 My parents were (그 결과에 만족하는).

➡ _____

_____

[34-37] 다음 밑줄 친 문장을 〈조건〉에 맞게 바꿔 쓰시오.

┌──────────────────────────────┐
│ Jennifer woke up on Sunday morning. **34** When she looked out of the window, she felt sad. It was raining cats and dogs. **35** After she had breakfast, she watched TV. Then her mother told her to go to the store and buy some milk. She went out. **36** While she was walking with her umbrella, she got wet. **37** When she got to the store, she found the store was closed. "Today is not my day," she thought. │
└──────────────────────────────┘

┌─〈조건〉─────────────────────────┐
│ • 접속사가 없는 분사구문으로 쓸 것 │
└──────────────────────────────┘

34 _____

_____

35 _____

_____

36 _____

_____

37 _____

_____

Chapter
07

수동태

수동태

1 능동태와 수동태

주어가 동작을 하는 문장을 능동태, 주어가 동작을 받거나 동작을 당하는 문장을 수동태라고 한다.

2 능동태 문장의 수동태 전환

We bake the bread here. 우리는 여기서 빵을 굽는다. **〈능동태〉**
주어   동사   목적어

➡ **The bread** is baked (by us) here. 그 빵은 여기서 (우리에 의해) 구워진다. **〈수동태〉**
주어(능동태의 목적어)   be+p.p.   by 행위자(생략 가능)

① 능동태 문장의 목적어를 수동태 문장의 주어로 바꾼다.
② 동사를 「be동사 + 과거분사(p.p.)」 형태로 바꾼다.
③ 능동태 문장의 주어를 「by + 목적격」 형태로 바꾼다.
* 「by + 행위자」는 행위자가 일반인(we, you, they, people)이거나 불특정할 경우 생략한다.

▶▶ 정답과 해설 p.29

EXERCISE A 다음 문장을 수동태로 바꿀 때, 빈칸에 알맞은 단어를 넣어 문장을 완성하시오.

1 We obey the law. ➡ The law _____ _____ _____ us.

2 They respect the CEO. ➡ The CEO _____ _____ _____ them.

3 My friend plays this music. ➡ This music _____ _____ _____ my friend.

4 Many teens read this book these days.
➡ This book _____ _____ _____ many teens these days.

EXERCISE B 다음 문장을 괄호 안의 지시대로 바꿔 쓰시오.

1 The music is heard by Tom. (능동태 문장으로 전환)
➡ _____

2 We export bananas to Europe. (수동태 문장으로 전환)
➡ _____

3 The folksong is sung by Koreans. (능동태 문장으로 전환)
➡ _____

4 We usually hold the concerts at the university. (수동태 문장으로 전환)
➡ _____

2 수동태 시제

1 과거시제의 수동태 「was(were) + p.p.」

She **cleaned** my room. 그녀가 내 방을 청소했다.
➡ **My room** was cleaned by her. 내 방은 그녀에 의해 청소되었다.

Bach **composed** this music. 바흐가 이 음악을 작곡했다.
➡ **This music** was composed by Bach. 이 음악은 바흐에 의해 작곡되었다.

2 미래시제의 수동태 「will be + p.p.」

This book **will change** your life. 이 책이 네 인생을 바꿀 것이다.
➡ **Your life** will be changed by this book. 네 인생은 이 책에 의해 바뀔 것이다.

I **will take** an umbrella. 나는 우산을 챙길 것이다
➡ **An umbrella** will be taken by me. 우산은 나에 의해 챙겨질 것이다.

▶▶ 정답과 해설 p.29

EXERCISE A 다음 문장을 수동태로 바꿀 때, 빈칸에 알맞은 단어를 넣어 문장을 완성하시오.

1 My mom opened the door.
➡ The door _____ _____ _____ my mom.

2 My friend sent these emails.
➡ _____ _____ _____ _____ by my friend.

3 The Wright brothers invented the first aircraft.
➡ The first aircraft _____ _____ _____ the Wright brothers.

4 Dogs bit lots of postmen.
➡ Lots of postmen _____ _____ _____ _____ .

5 Paul will answer the question.
➡ The question _____ _____ _____ _____ Paul.

6 I will report the news to the world.
➡ _____ _____ _____ _____ _____ by me to the world.

7 I will drive the visitors to the airport.
➡ The visitors _____ _____ _____ _____ _____ to the airport.

다음 문장을 능동태로 바꿀 때, 빈칸에 알맞은 단어를 넣어 문장을 완성하시오.

1 This house was built by my grandfather.
   ➡ My grandfather _____ _____ _____ .

2 Cell phones were invented by Martin Cooper.
   ➡ Martin Cooper _____ _____ _____ .

3 These emails were sent by James to India.
   ➡ _____ _____ _____ _____ to India.

4 The child was adopted by a famous actress.
   ➡ _____ _____ _____ _____ the child.

5 The bread will be baked by us next.
   ➡ _____ _____ _____ the bread next.

6 The concert will be held in London next week.
   ➡ We _____ _____ _____ _____ in London next week.

7 The gates will be closed by her this evening.
   ➡ She _____ _____ _____ _____ this evening.

다음 문장을 괄호 안의 지시대로 고쳐 쓰시오.

1 My brother took the photo. (수동태 문장으로 전환)
   ➡ _____

2 The book will be ordered by me on the Internet. (능동태 문장으로 전환)
   ➡ _____

3 The Egyptians built pyramids. (수동태 문장으로 전환)
   ➡ _____

4 The mad dog will bite many people. (수동태 문장으로 전환)
   ➡ _____

5 Many kinds of fish were caught by me. (능동태 문장으로 전환)
   ➡ _____

1 수동태의 부정문 「be동사 + not + p.p.」

The telephone **was** **not** invented by the man. 전화는 그 남자에 의해 발명되지 않았다.

2 의문사가 없는 수동태 의문문 「Be동사 + 주어 + p.p. ~?」

의문사가 있는 수동태 의문문 「의문사 + be동사 + 주어 + p.p. ~?」

Is this room **cleaned** every day? 이 방은 매일 청소되고 있나요?

What is this **called** in Korean? 이것은 한국어로 뭐라고 불리나요?

▶▶ 정답과 해설 p. 30

EXERCISE Ⓐ 다음 부정문을 수동태로 바꿀 때, 빈칸에 알맞은 단어를 넣어 문장을 완성하시오.

1 Cindy didn't put the vase here.

➡ The vase ＿＿＿＿＿ ＿＿＿＿＿ ＿＿＿＿＿ by Cindy here.

2 People don't visit the history museum these days.

➡ The history museum ＿＿＿＿＿ ＿＿＿＿＿ ＿＿＿＿＿ these days.

3 They didn't build these houses in 1886.

➡ These houses ＿＿＿＿＿ ＿＿＿＿＿ ＿＿＿＿＿ in 1886.

4 Terrorists didn't murder the police officers.

➡ The police officers ＿＿＿＿＿ ＿＿＿＿＿ ＿＿＿＿＿ by terrorists.

EXERCISE Ⓑ 다음 의문문을 수동태로 바꿀 때, 빈칸에 알맞은 단어를 넣어 문장을 완성하시오.

1 Did Mr. Smith grade my exam?

➡ ＿＿＿＿＿ ＿＿＿＿＿ ＿＿＿＿＿ ＿＿＿＿＿ by Mr. Smith?

2 Did your mother bring the hamburgers?

➡ ＿＿＿＿＿ ＿＿＿＿＿ ＿＿＿＿＿ ＿＿＿＿＿ by your mother?

3 How did Mike solve the problems?

➡ How ＿＿＿＿＿ ＿＿＿＿＿ ＿＿＿＿＿ ＿＿＿＿＿ by Mike?

4 조동사가 쓰인 수동태

1 조동사 「조동사 + be + p.p.」

Sandra **must write an essay**. Sandra는 에세이 한 편을 써야 한다.

➡ **An essay must be written** by Sandra. 에세이 한 편이 Sandra에 의해 쓰여져야 한다.

We **must protect the Earth**. 우리는 지구를 보호해야 한다.

➡ **The Earth** must be protected. 지구는 보호되어야 한다.

2 조동사 부정문 「조동사 + not + be + p.p.」

He **may not reserve the seats**. 그는 그 좌석들을 예약하지 못할지도 모른다.

➡ **The seats** may not be reserved by him. 그 좌석들은 그에 의해 예약되지 못할지도 모른다.

▶▶ 정답과 해설 p. 30

EXERCISE A 다음 문장을 수동태로 바꿀 때, 빈칸에 알맞은 단어를 넣어 문장을 완성하시오.

1 We will do the English tests soon.
➡ The English tests ＿＿＿＿＿ ＿＿＿＿＿ ＿＿＿＿＿ soon.

2 Paul may not use the cell phone.
➡ The cell phone ＿＿＿＿＿ ＿＿＿＿＿ ＿＿＿＿＿ ＿＿＿＿＿ by Paul.

3 You must clean your room every morning.
➡ Your room ＿＿＿＿＿ ＿＿＿＿＿ ＿＿＿＿＿ ＿＿＿＿＿ ＿＿＿＿＿ every morning.

4 I couldn't handle the problem.
➡ The problem ＿＿＿＿＿ ＿＿＿＿＿ ＿＿＿＿＿ ＿＿＿＿＿ ＿＿＿＿＿.

EXERCISE B 다음 문장을 괄호 안의 지시대로 바꿔 쓰시오.

1 You should check the details. (수동태 문장으로 전환)
➡ ＿＿＿＿＿＿＿＿＿＿＿＿＿＿＿＿＿＿＿＿＿＿＿＿＿＿＿＿

2 The machine won't be repaired by her. (능동태 문장으로 전환)
➡ ＿＿＿＿＿＿＿＿＿＿＿＿＿＿＿＿＿＿＿＿＿＿＿＿＿＿＿＿

3 Those pictures might not be painted by Gauguin. (능동태 문장으로 전환)
➡ ＿＿＿＿＿＿＿＿＿＿＿＿＿＿＿＿＿＿＿＿＿＿＿＿＿＿＿＿

5 4형식 문장의 수동태

1 4형식 문장은 간접목적어와 직접목적어가 있으므로 각각의 목적어를 주어로 하여 2개의 수동태 문장을 만들 수 있다.

She **gave** **them** *many gifts*. 그녀는 그들에게 많은 선물을 주었다.

➡ **They** were given *many gifts* by her. 그들은 그녀에 의해 많은 선물을 받았다. **〈주어 - 간접목적어〉**

➡ *Many gifts* were given **to them** by her. 많은 선물이 그녀에 의해 그들에게 주어졌다. **〈주어 - 직접목적어〉**

2 직접목적어를 주어로 하는 수동태 문장에서는 간접목적어 앞에 to, for, of 등의 전치사가 오며 동사에 따라 쓰이는 전치사가 다르다.

My mom **made** me a dress. 나의 엄마는 내게 드레스를 만들어주셨다.

➡ A dress **was made** **for** me by my mom. 나를 위한 드레스가 나의 엄마에 의해 만들어졌다.

to를 쓰는 동사	give, send, show, tell, teach, lend, read, write, bring
for를 쓰는 동사	make, buy, cook, get, find, order
of를 쓰는 동사	ask

+ buy, make, choose, write, read, sell 등의 동사는 직접목적어만을 수동태의 주어로 쓸 수 있다.

My dad **bought** **me a bike**. 나의 아빠는 나에게 자전거를 사주셨다.
　　　　　간접목적어 직접목적어

➡ **I** was bought *a bike* by my dad. (×)

➡ *A bike* was bought **for me** by my dad. (○) 나를 위한 자전거는 나의 아빠에 의해 구입되었다.

▶▶ 정답과 해설 p. 30

EXERCISE **A** 다음 괄호 안에서 옳은 것을 고르시오.

1 A present was given [to / for / of] me by them.

2 Some questions were asked [for / of / to] my teacher by me.

3 A bike was bought [to / of / for] me by my brother.

4 A letter is sent [for / of / to] me by my daughter.

5 The email was written [for / to / of] Sue by Norah.

6 A pretty bag was bought [of / for / to] my mom by me.

7 Tom's DVD player was shown [of / for / to] me by him.

1 She sent me the Christmas card.

➡ The Christmas card _____ _____ _____ me by her.

2 Mr. Miller teaches me mathematics.

➡ I _____ _____ mathematics by Mr. Miller.

3 I asked John a question about English.

➡ A question about English _____ _____ _____ John by me.

4 Neil read me an interesting story.

➡ An interesting story _____ _____ _____ me by Neil.

5 Cathy bought me a pencil case.

➡ A pencil case _____ _____ _____ me by Cathy.

6 I gave my sister a necklace.

➡ My sister _____ _____ a necklace by me.

7 I wrote my friend a postcard.

➡ A postcard _____ _____ _____ my friend by me.

8 Laura gave me movie tickets.

➡ Movie tickets _____ _____ _____ me by Laura.

EXERCISE C 다음 문장을 괄호 안의 지시대로 바꿔 쓰시오.

1 This magazine was given to me by Sarah. (4형식 능동태 문장으로 전환)

➡ _____

2 My mom made my sister a cake. (a cake를 주어로 하는 수동태 문장으로 전환)

➡ _____

3 This computer was bought for me by my father. (4형식 능동태 문장으로 전환)

➡ _____

4 I sent my friend a birthday card. (a birthday card를 주어로 하는 수동태 문장으로 전환)

➡ _____

6 5형식 문장의 수동태

5형식 문장의 수동태 목적격보어를 「be + p.p.」 뒤에 그대로 써줌

5형식에서 사용된 목적격보어는 명사이더라도 수동태의 주어로 사용될 수 없다.

I **made** him **angry**. 나는 그를 화나게 만들었다.

➡ He **was made angry** by me. 그는 나에 의해 화나게 되었다.

Sarah **expected** Mark **to buy** the tickets. Sarah는 Mark가 표를 살 거라고 기대했다.

➡ Mark **was expected to buy** the tickets by Sarah. Mark는 Sarah에 의해 표를 살 거라는 기대를 받았다.

▶▶ 정답과 해설 p. 30

EXERCISE A 다음 문장을 수동태로 바꿀 때, 빈칸에 알맞은 단어를 넣어 문장을 완성하시오.

1 He makes me happy.

➡ I _____ _____ _____ by him.

2 She expects me to pay for lunch.

➡ I _____ _____ _____ pay for lunch by her.

3 We saw a girl swimming in the sea.

➡ A girl _____ _____ _____ in the sea by us.

4 I made my friend surprised.

➡ My friend _____ _____ _____ by me.

EXERCISE B 다음 문장을 괄호 안의 지시대로 바꿔 쓰시오.

1 My brother made the police officer angry. (수동태 문장으로 전환)

➡ _____

2 Our teacher taught us to study hard. (수동태 문장으로 전환)

➡ _____

3 Jason was elected their leader by them. (능동태 문장으로 전환)

➡ _____

4 I was invited to play tennis by my boss. (능동태 문장으로 전환)

➡ _____

7 동사구의 수동태

동사구를 하나의 단어로 생각하고 수동태를 만든다. 동사구를 수동태로 전환할 때 「by 행위자」의 전치사 by를 빠뜨리지 않도록 주의한다.

I take care of my patients. 나는 나의 환자들을 돌본다.

➡ My patients are taken care of by me. 내 환자들은 나에 의해 돌보아진다.

take care of	~을 돌보다	look after	~을 돌보다
make fun of	~을 놀리다	look up to	~을 존경하다
put off	~을 미루다	bring up	~을 기르다
run over	(차가) ~을 치다	look forward to	~을 기대하다
laugh at	~을 비웃다	pay attention to	~을 주목하다

▶▶ 정답과 해설 p.30

EXERCISE A 다음 문장을 수동태로 바꿀 때, 빈칸에 알맞은 단어를 넣어 문장을 완성하시오.

1 My mom put off the picnic.
   ➡ The picnic _____ _____ _____ by my mom.

2 The taxi ran over the old man yesterday.
   ➡ The old man _____ _____ _____ by the taxi yesterday.

3 She took care of her baby.
   ➡ Her baby _____ _____ _____ _____ by her.

4 Her grandmother brought up the girl.
   ➡ The girl _____ _____ _____ _____ her grandmother.

5 Tim paid attention to the class.
   ➡ The class _____ _____ _____ _____ _____ Tim.

6 My friends laughed at my explanation.
   ➡ My explanation _____ _____ _____ _____ my friends.

7 Susan will look after these dogs.
   ➡ These dogs _____ _____ _____ _____ _____ Susan.

8 We should not make fun of Sally.
   ➡ Sally _____ _____ _____ _____ _____ _____ (by us).

144

8   by 이외의 전치사

전치사 by 이외에 다양한 전치사를 사용하는 경우로 하나의 숙어처럼 암기해둔다.

be satisfied with	~에 만족하다	be surprised at	~에 놀라다
be interested in	~에 관심이 있다	be worried about	~에 대해 걱정하다
be known to	~에게 알려지다	be covered with	~로 덮이다
be filled with	~로 가득 차다	be pleased with	~에 기뻐하다
be excited about	~에 들뜨다	be related to	~와 관련이 있다
be scared of	~을 두려워하다	be disappointed with	~에 실망하다

▶▶ 정답과 해설 p.30

EXERCISE A   다음 빈칸에 알맞은 전치사를 넣어 문장을 완성하시오.

1   I am interested _____ joining the fitness club.

2   He was excited _____ going abroad for the first time.

3   This tank was filled _____ gasoline.

4   He is known _____ the world as a successful designer.

5   She was pleased _____ winning a medal.

6   I was worried _____ the examination.

7   He is known _____ Koreans as a famous TV star.

8   I am satisfied _____ the score.

9   The roof was covered _____ fallen leaves.

10   She is scared _____ heights.

11   Junsu was surprised _____ my report.

12   My mom is worried _____ my friends.

13   The box was filled _____ lots of books.

14   We were satisfied _____ our house.

15   He was surprised _____ the gift.

16   People were disappointed _____ their leader.

17   Mr. Kim is related _____ the story.

학교 시험 대비 문제

▶▶ 정답과 해설 p. 31

[01-02] 다음 빈칸에 들어갈 말로 알맞은 것을 고르시오

01

> • My mother uses the oven nowadays.
> ➡ The oven _____ by my mother nowadays.

① was used   ② used   ③ uses

④ be used   ⑤ is used

02

> • Cindy gave my mom her present.
> ➡ Her present was given _____ my mom by Cindy.

① of   ② in   ③ on

④ for   ⑤ to

03 다음 중 어법상 올바른 것은?

① This was find by his friend.

② *Yesterday* was sang by the Beatles.

③ *Hamlet* was wrote by Shakespeare.

④ The window was broke by Minho.

⑤ This camera was bought by my uncle.

[04-06] 다음 중 어법상 틀린 것을 고르시오.

04

① I have loved by him.

② The email was written by her.

③ The window was broken by Tom.

④ The picture was painted by Picasso.

⑤ The telephone was invented by Bell.

05

① This pen was made in China.

② This novel was written by Mr. Cook.

③ This picture was painted by Gabriela.

④ King Sejong was created by Hangeul.

⑤ This music was composed by Mozart.

06

① The office must cleaned by you.

② This article must be read by you.

③ The building can be found by you.

④ The essay must be written by Sam.

⑤ Those pictures might be painted by Picasso.

07 다음 주어진 질문에 대한 응답으로 알맞은 것은?

> Who painted the *Mona Lisa*?

① It painted Leonardo da Vinci.

② It was painted Leonardo da Vinci.

③ It was painted by Leonardo da Vinci.

④ Leonardo da Vinci was painted by it.

⑤ Leonardo da Vinci might be painted it.

[08-09] 다음 빈칸에 들어갈 말로 알맞은 것을 고르시오.

08

> The airplane _____ by the Wright brothers.

① invents ② invented

③ has invented ④ was invented

⑤ were invented

09

> The building _____ in 2028.

① remodeled

② will be remodeled

③ was remodeled

④ was being remodeled

⑤ has been remodeled

고난도
10 다음 중 밑줄 친 부분이 어법상 틀린 것은?

① He is scared of speed.

② I was surprised at the news.

③ The roof was covered with snow.

④ Mr. Jackson is known to everybody.

⑤ My teacher was satisfied by my answer.

11 다음 중 어법상 어색한 것은?

> A Did the paper invented by Japanese?
>   ①   ②   ③
> B No, it wasn't. It was invented by Chinese.
>   ④   ⑤

[12-13] 다음 중 문장의 태를 전환한 것이 어법상 틀린 것을 고르시오.

12 ① She gave me a gift.
➡ I was given a gift by her.

② I made him angry.
➡ He was made for angry by me.

③ They heard me singing.
➡ I was heard singing by them.

④ Tina made me a sweater.
➡ A sweater was made for me by Tina.

⑤ My dad bought me a bike.
➡ A bike was bought for me by my dad.

고난도
13 ① This work must be done by you.
➡ You must do this work.

② Did he suggest the plan?
➡ Was the plan suggested by him?

③ He was elected their leader (by them).
➡ They elected him their leader.

④ The dog's barking can be heard by her.
➡ She can hear the dog's barking.

⑤ I bought her a pretty bag.
➡ She was bought a pretty bag by me.

14 다음 주어진 문장을 수동태로 바꿔 쓸 때 빈칸에 들어갈 말로 알맞은 것은?

- He must design a better poster.
➡ A better poster _____ by him.

① must be design
② must be designing
③ must be designed
④ must been designed
⑤ must have designed

15 다음 주어진 문장을 수동태로 나타낸 것은?

Mr. Big won't post the pictures.

① The pictures are posted by Mr. Big.
② Mr. Big won't post by the pictures.
③ The pictures will be posted by Mr. Big.
④ Mr. Big won't be posted by the pictures.
⑤ The pictures won't be posted by Mr. Big.

16 다음 빈칸에 들어갈 말로 알맞은 것은?

This art gallery _____ at 10 o'clock.
The opening hour is 11 o'clock.

① opens   ② opened
③ is opened   ④ isn't opened
⑤ doesn't be opened

17 다음 중 어법상 틀린 것은?

① Coffee is not grown in Italy.
② Where did this box be found?
③ Is French spoken in Montreal?
④ The ball wasn't thrown by the boy.
⑤ Was the big fish caught by Mr. Miller?

18 다음 밑줄 친 부분을 바르게 고쳐 쓴 것은?

My pet dog <u>look after</u> James.

① looked after
② looked after by
③ was looked after
④ was looked after by
⑤ were looked after by

19 다음 대화의 밑줄 친 부분을 바르게 고쳐 쓴 것은?

A Mary looks sad. What happened to her?
B She <u>laughed at</u> her friends because of her short hair.

① 고칠 필요 없음   ② was laughing at
③ was laughed by   ④ was laughed at
⑤ was laughed at by

20 다음 빈칸에 들어갈 말로 알맞은 것은?

A little house _____ with matches by my uncle.

① can be make
② can be made
③ can have made
④ must be making
⑤ can being made

[21-22] 다음 빈칸에 들어갈 말로 바르게 짝지어진 것을 고르시오.

21

• A pretty dress was made _____ me by Andy.
• A ball was given _____ him by me.

① to — to
② to — for
③ for — to
④ for — for
⑤ of — to

22

The first real glasses _____ in 1284. But no one knows exactly who _____ them.

① invented — invented
② were invented — invent
③ invented — were invented
④ were invented — invented
⑤ have been invented — was invented

23 다음 빈칸에 들어갈 말이 나머지 넷과 <u>다른</u> 것은?

① A story was told _____ me by him.
② A gift was sent _____ me by Mike.
③ A cake was made _____ Jim by me.
④ Math was taught _____ us by Mr. Kim.
⑤ The card was written _____ my cousin by me.

고난도

24 다음 중 능동태 문장을 수동태로 전환한 것으로 올바른 것은?

① I took care of the kids.
➡ The kids were taken care of me.
② Many boys read this book.
➡ This book are read by many boys.
③ You must write this essay.
➡ This essay must be written by you.
④ I sent him a Christmas card.
➡ A Christmas card was sent by him.
⑤ She will open the new hospital.
➡ The new hospital will open by her.

[25-27] 다음 주어진 문장의 태를 전환한 것으로 올바른 것을 고르시오.

25

We saw him studying in the classroom.

① He was seen study in the classroom.
② He was saw to study in the classroom.
③ He was seen studying in the classroom.
④ He was saw studying in the classroom.
⑤ He has been seen study in the classroom.

26

My sister was made surprised by me.

① I made my sister surprised.
② I made my sister to surprise.
③ My sister surprised I made her.
④ My sister was made me surprised.
⑤ I have made my sister to be surprising.

27

The twins call the place 'Paradise.'

① The place calls 'Paradise' the twins.
② 'Paradise' calls the place by the twins.
③ The place called 'Paradise' by the twins.
④ 'Paradise' is called the place by the twins.
⑤ The place is called 'Paradise' by the twins.

28 다음 빈칸에 알맞은 전치사를 쓰시오.

This problem was asked _____ me by my students.

29 다음 문장을 능동태로 바꿔 쓸 때 빈칸에 알맞은 말을 쓰시오.

· An umbrella will be taken by me.
➡ I _____ an umbrella.

30 다음 주어진 단어를 사용하여 빈칸에 알맞은 말을 쓰시오.

· The waitress _____ breakfast every morning. (serve)
· Breakfast _____ by the waitress every morning. (serve)

31 다음 문장을 괄호 안에 주어진 수동태 형태로 바꿔 쓰시오.

· Ann planted an apple tree.
➡ An apple tree _____ by Ann. (부정문)
➡ _____ by Ann? (의문문)

32 다음 주어진 단어를 사용하여 빈칸에 알맞은 말을 쓰시오. (필요시 형태 변화)

A _____ the music _____ by the band? (play)
B Yes, it is. It's wonderful and very exciting.

33 다음 빈칸에 공통으로 들어갈 전치사를 쓰시오.

> • I am satisfied _____ the result.
> • This bottle is filled _____ water.

[34-35] 다음 문장을 능동태로 전환할 때 빈칸에 알맞은 말을 쓰시오.

34

> • This text message was sent to me by my daughter.
> ➡ My daughter _____.

35

> • This camera was bought for me by Dad.
> ➡ Dad _____.

[36-37] 다음 문장을 수동태로 전환할 때 빈칸에 알맞은 말을 쓰시오.

36

> • He bought me the same book.
> ➡ The same book was _____ _____ me by him.

37

> • My mom wrote me an email.
> ➡ An email was _____ _____ me by my mom.

[38-40] 다음 우리말과 일치하도록 빈칸에 알맞은 말을 쓰시오.

38

> • 나는 물리학에 관심이 있다.
> ➡ I _____ physics.

39

> • 그는 모두에게 위대한 화가로 알려져 있다.
> ➡ He _____ everybody as a great painter.

40

> • 나의 선생님께서 너의 건강을 걱정하신다.
> ➡ My teacher _____ your health.

[41-47] 다음 문장을 읽고, <u>틀린</u> 부분을 찾아 문장을 바르게 고쳐 쓰시오.

41 The whole garden is covered in grass.

➡ _____

_____

42 The big bucket is fill with clean water.

➡ _____

_____

43 I am interesting in taking pictures.

➡ _____

_____

44 This cake was made of me by David.

➡ _____

_____

45 My exam results were sent for me.

➡ _____

_____

46 This smart phone was bought to me by Sumi.

➡ _____

_____

47 The house wasn't destroy by the storm.

➡ _____

_____

고난도

[48-50] 다음 역사적 사실에 관한 연표를 보고 일이 일어난 순서대로 〈조건〉에 맞게 문장을 영작하시오.

Building the Great Wall of China		The Birth of Yi Sunsin	The Invention of the Light Bulb by Edison
226 B.C.	220 B.C.	1545	1879

〈조건〉
• 수동태 문장으로 쓸 것
• 괄호 안에 주어진 전치사를 사용할 것

48 (between) _____

_____

49 (in) _____

_____

50 (in) _____

_____

152

Chapter 08

명사와 관사

1 셀 수 있는 명사

셀 수 있는 명사는 관사 a(an)를 붙이거나 복수형으로 쓸 수 있고, many, (a) few 등 수를 나타내는 형용사와 함께 쓸 수 있다.

보통명사	사람(직업), 사물, 동물, 장소 등을 나타내는 명사 friend, student, cup, desk, dog, house
집합명사	여럿이 모인 집합체의 명칭을 나타내는 명사 family, team, group, class, audience

! 집합명사를 하나의 단위로 보는 경우에는 단수로 취급하며, 집합을 구성하는 개체의 개별적 특성을 언급할 때는 복수로 취급한다.

The audience are against me. 청중은 나를 반대한다. 〈청중을 구성하는 개인들의 의견: 복수〉

▶▶ 정답과 해설 p. 33

EXERCISE A 다음 문장의 밑줄 친 부분을 바르게 고쳐 쓰시오.

1 My family <u>are</u> large. ➡ _____

2 You can use <u>dictionary</u> for this test. ➡ _____

3 Many <u>student</u> were absent yesterday. ➡ _____

4 My team <u>are</u> ready to play the game. ➡ _____

5 I need a special <u>plans</u> to surprise my parents. ➡ _____

EXERCISE B 다음 우리말과 일치하도록 주어진 단어를 배열하시오.

1 정말 멋진 생각이야! (brilliant, idea, a)
➡ What _____!

2 너희 가족은 주말마다 무엇을 하니? (your, does, family, do)
➡ What _____ on weekends?

3 아마도 우리는 수업 하나를 같이 듣는 것 같아. (have, a, we, class)
➡ Maybe _____ together.

4 우리는 그 경기장에서 야구 시합을 볼 수 있어. (the, a, game, stadium, in, baseball)
➡ We can watch _____.

2 셀 수 있는 명사의 복수형

1 복수형의 규칙변화

셀 수 있는 명사	어미의 규칙 변화	예	
대부분의 명사	-s	pencil ➡ pencils	house ➡ houses
-s, -ch, -sh, -x	-es	bus ➡ buses	box ➡ boxes
-f, -fe	(f, fe → v) + es	leaf ➡ leaves	wife ➡ wives
	(예외) -s	safe ➡ safes	roof ➡ roofs
자음 + y	(y → i) + es	lady ➡ ladies	fly ➡ flies
자음 + o	-es	potato ➡ potatoes	hero ➡ heroes
모음 + o	-s	studio ➡ studios	radio ➡ radios

2 복수형의 불규칙변화

man — **men**　　woman — **women**　　foot — **feet**　　tooth — **teeth**

goose — **geese**　　child — **children**　　ox — **oxen**　　mouse — **mice**

! 1. 단수형과 복수형이 같은 명사 : sheep 양　fish 물고기　deer 사슴　trout 송어

2. 항상 복수형으로 쓰이는 명사 : scissors 가위　glasses 안경　jeans 청바지　pants 바지

▶▶ 정답과 해설 p.33

EXERCISE A 다음 주어진 명사의 복수형을 쓰시오.

1　a radio ➡ a lot of _____　　2　a potato ➡ four _____　　3　a knife ➡ several _____

4　a fish ➡ tons of _____　　5　a tooth ➡ all _____　　6　a lady ➡ many _____

7　a leaf ➡ lots of _____　　8　a man ➡ five _____　　9　a child ➡ three _____

EXERCISE B 다음 주어진 단어를 사용하여 문장을 완성하시오. (필요시 형태 변화)

1　I need two _____ to put these books on. (shelf)

2　I have been to five _____. I love to travel. (country)

3　We can see a lot of _____ in Australia. (kangaroo)

4　Patrick bought ten _____ at a supermarket. (tomato)

3 셀 수 없는 명사

셀 수 없는 명사는 a(an)를 붙이거나 복수형으로 쓸 수 없고 늘 단수 취급한다. much, (a) little 등
양을 나타내는 형용사와 함께 쓸 수 있고 부정관사나 수를 나타내는 말과 함께 쓰지 않는다.

고유명사	사람, 사물, 지역, 요일, 언어 등의 이름 (Lee, Korea, Seoul, Monday, Spanish)
	I go fishing every **Sunday**. 나는 일요일마다 낚시하러 간다.
물질명사	일정한 형태가 없는 물질의 이름 (oil, tea, bread, ice, sugar, money, furniture)
	He spent too much **money**. 그는 너무 많은 돈을 썼다.
추상명사	추상적인 의미를 나타내는 명사 (advice, love, hope, health, news, wealth)
	The **love** of a mother is endless. 어머니의 사랑은 끝이 없다.

! 요일을 나타내는 명사는 경우에 따라 복수형도 쓸 수 있다. (on + 요일s : 요일마다)

I go fishing **on Sundays**. 나는 일요일마다 낚시하러 간다.

▶▶ 정답과 해설 p. 33

EXERCISE A 다음 문장의 밑줄 친 부분을 바르게 고쳐 쓰시오.

1 Are you satisfied with your <u>lifes</u>? ➡ _____

2 I like <u>an orange juice</u> very much. ➡ _____

3 If it is too hot, drink some <u>waters</u>. ➡ _____

4 There was <u>many</u> wine in the bottle. ➡ _____

5 You can see <u>many furnitures</u> in our store. ➡ _____

6 <u>Milks are</u> the white liquid produced by cows. ➡ _____

EXERCISE B 다음 우리말과 일치하도록 주어진 단어를 배열하시오.

1 내 방에는 가구가 많지 않다. (much, not, furniture, is)
➡ There _____ in my room.

2 이번 일요일에 수영하러 가자! (Sunday, swimming, go, this)
➡ Let's _____ .

3 너는 지금 얼마나 많은 돈을 갖고 있니? (you, much, do, money, How)
➡ _____ have now?

4 셀 수 없는 명사의 수량 표현

셀 수 없는 명사는 단위가 되는 명사를 사용하여 그 양을 표현할 수 있다.

1 단수 「a(an) + 단위명사 + of + 셀 수 없는 명사」

a cup of coffee(tea) 커피(차) 한 잔   **a glass of** milk(juice/water) 우유(주스/물) 한 잔

a sheet of paper 종이 한 장   **a bottle of** wine(juice) 와인(주스) 한 병

a slice of cheese 치즈 한 장   **a loaf of** bread 빵 한 덩어리

a piece of paper(bread/news/advice) 종이 한 장(빵 한 조각/뉴스 하나/충고 한 마디)

2 복수 「숫자 + 단위명사(복수형) + of + 셀 수 없는 명사」

two cups of coffee 커피 두 잔   **two glasses of** water 물 두 잔

three sheets of paper 종이 세 장   **five bottles of** wine 와인 다섯 병

three pieces of paper 종이 세 장   **five loaves of** bread 빵 다섯 덩어리

- -

! 짝을 이루는 명사는 a pair of로 수량을 표시한다.

a pair of shoes 신발 한 켤레   **two pairs of** socks 양말 두 켤레

▶▶ 정답과 해설 p. 34

EXERCISE A 다음 괄호 안에서 옳은 것을 고르시오.

1 There is [a glass of milk / a slice of milk] on the table.

2 I ate [two bottles of pizzas / two slices of pizza] in the morning.

3 He bought [a bottle of juice / a loaf of juice] at the supermarket.

4 Bring me [five sheets of paper / five papers], please.

5 Mom, I want [a glass of cheese / a slice of cheese] in my sandwich.

6 Would you like [a cup of coffee / cup of coffee]?

7 My father drank [two bottle of wines / a bottle of wine] with his friend.

8 Jay, why don't you have [a slice of pie / a slices of pie]?

9 We need to buy [a bread / a loaf of bread] on the way home.

10 How many [bottles of water / waters] do we need to buy?

1 I can't drive. I drank <u>a beer</u>. ➡ _____

2 Get me <u>a water</u>. I'm thirsty. ➡ _____

3 We bought <u>three loaf of bread</u>. ➡ _____

4 It is 5 dollars for <u>ten slice of cheese</u>. ➡ _____

5 Do you want <u>two cup of green teas</u>? ➡ _____

6 He used to drink <u>two glass of wines</u> at night. ➡ _____

7 Why don't we have <u>some slices of pizzas</u>? ➡ _____

8 <u>How much coffees</u> would you like to order? ➡ _____

9 Are there <u>many pieces of furnitures</u> in your room? ➡ _____

10 We are going to have a pop quiz. Take out <u>a paper</u>. ➡ _____

11 There is only <u>a sheet of cheese</u> left. It tastes so good. ➡ _____

EXERCISE C 다음 우리말과 일치하도록 주어진 단어를 배열하시오.

1 홍차 한 잔 드시겠습니까? (a, of, black tea, cup)
➡ Would you like _____ ?

2 우유 한 잔을 마시는 것은 건강에 좋다. (of, glass, drinking, a, milk)
➡ _____ is good for your health.

3 스위스 치즈 두 덩어리를 사자! (Swiss cheese, two, of, loaves, buy)
➡ Let's _____ !

4 와인 한 병을 주문하시겠습니까? (order, wine, of, bottle, a, to)
➡ Would you like _____ ?

5 제게 쓸 종이 한 장만 주세요. (a, on, paper, of, to, write, sheet)
➡ Please give me _____ .

6 나는 라디오에서 어떤 소식 하나를 들었다. (the, news, a, of, radio, on, piece)
➡ I heard _____ .

158

5 부정관사

부정관사는 '하나의'라는 의미로서 셀 수 있는 명사의 단수형 앞에 온다.

1 부정관사의 종류

부정관사	명사의 발음	예			
a	자음	a university	a hospital	a woman	a book
		a calendar	a notebook	a monitor	a year
an	[a] [e] [i] [o] [u]	an apple	an X-ray	an umbrella	an egg
		an hour	an MP3 player	an object	an item

2 부정관사의 여러 가지 의미

의미	예문
하나의 (= one)	He didn't say **a** word today. 그는 오늘 한 마디도 하지 않았다.
~마다, ~당 (= per)	I usually go fishing once **a** week. 나는 보통 일주일에 한 번 낚시하러 간다.
어떤 (= a certain)	**A** student is here to see me. 어떤 학생이 나를 보기 위해 여기 있다.
종족, 종류 전체	**An** insect has six legs. 곤충은 다리가 6개이다.
같은 종류의 (= the same)	Birds of **a** feather flock together. 같은 깃털의 새들이 함께 모인다.(유유상종)
~같은 사람, ~의 작품 〔제품〕, 고유명사 앞	I wish to become **a** Newton. 나는 뉴턴 같은 사람이 되고 싶다. The museum has **a** Millet. 그 박물관은 밀레의 작품 한 점을 보유하고 있다.

▶▶ 정답과 해설 p.34

EXERCISE Ⓐ 다음 문장에서 밑줄 친 부정관사의 의미가 같은 것끼리 연결하시오.

1 Rome was not built in <u>a</u> day.
• ⓐ I got a letter from <u>a</u> Dr. Jeong.

2 Take this medicine twice <u>a</u> day.
• ⓑ May I have <u>an</u> apple?

3 This is <u>a</u> Ford.
• ⓒ <u>An</u> owl can see in the dark.

4 <u>A</u> Mr. Kim called you at noon.
• ⓓ This is <u>a</u> Gogh.

5 <u>A</u> cat likes fish.
• ⓔ He wants to be <u>an</u> Edison.

6 She is <u>a</u> Kim Yuna in Japan.
• ⓕ You drove at the speed of 80 km <u>an</u> hour.

정관사의 용법	예문
앞에서 언급한 명사의 반복	I have a friend and I like **the friend**. 나는 친구가 있는데 그 친구를 좋아한다.
구나 절의 수식을 받는 명사 앞	**The water in this glass** is hot. 이 잔 안의 물은 뜨겁다.
서수, 최상급 앞	Seoul is **the largest** city in Korea. 서울은 한국에서 가장 큰 도시이다.
종족, 종류 전체	**The lion** is the king of animals. 사자는 동물의 왕이다.
세상에서 유일한 것	**The Earth** travels around **the Sun**. 지구는 태양의 주위를 돈다.
보통명사의 추상명사 전환	**The pen** is mightier than **the sword**. 문(文)은 무(武)보다 강하다.
듣는 이가 알 수 있는 명사 앞	Could you pass me **the salt**, please? 소금을 좀 건네주시겠어요?
악기 이름 앞	Can you play **the piano**? 너는 피아노를 연주할 수 있니?

+ 정관사가 생략되는 경우

① 식사, 운동, 과목명, 계절, 연도, 언어, 요일 등의 앞

I have **breakfast** after playing **tennis**. 나는 테니스를 치고 나서 아침을 먹는다.

My favorite subject is **math**. 내가 가장 좋아하는 과목은 수학이다.

Spring comes before **summer**. 봄은 여름 전에 온다.

② 본래의 목적으로 거론된 건물, 장소를 나타내는 명사 앞

He went to **school** at 8 this morning. 그는 오늘 아침 8시에 등교했다.

cf. His house is next to **the school**. 그의 집은 그 학교 (건물) 옆에 있다.

▶▶ 정답과 해설 p. 34

EXERCISE A 다음 괄호 안에서 옳은 것을 고르시오.

1 I was born in [the / × / a] 1998.

2 [A / The / ×] sun rises in the east.

3 He is [the / a / ×] tallest boy in his class.

4 My favorite subject is [the / × / a] music.

5 Is this [a / the / ×] only pen you have?

6 When did you have [a / × / the] lunch?

7 Do you like to play [the / × / a] violin?

1 Kids! It is time to <u>go to the bed</u>.

2 <u>In 2010</u>, my uncle was in France.

3 It was <u>most exciting movie</u> of the year.

4 <u>The dog</u> is a friendly animal to humans.

5 My dad likes to <u>play golf</u> on weekends.

6 I would like to learn how to <u>play the cello</u>.

7 The favorite subject of my sister is <u>the mathematics</u>.

8 There is a bookstore at the corner. It's easy to find <u>a bookstore</u>.

9 We go to <u>the school</u> at 8:30 every morning.

10 <u>The summer</u>, my favorite season, has come.

11 This is <u>second time</u> I have been to Toronto.

12 Why don't we have <u>a dinner</u> together?

EXERCISE Ⓒ 다음 우리말과 일치하도록 주어진 단어와 어구를 배열하시오.

1 그는 1978년에 태어났다. (born, in, 1978, was)

➡ He _____.

2 독수리는 새들의 왕이다. (eagle, the, The, king, is)

➡ _____ of birds.

3 네가 어제 말했던 길을 나에게 알려줘. (you, way, the, said)

➡ Show me _____ yesterday.

4 너는 아침 식사를 언제 하니? (have, do, you, breakfast)

➡ When _____?

5 중국은 세계에서 인구가 가장 많다. (the world, largest, in, the, population)

➡ China has _____.

6 그녀는 우리 스터디 그룹에 합류한 첫 번째 소녀였다. (the first, girl, study group, our, who joined)

➡ She was _____.

학교 시험 대비 문제

▶▶ 정답과 해설 p. 34

[01-02] 다음 중 명사의 복수형이 바르게 짝지어지지 않은 것을 고르시오.

01 ① fish — fish
② roof — roofs
③ dish — dishes
④ child — children
⑤ trout — trouts

02 ① book — books
② kid — kids
③ goose — geese
④ letter — letters
⑤ potato — potatos

03 다음 중 명사의 종류가 나머지 넷과 다른 것은?
① pencil
② student
③ group
④ happiness
⑤ dictionary

04 다음 중 밑줄 친 부분이 어법상 올바른 것은?
① I have 5 pencil.
② We sometimes eat apple piees.
③ Mr. and Ms. Kim have two boyes.
④ There are 3 bedroom in my house.
⑤ Some leaves are falling from the trees.

05 다음 빈칸에 공통으로 들어갈 말로 알맞은 것은?

• How about _____ wine?
• I drank _____ orange juice.

① a sheet of
② a glass of
③ a piece of
④ a loaf of
⑤ a slice of

06 다음 중 빈칸에 the가 들어갈 수 없는 것은?
① I'll join _____ music club.
② Do you like _____ physics?
③ This is _____ book I bought.
④ Playing _____ guitar is interesting.
⑤ Who is _____ best player in your team?

07 다음 중 밑줄 친 부분이 어법상 틀린 것은?
① I don't have time.
② Don't forget my advice.
③ Milk is good for your health.
④ He decided to visit London.
⑤ There is much waters in the kettle.

08 다음 빈칸에 공통으로 들어갈 말로 알맞은 것은?

> • I want _____ cake.
> • Could you give me _____ advice?

① a loaf of   ② a glass of
③ a piece of   ④ a cup of
⑤ a bottle of

09 다음 빈칸에 들어갈 말로 알맞지 <u>않은</u> 것은?

> Mix _____ butter with flour.

① lots of   ② a little
③ much   ④ many
⑤ some

10 다음 밑줄 친 부분의 형태가 바르게 짝지어진 것은?

> Sally bought two <u>loaf of bread</u> and three <u>slice of cheese</u>.

① loaf of bread — slice of cheese
② loaf of breads — slice of cheese
③ loaf of breads — slice of cheeses
④ loaves of bread — slices of cheese
⑤ loaves of breads — slices of cheeses

11 다음 〈보기〉의 밑줄 친 부분과 의미가 같은 것은?

> ─〈보기〉─
> Take this pill twice <u>a</u> day.

① <u>A</u> cat likes fish.
② Do you have <u>an</u> idea?
③ Rome was not built in <u>a</u> day.
④ You are <u>an</u> Angelina of Korea.
⑤ I go to the library once <u>a</u> week.

12 다음 중 빈칸에 the를 쓸 수 있는 것은?

① Let's play _____ soccer.
② Driving is _____ fastest way.
③ In _____ 2015, we moved out of the city.
④ Why don't we meet on _____ Saturday?
⑤ I have _____ breakfast at 8 in the morning.

13 다음 우리말을 영어로 옮긴 것 중 올바른 것은?

① 나는 그 책을 사고 싶다.
➡ I want to buy some books.
② 선생님, 시속 110킬로미터로 운전하셨습니다.
➡ Sir, you drove 110 km a hour.
③ 당신은 몇 장의 표가 필요합니까?
➡ How many tickets do you need?
④ 나의 엄마는 내게 음식을 약간 사주셨다.
➡ My mom bought me a food.
⑤ 나는 서랍에서 MP3 플레이어를 발견했다.
➡ I found a MP3 player in the drawer.

14 다음 글에서 밑줄 친 부분이 어법상 **틀린** 것은?

Hi. My name is Sam, and I'm from the USA.
①
I live in a New York with my parents. I want
②   ③
to make some new friends in Korea.
④   ⑤

17 다음 빈칸에 들어갈 말로 알맞지 **않은** 것은?

A Excuse me. I'd like to buy a _____.
B Come on in. Let me show you some.

① shirt   ② butter   ③ bag
④ wallet   ⑤ guide book

[15-16] 다음 중 어법상 올바른 것을 고르시오.

15 ① It's time to take test.
② I bought many breads.
③ How many eggs do we need?
④ She is a best student in my class.
⑤ Much students attended the meeting.

18 다음 〈보기〉의 밑줄 친 부분과 쓰임이 같은 것은?

─〈보기〉─
A cat can see in the dark.

① A whale is a mammal.
② I caught a fish yesterday.
③ Sam and Ann are of an age.
④ I take yoga classes twice a week.
⑤ He thinks himself to be a Mozart.

16 ① He gave me an advice.
② I don't have many friends.
③ Give me some pieces of papers.
④ We had so much rains this summer.
⑤ How much hour do you study English?

19 다음 빈칸에 들어갈 말로 알맞지 **않은** 것은?

How many _____ do you have?

① books   ② chairs
③ pictures   ④ furnitures
⑤ computers

164

서술형

20 다음 빈칸에 공통으로 들어갈 말을 쓰시오.

- I'm looking for _____ computer.
- _____ year is twelve months long.
- My friends had _____ surprise party.
- Why don't you buy _____ dictionary?

[21-23] 다음 문장에서 어법상 <u>틀린</u> 부분을 찾아 문장을 바르게 고쳐 쓰시오.

21

- Sun sets in the west.
➡ _____

22

- My brothers and sisters write to our parents once the year.
➡ _____
_____

23

- Can you play a piano?
➡ _____

[24-25] 다음 중 어법상 <u>틀린</u> 부분을 찾아 바르게 고쳐 쓰시오.

24

I saw many fishes swimming in the lake.

25

She speaks the French.

고난도
[26-27] 다음 모자이크 만드는 방법을 설명한 글을 읽고, 명사의 쓰임이 어법상 <u>틀린</u> 두 군데를 찾아 바르게 고쳐 쓰시오.

- Cut several sheet of different colored paper into pieces.
- Draw the outline of a design for your mosaic. It could be a flower, an animal or anything else you choose.
- To make your mosaic, carefully glue the piece of papers close together within the outline of your design.

26 _____ ➡ _____
27 _____ ➡ _____

28 다음 글을 읽고, 다음 밑줄 친 ⓐ, ⓑ를 <조건>에 맞게 영어로 쓰시오.

Materials Needed for Making Mac n Cheese

ⓐ 치즈 두 장, a piece of butter, a pack of macaroni, a half cup of cream, ⓑ 우유 한 잔, small pieces of bacon, a teaspoon of parsley

---

─<조건>─

- bottle, sheet, loaf, slice, glass 중에서 필요한 단어를 골라 쓸 것 (필요시 형태 변화)
- 모두 4단어로 완성할 것

ⓐ _____

ⓑ _____

[29-31] 다음은 세 명의 친구들이 사고 싶은 물건과 그 수량이다. 표에 맞게 문장을 완성하시오.

	물건	수량
Tom	jeans	1
	cap	2
Sarah	shoes	2
	bag	1
Alex	tie	2
	belt	1

29 Tom would like to buy _____ and _____.

30 Sarah would like to buy _____ and _____.

31 Alex would like to buy _____ and _____.

Chapter

09

대명사

1 인칭대명사

구분\인칭	주격		소유격		목적격	
	단수	복수	단수	복수	단수	복수
1인칭	I (나는)	we (우리는)	my (나의)	our (우리의)	me (나를)	us (우리들을)
2인칭	you (너는)	you (너희는)	your (너의)	your (너희들의)	you (너를)	you (너희들을)
3인칭	he (그는)	they (그들은)	his (그의)	their (그들의)	him (그를)	them (그들을)
	she (그녀는)		her (그녀의)		her (그녀를)	
	it (그것은)		its (그것의)		it (그것을)	

! 소유격은 이어지는 명사를 수식하며, 단독으로 사용할 수 없다.

▶▶ 정답과 해설 p. 36

EXERCISE A 다음 괄호 안에서 옳은 것을 고르시오.

1 Don't you remember [he / him / his]?

2 [We / Our / Us] like our English teacher.

3 He bought a car. [They / He / It] is his first one.

4 Is she your sister? I've seen [him / it / her] before.

5 Kevin is my best friend. [He / You / It] is very kind.

6 It's time to go home! [Your / You / They] mom is waiting for you.

7 They looked forward to returning to [their / theirs / they] hometown.

EXERCISE B 다음 우리말과 일치하도록 주어진 단어를 사용하여 문장을 완성하시오. (필요시 형태 변화)

1 너는 그녀를 많이 사랑한다. (love, she) ➡ _____ _____ _____ a lot.

2 나는 어제 내 방을 청소했다. (clean, room) ➡ I _____ _____ _____ yesterday.

3 그의 아빠는 가끔 낚시하러 가신다. (dad, go, fishing)
   ➡ _____ _____ _____ _____ once in a while.

4 그들이 그녀의 책들을 반납했니? 마감일이 어제였어. (return, book)
   ➡ _____ _____ _____ _____ _____ ? The due date was yesterday.

2 소유격과 소유대명사

구분 인칭	소유격		소유대명사	
	단수	복수	단수	복수
1인칭	my (나의)	our (우리의)	mine (나의 것)	ours (우리들의 것)
2인칭	your (너의)	your (너희들의)	yours (너의 것)	yours (너희들의 것)
3인칭	his (그의)	their (그들의)	his (그의 것)	theirs (그들의 것)
	her (그녀의)		hers (그녀의 것)	
	its (그것의)		—	

! 소유대명사는 「소유격+명사」의 의미이며, 단독으로 사용할 수 있다.

▶▶ 정답과 해설 p.36

EXERCISE A 다음 괄호 안에서 옳은 것을 고르시오.

1 [Their / Theirs] parties are always fun.

2 I bought [our / ours] tickets to Toronto.

3 This red bag is [her / hers], not [mine / my].

4 I have a dog. [Her / Hers] name is Happy.

5 These are all [yours / your]. You can keep them.

6 Can you lend me your ruler? [Mine / My] is broken.

7 He gave some books to me. So, these books are [my / mine].

EXERCISE B 다음 우리말과 일치하도록 주어진 단어를 사용하여 문장을 완성하시오. (필요시 형태 변화)

1 내 꿈은 좋은 어머니가 되는 것이다. (dream, be)
➡ _____ _____ _____ to be a good mother.

2 그녀의 직업은 의사야. 네 직업은 뭐니? (job)
➡ _____ _____ is a doctor. What is _____?

3 그의 소설은 무척 흥미롭다. 나는 그의 소설 읽는 것을 좋아한다. (novel, read)
➡ _____ _____ is very exciting. I like _____ _____.

3 재귀대명사의 형태와 용법

	단수 (-self)	복수 (-selves)
1인칭	myself (나 자신)	ourselves (우리들 자신)
2인칭	yourself (너 자신)	yourselves (너희들 자신)
3인칭	himself / herself / itself (그 자신) (그녀 자신) (그것 자체)	themselves (그들 자신)

1 재귀 용법 **동사나 전치사의 목적어 역할, 생략 불가**

Know **yourself**. 네 자신을 알라. ⟨동사 know의 목적어 역할⟩

She talked to **herself**. 그녀는 혼잣말을 했다. ⟨전치사 to의 목적어 역할⟩

2 강조 용법 **주어나 목적어를 강조, 생략 가능**

I **myself** drew this picture. 내가 직접 이 그림을 그렸다. ⟨주어 I를 강조⟩

She saw Mr. Smith **himself**. 그녀는 바로 Smith 씨를 봤다. ⟨목적어 Mr. Smith를 강조⟩

! 주어와 재귀대명사는 수(단수, 복수)와 성(남성, 여성)이 일치해야 한다.

▶▶ 정답과 해설 p. 36

EXERCISE A 다음 빈칸에 알맞은 재귀대명사를 넣어 문장을 완성하시오.

1 History repeats _____.

2 Isabel taught _____ how to speak Spanish.

3 Come in, everybody, and find _____ a seat.

4 Be careful with the knife, Ann. You'll cut _____.

EXERCISE B 다음 밑줄 친 재귀대명사의 용법으로 알맞은 것을 고르시오.

1 I <u>myself</u> made this cake. [재귀 용법 / 강조 용법]

2 Birds can look after <u>themselves</u>. [재귀 용법 / 강조 용법]

3 John was looking at <u>himself</u> in the mirror. [재귀 용법 / 강조 용법]

4 Be careful not to cut <u>yourself</u> with that knife. [재귀 용법 / 강조 용법]

4 재귀대명사 관용 표현

재귀대명사의 관용 표현은 모두 재귀 용법에 해당한다.

by oneself	혼자서, 홀로 (= alone) ※ by itself 저절로, 자동으로 (= automatically)
for oneself	혼자 힘으로 (= without other's help)
in itself	본질적으로 (= naturally)
of itself	자연히, 자발적으로 (= spontaneously)
help oneself to	~을 마음껏 먹다
enjoy oneself	즐거운 시간을 보내다
between ourselves	우리끼리 이야기지만
make oneself at home	편하게 지내다
talk(say) to oneself	혼잣말하다

Sally washes the car **by herself**. Sally는 혼자서 세차한다.
Please **help yourself to** beverages. 음료수를 마음껏 드십시오.

▶▶ 정답과 해설 p. 37

EXERCISE A 다음 우리말과 일치하도록 빈칸에 알맞은 말을 쓰시오.

1 그는 혼잣말을 하곤 했다.
➡ He used to ＿＿＿＿＿ ＿＿＿＿＿ ＿＿＿＿＿.

2 나는 주말을 혼자서 보냈다.
➡ I spent the weekend ＿＿＿＿＿ ＿＿＿＿＿.

3 우리는 소풍에서 즐거운 시간을 보냈다.
➡ We ＿＿＿＿＿ ＿＿＿＿＿ at the picnic.

4 Tom, 너는 그걸 혼자 힘으로 끝낼 수 있어. 걱정하지 마!
➡ Tom, you can finish it ＿＿＿＿＿ ＿＿＿＿＿. Don't worry!

EXERCISE B 다음 우리말과 일치하도록 주어진 단어를 바르게 배열하시오.

1 촛불이 저절로 꺼졌다. (by, out, went, itself)
➡ The candle ＿＿＿＿＿＿＿＿＿＿＿＿＿＿＿＿＿＿＿＿.

2 그녀는 그 파티를 혼자서 계획했다. (by, the, herself, party)
➡ She planned ＿＿＿＿＿＿＿＿＿＿＿＿＿＿＿＿＿＿＿.

3 빵을 마음껏 드십시오. (some, yourself, help, bread, to)
➡ Please ＿＿＿＿＿＿＿＿＿＿＿＿＿＿＿＿＿＿＿.

5 대명사 it

지시대명사 it	앞에 나온 명사를 대신한다. I need **the book**. Can you lend me **it**? 나는 그 책이 필요하다. 내게 그걸 빌려줄 수 있니?
비인칭주어 it	시간, 날씨, 계절, 날짜, 상황, 거리 등을 나타낼 때 주어로 it을 쓰며, 해석하지 않는다. **It** is 10:30. 10시 30분이다. **〈시간〉**　　**It** is raining. 비가 오고 있다. **〈날씨〉** **It** is 350 km from here to Seoul. 여기서 서울까지 350킬로미터이다. **〈거리〉**
가주어 it	주어가 길면 주어 자리에 가주어 it을 쓰고 진주어를 뒤로 보낸다. **It** is important **to learn how to write in English**. 영작하는 방법을 배우는 것은 중요하다. 가주어 it　　　　　　　　진주어 to부정사구

▶▶ 정답과 해설 p. 37

EXERCISE A 다음 밑줄 친 it(It)과 쓰임이 같은 문장을 〈보기〉에서 고르시오.

┌─〈보기〉─────────────────────────────┐
　ⓐ Is it raining out there?
　ⓑ It's not true that he stole a bike.
　ⓒ Look at this bird. It comes to my window every morning.
└───────────────────────────────────┘

1 It was hard to throw the ball high.

2 It was helpful to bring the dictionary.

3 A Do you have my cap?

　B No. I left it at home.

4 It is 2,200 miles from here to San Francisco.

EXERCISE B 다음 우리말과 일치하도록 주어진 단어를 사용하여 문장을 완성하시오. (필요시 형태 변화)

1 아침 식사를 건너뛰는 것은 좋지 않다. (good, not)
　➡ _____ _____ _____ _____ to skip breakfast.

2 동굴 안은 어둡고 조용했다. (quiet, dark)
　➡ _____ _____ _____ _____ _____ in the cave.

3 우리 개는 무척 게으르다. 그 녀석은 하루 종일 잠자는 걸 좋아한다. (like, sleep)
　➡ Our dog is very lazy. _____ _____ _____ _____ all day long.

6 부정대명사 one

1 일반 사람

One never knows the future. 누구도 미래를 모른다.

2 앞에 나온 명사와 같은 종류의 사람 또는 사물 하나

This **orange** is too small. I want a bigger **one**. 〈같은 종류의 오렌지 하나〉
이 오렌지는 너무 작다. 나는 더 큰 것을 원한다.

cf. Did you see my **cell phone**? I can't find **it**. 〈동일한 그 휴대 전화〉
넌 내 휴대 전화를 봤니? 나는 그걸 못 찾겠어.

3 ones : one의 복수형

These **shoes** are small. Could you bring me bigger **ones**?
이 신발은 작네요. 더 큰 걸로 갖다 주시겠어요?

▶▶ 정답과 해설 p. 37

EXERCISE A 다음 빈칸에 one, ones, it 중 한 개를 넣어 문장을 완성하시오.

1 _____ should not break the law.

2 I need a red pen and two green _____.

3 Where is my car key? I put _____ on the desk.

4 These gloves are worn out. You need new _____.

5 I left my wallet on the subway. I can't find _____ now.

6 I would like to buy a T-shirt. Can you recommend _____?

7 There are lots of shoes in here. I want to buy stylish _____.

EXERCISE B 다음 우리말과 일치하도록 주어진 단어를 사용하여 문장을 완성하시오. (필요시 형태 변화)

1 Tom은 그의 헌책들을 팔고 새것을 한 권 샀다. (buy, new)
➡ Tom sold his old books and _____ _____ _____ _____.

2 이 바지는 너무 커요. 더 작은 것들이 있나요? (there, be, small)
➡ These pants are too big. _____ _____ _____ _____?

7 부정대명사 another / other

1 another

쓰임	예문
하나 더	This shirt is really comfortable. I will buy **another**. 이 셔츠는 정말 편하군요. 하나 더 사겠어요.
다른 것	This puzzle is too easy. Do you have **another**? 이 퍼즐은 너무 쉽군요. 다른 것이 있나요?
another + 단수명사	Show me **another book**, please. 제게 다른 책을 보여주세요.

2 other

쓰임	예문
other + 복수명사	Show me **other plans**, please. 제게 다른 계획들을 보여주세요.
the other (둘 중 나머지 하나)	I have two sisters. One lives in Busan and **the other** lives in Seoul. 나는 누나가 두 명 있다. 한 명은 부산에, 다른 한 명은 서울에 살고 있다.
the others (특정 수를 뺀 나머지)	I have three pets. One is a dog and **the others** are cats. 나는 세 마리의 애완동물이 있다. 한 마리는 개이고, 나머지는 모두 고양이다.
others (불특정 다수)	Some help the poor and **others** do not. 몇몇은 가난한 사람들을 돕고 다른 몇몇은 그렇지 않다.

▶▶ 정답과 해설 p. 37

EXERCISE A 다음 빈칸에 알맞은 단어를 〈보기〉에서 골라 문장을 완성하시오.

〈보기〉

another	other	others	the other	the others

1 My car was broken. I will buy _____.

2 It will rain on Saturday. Do you have _____ plans?

3 Ms. Kim has three daughters. One of her daughters is not married and _____ are married.

4 Some are good at math and _____ are good at Korean.

5 I don't want to read this science fiction. Do you have _____?

6 I have two brothers. One is an engineer and _____ is a teacher.

8 부정대명사로 열거하기

one / the other	(2개 중) 하나와 나머지 하나
one / another / the other	(3개 중) 하나, 다른 하나, 나머지 하나
one / the others	(3개 이상 정해진 수 중) 하나와 나머지 모두
some / the others	(3개 이상 정해진 수 중) 몇몇과 나머지 모두
some / others	막연한 다수와 또 다른 막연한 다수

I have **two books**. **One** is science fiction and **the other** is romance.
나는 두 권의 책이 있다. 하나는 공상과학 소설이고, 다른 하나는 연애 소설이다.

There are **three flowers**. **One** is a rose, **another** is a tulip, and **the other** is a lily.
세 송이의 꽃이 있다. 하나는 장미, 다른 하나는 튤립, 나머지 하나는 백합이다.

I have **three sisters**. **One** lives in Washington and **the others** live in Seoul.
나는 세 명의 자매가 있다. 한 명은 워싱턴에 살고, 나머지는 모두 서울에 산다.

There are **five men**. **Some** of them are Chinese and **the others** are Korean.
다섯 남자가 있다. 그들 중 몇몇은 중국인이고, 나머지는 모두 한국인이다.

Some are lazy and **others** are diligent. 몇몇은 게으르고 몇몇은 부지런하다.

▶▶ 정답과 해설 p. 37

EXERCISE A 다음 괄호 안에서 옳은 것을 고르시오.

1 [One / Some] are nice and [others / the other] are unkind.

2 I have three watches. One is used and [the others / others] are not.

3 There are seven bags. Some of them are mine and [the other / the others] are not.

4 I bought two pens. [Some / One] is for me and [others / the other] is for my sister.

EXERCISE B 다음 우리말과 일치하도록 알맞은 부정대명사를 넣어 문장을 완성하시오.

1 몇몇은 영어를 좋아하고 몇몇은 그렇지 않다.
   ➡ _____ like English and _____ do not.

2 그에게 아들이 셋 있다. 한 명은 요리사이고, 나머지는 모두 교사다.
   ➡ He has three sons. _____ is a cook and _____ are teachers.

3 책상 위에 다섯 자루의 연필이 있다. 몇 자루는 빨간색이고, 나머지는 모두 노란색이다.
   ➡ There are five pencils on the desk. _____ are red and _____ are yellow.

4 나는 휴대 전화가 세 대 있다. 하나는 고장 났고, 다른 하나는 쓰던 것이고, 나머지 하나는 새것이다.
   ➡ I have three cell phones. One is broken, _____ is used, and _____ is new.

9 all / each / every

all (모두, 모든)	all (of) + 복수명사 + 복수동사	**All of the players are** invited. 모든 선수들이 초대된다.
	all (of) + 단수명사 + 단수동사	**All the money was** used for the poor. 모든 돈은 가난한 사람들을 위해 쓰였다.
each (각각, 각각의)	each of + 복수명사 + 단수동사	**Each of the books is** available for downloading. 각각의 책은 다운로드가 가능하다.
	each + 단수명사 + 단수동사	**Each movie has** its own director. 각 영화에는 자체의 감독이 있다.
every (모든)	every + 단수명사 + 단수동사	**Every girl likes** the singer. 모든 소녀가 그 가수를 좋아한다.

+ every는 '매~, ~마다'의 뜻으로도 쓰이며, 숫자가 둘 이상일 경우에는 복수명사를 사용한다.

I visit my grandma **every week**. 나는 매주 할머니를 방문한다. 〈every + 단수명사〉
The buses run **every 7 minutes**. 버스는 7분마다 운행한다. 〈every + 숫자 + 복수명사〉

! 1. all이 '모든 사람(everyone)'을 의미하는 명사로 쓰일 때는 복수 취급한다.
　 2. each other : (둘일 때) 서로 / one another : (셋 이상) 서로
　 3. every는 단독으로 대명사로 쓰이지 않는다.

▶▶ 정답과 해설 p. 37

EXERCISE A 다음 문장의 밑줄 친 부분을 바르게 고쳐 쓰시오.

1 All of us <u>has</u> to go there. ➡ _____

2 Every seat <u>have</u> a number. ➡ _____

3 All my friends <u>smiles</u> at me. ➡ _____

4 Each of us <u>have</u> our own idea. ➡ _____

5 Each door <u>have</u> a different color. ➡ _____

6 The subway runs <u>each</u> three minutes. ➡ _____

7 All the <u>room</u> were crowded with people. ➡ _____

8 My teacher knows every <u>students</u> in the school. ➡ _____

9 I always brush my teeth right after every <u>meals</u>. ➡ _____

10 Each guest <u>were</u> welcomed by the host in person. ➡ _____

10   both / either / neither

both	둘 다, 양쪽 모두 * 셀 수 있는 명사의 복수형 앞에 쓰이며, 주어로 쓰일 경우 복수로 취급한다.	**Both of the** men are farmers. 두 남자 모두 농부들이다. ➡ **Both the** men are farmers. ➡ **Both** men are farmers.
either	〈긍정문〉 둘 중 어느 하나	Have a seat at **either** end of the table. 탁자 양쪽 끝 중 아무데나 한 곳에 앉으세요.
	〈부정문〉 둘 중 어느 쪽도 (아닌)	I **don't** know **either** of them. 나는 그들 중 누구도 모른다.
neither	둘 중 어느 쪽도 아닌	**Neither** of us knows the answer. 우리 둘 다 답을 모른다.

▶▶ 정답과 해설 p. 37

EXERCISE A 우리말에 맞게 〈보기〉에서 알맞은 단어를 골라 빈칸에 쓰시오.

〈보기〉

both   either   neither

1 우리 둘 다 프랑스에 가길 원한다.
➡ _____ of us want to go to France.

2 우리 둘 다 바이올린을 연주하지 못한다.
➡ _____ of us can play the violin.

3 나에겐 두 명의 자매가 있는데, 둘 다 중학생이다.
➡ I have two sisters, and _____ are middle school students.

4 나의 부모님은 나의 형들 중 누구도 용서하지 않을 것이다.
➡ My parents won't forgive _____ of my brothers.

5 그녀는 컴퓨터가 두 대 있지만, 둘 중 어느 것도 제대로 작동하지 않는다.
➡ She has two computers, but _____ of them works well.

6 두 학생 모두 최종 시험에 합격했다.
➡ _____ the students passed the final exam.

7 **A** 너는 거기에 버스를 타고 가고 싶어 아니면 택시를 타고 싶어?
   B 둘 중 어느 쪽이라도 괜찮아.
➡ **A** Do you want to go there by bus or by taxi?
    B _____ is fine with me.

Chapter 09
대명사

학교 시험 대비 문제

맞힌 개수	
선택형	_____ /18
서술형	_____ / 15

▶▶ 정답과 해설 p.38

01 다음 빈칸에 들어갈 말로 바르게 짝지어진 것은?

> I've been to two countries. _____ was
> Singapore and _____ was China.

① One — other　　② One — others
③ Some — others　　④ One — the other
⑤ Some — the other

02 다음 빈칸에 공통으로 들어갈 말로 알맞은 것은?

> • _____ is black and the other is blue.
> • Which _____ looks brighter?

① this(This)　② that(That)　③ one(One)
④ ones(Ones)　⑤ it(It)

고난도
03 다음 빈칸에 들어갈 말로 알맞은 것은?

> These days Spanish is used by people in
> many countries. Some of them use Spanish
> as their first language and _____ use it
> as their second language.

① the other　　② others
③ the others　　④ one
⑤ the one

[04-05] 다음 대화의 빈칸에 들어갈 말로 알맞은 것을 고르시오.

04

> A How's your class going these days?
> B It's very good. How about _____?

① it　　② others　　③ yours
④ your　　⑤ the one

05

> A Where is your book? Is that _____?
> B Yes. The book on the desk is mine.

① mine　　② yours　　③ one
④ your　　⑤ whose

06 다음 빈칸에 들어갈 말로 바르게 짝지어진 것은?

> I rented three DVDs. _____ is an action
> movie and _____ are romantic movies.

① One — another
② One — the others
③ Another — the other
④ The other — another
⑤ Another — the others

178

07 다음 밑줄 친 부분의 우리말 뜻이 틀린 것은?

① The door opened by itself. (저절로)

② He lives in that house by himself. (홀로)

③ If you want more milk, help yourself.
   (마음껏 먹어라)

④ Between ourselves, Jack is lazy.
   (사실대로 말하자면)

⑤ He enjoyed himself at the school festival.
   (즐거운 시간을 보냈다)

08 다음 밑줄 친 It의 쓰임이 나머지 넷과 다른 것은?

① It is five thirty.

② It is rainy today.

③ It is summer now.

④ It will get dark soon.

⑤ It is hard to answer that.

09 다음 빈칸에 들어갈 말로 바르게 짝지어진 것은?

> • Do you have _____ questions?
>   Anything is okay.
> • It is not a good one. Show me _____.

① other — other

② one — another

③ another — other

④ other — another

⑤ another — another

10 다음 빈칸에 공통으로 들어갈 말로 알맞은 것은?

> • I watch the news _____ evening.
> • The buses run _____ 10 minutes.

① every   ② all   ③ each

④ other   ⑤ another

11 다음 밑줄 친 재귀대명사의 쓰임이 나머지 넷과 다른 것은?

① She talked to herself.

② History repeats itself.

③ I myself did this work.

④ He introduced himself.

⑤ He's looking at himself in the mirror.

12 다음 빈칸에 들어갈 말로 바르게 짝지어진 것은?

> • I wrote an email, and sent _____ to my friend.
> • My uncle is in Brazil. _____ teaches English there.
> • Jina is my sister. I talk to _____ every day.

① it — He — her   ② her — It — her

③ it — His — her   ④ her — He — them

⑤ them — He — She

[13-14] 다음 빈칸에 들어갈 말로 알맞은 것을 고르시오.

13

> My son already had a jump rope, but he bought _____ yesterday. He wasted his money.

① other

② another

③ the other

④ the others

⑤ one another

14

> You need to clear the snow and ice away in front of your house. Children and old people can easily slip on the ice and hurt _____.

① them

② they

③ their

④ theirs

⑤ themselves

15 다음 〈보기〉의 밑줄 친 부분과 쓰임이 같은 것은?

〈보기〉

> It rains on and off today.

① It is my father's bag.

② It is a kind of holiday.

③ It is difficult to play golf.

④ It is a long way to our school.

⑤ It will be good to tell the truth.

16 다음 빈칸에 들어갈 말로 알맞은 것은?

> I bought two books, but _____ is interesting.

① both

② either

③ all

④ some

⑤ neither

17 다음 빈칸에 들어갈 말로 바르게 짝지어진 것은?

> • Jessica and Michael understand _____ other.
> • _____ of my classes end at 5:30.

① every — All

② each — All

③ each — Each

④ all — Every

⑤ each — Every

18 다음 빈칸에 들어갈 말로 알맞은 것은?

> **A** Which one is the correct answer, this one or that one?
> **B** _____ are okay.

① Both

② Either

③ Every

④ Any

⑤ What

서 술 형

19 다음 우리말과 일치하도록 빈칸에 알맞은 말을 쓰시오.

> • 그 기계는 며칠 전에 저절로 작동했다.
> ➡ The machine started by _____ the other day.

20 다음 빈칸에 공통으로 들어갈 대명사를 쓰시오.

> • The sweater is too big for me. Show me _____.
> • I'm very thirsty. Please give me _____ glass of cold water.

21 다음 밑줄 친 <u>one</u>이 가리키는 것을 우리말로 쓰시오.

> Melinda was at a toy store. There were many pretty dolls. She bought <u>one</u>.

22 다음 우리말과 일치하도록 빈칸에 알맞은 말을 쓰시오.

> • 우리는 숙제를 끝마치기 위해 서로 도왔다.
> ➡ We helped _____ other to finish the homework.

[23-24] 다음 〈보기〉에 주어진 단어를 사용하여 문장을 완성하시오.

> ─〈보기〉─
> their   her   they   he

23

> Jason loves Rachel. _____ loves _____ very much.

24

> Tom and Ann have a daughter named Rose. _____ love _____ daughter very much.

25 재귀대명사를 사용하여 다음 두 문장을 완성하시오.

> • Nicole, did you wash the dishes _____?
> • You don't need to help them. They can do it _____.

26 다음 대화의 빈칸에 공통으로 들어갈 말을 쓰시오.

> **A** Those shoes are nice.
> **B** Which _____?
> **A** The green _____.

[27-31] 다음 빈칸에 알맞은 재귀대명사 또는 인칭대명사를 쓰시오.

27 I painted the wall all by _____.

28 I can see my car, but where is _____?

29 Our cat washes _____ after every meal.

30 Where is John? I need to speak to _____.

31 Children, you must do the homework _____.

[32-33] 다음 글을 읽고, 〈조건〉에 맞게 문장을 완성하시오.

There was a dance party at my school yesterday. Many people including students, teachers, and neighbors joined the party. **32** 몇몇 사람들은 그 파티에서 즐거운 시간을 보냈다. They danced passionately and seemed really happy to be there. **33** 또 다른 몇몇 사람들은 그저 그들의 테이블에서 머무르기만 했다. They never stood up or came up to the stage to dance.

〈조건〉
- 밑줄 친 우리말과 같은 뜻이 되도록 주어진 단어를 배열할 것
- 〈보기〉에서 필요한 부정대명사를 하나씩만 골라 추가할 것

〈보기〉

one	another	the other
some	others	the others

32 _____
(at, enjoyed, the party, people, themselves)

33 _____
(their, stayed, table, at, just)

Chapter
10

형용사와 부사

1 형용사의 쓰임

1 한정적 용법 **명사 앞에서 명사를 수식함으로써 의미를 한정함**

Look at the **handsome guy**! 저 잘생긴 사람을 봐! ⟨명사 guy를 수식함⟩

2 서술적 용법 **보어 자리에서 주어나 목적어에 대해 보충 설명하거나 서술함**

My family is always **happy**. 나의 가족은 항상 행복하다. ⟨주격보어⟩

My husband made me **happy**. 나의 남편은 나를 행복하게 해주었다. ⟨목적격보어⟩

▶▶ 정답과 해설 p.40

EXERCISE A 다음 주어진 문장을 〈보기〉와 같이 바꿔 쓰시오.

〈보기〉

The dog is very nice. ➡ It is ___a very nice dog___ .

1 The woman is very cute.   ➡ She is _____.

2 The house is very big.   ➡ It is _____.

3 The boy is really nice.   ➡ He is _____.

4 The vase is really expensive. ➡ It is _____.

5 The information is very useful. ➡ It is _____.

EXERCISE B 다음 주어진 단어를 문맥에 맞는 위치에 넣어 문장을 고쳐 쓰시오.

1 I can't carry the box. (big)

➡ _____

2 She sleeps in a bed. (small)

➡ _____

3 She didn't make friends here. (any)

➡ _____

4 Dogs are animals in Europe. (popular)

➡ _____

5 My family is having dinner in a restaurant. (crowded)

➡ _____

2 -one / -body / -thing + 형용사

- one, - body, - thing 등으로 끝나는 대명사는 형용사가 뒤에서 수식한다.

I once met **someone** famous. 나는 이전에 유명한 누군가를 만났다.
I want **something** new. 나는 새로운 무언가를 원한다.

사물	anything(어떤 것), something(무언가), everything(모든 것), nothing(아무것도 아닌)
사람	anybody(어떤 사람), somebody(누군가), everybody(모든 사람), nobody(아무도 아닌)

※ some은 긍정문, any는 부정문, 의문문, 조건문에 쓰인다.

▶▶ 정답과 해설 p.40

EXERCISE (A) 다음 우리말과 일치하도록 주어진 단어와 어구를 배열하여 문장을 완성하시오.

1 제게 뜨거운 마실 것을 주세요. (hot, to, something, drink)
➡ Please give me _____.

2 의사는 내게 잘못된 것이 없다고 말했다. (nothing, there, wrong, was)
➡ The doctor said _____ with me.

3 경찰은 그 집에서 어떤 이상한 것도 찾지 못했다. (find, anything, didn't, strange)
➡ The police _____ in the house.

4 나는 네게 다른 할 말이 있다. (different, tell, to, something, have)
➡ I _____ you.

EXERCISE (B) 다음 우리말과 일치하도록 〈보기〉의 대명사와 주어진 단어를 사용하여 문장을 완성하시오.

〈보기〉
something   somebody   anything   nothing

1 잘생긴 누군가가 너를 기다리고 있다. (handsome)
➡ _____ _____ is waiting for you.

2 나는 네게 중요한 할 말이 있다. (important)
➡ I have _____ _____ to tell you.

3 여기서는 아무 흥미로운 일도 일어나지 않는다. (exciting)
➡ _____ _____ ever happens here.

4 저 잡지에 재미있는 어떤 것이 있니? (interesting)
➡ Is there _____ _____ in that magazine?

3 수량형용사

1 수를 나타내는 형용사 「few, a few, many + 셀 수 있는 복수명사」

He put **a few things** into a bag.   그는 몇 가지 물건들을 가방에 넣었다.

2 양을 나타내는 형용사 「little, a little, much + 셀 수 없는 명사」

I have to work hard to earn **much money**.   나는 많은 돈을 벌기 위해 열심히 일해야 한다.

의미	거의 없는	약간의		많은
수	few	a few	many	= a lot of / lots of / plenty of
양	little	a little	much	

I need **many books**, but I have **little money**.   나는 많은 책이 필요하지만, 돈이 거의 없다.

He has **few friends**. He spends most of his time alone.
그는 친구가 거의 없다. 그는 대부분의 시간을 혼자 보낸다.

!

셀 수 없는 명사	news(뉴스) money(돈) advice(조언) wealth(부) furniture(가구) baggage(luggage)(수하물) evidence(증거) information(정보)

▶▶ 정답과 해설 p.40

EXERCISE A 다음 괄호 안에서 옳은 것을 고르시오.

1 He took [a few / a little] pictures.

2 [Few / Little] people came to the meeting.

3 There's [few / little] milk in the refrigerator.

4 She gets [much / many] letters every day.

5 There is [little / few] furniture in his room.

6 How [much / many] sugar do you put in your coffee?

7 Vicky has made [a little / a few] progress in Korean.

8 There's [much / many] information on the Internet.

9 There aren't [much / many] good restaurants in this town.

다음 우리말과 일치하도록 〈보기〉의 수량형용사와 주어진 단어를 사용하여 문장을 완성하시오.
(필요시 형태 변화)

┌─〈보기〉─────────────────────────────────┐
few   little   a few   a little   many   much
└──────────────────────────────────────┘

1 그녀는 쇼핑하는 데 너무 많은 돈을 썼다. (money)
➡ She spent too _____ on shopping.

2 몇몇 아이들이 놀이터에서 놀고 있다. (child)
➡ _____ are playing on the playground.

3 아마도 당신은 그것에 약간의 물을 섞어야 합니다. (water)
➡ Maybe you should mix _____ in it.

4 요즘 일본을 방문하는 관광객은 거의 없다. (tourist)
➡ _____ visit Japan these days.

5 나는 네게 물어볼 많은 질문들이 있다. (question)
➡ I have _____ to ask you.

6 우리의 목표를 완수할 희망이 거의 없는 것 같았다. (hope)
➡ There seemed _____ of completing our goal.

다음 우리말과 일치하도록 주어진 단어와 어구를 사용하여 문장을 완성하시오. (필요시 형태 변화)

1 소금을 얼마나 많이 넣나요? (salt)
➡ _____ do we put in?

2 어젯밤 그 공원에 사람들이 거의 없었다. (people, park)
➡ There were _____ last night.

3 많은 학생들이 올해 그 회의에 참석했다. (students, attend, the meeting)
➡ _____ this year.

4 그는 골프를 좋아하지만, 불행히도 재능이 거의 없다. (unfortunately, talent)
➡ He likes golf, but _____.

5 우리는 수질 오염에 대한 많은 정보가 필요하다. (need, information, water pollution)
➡ _____

4 some / any

some과 any는 '약간의'의 뜻으로, 셀 수 있는 명사나 셀 수 없는 명사에 모두 쓸 수 있다.

1 some

I got **some text messages** from him. 나는 그에게서 문자 메시지를 몇 개 받았다. 〈긍정문〉

Will you have **some cookies**? 쿠키 좀 드실래요? 〈권유〉

Can I have **some water**, please? 물 좀 주시겠어요? 〈부탁〉

2 any

A Are there **any letters** for me? 제게 온 편지가 있나요? 〈의문문: 약간의, 조금〉

B No, there aren't **any** (**letters** for you). 아니요, (당신에게 온 편지는) 없어요. 〈부정문: 조금도, 전혀〉

If you have **any doubts**, just tell me. 조금의 의심이라도 있으면, 내게 말만 해. 〈조건문: 약간의, 조금〉

cf. **Any** boy can climb that tree. 어떤 소년이라도 저 나무에 오를 수 있다. 〈긍정문: 어떤 ~라도〉

▶▶ 정답과 해설 p.40

EXERCISE A 다음 괄호 안에서 옳은 것을 고르시오.

1 We usually eat [some / any] cheese.

2 She doesn't have [some / any] work to do.

3 Could you send [some / any] emails to me?

4 Do they have [some / any] friends in Korea?

5 I never meet [some / any] interesting people nowadays.

6 There's [some / any] salt, but there isn't [some / any] sugar.

EXERCISE B 다음 우리말과 일치하도록 주어진 단어와 어구를 사용하여 문장을 완성하시오. (필요시 형태 변화)

1 우유와 빵을 좀 드릴까요? (would, like)

　➡ _____ milk and bread?

2 나는 그 가게에서 모자를 몇 개 샀다. (hat, at the store)

　➡ I bought _____ .

3 우리는 너 없이 아무 재미도 없을 거야. (have, fun, without)

　➡ We won't _____ .

5 the + 형용사

「the + 형용사」=「형용사 + people」: ~한 사람들
the 뒤에 명사 없이 바로 형용사가 오면 복수명사의 의미를 갖는다.

The rich are not always happy. 부자들이 항상 행복한 것은 아니다. 〈the rich = rich people〉
The poor are left without hope. 가난한 사람들은 희망 없이 남겨진다. 〈the poor = poor people〉
We live near a special school for **the blind**.
우리는 시각장애인들을 위한 특수학교 근처에 살고 있다. 〈the blind = blind people〉

▶▶ 정답과 해설 p.40

EXERCISE A 다음 문장의 밑줄 친 부분을 바르게 고쳐 쓰시오.

1 Mother Teresa helped <u>the poors</u>.

2 We have to build a school for <u>the deafness</u>.

3 The elderly <u>gets</u> up early in the morning.

4 The young <u>needs</u> jobs to earn money.

5 <u>Does</u> the young like to dance at parties?

6 Blind people <u>wants</u> to have dogs to help them.

EXERCISE B 다음 우리말과 일치하도록 「the + 형용사」로 빈칸을 채워 문장을 완성하시오.

1 그녀는 아픈 사람들을 돕기를 원한다.
   ➡ She wants to help _____.

2 부자들은 편안한 삶을 살고 싶어 한다.
   ➡ _____ would like to live comfortable lives.

3 나의 부모님은 10년째 가난한 사람들을 돕고 계신다.
   ➡ My parents have helped _____ for 10 years.

4 배고픈 사람들을 먹이기 위해 우리가 무엇을 할 수 있는가?
   ➡ What can we do to feed _____?

5 젊은이들은 어르신들보다 외국 문화에 더욱 흥미가 있다.
   ➡ _____ are more interested in foreign cultures than _____.

6 연도 / 날짜 / 분수

1 연도 두 자리씩 나누어 읽음

1950년 ➡ nineteen fifty   1988년 ➡ nineteen eighty-eight
1500년 ➡ fifteen hundred   2010년 ➡ two thousand (and) ten 또는 twenty ten
cf. 1990년대 ➡ nineteen nineties

2 날짜 서수로 읽음(월 (the) 서수 / the 서수 of 월)

1월 1일 ➡ January (the) first 또는 the first of January

3 분수 분자는 기수로, 분모는 서수로 읽음. 분자가 2 이상일 때에는 분모에 -s를 붙임

1/3 ➡ one-third 또는 a third   2/3 ➡ two-thirds
2 3/5 ➡ two and three-fifths   5 3/8 ➡ five and three-eighths
cf. 1/2 ➡ a half 또는 one-half   1/4 ➡ a quarter 또는 one-quarter

▶▶ 정답과 해설 p. 41

EXERCISE A 다음을 영어로 쓰시오.

1 1894년 ➡ _____   2 1945년 ➡ _____

3 1980년 ➡ _____   4 1999년 ➡ _____

5 2002년 ➡ _____   6 2013년 ➡ _____

7 1월 1일 ➡ _____   8 2월 15일 ➡ _____

9 5월 1일 ➡ _____   10 8월 20일 ➡ _____

11 11월 24일 ➡ _____   12 12월 25일 ➡ _____

13 1/2   ➡ _____   14 1/5   ➡ _____

15 3/4   ➡ _____   16 3/7   ➡ _____

17 5/6   ➡ _____   18 5/9   ➡ _____

19 1 1/2 ➡ _____   20 2 2/3 ➡ _____

21 2 7/11 ➡ _____   22 4 3/7 ➡ _____

7 소수 / 배수

1 소수 소수점은 point로, 소수점 이하는 한 자리씩 읽음

21.25 ➡ twenty-one point two five

2 배수

1배, 1번	2배, 2번	(3 이상) ~배, ~번
once	twice	기수 + times

An hour is **sixty times** longer than a minute. 1시간은 1분보다 60배 길다.

These trees are **twice** taller those trees. 이 나무들은 저 나무들보다 두 배 크다.

+ **배수사를 사용하여 횟수를 나타낼 수도 있다.**

I have been to China **once**. 나는 중국에 한 번 가본 적이 있다.

I write an email to my friend **twice** a week. 나는 일주일에 두 번 친구에게 이메일을 쓴다.

▶▶ 정답과 해설 p.41

EXERCISE A 다음을 영어로 쓰시오.

1 3.14 ➡ _____

2 7.17 ➡ _____

3 16.28 ➡ _____

4 50.14 ➡ _____

5 127.91 ➡ _____

6 615.46 ➡ _____

7 4배 ➡ _____

8 주 2회 ➡ _____

9 한 달에 한 번 ➡ _____

10 1년에 8번 ➡ _____

EXERCISE B 다음 우리말과 일치하도록 빈칸에 알맞은 말을 쓰시오.

1 우리는 일주일에 두 번 텔레비전을 시청한다.

➡ We watch television _____ _____ _____.

2 일 년에 한 번 여름 축제가 있다.

➡ There is a summer festival _____ _____ _____.

3 Rachel은 한 달에 네 번 운전 강습이 있다.

➡ Rachel has driving lessons _____ _____ _____ _____.

8 부사의 형태

형용사 + -ly ➡ 부사

(자음 + y)로 끝날 때	-le로 끝날 때	-ue로 끝날 때	-ll로 끝날 때
(y → i) + ly	(e 삭제) + y	(e 삭제) + ly	단어 + y
happy ➡ **happily** lucky ➡ **luckily**	simple ➡ **simply** gentle ➡ **gently**	true ➡ **truly**	full ➡ **fully**

The bus was moving **slowly**. 그 버스는 천천히 움직이고 있었다. ‹slow + ly → 부사›

✚ 「명사 + -ly」 ➡ 형용사

friend — friendly   love — lovely   cost — costly
친구   친절한   사랑   사랑스러운   비용   비용이 많이 드는
Be **friendly** to other people. 다른 사람들에게 친절해라.

▶▶ 정답과 해설 p. 41

EXERCISE (A) 다음 형용사의 부사형을 쓰시오.

1 true ➡ _____

2 wise ➡ _____

3 slow ➡ _____

4 clear ➡ _____

5 sincere ➡ _____

6 angry ➡ _____

7 safe ➡ _____

8 terrible ➡ _____

9 nice ➡ _____

10 careful ➡ _____

11 easy ➡ _____

12 direct ➡ _____

13 usual ➡ _____

14 gentle ➡ _____

15 real ➡ _____

16 quick ➡ _____

17 certain ➡ _____

18 sudden ➡ _____

19 final ➡ _____

20 horrible ➡ _____

21 difficult ➡ _____

22 different ➡ _____

23 heavy ➡ _____

24 cheap ➡ _____

25 general ➡ _____

26 necessary ➡ _____

9 부사의 쓰임

부사는 동사, 형용사, 다른 부사, 문장 전체를 수식한다.

He **studies hard** to pass the exam. 그는 시험에 합격하기 위해 열심히 공부한다. **〈동사 studies 수식〉**

She was **very sad** to hear the news. 그녀는 그 소식을 들어서 무척 슬펐다. **〈형용사 sad 수식〉**

My mother cooks **very well**. 나의 엄마는 요리를 아주 잘하신다. **〈다른 부사 well 수식〉**

Luckily I could pass the exam. 운 좋게도 나는 시험에 합격할 수 있었다. **〈문장 전체 수식〉**

✛ 부사의 위치

① 동사 수식 : 동사 뒤 또는 목적어 뒤

② 형용사/부사 수식 : 형용사/부사 앞

③ 문장 전체 수식 : 문장 맨 앞

▶▶ 정답과 해설 p.41

EXERCISE A 다음 주어진 단어를 사용하여 문장을 완성하시오. (필요시 형태 변화)

1 quiet The boys are very _____ today.
   They are sitting _____ in their seats.

2 easy There's no _____ solution to this problem.
   They solved this problem very _____.

3 happy A lot of people live _____ in the forest.
   A lot of people live a _____ life in the forest.

4 careful You should be _____ when you drive.
   My father drives his car very _____.

EXERCISE B 다음 문장의 밑줄 친 부분을 바르게 고쳐 쓰시오.

1 Mary swims <u>good</u> in the sea. ➡ _____

2 <u>Unfortunate</u> Robert hurt his leg. ➡ _____

3 His sister looked very <u>sadly</u>. ➡ _____

4 Is this decision really <u>necessarily</u>? ➡ _____

5 My brother drank water <u>sudden</u>. ➡ _____

6 She is <u>real</u> funny and dances very well. ➡ _____

10 형용사와 형태가 같은 부사

	형용사	부사	「형용사 + -ly」가 다른 뜻을 가지는 경우
late	늦은	늦게	lately (최근에)
near	가까운	가까이	nearly (거의)
hard	열심인, 어려운, 단단한	열심히	hardly (거의 ~ 않다)
high	높은	높이	highly (매우)
deep	깊은	깊이	deeply (깊이, 몹시)
early	이른, 초기의	일찍	—
enough	충분한	충분히	—
long	(거리·길이가) 긴, 오래된	오래	—
fast	빠른	빨리	—

We were **late** for school today. 우리는 오늘 학교에 지각했다. 〈**늦은: 형용사**〉

We got up **late** yesterday. 우리는 어제 늦게 일어났다. 〈**늦게: 부사**〉

I have never seen him **lately**. 나는 최근에 그를 본 적이 없다. 〈**최근에: 부사**〉

We did some **hard** work. 우리는 어려운 일을 좀 했다. 〈**어려운: 형용사**〉

We did the work **hard**. 우리는 그 일을 열심히 했다. 〈**열심히: 부사**〉

We can **hardly** believe it. 우리는 그것을 거의 믿을 수가 없다. 〈**거의 ~않다: 부사**〉

▶▶ 정답과 해설 p.42

EXERCISE A 다음 문장에서 밑줄 친 단어의 품사와 의미를 쓰시오.

1 Koreans work very <u>hard</u>.

2 Don't be <u>late</u> for my class.

3 Bad news travels <u>fast</u>.

4 I'd like to get up <u>early</u> if I can.

5 A kite is flying <u>high</u> in the sky.

6 His house is a <u>long</u> way from here.

7 We have <u>enough</u> money to buy the house.

8 My brother is old <u>enough</u> to go to school.

9 Brandon was known as a very <u>fast</u> driver.

EXERCISE B 다음 괄호 안에서 옳은 것을 고르시오.

1 He arrived [late / lately] for the meeting.

2 Harry is studying [hard / hardly] for the exams.

3 Michael [high / highly] recommended her for the job.

4 Mary took a [deep / deeply] breath to control her anger.

5 She could [hard / hardly] read a book without glasses.

6 [Late / Lately], the sales have increased by [near / nearly] 10 percent.

EXERCISE C 다음 문장에서 어법상 틀린 단어를 찾아 바르게 고쳐 쓰시오.

1 Have you been to Europe late?

2 It took near an hour to get to the office.

3 Hurry up, or you will be lately for school.

4 My wife was high excited to hear from me.

5 I was deep disappointed with my husband.

6 She started to exercise very hardly to lose weight.

EXERCISE D 다음 우리말과 일치하도록 주어진 단어를 사용하여 문장을 완성하시오. (필요시 형태 변화)

1 우리는 어제 늦게까지 일했다. (work, late)
   ➡ _____ yesterday.

2 그는 아주 빠른 수영 선수다. (fast, swimmer, very)
   ➡ He is _____ .

3 그는 어젯밤에 충분히 잠을 잤니? (sleep, enough)
   ➡ _____ last night?

4 당신은 여기에 얼마나 오래 머물 예정입니까? (how, to, be, going, long)
   ➡ _____ stay here?

1 already / yet / still

already는 주로 have와 p.p. 사이에, yet은 주로 문장의 끝에 위치한다.

already	〈긍정문〉 이미	I have **already** finished my work. 나는 내 일을 이미 끝냈다.
	〈의문문〉 벌써	Are you there **already**? 너는 벌써 거기에 있니?
yet	〈부정문〉 아직	He hasn't finished cleaning his room **yet**. 그는 아직 그의 방 청소를 끝내지 못했다.
	〈의문문〉 아직, 이제	Did they fix my car **yet**? 그들이 이제 내 차를 고쳤을까?
still	아직도, 여전히	She is **still** waiting for the bus. 그녀는 아직도 그 버스를 기다리고 있다.

※ still이 부정문에 쓰일 때는 부정어 앞에 위치한다.

　She **still** hasn't finished washing my car. 그녀는 아직 내 차 세차하는 것을 끝내지 못했다.

2 too / either

too	〈긍정문〉 ~도 또한	She can speak English. I can speak English, **too**. 그녀는 영어를 할 수 있다. 나도 (또한) 영어를 할 수 있다.
either	〈부정문〉 ~도 또한	He can't swim well. She can't swim well, **either**. 그는 수영을 잘 못한다. 그녀도 (또한) 수영을 잘 못한다.

3 very / much

very	원급(형용사, 부사) 강조	Our English teacher is **very** kind. 우리 영어 선생님은 무척 친절하시다.
much	비교급 강조	Today is **much** colder than yesterday. 오늘은 어제보다 훨씬 더 춥다.

▶▶ 정답과 해설 p. 42

EXERCISE A 다음 괄호 안에서 옳은 것을 고르시오.

1　My sister is [yet / still] washing the dishes.

2　Has your baby learned to walk [still / yet]?

3　Tim is [very / much] clever and wonderful.

4　This bag is [very / much] bigger than mine.

5　I don't like your long hair, [too / either].

EXERCISE B 다음 우리말과 일치하도록 빈칸에 알맞은 단어를 〈보기〉에서 골라 문장을 완성하시오.

〈보기〉

| still | already | yet | too | either | very | much |

1 그는 이미 잠자리에 들었다.
➡ He has _____ gone to bed.

2 그녀는 선생님이다. 그녀의 남편도 (또한) 선생님이다.
➡ She is a teacher. Her husband is a teacher, _____.

3 너는 나보다 훨씬 더 자주 외출한다.
➡ You go out _____ more often than I do.

4 나는 아직 새로운 컴퓨터를 사지 않았다.
➡ I haven't bought a new computer _____.

5 너는 아직 내 질문에 대답하지 않았다.
➡ You _____ haven't answered my question.

6 조심해라. 이 칼은 매우 날카롭다.
➡ Be careful. This knife is _____ sharp.

7 Alice는 자전거를 못 탄다. 그녀는 운전도 못한다.
➡ Alice can't ride a bicycle. She can't drive a car, _____.

EXERCISE C 다음 우리말과 일치하도록 주어진 단어와 어구를 바르게 배열하시오.

1 나는 그보다 훨씬 더 빨리 달릴 수 있다. (faster, much, than)
➡ I can run _____ him.

2 그들은 여행에서 아직 돌아오지 않았다. (back, come, haven't, still)
➡ They _____ from the trip.

3 나는 이미 너희 누나에게 말했다. (spoken, your, to, already, sister)
➡ I have _____.

4 Tina는 선물을 받았지만, 그것을 아직 열지 않았다. (hasn't, yet, she, it, opened)
➡ Tina has got a present, but _____.

5 그녀는 점심 식사를 아직 하지 않았다. 그도 마찬가지였다. (has, either, he, not)
➡ She hasn't eaten lunch yet. _____

12 빈도부사

빈도부사는 동사가 하는 행동이 얼마나 자주 일어나는지를 나타내는 부사로, 문장에서 be동사나 조동사 뒤, 일반동사 앞에 위치한다.

빈도부사의 의미
always > usually > often > sometimes > seldom, hardly > never
(항상) (보통) (자주) (가끔) (거의 ~ 않다) (결코 ~ 않다)

We **always get up** early in the morning. 우리는 항상 아침 일찍 일어난다. <일반동사 앞>
She **is sometimes** late for school. 그녀는 가끔 학교에 지각한다. <be동사 뒤>
You **must never** tell a lie. 너는 결코 거짓말을 하면 안 된다. <조동사 뒤>
He **has often met** her since 2016. 그는 2016년부터 그녀를 자주 만나왔다. <have(has)와 p.p. 사이>

! sometimes, usually 등은 문장의 맨 앞에 쓰이기도 한다.

  Sometimes I go fishing on Sundays. 가끔씩 나는 일요일에 낚시하러 간다.

▶▶ 정답과 해설 p.42

EXERCISE A 다음 괄호 안에서 옳은 것을 고르시오.

1 I [often wash / wash often] my father's car.

2 You [never will win / will never win] this race.

3 Jack [is usually late / usually is late] for work.

4 It [hardly snows / snows hardly] in my country.

5 She [never has thought / has never thought] that he is diligent.

6 We [should always help / always should help] these poor people.

7 I [have often thought / often have thought] about getting married.

8 I [hardly have read / have hardly read] any folktales.

EXERCISE B 다음 문장에서 주어진 단어가 들어가기에 알맞은 위치를 고르시오.

1 It ① is ② cold ③ in winter. (always)

2 He ① takes ② the bus ③ to go to school. (usually)

3 She ① helps ② her mother ③ wash the dishes. (sometimes)

4 I ① could ② believe ③ that he is innocent. (hardly)

5 We ① must ② help ③ disabled people. (often)

6 They ① have ② gone ③ to school on Saturdays so far. (never)

EXERCISE C 다음 우리말과 일치하도록 주어진 단어와 어구를 배열하여 문장을 완성하시오.

1 Jack은 자주 지하철을 타고 등교한다. (often, to school, goes)
➡ Jack _____ by subway.

2 나는 파리에 가본 적이 없다. (have, to, been, never)
➡ I _____ Paris.

3 우리는 아버지와 함께 저녁 식사를 거의 하지 못한다. (seldom, can, dinner, have)
➡ We _____ with our father.

4 Robert는 가끔 TV를 본 후에 숙제를 한다. (his, sometimes, homework, does)
➡ Robert _____ after watching TV.

5 나는 밤늦게 컴퓨터 게임을 하지 않을 것이다. (computer games, never, will, play)
➡ I _____ late at night.

EXERCISE D 다음 우리말을 주어진 단어〔어구〕와 빈도부사를 사용하여 영작하시오. (필요시 형태 변화)

1 우리는 그 문제를 거의 풀지 못했다. (solve, problem)
➡ _____

2 Ann은 일요일에는 보통 집에 있다. (at home, on Sundays)
➡ _____

3 나는 2002년부터 그를 본 적이 없다. (have seen, since)
➡ _____

4 그 왕자는 전에 그 성을 방문한 적이 없다. (prince, have visited, castle, before)
➡ _____

5 당신은 항상 저녁에 외출하나요? (go out, in the evening)
➡ _____

13 동사구에서 부사의 위치

1 동사구(타동사 + 부사)에서 부사의 위치

목적어가 명사일 경우	목적어가 대명사일 경우
타동사 + 목적어 + 부사 타동사 + 부사 + 목적어	타동사 + 목적어 + 부사
Why don't you **give the plan up**? Why don't you **give up the plan**? 그 계획을 포기하는 게 어때?	Why don't you **turn it on**? Why don't you *turn on it*? (×) 그것을 켜는 게 어때?

2 자동사구(자동사 + 전치사)는 「자동사 + 전치사 + 명사」의 어순으로만 쓴다.

Look at the man. (○) 그 남자를 봐. 　　　*Look* the man *at*. (×)

!

주요 타동사구	turn on/off(켜다/끄다), put/try on(입다), take off(벗다), put off(미루다), wake up(깨우다), take out(가지고 가다), find out(알아내다), pick up(집다, 태워다 주다), give up(포기하다)

▶▶ 정답과 해설 p. 42

EXERCISE A 다음 문장의 밑줄 친 부분이 어법에 맞으면 ○표를 하고, 틀리면 바르게 고쳐 쓰시오.

1 If you are cold, <u>put on your coat</u>.

2 He <u>took off it</u> and lay in the sun.

3 The music is very loud. Can you <u>turn down it</u>?

4 The bags are heavy. Can you <u>pick up them</u>?

5 I would like to <u>try these pants on</u>.

6 I've never seen the tablet before. How do I <u>turn on it</u>?

EXERCISE B 다음 우리말과 일치하도록 주어진 어구를 사용하여 문장을 완성하시오. (필요시 형태 변화)

1 나는 TV를 보고 싶어서 그것을 켰다. (turn on)
　➡ I wanted to watch TV, so I ＿＿＿＿＿＿＿.

2 우리 아이들은 잠들었다. 그들을 깨우지 마라. (wake up)
　➡ Our children are asleep. Don't ＿＿＿＿＿＿＿.

학교 시험 대비 문제

▶▶ 정답과 해설 p.43

01 다음 중 두 단어의 관계가 나머지 넷과 다른 것은?

① real — really ② slow — slowly
③ happy — happily ④ friend — friendly
⑤ beautiful — beautifully

02 다음을 영어로 읽은 것 중 틀린 것은?

① 1/2 : a half
② 1/4 : a quarter
③ 2/5 : two-fifth
④ 4.31 : four point three one
⑤ 2009 : two thousand and nine

03 다음 중 밑줄 친 부분이 어법상 틀린 것은?

① He has a big dog.
② She lost a small ring.
③ I need a new wooden desk.
④ I would like to drink hot something.
⑤ Look at the boy with two big pencils.

04 다음 문장에서 어법상 틀린 것은?

Your socks are very dirty. Take off them.
　　　　①　　　　②　　　　　③
Here are clean ones. Put them on.
　④　　　　　　　　⑤

05 다음 밑줄 친 부분과 바꿔 쓸 수 있는 것은?

It is not good to eat a lot of sugar.

① many ② a few
③ little ④ some
⑤ much

06 다음 빈칸에 들어갈 말로 알맞지 않은 것은?

There are _____ people in the park.

① many ② a lot of
③ a little ④ some
⑤ a few

07 다음 중 밑줄 친 부분이 어법상 틀린 것은?

① I haven't seen him lately.
② They ran to the hill quickly.
③ A crow is flying highly in the sky.
④ He solved the math questions easily.
⑤ We were deeply moved by his speech.

08 다음 빈칸에 들어갈 말로 바르게 짝지어진 것은?

> • Ryan has _____ friends because he is too rude.
> • We are going to buy _____ milk.
> • Would you like _____ more juice?

① few — a little — any
② few — some — some
③ a few — some — any
④ many — any — some
⑤ a few — any — some

고난도
09 다음 중 어법상 틀린 것은?

① My father is very tall.
② We've never seen him before.
③ He is standing by the gate, too.
④ He hasn't still cleaned his room.
⑤ I've already finished my homework.

10 다음 빈칸에 들어갈 말로 바르게 짝지어진 것은?

> • Jack didn't have enough _____ last night.
> • He felt _____ all day.

① sleep — sleep   ② sleep — sleepy
③ asleep — asleep   ④ asleep — sleepy
⑤ slept — sleepy

11 다음 밑줄 친 부분을 괄호 안의 단어와 바꿔 쓸 수 없는 것은?

① I should buy some bread. (a little)
② We have lots of rain in summer. (much)
③ There isn't much water in this river. (lots of)
④ We need a lot of time to study English. (many)
⑤ A lot of people are crazy about the World Cup. (Many)

고난도
12 다음 글에서 밑줄 친 부분이 어법상 틀린 것은?

> Helen was very intelligent. She went to an
>   ①
> institute for the blind, and there she did very
>   ②
> well in her studies. She worked very hard.
> ③   ④
> Helen thought all people should be treated
>
> equal.
> ⑤

13 다음 중 밑줄 친 부분이 어법상 틀린 것은?

① It's raining heavily.
② He seldom tells a lie.
③ Don't eat so quickly.
④ She usually works very hardly
⑤ Suddenly, he ran into the room.

202

14 다음 빈칸에 들어갈 말로 바르게 짝지어진 것은?

> • The question is _____ difficult to solve.
> • This car runs _____ faster than that car.

① very — very
② much — much
③ much — very
④ very — much
⑤ very — more

15 다음 빈칸에 들어갈 말로 바르게 짝지어진 것은?

> • It is _____ to read books written in Chinese.
> • I can _____ hear you because of this noise.
> • Because of the heavy traffic, he could _____ arrive in time.

① hard — hard — hardly
② hard — hardly — hard
③ hardly — hardly — hard
④ hard — hardly — hardly
⑤ hardly — hard — hardly

16 다음 우리말을 영어로 잘못 옮긴 것은?

① 나는 뭔가 새로운 것을 원한다.
➡ I want something new.
② 나의 아들은 나를 행복하게 해주었다.
➡ My son made me happy.
③ 이 주차장은 장애인들만을 위한 것이다.
➡ This parking lot is only for disabled.
④ 표의 3분의 1이 팔렸다.
➡ A third of the tickets were sold.
⑤ 너는 하루에 세 번 이를 닦아야 한다.
➡ You should brush your teeth three times a day.

17 다음 빈칸에 들어갈 말로 알맞은 것은?

> **A** I can't understand his speech.
> **B** I can't understand it, _____.

① also
② either
③ neither
④ too
⑤ as well

18 다음 빈칸에 들어갈 말로 바르게 짝지어진 것은?

> • We woke up _____ this morning.
> • Jack has put on weight _____.

① lately — late
② least — lately
③ lately — lately
④ late — lately
⑤ late — late

19 다음 중 어법상 틀린 것은?

① Kevin has never read the book.
② He is often late for the meeting.
③ I can hardly read her handwriting.
④ My grandfather always works merrily.
⑤ Suji goes often shopping on Sundays.

20 다음 빈칸에 공통으로 들어갈 말로 알맞은 것은?

- My brother runs very _____.
- My brother is a _____ runner.

① much ② fast ③ good
④ well ⑤ nice

21 다음 빈칸에 들어갈 말로 바르게 짝지어진 것은?

A Did you finish your history report?
B No, not _____.
A It's due next Friday, isn't it?
B No, it isn't. The due date is May 5th.
  We _____ have two weeks left.

① yet — still   ② already — yet
③ yet — already   ④ already — still
⑤ still — already

22 다음 중 밑줄 친 부분이 어법상 틀린 것은?

① I like listening to music.
② Don't take your shoes off.
③ We won't give the work up.
④ I am looking for my car key.
⑤ Your room is dirty. Clean up it.

고난도
23 다음 글에서 밑줄 친 부분이 어법상 틀린 것은?

One day a lion was sleeping. But the
　　　　　　　　　　　　　①
lion awoke because a mouse woke up him
　　　② 　　　　　　　　　　③
by mistake. He got angry and caught the
　　　　　　　　④
mouse quickly.
　　　⑤

24 다음 우리말을 영어로 바르게 옮긴 것은?

그 가방은 내 것보다 세 배 더 크다.

① The bag is third time big than mine.
② The bag is three time bigger than mine.
③ The bag is third times big than mine.
④ The bag is third times bigger than mine.
⑤ The bag is three times bigger than mine.

25 다음을 영어로 읽은 것 중 틀린 것은?

① 3 4/6 : three and four-sixth
② 1991년 : nineteen ninety-one
③ 31.62 : thirty-one point six two
④ 2002년 : two thousand two
⑤ 8월 15일 : the fifteenth of August

26 다음 중 very가 들어갈 위치로 알맞은 곳은?

Arriving late (①) won't (②) make (③) a
(④) good (⑤) impression.

서술형

27 다음 문장의 밑줄 친 부분과 바꿔 쓸 수 있는 단어를 쓰시오.

• We have <u>a little</u> information.
• It happened <u>a few</u> minutes ago.

28 다음 두 문장의 뜻이 일치하도록 빈칸에 알맞은 말을 쓰시오.

• Sadly, I have no friends to play with.
= Sadly, I don't have _____ friends to play with.

29 다음 우리말과 일치하도록 주어진 단어를 배열하여 문장을 완성하시오.

• 어르신들이 계단을 오르는 것은 어렵다.
(elderly, upstairs, the, to, go)
➡ It is difficult for _____.

30 다음 우리말과 일치하도록 주어진 단어를 사용하여 문장을 완성하시오.

• 그녀는 항상 학교에 지각한다. (late)
➡ She _____ for school.

31 다음 두 문장의 뜻이 일치하도록 빈칸에 알맞은 말을 쓰시오.

• They train guide dogs for blind people.
= They train guide dogs for _____ _____.

32 다음 우리말과 일치하도록 〈조건〉에 맞게 문장을 쓰시오.

〈조건〉
• in today's newspaper, there, isn't를 포함하여 7단어로 쓸 것

• 오늘 신문에는 특별한 것이 아무것도 없다.
➡ _____

고난도
33 다음 밑줄 친 ⓐ, ⓑ를 어법에 맞게 고쳐 쓰시오.

During winter, many animals can't find food. So, some animals sleep during the winter months. Before sleeping, they have to eat a lot. They ⓐ <u>gain sometimes</u> 40 pounds a week. In spring, however, it is ⓑ <u>much</u> easy for them to find food.

ⓐ _____
ⓑ _____

[34-36] 다음 그림을 보고, 주어진 단어를 배열하여 문장을 완성하시오.

34

You _____. You can't go out without cleaning.

(clean, room, your, hardly)

35

I'm glad to introduce this house to you. It's

_____.

(big, something, and, expensive)

36

You look very cold. _____

_____

(on, jacket, put, my)

[37-40] 다음 글을 읽고, 어법상 틀린 부분을 네 개 찾아 바르게 고쳐 쓰시오.

It was Christmas Eve. My little sister was so excited that she hardly could sleep. She had written much letters to Santa for five months. She wanted to receive many nicely things from Santa because she planned to give them to poor. After a while, she finally fell asleep.

37 _____ ➡ _____

38 _____ ➡ _____

39 _____ ➡ _____

40 _____ ➡ _____

Chapter

11

비교

1 비교급 / 최상급 만들기 - 규칙 변화

원급	• 1음절 / 일부 2음절 단어 • -e로 끝나는 단어	(자음 + y)로 끝나는 단어	(단모음 + 단자음)으로 끝나는 1음절 단어
비교급	원급 + (e)r	(y → i) + er	원급 + 마지막 자음 + er
최상급	원급 + (e)st	(y → i) + est	원급 + 마지막 자음 + est
예	tall - taller - tallest large - larger - largest	busy - busier - busiest happy - happier - happiest	hot - hotter - hottest big - bigger - biggest

원급	3음절 이상일 경우	• -ful, -ous, -less, -ish, -ive 로 끝나는 2음절 형용사 • -ly로 끝나는 부사	분사 형태의 형용사 (-ing / p.p.)
비교급	more + 원급		
최상급	most + 원급		
예	difficult - **more** difficult - **most** difficult useless - **more** useless - **most** useless expensive - **more** expensive - **most** expensive exciting - **more** exciting - **most** exciting	careful - **more** careful - **most** careful slowly - **more** slowly - **most** slowly tired - **more** tired - **most** tired	

▶▶ 정답과 해설 p.45

EXERCISE A 다음 단어의 비교급과 최상급을 쓰시오.

1 pretty — ＿＿＿＿＿ — ＿＿＿＿＿ 2 strange — ＿＿＿＿＿ — ＿＿＿＿＿

3 heavy — ＿＿＿＿＿ — ＿＿＿＿＿ 4 large — ＿＿＿＿＿ — ＿＿＿＿＿

5 simple — ＿＿＿＿＿ — ＿＿＿＿＿ 6 thick — ＿＿＿＿＿ — ＿＿＿＿＿

7 useful — ＿＿＿＿＿ — ＿＿＿＿＿ 8 important — ＿＿＿＿＿ — ＿＿＿＿＿

9 famous — ＿＿＿＿＿ — ＿＿＿＿＿ 10 hot — ＿＿＿＿＿ — ＿＿＿＿＿

11 exactly — ＿＿＿＿＿ — ＿＿＿＿＿ 12 healthy — ＿＿＿＿＿ — ＿＿＿＿＿

13 funny — ＿＿＿＿＿ — ＿＿＿＿＿ 14 beautiful — ＿＿＿＿＿ — ＿＿＿＿＿

15 foolish — ＿＿＿＿＿ — ＿＿＿＿＿ 16 popular — ＿＿＿＿＿ — ＿＿＿＿＿

17 easily — ＿＿＿＿＿ — ＿＿＿＿＿ 18 dirty — ＿＿＿＿＿ — ＿＿＿＿＿

19 thin — ＿＿＿＿＿ — ＿＿＿＿＿ 20 active — ＿＿＿＿＿ — ＿＿＿＿＿

21 big — ＿＿＿＿＿ — ＿＿＿＿＿ 22 excellent — ＿＿＿＿＿ — ＿＿＿＿＿

2 비교급 / 최상급 만들기 – 불규칙 변화

원급	의미	비교급	최상급
good	좋은	better	best
well	잘		
bad	나쁜	worse	worst
ill	아픈		
many / much	많은	more	most
little	적은	less	least
old	나이 든	older	oldest
	손위의	older〔elder〕	oldest〔eldest〕
far	(거리) 먼, 멀리	farther〔further〕	farthest〔furthest〕
	(정도) 더욱	further	furthest
late	(시간) 늦은, 늦게	later	latest
	(순서) 늦은	latter	last

▶ ▶ 정답과 해설 p. 45

EXERCISE Ⓐ 다음 단어의 비교급과 최상급을 쓰시오.

1 little — _____ — _____

2 late (순서) — _____ — _____

3 much — _____ — _____

4 far (거리) — _____ — _____

5 many — _____ — _____

6 late (시간) — _____ — _____

7 well — _____ — _____

8 bad — _____ — _____

9 good — _____ — _____

10 far (정도) — _____ — _____

EXERCISE Ⓑ 다음 우리말과 일치하도록 주어진 단어를 사용하여 문장을 완성하시오. (필요시 형태 변화)

1 너는 나보다 더 많은 것을 가지고 있다. (many)
➡ You have _____ than I have.

2 Emma는 가장 사소한 실수를 저질렀다. (little, mistake)
➡ Emma made the _____ _____.

3 그녀는 옷을 가장 못 입는 사람으로 선정되었다. (bad, dresser)
➡ She is voted as the _____ _____.

3 원급 비교

1 「as + 형용사〔부사〕 원급 + as」: ~만큼 …한〔하게〕

Our house is **as big as** yours. 우리 집은 너희 집만큼 크다.
She sang a song **as cheerfully as** a bird. 그녀는 새처럼 즐겁게 노래했다.

2 「not as〔so〕 + 형용사〔부사〕 원급 + as」: ~만큼 …하지 않은〔않게〕

It's **not as〔so〕 easy as** you think. 그것은 네가 생각하는 것만큼 쉽지 않다.

▶▶ 정답과 해설 p.46

EXERCISE A 다음 우리말과 일치하도록 주어진 단어를 사용하여 빈칸에 알맞은 말을 쓰시오.

1 영어는 수학만큼 중요하다. (important)
   ➡ English is _____ _____ _____ mathematics.

2 Susan은 보이는 것만큼 나이들지 않았다. (old)
   ➡ Susan is _____ _____ _____ _____ she looks.

3 그 의자는 그 테이블만큼 비싸다. (expensive)
   ➡ The chair is _____ _____ _____ the table.

4 어제만큼 날씨가 춥지 않았다. (cold)
   ➡ It was _____ _____ _____ _____ yesterday.

EXERCISE B 다음 우리말과 일치하도록 주어진 단어와 어구를 배열하여 문장을 완성하시오.

1 그녀는 그만큼 재미있다. (he is, as, as, funny)
   ➡ She is _____.

2 그의 여동생은 그의 남동생만큼 키가 크지 않다. (as, as, his brother, not, tall)
   ➡ His sister is _____.

3 영어는 네가 생각하는 것만큼 지루하지 않다. (isn't, as, boring, so, think, you)
   ➡ English _____.

4 나는 Ted만큼 유창하게 영어를 한다. (Ted, as, as, does, English, fluently)
   ➡ I speak _____.

4 원급을 이용한 비교 표현

1 「A not as(so) + 원급 + as B」 : A는 B만큼 ~하지 않다
= 「B 비교급 + than A」 : B는 A보다 더 ~하다

His watch is **not as good** as hers. 그의 시계는 그녀의 것만큼 좋지 않다. 〈원급 비교〉
= Her watch is **better than** his. 그녀의 시계는 그의 것보다 더 좋다. 〈비교급 비교〉

2 「as + 원급 + as possible」 = 「as + 원급 + as + 주어 + can(could)」 : 가능한 한 ~하게

You can eat **as much as possible**. 너는 가능한 한 많이 먹어도 된다.
= You can eat **as much as you can**.

3 「배수사 + as + 원급 + as」 : ~보다 …배 -한(하게)

His room is **twice as big as** mine. 그의 방은 내 방보다 두 배 크다.
※ 배수사 : half(절반), twice(2배), 기수 + times(3배 이상)

▶▶ 정답과 해설 p.46

EXERCISE **A** 다음 두 문장이 같은 의미가 되도록 문장을 완성하시오.

1 Email is quicker than the post.
= The post is not as _____.

2 A plane is faster than a train.
= A train is _____.

3 I can run faster than he can.
= He _____.

4 Plastic isn't as strong as metal.
= Metal is _____.

5 The floor isn't as comfortable as the bed.
= The bed is _____.

6 Danny didn't score as well as Julie did.
= Julie _____.

7 My room is bigger than his.
= His room isn't _____ mine.

EXERCISE B 다음 두 문장이 같은 의미가 되도록 문장을 완성하시오.

1 I will study as hard as I can.

　= I will study _____ possible.

2 I ran to the office as fast as I could.

　= I ran to the office _____.

3 He talked to her as kindly as possible.

　= He talked to her _____.

4 Please call me as soon as possible.

　= Please call me _____.

EXERCISE C 다음 우리말과 일치하도록 주어진 단어와 as ~ as 구문을 사용하여 문장을 완성하시오.
　　　　　　(필요시 형태 변화)

1 프랑스는 한국보다 다섯 배 크다. (big)

　➡ France is _____ Korea.

2 기린은 개보다 열 배 키가 크다. (tall)

　➡ A giraffe is _____ a dog.

3 그의 집은 그녀의 집보다 두 배 크다. (large)

　➡ His house is _____ hers.

EXERCISE D 다음 우리말과 일치하도록 주어진 단어와 어구를 배열하여 문장을 완성하시오.

1 Sarah의 가방은 Mike의 것만큼 크지 않다. (big, as, not, Mike's, as)

　➡ Sarah's bag is _____.

2 가능한 한 일찍 돌아오세요. (as, as, possible, soon, come back)

　➡ Please _____.

3 너는 가능한 한 빨리 숙제를 마쳐야 한다. (you, as, can, as, quickly)

　➡ You must finish your homework _____.

4 David는 너보다 세 배 빨리 숙제를 끝낼 수 있다. (fast, times, you, three, as, as)

　➡ David can finish his homework _____.

212

5 비교급 비교

「비교급 than + (대)명사〔주어 + 동사〕」: ~보다 더 …한

This book is **three times** heavier than that one. 이 책은 저 책보다 세 배 더 무겁다.
= This book is **three times** as heavy as that one.

+ 「much, even, still, far, a lot + 비교급」 형태로 비교급의 의미를 강조한다.

The car was **much** **more expensive** than I expected. 그 차는 내가 예상했던 것보다 훨씬 더 비쌌다.
The church is **a lot** **older** than the library. 그 교회는 그 도서관보다 훨씬 더 오래되었다.
※ 형용사나 부사의 원급을 강조할 때는 very를 쓴다.

▶▶ 정답과 해설 p.46

EXERCISE A 다음 두 문장의 의미를 포함하도록 주어진 단어를 사용하여 문장을 완성하시오.

1 My sister is 172 cm tall. My mother is 168 cm tall.
　➡ My mother is _____ _____ my sister. (short)

2 Her bag is 18 kg. Your bag is 10 kg.
　➡ Her bag is much _____ _____ your bag. (heavy)

3 I have 150 dollars. You have 100 dollars.
　➡ I have _____ money _____ you have. (much)

4 Mark has five books. Andy has two books.
　➡ Mark has _____ _____ _____ Andy does. (many)

5 My house was built in 1998. Your house was built in 1988.
　➡ Your house is _____ _____ _____. (old)

EXERCISE B 다음 문장의 밑줄 친 부분을 바르게 고쳐 쓰시오.

1 I know him better <u>to</u> you do.　　　　➡ _____

2 He drives <u>well</u> than his wife does.　　➡ _____

3 My sister's room is wider than <u>my</u>.　　➡ _____

4 This year, we have <u>very</u> more snow than last year.　➡ _____

5 The movie was <u>much</u> exciting than the play.　➡ _____

6 배수사를 이용한 비교 표현

「배수사 + 비교급 than」 = 「배수사 + as 원급 as」 : ~보다 …배 더 -한

This book is **three times** heavier than that one. 이 책은 저 책보다 세 배 더 무겁다.
= This book is **three times** as heavy as that one.

➕ 배수사 대신 분수를 이용한 비교 표현도 가능하다.

The tablet is **half** as large as the notebook. 태블릿은 공책의 절반 크기다.
½(분수) 원급 비교

※ half, twice를 이용한 표현은 as ~ as 원급 비교만 사용하며 비교급 than은 쓰지 않는다.

▶▶ 정답과 해설 p.46

EXERCISE A 다음 두 문장이 같은 의미가 되도록 문장을 완성하시오.

1 This river is ten times as long as that one.
= This river is _____ .

2 The Earth is about four times as large as the Moon.
= The Earth is _____ .

3 The elephant lives five times longer than the dog does.
= The elephant lives _____ .

4 The building is about three times higher than my school.
= The building is _____ .

EXERCISE B 다음 우리말과 일치하도록 주어진 단어와 어구를 배열하여 문장을 완성하시오.

1 태평양은 대서양보다 두 배 더 크다. (the Atlantic, twice, as, as, large)
➡ The Pacific is _____ .

2 지구는 달보다 여든 배 더 무겁다. (heavier, times, eighty, than, the Moon)
➡ The Earth is _____ .

3 산악자전거는 지하철의 절반 빠르기다. (a subway train, half, as, as, fast)
➡ A mountain bike is _____ .

4 우주선은 총알보다 약 스무 배 더 빠르다. (times, than, about, faster, a bullet, twenty)
➡ A spaceship is _____ .

7 비교급을 이용한 표현 1

1 「the + 비교급, the + 비교급」 : ~하면 할수록, 더 …한〔하게〕

The more we have, **the more** we want. 우리는 많이 가지면 가질수록, 더 많이 원한다.

2 「비교급 + and + 비교급」 : 점점 더 ~한〔하게〕

It is getting **hotter and hotter**. 점점 더 더워지고 있다.

+ 비교급에 more를 붙이는 경우(3음절 이상) 「more and more + 원급」 형태로 표현한다.

It is raining **more and more heavily**. 비가 점점 더 심하게 온다.

▶▶ 정답과 해설 p.46

EXERCISE A 다음 괄호 안에서 옳은 것을 고르시오.

1 The days are getting [long / longer / longest] and longer.

2 The [high / higher / highest] we go, the harder it becomes.

3 It is getting [hard / harder / hardest] and harder to get a job.

4 The harder we study, [the happier / happier / happy] we will be.

5 The parents were [more and more tired / tireder and tireder].

EXERCISE B 다음 우리말과 일치하도록 주어진 단어를 사용하여 문장을 완성하시오. (필요시 형태 변화)

1 점점 더 많은 사람들이 뚱뚱해지고 있다. (many)
    ➡ _____ people are getting fat.

2 더 열심히 연습할수록, 나는 더 잘 연주할 수 있다. (hard, well)
    ➡ _____ I practice, _____ I can play.

3 날씨가 점점 더 추워지고 있다. (cold)
    ➡ The weather is getting _____ .

4 산이 높을수록, 더 위험해질 것이다. (high, dangerous)
    ➡ _____ the mountain is, _____ it will be.

5 그는 나이가 들수록 더 현명해졌다. (old, wise)
    ➡ _____ he got, _____ he became.

8 비교급을 이용한 표현 2

1 「A + less + 원급 + than B」: A는 B보다 덜 ~하다
= 「A + not as (so) + 원급 + as B」: A는 B만큼 ~하지 않다
= 「B + 비교급 + than A」: B는 A보다 더 ~하다

Beauty is **less important than** personality. 미모는 인격보다 덜 중요하다.
= Beauty is **not as important** as personality.
= Personality is **more important than** beauty.

2 「Which (Who) ~ 비교급, A or B?」: A와 B 중 어떤 것이 (누가) 더 ~한가?

Which movie is **more exciting**, *Star Wars* or *Avengers*?
스타워즈와 어벤져스 중에 어떤 영화가 더 재미있니?

▶▶ 정답과 해설 p. 46

EXERCISE A 다음 두 문장이 같은 의미가 되도록 문장을 완성하시오.

1 Baseball isn't as exciting as soccer.
= Baseball is _____ _____ _____ soccer.

2 A tablet is less useful than a laptop.
= A tablet is _____ _____ _____ _____ a laptop.

3 Money is less important than health.
= Health is _____ _____ _____ money.

EXERCISE B 다음 우리말과 일치하도록 주어진 단어를 배열하여 문장을 완성하시오.

1 너는 사과와 바나나 중에 어떤 것을 더 좋아하니? (or, better, like, bananas, apples)
➡ Which do you _____?

2 Mike와 Tom 중에 누가 더 활동적인 선수니? (Mike, Tom, player, active, more, or)
➡ Who is the _____?

3 나는 너보다 TV를 덜 본다. (than, you, less, do, often)
➡ I watch TV _____.

4 축구와 야구 중에 어떤 것이 더 흥미로운 스포츠니? (soccer, baseball, exciting, more, or, sport)
➡ Which is the _____?

9 최상급 비교

최상급은 주로 '~중에서'의 뜻을 가진 of, in과 함께 「of＋복수명사」, 「in＋단수명사(장소, 범위)」의 형태로 쓴다.

Amy is **the youngest** girl **of all**. Amy는 전체 중에서 가장 나이 어린 소녀다. 〈of＋복수명사〉

He is **the best** singer **in my class**. 그는 우리 반에서 가장 노래를 잘한다. 〈in＋단수명사〉

This hat is **the newest** **in this shop**. 이 모자는 이 가게에서 가장 신상품이다.

* 최상급 다음의 명사가 주어와 같으면 생략이 가능하다.

＋ 최상급에 the를 쓰지 않는 경우 : 최상급 앞에 소유격이 오는 경우

They are **my** best friends. 그들은 나의 가장 좋은 친구들이다.

cf. He always comes to school (the) **earliest**.

그는 항상 가장 일찍 학교에 온다. 〈부사의 최상급에서는 the 생략 가능〉

▶▶ 정답과 해설 p.47

EXERCISE A 다음 괄호 안에서 옳은 것을 고르시오.

1 She is the tallest girl [in / of] the four.

2 He is the best teacher [in / of] our school.

3 Health is [the most / most] important thing in life.

4 Jack jumps the highest [in / of] all the students.

5 Maggie is my [most diligent / the most diligent] worker.

EXERCISE B 다음 우리말과 일치하도록 주어진 단어를 사용하여 문장을 완성하시오. (필요시 형태 변화)

1 제주는 한국에서 가장 큰 섬이다. (big, island)
   ➡ Jeju is _____ in Korea.

2 이것은 이 가게에서 가장 비싼 가방이다. (expensive, bag)
   ➡ This is _____ in this store.

3 에베레스트 산은 세계에서 가장 높은 산이다. (high, mountain)
   ➡ Mt. Everest is _____ in the world.

4 연습은 영어를 배우는 데 있어 가장 중요한 것이다. (important, thing)
   ➡ Practice is _____ in learning English.

10 최상급을 이용한 표현

1 「one of the 최상급 + 복수명사」: 가장 ~한 것들 중 하나

He is **one of the most famous actors** in Asia. 그는 아시아에서 가장 유명한 배우들 중 한 명이다.

2 「the 최상급 + 명사 + (that) + 주어 + 현재완료」: ~한 것 중에서 가장 …한

This is <u>the best</u> film **(that) I've ever seen**. 이것은 내가 본 것 중에서 최고의 영화이다.
　　　　선행사　　관계대명사 that

▶▶ 정답과 해설 p.47

EXERCISE Ⓐ 다음 괄호 안에서 옳은 것을 고르시오.

1 It's [the worst / the bad] movie that I've ever seen.

2 Helena is one of the tallest [girl / girls] in my class.

3 This is the most interesting book I've [just / ever] read.

4 The Amazon is [the one / one] of the longest rivers in the world.

5 Chuseok is one of the biggest national [holidays / holiday] in Korea.

6 Soccer is one of the [best / most] exciting sports I've ever played.

7 Tokyo is one of the oldest [city / cities] in Japan.

8 Painting is one of my most favorite [hobbies / hobby].

EXERCISE Ⓑ 다음 우리말과 일치하도록 주어진 단어를 사용하여 문장을 완성하시오. (필요시 형태 변화)

1 마이클 잭슨은 가장 유명한 가수 중 한 명이었다. (famous, singer)
　➡ Michael Jackson was ＿＿＿＿＿＿＿＿＿＿＿＿＿＿＿＿＿＿＿＿.

2 그것은 내가 읽어본 것 중에서 가장 흥미로운 소설이다. (interesting, novel)
　➡ It's ＿＿＿＿＿＿＿＿＿＿＿＿＿＿＿＿＿＿ I've ever read.

3 롤스로이스는 세계에서 가장 비싼 차 중의 하나이다. (expensive, car)
　➡ A Rolls Royce is ＿＿＿＿＿＿＿＿＿＿＿＿＿＿＿＿＿＿ in the world.

4 전화는 가장 유용한 발명품 중의 하나이다. (useful, invention)
　➡ The telephone is ＿＿＿＿＿＿＿＿＿＿＿＿＿＿＿＿＿＿.

11 비교급과 원급을 이용한 최상급 표현

최상급 표현

= 비교급 than any other + 단수명사

= 비교급 than all the other + 복수명사

= 부정주어(No (other) + 단수명사) ~ 비교급 than

= 부정주어(No (other) + 단수명사) ~ as[so] 원급 as

Health is **the most important thing** in life. 건강이 삶에서 가장 중요한 것이다.

= Health is **more important than any other thing** in life. 건강이 삶의 다른 어떤 것보다 더 중요하다.

= Health is **more important than all the other things** in life. 건강이 삶의 다른 모든 것들보다 더 중요하다.

= **No (other) thing** in life is **more important than** health. 삶에서 어떤 (다른) 것도 건강보다 더 중요한 것은 없다.

= **No (other) thing** in life is **as important as** health. 삶에서 어떤 (다른) 것도 건강만큼 중요하지 않다.

▶▶ 정답과 해설 p.47

EXERCISE A 다음 괄호 안에서 옳은 것을 고르시오.

1 No one is [as diligent / more diligent] as Jason.

2 No other boy is taller [as / than] Tim in our team.

3 Toronto is bigger than all the other [city / cities] in Canada.

4 No other man is [the most / more] famous than him in Korea.

5 Jane is more beautiful than [some / any] other girl in this club.

EXERCISE B 우리말과 일치하도록 주어진 단어를 사용하여 문장을 완성하시오. (필요시 형태 변화)

1 삶에서 아무것도 사랑만큼 중요하지 않다. (love, important)
   ➡ Nothing in life is as _____ _____ _____.

2 KTX는 한국의 다른 어떤 기차보다 더 빠르다. (fast, train)
   ➡ The KTX is _____ _____ any other _____ in Korea.

3 영국에서 어떤 작가도 셰익스피어만큼 위대하지 않았다. (writer, great)
   ➡ No other _____ in England was as _____ _____ Shakespeare.

4 Alice는 그녀의 반의 다른 모든 소녀들보다 더 총명하다. (girl, intelligent)

➡ Alice is _____ _____ than all the other _____ in her class.

5 Forest 공원은 세인트루이스의 다른 어떤 공원보다 더 예쁘다. (pretty, park)

➡ Forest Park is _____ _____ any other _____ in St. Louis.

EXERCISE C 다음 문장들이 같은 의미가 되도록 빈칸을 채워 문장을 완성하시오.

1 Seoul is the biggest city in Korea.

= Seoul is _____ _____ any other city in Korea.

= Seoul is _____ _____ _____ the other cities in Korea.

= No city in Korea is _____ _____ as Seoul.

= No city in Korea is _____ _____ Seoul.

2 Happiness is the most important thing in life.

= Happiness is _____ _____ _____ any other thing in life.

= Happiness is _____ _____ _____ _____ the other things in life.

= Nothing in life is _____ _____ as happiness.

= Nothing in life is _____ _____ than happiness.

3 Jackson is the best student in this school.

= Jackson is _____ _____ any _____ student in this school.

= Jackson is better _____ all _____ other _____ in this school.

= _____ student in this school is _____ _____ as Jackson.

= _____ student in this school is _____ than Jackson.

4 This is more expensive than any other watch.

= This is the _____ _____ watch.

= No other watch is _____ _____ than this watch.

= No other watch is _____ _____ _____ this watch.

5 Antarctica is the coldest place in the world.

= Antarctica is _____ _____ any other place in the world.

= _____ other place in the world is _____ than Antarctica.

= No other place in the world is _____ _____ _____ Antarctica.

학교 시험 대비 문제

▶▶ 정답과 해설 p.47

[01-02] 다음 중 비교급과 최상급의 형태가 **틀린** 것을 고르시오.

01 ① big — biger — bigest
② fast — faster — fastest
③ large — larger — largest
④ slow — slower — slowest
⑤ heavy — heavier — heaviest

02 ① ill — worse — worst
② little — latter — last
③ late — later — latest
④ many — more — most
⑤ useless — more useless — most useless

03 다음 빈칸에 들어갈 말로 알맞은 것은?

> Walking upstairs is not _____
> walking downstairs.

① easier
③ the easiest
⑤ as easy as
② as easy so
④ as easier as

04 다음 중 어법상 틀린 것은?

① He is not as diligent as I am.
② He has more money than you.
③ Her bag is two as heavy as mine.
④ Jane is the most beautiful girl of all.
⑤ August is the hottest month of the year.

고난도

05 다음 빈칸에 공통으로 들어갈 말로 알맞지 **않은** 것은?

> • An elephant is _____ bigger than a tiger.
> • China is _____ larger than Korea.
> • A car is _____ faster than a bike.

① much
④ far
② very
⑤ a lot
③ even

06 다음 빈칸에 들어갈 말로 알맞은 것은?

> This building is _____ any other thing.

① the highest
③ higher than
⑤ as higher as
② other than
④ the most

07 다음 빈칸에 들어갈 말로 알맞지 **않은** 것은?

> The math questions were more _____ than I expected.

① difficult
③ interesting
⑤ helpful
② hard
④ creative

08 다음 빈칸에 들어갈 말로 바르게 짝지어진 것은?

> • The longer you keep this wine, the
>   _____ it tastes.
> • It's getting hotter and _____.

① best — hot
② more — hot
③ most — hotter
④ better — hotter
⑤ better — hottest

09 다음 빈칸에 들어갈 말로 알맞은 것은?

> • This room isn't as comfortable as that
>   room.
> = This room is _____ comfortable than
>   that room.

① more
② much
③ very
④ less
⑤ little

10 다음 빈칸에 들어갈 말로 알맞은 것은?

> *Harry Potter* is _____ interesting book
> that I have ever read.

① the most
② very
③ best
④ the more
⑤ much

11 다음 중 우리말을 영어로 잘못 옮긴 것은?

① 빠르면 빠를수록 더 좋다.
　➡ The sooner, the better.
② 나는 우리 집의 막내다.
　➡ I am the youngest in my family.
③ Michael은 그의 여동생만큼 키가 크다.
　➡ Michael is not as tall as his sister.
④ 건강이 부보다 더 중요하다.
　➡ Health is more important than wealth.
⑤ 내 남동생은 나보다 세 살 어리다.
　➡ My brother is three years younger than me.

12 다음 밑줄 친 단어의 형태가 바르게 짝지어진 것은?

> • Halloween is <u>late</u> day of October.
> • Christmas is one of <u>famous</u> holidays.

① latest — most famous
② the last — most famous
③ later — the most famous
④ the last — the most famous
⑤ the latest — most famous

13 다음 중 어법상 틀린 것은?

① Tommy is stronger than I thought.
② She is more beautiful than my sister.
③ Soccer is more popular than baseball.
④ He is more handsome than his brother.
⑤ Time is important than any other thing.

14 다음 빈칸에 들어갈 말로 바르게 짝지어진 것은?

Silver is _____ expensive and beautiful, but gold is _____ more expensive and beautiful.

① far — still
② very — very
③ even — much
④ very — even
⑤ much — very

15 다음 빈칸에 들어갈 말로 알맞지 <u>않은</u> 것은?

He is as _____ as his brother.

① kind
② nice
③ taller
④ brave
⑤ gentle

고난도
16 다음 중 어법상 올바른 것은?

① He is the youngest in us.
② You drive as slower as possible.
③ English is getting hard and hard.
④ It's the cheapest of all these bags.
⑤ She is one of the nicer women I have ever met.

17 다음 밑줄 친 단어의 형태가 바르게 짝지어진 것은?

• A puppy is one of <u>cute</u> animals in the world.
• There is a contest for <u>ugly</u> dog in the world.

① cute — ugly
② cuter — uglier
③ the cutest — the ugliest
④ the most cute — ugliest
⑤ the cutest — the most ugly

18 다음 우리말과 일치하도록 빈칸에 들어갈 말로 알맞은 것은?

• 그녀는 세계에서 가장 위대한 화가이다.
➡ She is the _____ painter in the world.

① well
② better
③ greater
④ greatest
⑤ most

고난도
19 다음 중 어법상 <u>틀린</u> 것은?

① Jeju is the most beautiful island in Korea.
② No island in Korea is as beautiful as Jeju.
③ No island in Korea is more beautiful than Jeju.
④ Jeju is more beautiful than all the other islands in Korea.
⑤ Jeju is more beautiful than any other islands in Korea.

20 다음 밑줄 친 부분과 바꿔 쓸 수 있는 것은?

> Yesterday I got up late in the morning. I ran as fast as possible. But I was late for English class.

① can
② I can
③ I could
④ could
⑤ can I

21 다음 중 표의 내용과 일치하지 <u>않는</u> 것은?

	몸무게(kg)	키(cm)	나이(year)
Suyoung	56	161	15
Yuna	53	165	14
Jessica	58	158	16

① Jessica is older than Yuna.
② Yuna is the tallest of the three.
③ Yuna is not as heavy as Jessica.
④ Suyoung is heavier than Jessica.
⑤ Suyoung is younger than Jessica.

서 술 형

22 다음 두 문장의 뜻이 일치하도록 빈칸에 알맞은 말을 쓰시오.

> • James is stronger than Peter.
> = Peter is not _____ _____ _____ James.

고난도
23 다음 대화의 빈칸에 알맞은 말을 쓰시오.

> **A** _____ scarf do you like better, the flower pattern _____ the striped one?
> **B** I like the flower one better.

24 다음 두 문장의 뜻이 일치하도록 빈칸에 알맞은 말을 쓰시오.

> • As she grew older, she became prettier.
> = _____ she grew, _____ she became.

[25-26] 다음 밑줄 친 부분의 단어와 어구를 배열하여 문장을 완성하시오.

25

> • Kate doesn't study hard, but she <u>does, better, I do, than, always</u> on the test.
> ➡ Kate doesn't study hard, but she _____ _____ on the test.

26

> • Pears are <u>expensive, three, than, times, more</u> apples these days.
>
> ➡ Pears are _____
> _____ apples these days.

[27-28] 다음 우리말과 일치하도록 빈칸에 알맞은 말을 쓰시오.

27

> • 점점 더 많은 사람들이 한국을 방문한다.
> ➡ _____ people visit Korea.

28

> • 오늘은 내 인생에서 가장 행복한 날이다.
> ➡ Today is _____ of my life.

29 다음 우리말과 일치하도록 주어진 단어를 사용하여 문장을 완성하시오.

> • 우리가 더 열심히 공부하면 할수록, 영어는 더 쉬워진다. (hard, easy)
> ➡ _____ we study, _____ English becomes.

30 다음 우리말과 일치하도록 주어진 단어와 어구를 배열할 때 여섯 번째 오는 단어를 쓰시오.

> • 그녀는 세상에서 가장 아름다운 여인 중 한 명이다. (one of, She is, the most, in the world, women, beautiful)
> ➡ _____

[31-32] 주어진 문장과 같은 뜻이 되도록 〈조건〉에 맞게 문장을 완성하시오.

Jane is the smartest student in my class.

―〈조건〉―
• 괄호 안에 주어진 단어를 사용할 것 (중복 가능)
• 단어 수는 빈칸의 수에 일치시킬 것

31 Jane is _____ _____ _____
_____ _____ in my class. (than)

32 No student in my class is _____
_____ _____ _____. (as)

	Age	Height	Weight
Michelle	28	162 cm	58 kg
Jack	34	180 cm	78 kg
Kevin	31	176 cm	80 kg

33 Kevin과 Michelle의 나이 비교 표현
(원급 비교 사용)
➡ Kevin _____ .

34 Jack과 Michelle의 키 비교 표현
(비교급 비교 사용)
➡ Jack _____ .

35 세 명 중 가장 몸무게가 많이 나가는 사람 표현
(최상급 비교 사용)
➡ _____

고난도
[36-37] 다음 글을 읽고, 물음에 답하시오.

Korea seems to be a nice and beautiful country. Korea is not as big as Japan. But Seoul is one of the biggest city in the world. I want to go there to learn Korean culture. I am interested in Korea more and more. And the longer I stay in Korea, the more I will learn about Korea.

36 위 글의 밑줄 친 문장을 비교급 문장으로 바꿔 쓰시오.
➡ Japan is _____ .

37 위 글에서 어법상 틀린 문장을 찾아 바르게 고쳐 쓰시오.
➡ _____

226

Chapter
12

접속사

1 and / or / but

등위접속사는 문법상 역할이 대등한 것을 연결하는 접속사를 가리킨다.

and	대등	I study **math and English** every day. 나는 매일 수학과 영어를 공부한다. 〈단어와 단어〉
or	선택	We can go there **by bus or by subway.** 우리는 거기에 버스나 지하철을 타고 갈 수 있다. 〈구와 구〉
but	대조	**I enjoy reading books but (I) hate going to the movies.** 나는 책 읽는 것을 좋아하지만 영화 보러 가는 것은 싫어한다. 〈절과 절〉 * 접속사 앞뒤 절의 문장성분이 동일한 단어이면 뒤에 나온 문장성분을 생략할 수 있다.

➕ 셋 이상의 항목을 나열하는 경우 마지막 항목 앞에만 접속사를 쓴다.

In the grocery store, we bought **oranges, apples, and melons.**

식료품점에서, 우리는 오렌지와 사과 그리고 멜론을 샀다.

▶▶ 정답과 해설 p. 50

EXERCISE A 다음 빈칸에 알맞은 단어를 〈보기〉에서 골라 문장을 완성하시오.

〈보기〉
| and | but | or |

1 We had lunch, _____ we are still hungry.

2 I took some medicine _____ stayed in my bed.

3 I like baseball _____ my sister does, too.

4 Which does Tom like better, coffee _____ tea?

5 I did my homework last night _____ my sister didn't.

6 Do you go there on foot _____ by bus?

7 Melanie puts milk, sugar, _____ lemon in her tea.

8 Tom always plays soccer after school _____ I am always with him.

9 I bought a nice pen, _____ I lost it the next day.

10 I am going to leave today _____ tomorrow.

11 He hardly studied, _____ he passed the exam.

12 The traffic was bad _____ I arrived on time.

다음 두 문장의 의미를 포함하도록 빈칸에 알맞은 접속사를 넣어 문장을 완성하시오.

1 Dad bought a magazine. He didn't read it.
   ➡ Dad bought a magazine _____ he didn't read it.

2 We stayed at home. We had dinner there.
   ➡ We stayed at home _____ had dinner there.

3 You may go there. You may stay here, too.
   ➡ You may go there _____ stay here.

4 Terry studied hard. He went to Hanguk University.
   ➡ Terry studied hard _____ went to Hanguk University.

5 I've studied English for three years. I can't speak English at all.
   ➡ I've studied English for three years, _____ I can't speak English at all.

6 I know you don't like Judy. You should try to be nice to her.
   ➡ I know you don't like Judy, _____ you should try to be nice to her.

7 It may be in my room. If not, it may be in the living room.
   ➡ It may be in my room _____ in the living room.

EXERCISE C 다음 우리말을 주어진 단어와 어구를 사용하여 영작하시오.

1 나는 과학과 수학을 좋아한다. (science, math)
   ➡ I _____.

2 Mike는 프랑스어를 못하지만, 나는 할 수 있다. (speak, French)
   ➡ _____ I can.

3 그는 늙었지만 건강하다. (old, healthy)
   ➡ He _____.

4 그녀는 다음 정류장에 내려서 택시를 탔다. (took, at the next stop, got off)
   ➡ She _____ a taxi.

5 너는 테니스와 골프 중에서 어떤 것을 더 좋아하니? (tennis, better, like, golf)
   ➡ Which _____?

2 상관접속사

상관접속사는 접속사가 다른 단어와 함께 어구를 이루어 대등한 두 요소를 이어주는 접속사구를 말한다. 상관접속사가 연결하는 두 요소는 문법상 대등한 병렬관계여야 한다.

both *A* and *B*	A와 B 둘 다 (항상 복수 취급)	**Both** Tom **and** Peter **are** my friends. Tom과 Peter는 둘 다 내 친구다.
not *A* but *B*	A가 아니라 B (B의 수에 일치)	**Not** my sister **but** I **am** a movie director. 내 여동생이 아니라 내가 영화감독이다.
not only *A* but also *B* (= *B* as well as *A*)	A뿐만 아니라 B도 (B의 수에 일치)	**Not only** Tim **but also** his sisters **are** smart. Tim뿐만 아니라 그의 누나들도 똑똑하다. = His sisters **as well as** Tim **are** smart.
either *A* or *B*	A나 B 둘 중 하나 (B의 수에 일치)	**Either** you **or** she **has** the book. 너나 그녀 둘 중 한 명이 그 책을 가지고 있다.
neither *A* nor *B*	A도 B도 아닌 (B의 수에 일치)	**Neither** my wife **nor** I **clean** the room. 내 아내도 나도 그 방을 청소하지 않는다.

✚ not only *A* but (also) *B*

① also가 생략되는 경우도 있다.

② not only는 not merely 또는 not just로 바꿔 쓸 수 있다.

▶▶ 정답과 해설 p. 50

EXERCISE Ⓐ 다음 두 문장의 의미를 포함하도록 빈칸에 알맞은 단어를 넣어 문장을 완성하시오.

1 I like English. I don't like math.

➡ I like _____ math _____ English.

2 This shirt is cheap. This shirt is nice, too.

➡ This shirt is _____ _____ cheap _____ _____ nice.

3 Tom is right. Or I am right.

➡ _____ Tom _____ I am right.

4 I don't have a car. I don't have a house, either.

➡ I have _____ a car _____ a house.

5 He has visited Iran. He has visited Iraq, too.

➡ He has visited Iraq _____ _____ _____ Iran.

6 I'm going to major in sociology. Or I'm going to major in economics.

➡ I'm going to major in _____ sociology _____ economics.

다음 문장의 밑줄 친 부분을 바르게 고쳐 쓰시오.

1 Both you and Tom <u>has</u> to stay here. ➡ _____

2 Not only my friends but also I <u>are</u> right. ➡ _____

3 Julia as well as her parents <u>love</u> to go shopping. ➡ _____

4 Either my sister or I <u>has</u> to wash the dishes. ➡ _____

5 Neither you nor he <u>have</u> studied hard. ➡ _____

6 He is both <u>kindness</u> and honest. ➡ _____

7 She is not only wise but also <u>beautifully</u>. ➡ _____

8 I like neither listening to music nor <u>to sing</u>. ➡ _____

9 Not only you but also <u>him</u> was invited to the party. ➡ _____

EXERCISE C 다음 우리말과 일치하도록 주어진 단어와 어구를 배열하시오.

1 너도 나도 옳지 않았다. (was, I, Neither, right, you, nor)
   ➡ _____

2 나는 엄마와 아빠 두 분 다 사랑한다. (love, and, I, Mom, both, Dad)
   ➡ _____

3 David뿐만 아니라 Henry도 차를 갖고 있다. (David, Henry, a, has, Not only, car, but also)
   ➡ _____

4 그녀는 숲이 아니라 해변을 좋아한다. (likes, but, a forest, a beach, She, not)
   ➡ _____

5 그녀와 나 둘 중 한 명이 그것을 가져갈 수 있다. (can, she, or, take, I, it, Either)
   ➡ _____

6 나는 코트뿐만 아니라 드레스도 샀다. (as well as, a coat, I, bought, a dress)
   ➡ _____

7 그녀도 나도 일본에 가본 적이 없다. (have been, she, to, Neither, Japan, I, nor)
   ➡ _____

3 시간을 나타내는 접속사

when	~할 때	**When** I came back, no one was home. 내가 돌아왔을 때, 집에 아무도 없었다.
while	~하는 동안	Mother came home **while** I was taking a shower. 내가 샤워하는 동안 어머니가 집에 오셨다.
before	~하기 전에	We sang and danced **before** we had dinner. 우리는 저녁을 먹기 전에 노래를 부르고 춤을 췄다.
after	~한 후에	She changed her job **after** she got married. 그녀는 결혼한 후에 직업을 바꿨다.
as	~할 때, ~하면서	People stand back **as** the train goes by. 기차가 지나갈 때 사람들은 뒤로 물러선다.
until	~할 때까지	I will be here **until** you come back. 나는 네가 돌아올 때까지 여기에 있겠다.
since	~한 이후로	I have been sad **since** you left me. 네가 나를 떠난 이후로 나는 슬펐다. * since가 '~이후로, ~부터'라고 해석되면 주로 현재완료시제 문장에서 쓰인다.

※ while은 '~인 반면, 그런데'의 의미로 반대, 대조를 나타내는 접속사로도 쓰인다.

While the bus is slow, it's cheap. 버스는 느린 반면에, 저렴하다.

....

! 시간·조건을 나타내는 부사절에서는 현재시제로 미래를 나타낸다.

I will call you **when** I **get** home. 집에 도착하면 너한테 전화할게.

▶▶ 정답과 해설 p. 50

EXERCISE Ⓐ 다음 괄호 안에 알맞은 접속사를 고르시오.

1 [Until / After] she comes back, I will wait for her.

2 You should be quiet [since / while] you're having a meal.

3 I went out [after / until] I finished my work.

4 He fell asleep [as / until] he was watching TV.

5 I will wait here [until / while] the concert is over.

6 It's been six months [since / as] I saw my cousin last.

7 [After / Before] I go to bed, I will finish reading this book.

8 [While / Until] I am away, take good care of your little sister.

다음 주어진 두 문장을 연결하는 알맞은 접속사를 골라 <보기>와 같이 한 문장으로 바꿔 쓰시오.

<보기>

Watch your step. You get on the train. [after / when]

➡ Watch your step _____ **when you get on the train** _____.

1 Mark heard the news. He was watching TV. [as / since]

➡ Mark heard the news _____.

2 You can play games. You finish your homework. [until / after]

➡ You can play games _____.

3 He uses the Internet. He needs information. [when / before]

➡ He uses the Internet _____.

4 She took care of my children. I was away. [until / while]

➡ She took care of my children _____.

5 David has stayed at the hospital. He broke his leg. [since / as]

➡ David has stayed at the hospital _____.

6 The family will be staying with relatives. Their house is repaired. [until / since]

➡ The family will be staying with relatives _____.

EXERCISE C 다음 문장의 밑줄 친 부분을 바르게 고쳐 쓰시오.

1 After the sun rises, it will be very cold.   ➡ _____

2 When he will come, I will talk with him.   ➡ _____

3 You have grown taller as I saw you last.   ➡ _____

4 While she was reading a book, I take care of her dog.   ➡ _____

5 Kevin and Joe are in the same class since the first grade.   ➡ _____

6 We will go to the movies when she will finish her work.   ➡ _____

4 이유를 나타내는 접속사

because	~ 때문에	She was sick in bed **because she had a headache.** 그녀는 두통이 있었기 때문에 아파서 누워 있었다. **〈because + 절〉** *cf.* She was sick in bed **because of a headache.** 그녀는 두통 때문에 아파서 누워 있었다. **〈because of + 명사(구)〉**
as	~ 때문에	**As** she is poor, she can't buy that car. 가난하기 때문에, 그녀는 저 차를 살 수 없다.
since	~이므로, ~때문에	**Since** he was very tired, he went to bed early. 몹시 피곤했으므로, 그는 일찍 잤다.

※ as(~할 때, ~하면서)와 since(~한 이후로)는 시간을 나타내는 접속사로도 쓰인다.

▶▶ 정답과 해설 p. 50

EXERCISE A 다음 주어진 접속사를 사용하여 두 문장을 한 문장으로 바꿔 쓰시오.

1 I closed the window. It got cold. (because)
➡ I closed the window _____.

2 He was upset. He lost his books. (as)
➡ He was upset _____.

3 The clock was slow. I was late for the meeting. (since)
➡ _____

4 The park is very popular. It has a beautiful view. (because)
➡ _____

EXERCISE B 다음 우리말을 주어진 단어와 어구를 사용하여 영작하시오. (필요시 형태 변화)

1 나는 피곤함을 느꼈기 때문에 앉았다. (because, feel tired)
➡ I sat down _____.

2 Sarah는 바쁘기 때문에 Tom을 도울 수 없다. (as, busy)
➡ Sarah can't help Tom _____.

3 나는 나의 영어 시험 때문에 어제 열심히 공부했다. (because of, English test)
➡ I studied hard yesterday _____.

4 너는 나의 가장 친한 친구이므로, 나의 새 자전거를 네게 빌려줄 것이다. (since, best friend)
➡ _____, I'll lend you my new bike.

5 조건을 나타내는 접속사

if	만약 ~한다면	**If** you are busy, I can go with him. 네가 바쁘다면, 내가 그와 함께 갈 수 있다.
unless (= if ~ not)	만약 ~하지 않는다면	I will go out **unless** it rains. = I will go out **if** it **doesn't** rain. 비가 오지 않는다면 나는 외출할 것이다.

+ if는 '~인지 아닌지'의 의미로 명사절을 이끌기도 한다. (주로 목적어 역할)

I don't know **if** she loves me. 나는 그녀가 나를 사랑하는지 아닌지 모르겠다.

! 시간, 조건을 나타내는 부사절에서는 현재시제로 미래를 나타낸다. 단, 명사절을 이끄는 if절에서는 미래를 나타내기 위해 조동사 will을 사용할 수 있으며 이 때 if는 '~인지 아닌지'로 해석한다.

If it **rains** tomorrow, we won't go outside. 내일 비가 온다면, 우리는 밖에 나가지 않을 것이다.
I wonder **if** he **will show** up tonight. 나는 오늘밤에 그가 나타날지 궁금하다.

▶▶ 정답과 해설 p.51

EXERCISE A 다음 두 문장의 의미가 일치하도록 문장을 완성하시오.

1 If he isn't poor, he can buy the car.
= Unless _____, he can buy the car.

2 If it doesn't rain tomorrow, I will go fishing.
= Unless _____, I will go fishing.

3 Unless she gets up early, she will be late for class.
= If _____, she will be late for class.

EXERCISE B 다음 문장의 밑줄 친 부분을 바르게 고쳐 쓰시오. (틀린 부분이 없을 수도 있음)

1 You'll get sick <u>if</u> you eat good food. ➡ _____

2 A car is useless <u>unless</u> it has no gas. ➡ _____

3 I will carry my umbrella if it <u>will rain</u> tomorrow. ➡ _____

4 Do you know if she <u>will be</u> married next year? ➡ _____

5 Sam will do well in his piano concert if he <u>will practice</u> regularly. ➡ _____

6 결과를 나타내는 접속사

so	그래서, 그러므로	I have no money, **so** I can't buy the book. 〈원인＋so＋결과〉 나는 돈이 없어서, 그 책을 살 수 없다. = I can't buy the book **because** I have no money. 〈결과＋because＋원인〉

➕ 「so ~ that＋주어＋can't(couldn't)」= too ~ to : 너무 ~해서 …할 수 없는
「so ~ that＋주어＋can(could)」= ~ enough to : …할 만큼 충분히 ~한

I was **so** tired **that I couldn't** study hard. 나는 너무 피곤해서 공부를 열심히 할 수 없었다.
= I was **too** tired **to** study hard.

Ann is **so** tall **that** she **can** open the window. Ann은 창문을 열 수 있을 만큼 충분히 키가 크다.
= Ann is tall **enough to** open the window.

▶▶ 정답과 해설 p. 51

EXERCISE A 다음 두 문장의 의미가 일치하도록 문장을 완성하시오.

1 I put on my sunglasses because the sun was bright.
= The sun was bright, _____ .

2 It snowed a lot, so I didn't drive the car fast.
= I didn't drive the car fast _____ .

3 I studied hard yesterday, so I am tired now.
= I am tired now _____ .

4 He felt much better because he took a rest.
= He took a rest, _____ .

EXERCISE B 다음 우리말을 주어진 단어 및 어구와 so ~ that을 사용하여 영작하시오.

1 나는 너무 졸려서 더 이상 운전을 할 수 없다. (sleepy, drive the car)
➡ I am _____ anymore.

2 그는 너무 가난해서 그 휴대 전화를 살 수 없었다. (poor, buy)
➡ He was _____ the cell phone.

3 그는 너무 약해서 오래 달릴 수 없다. (weak, run, for a long time)
➡ He is _____ .

7 양보를 나타내는 접속사

| although / though / even though | (비록) ~이지만, ~에도 불구하고 |

Although she was tired, she didn't stop studying.

➡ She was tired, **but** she didn't stop studying.

그녀는 피곤했지만, 공부하는 것을 멈추지 않았다.

▶▶ 정답과 해설 p. 51

EXERCISE A 다음 주어진 접속사를 사용하여 〈보기〉와 같이 문장을 바꿔 쓰시오.

〈보기〉
It rained, but we climbed the mountain. (Although)
➡ _____*Although it rained*_____, we climbed the mountain.

1 I failed the test, but I'll try again next time. (Although)
➡ _____, I'll try again next time.

2 Dave knew the answer, but he didn't tell it to her. (Even though)
➡ _____, he didn't tell it to her.

3 I was tired, but I couldn't sleep. (Although)
➡ _____, I couldn't sleep.

4 He was young, but he supported his family. (Though)
➡ _____, he supported his family.

EXERCISE B 다음 우리말을 주어진 단어와 어구를 사용하여 영작하시오.

1 그는 가난하지만, 항상 행복하다. (poor, Although, always, happy)
➡ _____

2 그는 어리지만, 그 일을 할 수 있다. (Though, young, the work)
➡ _____

3 그 방은 작지만, 나는 그 방을 좋아한다. (small, like, Even though, it)
➡ _____

4 비가 많이 왔지만, 나는 자전거를 타러 갔다. (Even though, rained, went cycling, a lot)
➡ _____

8 명령문 + and〔or〕

1 명령문, and = 「If you + 동사」 : ~해라, 그러면

Hurry up, **and** you will catch the bus. 서둘러라, 그러면 너는 그 버스를 탈 것이다.
= **If you** hurry up, you will catch the bus.

2 명령문, or = 「If you + 동사 + not」 = 「Unless you + 동사」 : ~해라, 그렇지 않으면

Hurry up, **or** you will miss the bus. 서둘러라, 그렇지 않으면 너는 그 버스를 놓칠 것이다.
= **If you don't** hurry up, you will miss the bus.
= **Unless you** hurry up, you will miss the bus.

Study hard, **or** you will not find your talent. 열심히 공부해라, 그렇지 않으면 너는 너의 재능을 찾지 못할 것이다.
= **If you don't** study hard, you will not find your talent.
= **Unless you** study hard, you will not find your talent.

▶▶ 정답과 해설 p.51

EXERCISE A 다음 두 문장의 의미가 일치하도록 빈칸에 and나 or를 넣어 문장을 완성하시오.

1 Exercise every day, _____ you will be healthy.
= Exercise every day, _____ you won't be healthy.

2 Get up early, _____ you will be late for class.
= Get up early, _____ you won't be late for class.

3 Keep your promise, _____ your friends will trust you.
= Keep your promise, _____ your friends won't trust you.

4 Wash your hands often, _____ you will catch a cold.
= Wash your hands often, _____ you won't catch a cold.

5 Watch out, _____ you will fall out of the tree.
= Watch out, _____ you won't fall out of the tree.

6 Be kind to others, _____ everybody will like you.
= Be kind to others, _____ nobody will like you.

7 Take your umbrella, _____ you will get wet.
= Take your umbrella, _____ you won't get wet.

238

다음 두 문장의 의미가 일치하도록 빈칸에 알맞은 단어를 넣어 문장을 완성하시오.

1 Take this medicine, and you will be fine.

   = _____ you _____ this medicine, you will be fine.

2 Take this medicine, or you will be in pain.

   = _____ you _____ take this medicine, you will be in pain.

3 Eat vegetables every day, and you will lose weight.

   = _____ you _____ vegetables every day, you will lose weight.

4 Eat vegetables every day, or you won't lose weight.

   = _____ you _____ vegetables every day, you won't lose weight.

5 Be honest with him, and he will forgive you.

   = _____ you _____ honest with him, he will forgive you.

6 Be honest with him, or he won't forgive you.

   = _____ you _____ _____ honest with him, he won't forgive you.

   = _____ you _____ honest with him, he won't forgive you.

EXERCISE C 다음 우리말을 주어진 단어와 어구를 사용하여 〈보기〉와 같이 영작하시오.

┌─〈보기〉───┐
│ 열심히 공부해라, 그렇지 않으면 너는 자신감을 얻지 못할 것이다. (hard, be confident) │
│ ➡ _____Study hard, or you will not be confident._____ │
│ = _____Unless you study hard, you will not be confident._____ │
└───┘

1 영어책을 읽어라, 그렇지 않으면 너는 영어를 못할 것이다. (read, books, be poor at)

   ➡ _____

   = _____

2 네 방을 청소해라, 그렇지 않으면 너희 어머니가 화낼 것이다. (clean, be angry)

   ➡ _____

   = _____

3 패스트푸드를 적게 먹어라, 그렇지 않으면 너는 뚱뚱해질 것이다. (Eat less, get fat)

   ➡ _____

   = _____

9 접속사 that

접속사 that은 '~하는(라는) 것'이라고 해석하며, 문장에서 주어, 목적어, 보어의 역할을 한다.

주어	가주어 it을 주어 자리에 두고 진주어 that 절은 문장 뒤로 보낸다.	**That** he loves her is surprising. ➡ **It** is surprising **that** he loves her. 그가 그녀를 사랑한다는 것은 놀랍다(의외다).
목적어	이 때 that은 생략 가능하다.	I think **(that)** he studied hard. 나는 그가 열심히 공부했다고 생각한다.
보어	주어를 보충 설명한다.	My point is **that** we don't have enough time. 내 요점은 우리에게 충분한 시간이 없다는 것이다.

▶▶ 정답과 해설 p. 51

EXERCISE **A** 다음 문장에서 that절을 찾아 밑줄을 치고, 문장에서 주어, 목적어, 보어 중 어떤 역할을 하는지 쓰시오.

1 I believe that we can do it.

2 That she can play the piano is certain.

3 Tom said that the store is far from here.

4 The problem is that you don't study hard.

5 The truth is that he can't speak English at all.

6 Everybody hopes that winter will be over early.

7 It is strange that she was absent from class.

EXERCISE **B** 다음 우리말과 일치하도록 주어진 단어를 배열하여 문장을 완성하시오.

1 나는 그가 정직하다고 생각한다. (is, that, honest, he)
➡ I think _____.

2 Eric은 날씨가 더웠다고 말했다. (that, was, the, hot, weather)
➡ Eric said _____.

3 그가 공부를 잘하는 것은 사실이다. (studies, he, that, well)
➡ It is true _____.

4 내 요점은 우리가 최선을 다해야 한다는 것이다. (do, we, that, best, our, should)
➡ My point is _____.

10 의문사가 있는 간접의문문

「의문사 + 주어 + 동사」

문장에서 의문문이 이끄는 절이 그 문장의 일부로 쓰일 때 이를 간접의문문이라고 한다.

Do you know? + Where is he?

➡ Do you know **where** he is? 너는 그가 어디 있는지 아니?

➕ 간접의문문이 동사 think, guess, imagine, believe, suppose 등의 목적어일 경우, 의문사가 문장 맨 앞에 온다.

Do you **think**? + **What** did he do there?

➡ **What** do you think he did there? 당신은 그가 거기에서 무엇을 했다고 생각합니까?

⋯⋯⋯⋯⋯⋯⋯⋯⋯⋯⋯⋯⋯⋯⋯⋯⋯⋯⋯⋯⋯⋯⋯⋯⋯⋯⋯⋯⋯⋯⋯⋯⋯⋯⋯⋯⋯⋯

❗ 의문사가 문장의 주어일 때에는 「의문사 + 동사」의 어순이 된다.

Everyone knows **who invented** it. 모든 사람이 누가 그것을 발명했는지 안다.

▶▶ 정답과 해설 p. 51

EXERCISE A 다음 주어진 두 문장을 연결하여 〈보기〉와 같이 한 문장으로 바꿔 쓰시오.

─〈보기〉─
Do you know? + What time is it? ➡ Do you know ____what time it is____ ?

1 Do you remember? + Who am I?
  ➡ Do you remember _____ ?

2 I have no idea. + Who are those people?
  ➡ I have no idea _____ .

3 Do you know? + Where does he live?
  ➡ Do you know _____ ?

4 Tell me. + Who used all my paper?
  ➡ Tell me _____ .

5 Could you tell me? + What did you have for lunch?
  ➡ Could you tell me _____ ?

6 Please let me know. + How old is Nicole?
  ➡ Please let me know _____ .

7 Boys asked Melissa. + When did she start acting?

➡ Boys asked Melissa _____.

8 Please tell me. + How far is it from here to the station?

➡ Please tell me _____.

EXERCISE **B** 다음 주어진 두 문장을 연결하여 <보기>와 같이 한 문장으로 바꿔 쓰시오.

┌─<보기>─────────────────────────────────┐
│ Do you guess? + Who will win on Saturday? │
│ ➡ _____*Who do you guess will win on Saturday?*_____ │
└─────────────────────────────────────┘

1 Do you think? + Who will win the election?

➡ _____

2 Do you guess? + What is David doing?

➡ _____

3 Do you think? + Why did Tom tell a lie?

➡ _____

4 Do you guess? + Where did the coin go?

➡ _____

EXERCISE **C** 다음 우리말과 일치하도록 주어진 단어와 어구를 배열하여 문장을 완성하시오.

1 콘서트가 몇 시에 시작하는지 제게 말씀해주시겠어요? (starts, time, what, the concert)

➡ Could you tell me _____?

2 누군가가 그 우체국이 얼마나 멀리 있는지 알고 싶어한다. (is, how, the post office, far)

➡ Someone wants to know _____.

3 그 면접관은 내게 내가 어디서 살았는지를 물었다. (where, I, asked, lived, me)

➡ The interviewer _____.

4 너는 그가 언제 돌아올 거라고 생각하니? (he, When, do, will, you, come back, think)

➡ _____

11 의문사가 없는 간접의문문

「if(whether) + 주어 + 동사」: ~인지 아닌지

간접의문문에서 의문사가 없는 경우 접속사 if나 whether를 활용하여 명사절을 만든다.

I don't know. + Did I lock the door?

➡ I don't know **if(whether) I locked** the door. 내가 그 문을 잠갔는지 모르겠다.

I wonder. + Will he come to Korea this year?

➡ I wonder **if(whether) he will come** to Korea this year. 나는 그가 올해 한국에 올지 궁금하다.

＋ 의문사가 없는 간접의문문의 if는 명사절로 문장의 목적어 역할을 한다.

I don't know **if** he will like this shirt. 나는 그가 이 셔츠를 좋아할지 모르겠다. **〈명사절〉**

cf. You may lose it **if** you are not careful. 조심하지 않으면 당신은 그것을 잃어버릴지도 모른다. **〈부사절〉**

▶▶ 정답과 해설 p. 52

EXERCISE Ⓐ 다음 주어진 두 문장을 연결하여 〈보기〉와 같이 한 문장으로 바꿔 쓰시오.

> ─〈보기〉─
> I wonder. + Do you speak French?
> ➡ I wonder _____ *if (whether) you speak French* _____.

1 I wonder. + Is she coming?
　➡ I wonder _____.

2 I'm not sure. + Is it going to rain?
　➡ I'm not sure _____.

3 I have no idea. + Was Sarah late?
　➡ I have no idea _____.

4 Tom didn't know. + Did Nick need a pencil?
　➡ Tom didn't know _____.

5 We don't know. + Did they see an elephant?
　➡ We don't know _____.

6 I'm not sure. + Did Ms. Lee sing a song?
　➡ I'm not sure _____.

7 Susan asked me. + Could Jack ride his bike?

➡ Susan asked me _____.

8 Can you tell me? + Does she finish her homework after dinner?

➡ Can you tell me _____?

EXERCISE B 다음 우리말과 일치하도록 주어진 단어와 어구를 배열하여 문장을 완성하시오.

1 나는 우리가 초대장을 받았는지 모르겠다. (got, we, if, an invitation)

➡ I don't know _____.

2 나는 내 친구들이 나를 방문할지 모르겠다. (visit, will, if, me, my friends)

➡ I'm not sure _____.

3 나는 그 택시가 도착했는지 궁금했다. (had, whether, arrived, the taxi)

➡ I was wondering _____.

4 Daniel은 근처에 카페가 있는지 물었다. (a cafe, nearby, there, whether, was)

➡ Daniel asked _____.

EXERCISE C 다음 우리말과 일치하도록 주어진 어구를 사용하여 문장을 완성하시오. (필요시 형태 변화)

1 엄마는 내가 아픈지 물어보셨다. (feel sick)

➡ Mom asked _____ _____ _____ _____.

2 그는 내게 갈 준비가 되었는지 물었다. (be ready)

➡ He asked me _____ _____ _____ _____ to go.

3 Jane은 그 공이 Peter의 것인지 아닌지 모른다. (belong to)

➡ Jane doesn't know _____ _____ _____ _____ _____ Peter.

4 방문객들은 그들이 사진을 찍을 수 있는지 알고 싶어한다. (take photos)

➡ The visitors want to know _____ _____ _____ _____ _____.

5 너는 근처에 우체국이 있는지 알고 있니? (a post office)

➡ Do you know _____ _____ _____ _____ _____ nearby?

학교 시험 대비 문제

▶▶ 정답과 해설 p.52

01 다음 대화의 빈칸에 들어갈 말로 바르게 짝지어진 것은?

> A I don't like fish _____ chicken. What about you?
>
> B I don't like fish _____ I like chicken very much.

① and — and
② and — but
③ but — or
④ or — and
⑤ but — and

02 다음 밑줄 친 when(When)의 쓰임이 나머지 넷과 **다른** 것은?

① When will you have dinner?
② When I left home, it was raining.
③ I lived in a town when I was young.
④ I saw you when I walked on the road.
⑤ What were you doing when your brother came home?

03 다음 우리말과 일치하도록 빈칸에 들어갈 말로 알맞은 것은?

> • 그가 온다면, 나는 그에게 모든 것을 말할 것이다.
> ➡ _____, I'll tell him everything.

① If he come
② If he came
③ If he comes
④ If he will come
⑤ If he has come

04 다음 빈칸에 들어갈 말로 알맞은 것은?

> I had to move some heavy boxes, _____ I asked my friend to move them.

① because
② so
③ since
④ if
⑤ though

05 다음 대화의 빈칸에 들어갈 말로 알맞은 것은?

> A Why didn't Nick come to school yesterday?
>
> B _____ he was ill.

① After
② Because
③ If
④ While
⑤ When

06 다음 우리말과 일치하도록 빈칸에 들어갈 말로 바르게 짝지어진 것은?

> • _____ a kangaroo is born, it has no fur. (캥거루는 태어날 때, 털이 없다.)
> • _____ it rains, we can't play soccer. (비가 온다면, 우리는 축구를 할 수 없다.)

① If — If
② When — If
③ When — Unless
④ As — Though
⑤ Because — When

07 다음 두 문장을 한 문장으로 바꿔 쓴 것 중 **틀린** 것은?

① Do you know? + Who is she?

　➡ Do you know who she is?

② I'm not sure. + What did he do?

　➡ I'm not sure what did he do.

③ I asked. + What did Jason buy?

　➡ I asked what Jason bought.

④ I wonder. + Will he come here?

　➡ I wonder if he will come here.

⑤ Can you tell me? + What time is it?

　➡ Can you tell me what time it is?

08 다음 밑줄 친 if의 의미가 나머지 넷과 **다른** 것은?

① If it rains tomorrow, I won't go.

② I don't know if he has breakfast.

③ I'll go shopping if it is fine tomorrow.

④ I'll be angry if he doesn't agree with me.

⑤ If you come to my house, I'll give you something.

09 다음 빈칸에 들어갈 말로 알맞은 것은?

Be more patient, _____ you'll be stronger.

① so　　　　② or　　　　③ that

④ but　　　　⑤ and

10 다음 주어진 문장과 의미가 같은 것은?

We couldn't go shopping because it rained.

① We went shopping, but it rained.

② It rained while we went shopping.

③ When we went shopping, it rained.

④ If it rained, we couldn't go shopping.

⑤ It rained, so we couldn't go shopping.

11 다음 빈칸에 공통으로 들어갈 말로 알맞은 것은?

• _____ it rains, I watch TV at home. • _____ I watch movies, I eat popcorn.

① When　　　② And　　　③ But

④ So　　　　⑤ Though

12 다음 밑줄 친 while의 의미가 나머지 넷과 **다른** 것은?

① Strike while the iron is hot.

② While I'm away, watch my backpack.

③ Don't laugh while I'm playing the piano.

④ Steve reads a newspaper while he is having breakfast.

⑤ She likes playing computer games, while he likes reading books.

고난도

13 다음 밑줄 친 that의 쓰임이 나머지 넷과 다른 것은?

① I think that she is a good singer.
② He likes that girl wearing blue jeans.
③ I hope that our team will win the game.
④ Do you know that there is another world?
⑤ Susan believes that he is an honest student.

14 다음 빈칸에 들어갈 말로 알맞은 것은?

- I'm not going to talk with you unless you apologize.
= I'm not going to talk with you _____ apologize.

① if you
② if you will
③ if you not
④ if you won't
⑤ if you don't

15 다음 밑줄 친 부분이 의미상 적절하지 않은 것은?

① Get up early, or you will be late.
② Exercise every day, or you'll be healthy.
③ Turn to the left, and you'll find the bank.
④ Do your best, and you can be a winner.
⑤ Study hard, and you can speak English very well.

고난도

16 다음 밑줄 친 when의 쓰임이 나머지 넷과 다른 것은?

① I know when he cleaned his room.
② When I play soccer, I feel excited.
③ I like to take a bath when I'm tired.
④ When my dog is hungry, she barks a lot.
⑤ When they went to the park, the birds were singing.

17 다음 〈보기〉의 밑줄 친 부분과 쓰임이 같은 것은?

〈보기〉
She always sings as she works.

① He is as tall as his brother.
② As he is poor, he can't buy a pet.
③ As I am still sick, I'm in the hospital now.
④ I can't go as I am busy this afternoon.
⑤ He danced as I was playing the piano.

[18-19] 다음 문장을 우리말로 바르게 옮긴 것을 고르시오.

18

He is not a doctor but an artist.

① 그는 의사도 화가도 아니다.
② 그는 화가가 아니라 의사이다.
③ 그는 의사가 아니라 화가이다.
④ 그는 의사이자 동시에 화가이다.
⑤ 그는 의사 또는 화가 둘 중에 하나이다.

19

Hurry up, and you'll be on time.

① 서두르더라도, 너는 늦을 것이다.
② 서두르지 않으면, 너는 늦을 것이다.
③ 서두르지 않으면, 너는 늦을지도 모른다.
④ 서두르면, 너는 제시간에 도착할 것이다.
⑤ 서두르면, 너는 제시간에 도착할지도 모른다.

20 다음 빈칸에 공통으로 들어갈 말로 알맞은 것은?

• Consider your talents _____ your interests when you choose a career.
• He was kind _____ handsome.

① as much as
② as many as
③ as well as
④ as good as
⑤ as fast as

21 다음 두 문장을 한 문장으로 연결할 때 빈칸에 들어갈 말로 알맞은 것은?

• I had a strange dream. I was sleeping.
➡ _____ I was sleeping, I had a strange dream.

① Though
② So
③ Where
④ What
⑤ While

22 다음 문장의 밑줄 친 as와 바꿔 쓸 수 있는 것은?

You must say, "Thank you," as you get help from others.

① why
② when
③ that
④ but
⑤ or

23 다음 밑줄 친 부분 중 생략할 수 있는 것은?

Susan thinks that her brother didn't
　　　①　②　　③
understand the meaning of the poem.
　　④　　　⑤

24 다음 빈칸에 공통으로 들어갈 말로 알맞은 것은?

• I'm not sure _____ I can do it.
• _____ I have spare time, I will sleep all day long.

① that〔That〕
② when〔When〕
③ why〔Why〕
④ if〔If〕
⑤ while〔While〕

25 다음 대화의 밑줄 친 부분이 어법상 **틀린** 곳은?

> A What do you have in your bag?
>   ①   ② ③
> B I have two things, a book or a pen.
>   ④   ⑤

26 다음 중 밑줄 친 부분이 어법상 **틀린** 곳은?

> If school will finish early today, I'll go to the
>   ①   ②   ③   ④
> movies.
> ⑤

27 다음 밑줄 친 부분과 바꿔 쓸 수 있는 것은?

> Unless you join us, we'll not go hiking.

① If you join us
② If you will join us
③ If you don't join us
④ If you didn't join us
⑤ If you won't join us

고난도

28 다음 밑줄 친 that(That)의 쓰임이 나머지 넷과 **다른** 것은?

① That she is very smart is true.
② The point is that the book is boring.
③ Brian that fell down the stairs was hurt.
④ It's certain that Kate likes bright clothes.
⑤ Mom knew that I didn't show my report card to her.

29 다음 밑줄 친 if의 쓰임이 나머지 넷과 **다른** 것은?

① I can't decide if I'll go to the park.
② I don't know if Sam will come to the party.
③ They wondered if they could use the washer.
④ When you buy apples, check if they smell good.
⑤ What kind of pet do you want to have if you have a chance?

30 다음 빈칸에 들어갈 말로 알맞지 **않은** 것은?

> What _____ Jack was doing in his room?

① do you think
② do you guess
③ do you suppose
④ do you imagine
⑤ do you remember

31 다음 두 문장의 뜻이 일치하도록 빈칸에 알맞은 말을 쓰시오.

> • The room was very dark, but he didn't turn on the light.
>
> = _____ the room was very dark, he didn't turn on the light.

32 다음 대화의 빈칸에 알맞은 접속사를 쓰시오.

> **A** Can I visit my relatives in China without a passport?
> **B** No, you can't. _____ you have a passport, you are not allowed to go into China.

33 다음 두 문장을 한 문장으로 바꿔 쓸 때 빈칸에 알맞은 말을 쓰시오.

> • She is bored with music. And she is also bored with art.
> ➡ She is bored not only with music _____ _____ with art.

[34-35] 다음 우리말과 일치하도록 주어진 단어 및 어구를 배열하여 문장을 완성하시오.

34

> • 친구들이 여기에 없으므로, 나는 혼자 점심을 먹었다. (weren't, Since, here, my friends)
> ➡ _____,
> I had lunch alone.

35

> • 하늘이 어두워지고 있기 때문에 곧 비가 올 것이다. (the sky, dark, because, is getting)
> ➡ It will rain soon _____
> _____.

[36-37] 다음 ⓐ와 ⓑ를 한 문장으로 만들 때 빈칸에 들어갈 알맞은 말을 쓰시오.

36

> ⓐ Can you tell me?
> ⓑ Where does he live?
> ➡ Can you tell me _____ ?

37

> ⓐ He wants to know.
> ⓑ Will you come to his birthday party?
> ➡ He wants to know _____
> _____.

[38-40] 〈보기〉와 같이 관계있는 문장끼리 연결하고 괄호 안에 주어진 접속사를 사용하여 문장을 완성하시오.

〈보기〉

He watches a lot of movies. ←——→ *He can't remember their titles.*
(because)

38 I could not go to the party. (because) •

• ⓐ He is the best basketball player.

39 He has a computer at home. (but) •

• ⓑ I had to take care of my baby.

40 He is the shortest player in his team. (although) •

• ⓒ He likes to work in the computer lab at school.

〈보기〉

• He watches a lot of movies. (because)
• He can't remember their titles.
➡ Because he watches a lot of movies, he can't remember their titles.

38 _____
_____

39 _____
_____

40 _____
_____

[41-42] 다음 문장과 같은 뜻이 되도록 주어진 접속사로 시작하는 문장으로 다시 쓰시오.

41 After he made a wish, he blew out the candle. (before)
= _____
_____

42 Before I fell asleep under this tree, I ate dinner. (after)
= _____
_____

고난도
43 다음 글의 밑줄 친 부분 중 **틀린** 것을 **두 개** 골라 바르게 고쳐 쓰시오.

It snowed all night. Today we were going to climb the mountain, ① <u>but</u> we couldn't do it ② <u>because of</u> the heavy snow. ③ <u>So</u> we'll ④ <u>neither</u> go skiing or go to see a musical. If the snow ⑤ <u>will melt</u> tomorrow, we will climb the mountain.

_____ ➡ _____

_____ ➡ _____

[44-46] 다음은 Isabel이 질문하는 내용이다. Isabel의 질문을 <보기>와 같이 간접의문문이 포함된 문장으로 고쳐 쓰시오.

How are you?

What time is it?

Will you go to the library?

Where did you buy your sweater?

─<보기>─
How are you?
➡ Isabel asked me _____ how I was _____.

44 What time is it?
➡ Isabel asked me _____
_____.

45 Will you go to the library?
➡ Isabel asked me _____
_____.

46 Where did you buy your sweater?
➡ Isabel asked me _____
_____.

[47-50] 다음 <보기>에서 알맞은 말을 찾아 괄호 안에 주어진 접속사를 사용하여 문장을 완성하시오.

─<보기>─
they heard the news
they got married
they invite you
they didn't have breakfast

47 (when)
➡ They were surprised _____
_____.

48 (after)
➡ They went on a honeymoon to Hawaii __
_____.

49 (if)
➡ Will you go to the party _____
_____?

50 (because)
➡ They are hungry _____
_____.

Chapter
13

관계사

① 관계대명사는 대명사의 역할을 하면서 동시에 절을 이끄는 접속사의 역할도 한다.

② 주격 관계대명사는 관계대명사가 이끄는 절 안에서 주어 역할을 한다.

③ 주격 관계대명사 who, which를 대신하여 that을 사용할 수 있다.

선행사	주격 관계대명사	예문
사람	who	I know **the girl**. + **She** lives in Seoul. ➡ I know **the girl who** lives in Seoul. 나는 서울에 사는 그 소녀를 안다.
사물, 동물	which	This is **the key**. + **It** opens the door. ➡ This is **the key which** opens the door. 이것은 그 문을 여는 열쇠이다.
사람, 사물, 동물, 사람＋사물〔동물〕	that	Look at **the girl and her dog**. + **They** are running here. ➡ Look at **the girl and her dog that** are running here. 여기서 달리고 있는 그 소녀와 그녀의 개를 봐라.

! 관계대명사절은 선행사 뒤에 오고, 오직 명사만 선행사가 될 수 있다.

▶▶ 정답과 해설 p. 55

EXERCISE A 다음 두 문장의 의미를 포함하도록 주격 관계대명사를 사용하여 문장을 완성하시오.

1 This is the girl. She is a pianist.
➡ This is the girl _____.

2 This is the hospital. It was built in 1990.
➡ This is the hospital _____.

3 The man is a blind artist. He lives next door.
➡ The man _____ is a blind artist.

4 Do you know the lady and her dog? They are standing at the gate.
➡ Do you know the lady and her dog _____?

5 The sculpture was made in Korea. It looks very beautiful.
➡ The sculpture _____ was made in Korea.

다음 괄호 안에서 옳은 것을 고르시오.

1 I have a class [who / which] begins at 9 a.m.

2 The woman [who / which] is a doctor lives near here.

3 I saw a woman and a dog [that / which] were running on the seashore.

4 Egypt is a country which [have / has] many interesting things.

5 An inventor is someone that [make / makes] new things.

6 The people who [was / were] standing in line were cold.

7 There are two students in my class who [speak / speaks] English.

EXERCISE C 다음 문장의 밑줄 친 부분을 바르게 고쳐 쓰시오.

1 I saw a man <u>which</u> was wearing red pants. ➡ _____

2 A puzzle is a question <u>who</u> is difficult to solve. ➡ _____

3 Look at the boy and two cats <u>which</u> are walking across the road. ➡ _____

4 A hammer is a tool that <u>are</u> used to pound nails. ➡ _____

5 The person who <u>are</u> standing over there is my father. ➡ _____

EXERCISE D 다음 우리말을 주어진 단어 및 어구와 주격 관계대명사를 사용하여 영작하시오.

1 나는 미국에 사는 친구가 있다. (lives, a friend, in America)
   ➡ I have _____ .

2 아주 오래된 그 시계를 봐라. (old, very, the watch)
   ➡ Look at _____ .

3 사자는 아프리카에 사는 동물이다. (lives, an animal, Africa)
   ➡ A lion _____ .

4 내 앞에 앉아 있는 그 남자분이 내 아버지다. (The man, in front of, sitting, is)
   ➡ _____ is my father.

2 목적격 관계대명사

① 목적격 관계대명사는 관계대명사가 이끄는 절 안에서 목적어의 역할을 한다.

② 선행사가 사람인 경우 목적격 관계대명사로 whom과 who를 모두 쓸 수 있다.

③ 목적격 관계대명사 who(m), which를 대신하여 that을 사용할 수 있다.

선행사	목적격 관계대명사	예문
사람	whom〔who〕	I like **the girl**. + I met **her** at the party. ➡ I like **the girl who(m)** I met at the party. 나는 파티에서 만났던 그 소녀를 좋아한다.
사물, 동물	which	I bought **a camera**. + I liked **it** very much. ➡ I bought **a camera which** I liked very much. 나는 아주 마음에 드는 카메라 한 대를 샀다.
사람, 사물, 동물, 사람＋사물〔동물〕	that	Look at **the girl and her dog**. + I invited **them** home. ➡ Look at **the girl and her dog that** I invited home. 내가 집으로 초대했던 소녀와 그녀의 개를 봐라.

＋ 목적격 관계대명사 who(m) / which 앞에 전치사가 오는 경우 who(m) / which를 대신하여 that을 사용할 수 없다. that을 쓰려면 전치사는 관계대명사 앞이 아니라 문장의 맨 뒤로 보내져야 한다.

I like the house **in which** my grandparents live. (○)

I like the house **in that** my grandparents live. (×)

I like the house **which〔that〕** my grandparents live **in**. (○)

▶▶ 정답과 해설 p. 55

EXERCISE A 다음 두 문장의 의미를 포함하도록 목적격 관계대명사를 사용하여 문장을 완성하시오.

1 This is the picture. I drew it yesterday.
➡ This is the picture _____.

2 He is the man. I want to marry him.
➡ He is the man _____.

3 This is the comic book. Everybody likes it.
➡ This is the comic book _____.

4 Can you recognize the lady? We met her in Paris last month.
➡ Can you recognize the lady _____?

다음 괄호 안에서 옳은 것을 고르시오.

1   Return my storybook [who / which] you borrowed last week.

2   English is the subject [whom / which] I am interested in.

3   Ms. Blake is the teacher [whom / which] I respect most.

4   The boy [who / which] you met there is with me.

5   The story [whom / which] my mother told me was very funny.

EXERCISE C   다음 문장을 <보기>와 같이 두 문장으로 바꿔 쓰시오.

┌─<보기>─────────────────────────────────────┐
│ I've watched the movies which Spielberg made.   │
│ ➡   I've watched the movies. Spielberg made them.   │
└──┘

1   There are three apple trees which I can't reach.
    ➡ _____

2   The doctor had a car which Tom wanted to drive.
    ➡ _____

3   Look at the man and his cat that my son is playing with.
    ➡ _____

4   The man whom I called last Monday was away on vacation.
    ➡ _____

EXERCISE D   다음 우리말을 주어진 단어 및 어구와 목적격 관계대명사를 사용하여 영작하시오.

1   이것이 내가 어제 판매한 자전거이다. (the bike, yesterday, sold)
    ➡ This is _____.

2   저 사람이 그들이 찾고 있는 그 소년이다. (the boy, looking for)
    ➡ That is _____.

3   그가 운전하고 있는 그 차는 안전하지 않다. (the car, driving, is)
    ➡ _____ not safe.

3 소유격 관계대명사

① 관계대명사가 이끄는 절 안에서 소유격 역할을 할 때 소유격 관계대명사를 사용한다.
② that은 소유격 관계대명사를 제외하고 다른 모든 관계대명사를 대신할 수 있다.

선행사	소유격 관계대명사	예문
사람	whose	I know **the girl**. + **Her** mother is a doctor. ➡ I know **the girl** whose mother is a doctor. 나는 어머니가 의사인 그 소녀를 안다.
사물, 동물	whose(of which)	I bought **a computer**. + **Its** price was cheap. ➡ I bought **a computer** whose price was cheap. ➡ I bought **a computer** *the* price of which was cheap. ➡ I bought **a computer** of which *the* price was cheap. 나는 가격이 싼 컴퓨터 한 대를 샀다.

▶▶ 정답과 해설 p.55

EXERCISE (A) 다음 두 문장을 whose를 사용하여 <보기>와 같이 한 문장으로 바꿔 쓰시오.

─〈보기〉─
I met a man. His friend passed the exam.
➡ I met a man _____whose friend passed the exam_____.

1 That's the woman. Her husband won the lottery.
➡ That's the woman _____.

2 We'll buy a house. Its garden is beautiful.
➡ We'll buy a house _____.

3 Look at the mountain. Its top is covered with snow.
➡ Look at the mountain _____.

4 I know a man. His daughter is an athlete.
➡ I know a man _____.

5 Return my storybook. Its cover is brown.
➡ Return my storybook _____.

6 My neighbor is a lawyer. Her name is Jenny.
➡ _____ is a lawyer.

4 관계대명사 that만 쓰는 경우

선행사	예문
① 사람과 동물〔사물〕	I saw **a man and a dog that** looked sick. 나는 아파 보이는 한 남자와 개 한 마리를 봤다.
② 서수나 최상급	It is **the first** letter **that** she sent to me. 그것은 그녀가 내게 보냈던 첫 번째 편지이다.
③ -thing(something, anything)	Brian has **everything that** I want. Brian은 내가 원하는 모든 것을 가지고 있다.
④ all, any, every, some, no	Sarah lost **all that** she owned. Sarah는 그녀가 소유했던 전부를 잃었다.
⑤ the only, the very, the same, the last	Man is **the only** animal **that** can use fire. 인간은 불을 사용할 수 있는 유일한 동물이다.

! 관계대명사 that은 전치사 뒤에 쓸 수 없으며, 콤마(,) 뒤에 와서 계속적 용법으로 쓰일 수 없다.

▶▶ 정답과 해설 p. 55

EXERCISE A 다음 문장의 밑줄 친 부분을 바르게 고쳐 쓰시오.

1 It is the only dog <u>who</u> helps the blind. ➡ _____

2 He is the greatest poet <u>which</u> I've ever seen. ➡ _____

3 He's talking about the people and things <u>which</u> he saw. ➡ _____

4 You don't have to worry about anything <u>which</u> is happening in the office. ➡ _____

EXERCISE B 다음 우리말을 주어진 단어 및 어구와 관계대명사를 사용하여 영작하시오.

1 이것이 내가 가진 모든 것이다. (all, have)
➡ This is _____.

2 내가 그 소식을 들었던 첫 번째 학생이다. (the, the news, student, heard, first)
➡ I am _____.

3 네가 그에 대해 알고 있는 모든 것을 내게 말해라. (everything, know, about)
➡ Tell me _____.

4 그녀는 내가 봤던 사람 중 가장 아름다운 여자다. (ever, seen, have, woman, beautiful)
➡ She is _____.

5 관계대명사 that vs. 접속사 that

1 관계대명사 that 「선행사 + 관계대명사 that + 불완전한 문장」

관계대명사 that은 앞에 선행사가 있고, that이 이끄는 절이 선행사를 수식한다.

Avengers is **the film that** people want to see. 어벤져스는 사람들이 보고 싶어하는 영화이다.
　　　　　　　　　목적격 관계대명사절

2 접속사 that 「접속사 that + 완전한 문장」

접속사 that은 명사절을 이끌며 문장에서 주어, 목적어, 보어 역할을 한다.

I understood **that** he was innocent. 나는 그가 결백하다고 생각했다.
　　　　　　명사절(목적어 역할)

+ that은 지시형용사(저~)와 지시대명사(저것, 저 사람)로도 쓰인다.

Pass me **that** pencil. 내게 저 연필을 건네줘라. **〈지시형용사〉**

That was a fantastic game! 저것은 환상적인 게임이었어! **〈지시대명사〉**

▶▶ 정답과 해설 p. 55

EXERCISE A 다음 문장에서 밑줄 친 that의 쓰임을 〈보기〉에서 고르시오.

〈보기〉
| ⓐ 관계대명사 | ⓑ 접속사 | ⓒ 지시형용사, 지시대명사 |

1 The main thing is <u>that</u> you're happy.

2 Please show me <u>that</u> black skirt.

3 James said <u>that</u> he was feeling better.

4 The accident <u>that</u> Daniel saw wasn't so bad.

5 <u>That</u> she forgot me quickly made me sad.

EXERCISE B 다음 우리말을 주어진 단어 및 어구와 that을 사용하여 영작하시오. (필요시 형태 변화)

1 나는 많이 웃는 소녀가 좋다. (smile, a lot)
➡ I like a girl _____.

2 나는 네가 아일랜드에 있다고 생각했다. (be, in, Ireland)
➡ I thought _____.

6 관계대명사 what

선행사를 포함하는 관계대명사 what은 별도의 선행사가 없으며, 뒤에 불완전한 문장이 온다.

1 what = the thing(s) which(that) : ~한 것(들)

That is **what** I want to buy. 저것이 내가 사고 싶어하는 것이다.

➡ That is **the thing** which I want to buy.

I can't believe **what** you said. 나는 네가 말했던 것을 믿을 수 없다.

➡ I can't believe **the thing** which you said.

2 관계대명사 what절: 문장에서 주어, 목적어, 보어로 쓰임

<u>What I really need</u> is a long vacation. 내가 정말 필요한 것은 긴 휴가다. **〈주어〉**

The shop didn't have <u>what I wanted</u>. 그 가게에는 내가 원한 것이 없었다. **〈목적어〉**

The news is <u>what I have already heard</u>. 그 소식은 내가 이미 들었던 것이다. **〈보어〉**

▶▶ 정답과 해설 p.56

EXERCISE A 다음 주어진 문장을 〈보기〉와 같이 바꿔 쓰시오.

┌─〈보기〉─────────────────────────────────┐
│ What I want is just fresh air.   │
│ ➡ _____The thing which I want_____ is just fresh air. │
└──────────────────────────────────────┘

1 This is exactly what I wanted.

➡ This is exactly _____.

2 What she said made me angry.

➡ _____ made me angry.

3 These are not what I ordered.

➡ These are not _____.

4 What we saw gave us quite a shock.

➡ _____ gave us quite a shock.

5 She is going to give me what I need.

➡ She is going to give me _____.

6 What you need to do is to plan ahead.

➡ _____ is to plan ahead.

다음 괄호 안에서 옳은 것을 고르시오. (답 2개 가능)

1   Is this [who / which / what] you want?

2   This is the best book [what / which / that] I've ever read.

3   Please show me [which / that / what] you bought.

4   I like the dress [what / which / that] Ann is wearing.

5   The couple took care of a baby and a cat [what / which / that] were cute.

6   That's [who / that / what] I expected from him.

7   It was the first present [what / which / that] I got from my husband.

8   They will buy [that / which / what] she wants.

9   The man [who / what / that] is reading a book is my uncle.

EXERCISE C   다음 우리말을 주어진 단어와 what을 사용하여 영작하시오.

1   그가 말했던 것이 옳다. (said)
    ➡ _____ is right.

2   Susan은 그녀가 암기한 것을 잊어버렸다. (memorized)
    ➡ Susan forgot _____ .

3   너는 그 선생님이 지시했던 것을 이해하니? (teacher, ordered)
    ➡ Do you understand _____ ?

4   이것이 내가 정말 알고 싶어 하는 것이다. (really, to, want, know)
    ➡ This is _____ .

5   내 인생에서 중요한 것은 사랑이다. (important, in, life)
    ➡ _____ is love.

6   아무도 그녀가 말했던 것을 믿지 않을 것이다. (Nobody, believe, said, will)
    ➡ _____

7   나를 깨어 있게 한 것은 Rachel의 라디오였다. (kept, awake, radio, Rachel's)
    ➡ _____

7 목적격 관계대명사의 생략

「선행사＋(who/whom/which/that)＋주어＋동사」

목적격 관계대명사 who(m), which, that은 생략할 수 있다.

He is the teacher **(whom)** everybody likes. 그는 모두가 좋아하는 선생님이다.
Read the book **(which)** I bought yesterday. 내가 어제 산 그 책을 읽어라.
It is the best TV show **(that)** I've ever watched. 그것은 내가 본 것 중 최고의 TV 쇼다.

....

! 목적격 관계대명사 앞에 전치사가 있을 경우 생략할 수 없다.

I like the river **in which** I used to swim. 나는 (예전에) 수영하곤 했던 그 강을 좋아한다.

▶▶ 정답과 해설 p.56

EXERCISE A 다음 문장에서 생략할 수 있는 부분을 찾아 밑줄을 그으시오. (생략할 수 있는 부분이 없으면 ×표)

1 The couple who I invited to dinner were an hour late.

2 The food which you cooked last night was delicious.

3 I don't like people who tell jokes all the time.

4 The company that I visited yesterday is on the Fifth Street.

5 We don't know the name of the person that the police are questioning.

6 The chair on which my cat is sitting is broken.

EXERCISE B 다음 우리말과 일치하도록 주어진 단어를 배열하여 문장을 완성하시오.

1 Mary가 구운 케이크는 맛있었다. (Mary, The, baked, cakes)
➡ _____ were delicious.

2 내가 타는 버스는 항상 붐빈다. (The, take, bus, I)
➡ _____ is always crowded.

3 저 사람은 내가 우리 학교에서 가장 좋아하는 소녀이다. (I, the, like, girl, most)
➡ That is _____ in my school.

4 Mike는 그가 휴가 중에 만났던 여성을 찾아가고 있다. (he, on, the woman, vacation, met)
➡ Mike is visiting _____ .

8 「주격 관계대명사 + be동사」의 생략

「선행사 + (주격 관계대명사 + be동사) + 형용사구 (-ing, p.p. 등)」

「주격 관계대명사 + be동사」는 반드시 함께 생략해야 하며 관계대명사만 생략할 수 없다.

The girl (who is) **playing** the piano is my sister. 피아노를 치고 있는 그 소녀는 내 여동생이다.
The cookies (which are) **made** of rice look delicious. 쌀로 만든 그 쿠키는 맛있어 보인다.

▶▶ 정답과 해설 p.56

EXERCISE Ⓐ 다음 문장에서 생략할 수 있는 부분을 찾아 밑줄을 그으시오. (생략할 수 있는 부분이 없으면 ×표)

1 I know the man who is watching TV.

2 The boy who is reading a book is my brother.

3 The man that repaired my car is a real expert.

4 I liked the book which was written by my teacher.

5 Please recommend books which are good for children.

6 The person who was sitting next to me made lots of noise.

7 The pharaohs were the kings who were buried in the pyramids.

8 The other day I met a man whose sister works here.

EXERCISE Ⓑ 다음 우리말과 일치하도록 주어진 단어와 어구를 배열하여 문장을 완성하시오.

1 저기에 앉아 있는 그 여자 분이 우리 선생님이다. (sitting, The, there, lady)
   ➡ _____ is our teacher.

2 이것은 독일에서 만들어진 자동차다. (made, Germany, car, in, the)
   ➡ This is _____.

3 세계 일주 여행을 하는 많은 사람들이 있다. (around, world, people, the, traveling)
   ➡ There are lots of _____.

4 손목시계는 여러분의 손목에 착용되는 시계이다. (your, worn, a watch, on, wrist)
   ➡ A wrist-watch is _____.

9 관계부사 – where / when

관계부사는 「접속사＋부사」의 역할을 하며 「전치사＋관계대명사」로 바꿔 쓸 수 있다.

	선행사	관계부사	전치사 + 관계대명사
장소	the place(house, city, country)	where	in(on, at) which
시간	the time(day, month, year)	when	at(on, in) which

This is **the town**. + I was born **in the town**.　이곳은 내가 태어났던 마을이다.

➡ This is **the town** <u>where</u> I was born.　〈관계부사절〉

➡ This is **the town** <u>in which</u> I was born.　〈전치사＋관계대명사절〉

I remember **the day**. + I lost my key **on the day**.　나는 내 열쇠를 잃어버렸던 그날을 기억한다.

➡ I remember **the day** <u>when</u> I lost my key.　〈관계부사절〉

➡ I remember **the day** <u>on which</u> I lost my key.　〈전치사＋관계대명사절〉

··

! 　관계부사의 선행사가 the place, the time 등 일반적인 의미의 명사일 경우, 선행사와 관계부사 중 하나를 생략할 수 있다.

　This is **(the place)** where I lost my wallet.　이곳은 내가 지갑을 잃어버린 곳이다.

▶▶ 정답과 해설 p.56

EXERCISE (A)　다음 두 문장의 의미를 포함하도록 〈보기〉와 같이 문장을 완성하시오.

─〈보기〉─────────────────────────────
I can remember the day. + We met on the day.

➡ I can remember the day _____*when we met*_____.

➡ I can remember the day _____*on which we met*_____.
────────────────────────────────────

1　The zoo is the place. + Wild animals are kept in the place.

　➡ The zoo is the place _____.

　➡ The zoo is the place _____.

2　That is the store. + My father bought my computer at the store.

　➡ That is the store _____.

　➡ That is the store _____.

3　I'll never forget the day. + My grandpa passed away on the day.

　➡ I'll never forget the day _____.

　➡ I'll never forget the day _____.

4 Korea is the country. + The 2002 World Cup was held in the country.

➡ Korea is the country _____ .

➡ Korea is the country _____ .

EXERCISE B 다음 문장의 밑줄 친 부분을 바르게 고쳐 쓰시오. (단, 한 단어로 쓸 것)

1 This is the factory <u>which</u> bicycles are produced.   ➡ _____

2 This is the library at <u>where</u> my children study.   ➡ _____

3 March 11th is the date <u>where</u> I was born.   ➡ _____

4 The day <u>which</u> I first met him was Valentine's Day.   ➡ _____

5 The place <u>which</u> we spent our vacation was really beautiful.   ➡ _____

6 The hotel at <u>where</u> we stayed wasn't very clean.   ➡ _____

7 Ten thirty is the time <u>which</u> my plane arrives.   ➡ _____

8 The shop <u>which</u> I bought the shirt is next to the school.   ➡ _____

EXERCISE C 다음 우리말을 주어진 단어 및 어구와 where / when을 사용하여 영작하시오.

1 이 집은 우리가 유령을 봤던 곳이다. (ghosts, saw, the place)

➡ This house is _____ .

2 너는 그녀가 여기 왔던 그날을 기억하니? (came, here, the day)

➡ Do you remember _____ ?

3 이곳은 내가 축구를 했던 그 운동장이다. (played, the playground, soccer)

➡ This is _____ .

4 일요일은 그가 교회에 가는 날이다. (church, goes, the day, to)

➡ Sunday is _____ .

5 나는 내가 너를 늘 만났던 그 장소를 기억한다. (saw, the place, always, remember)

➡ _____

10 관계부사 - why / how

	선행사	관계부사	전치사 + 관계대명사
이유	the reason	why	for which
방법	(the way)	how	in which

I know **the reason**. + He got up late **for the reason**.

➡ I know **the reason** (why) he got up late. 〈관계부사절〉

➡ I know **the reason** for which he got up late. 〈전치사＋관계대명사절〉

나는 그가 늦게 일어났던 이유를 안다.

Tell me **the way**. + You solved this problem **in the way**.

➡ Tell me how you solved this problem. 〈관계부사절: 선행사 the way 생략〉

➡ Tell me **the way** you solved this problem. 〈관계부사절: how 생략〉

➡ Tell me **the way** in which you solved this problem. 〈전치사＋관계대명사절〉

네가 이 문제를 풀었던 방법을 내게 말해라.

....

! the way와 how는 함께 쓸 수 없으며 반드시 둘 중 하나만 쓰거나 the way in which로 써야 한다.

Tell me *the way how* you solved this problem. (×)

▶▶ 정답과 해설 p.56

EXERCISE Ⓐ 다음 두 문장의 의미를 포함하도록 〈보기〉와 같이 문장을 완성하시오.

〈보기〉
My friends don't know the reason. + I was busy for the reason.

➡ My friends don't know the reason _____(why) I was busy_____.

➡ My friends don't know the reason _____for which I was busy_____.

1 This is the reason. + I provided him with a good idea for the reason.

➡ This is the reason _____.

➡ This is the reason _____.

2 Let me know the way. + You solved the puzzle in the way.

➡ Let me know _____.

➡ Let me know _____.

➡ Let me know the way _____.

3 Tell me the way. + You made this food in the way.

➡ Tell me _____ .

➡ Tell me _____ .

➡ Tell me the way _____ .

4 I don't know the reason. + You are always late for class for the reason.

➡ I don't know the reason _____ .

➡ I don't know the reason _____ .

5 Is there any reason? + They didn't open the store today for the reason.

➡ Is there any reason _____ ?

➡ Is there any reason _____ ?

EXERCISE **B** 다음 문장의 밑줄 친 부분을 바르게 고쳐 쓰시오.

1 Please tell me <u>the way how</u> the story ends. ➡ _____

2 I don't know the reason <u>which</u> she got angry with me. ➡ _____

3 I know the reason for <u>why</u> he didn't come. ➡ _____

4 Tell me the way in <u>how</u> you met the president. ➡ _____

5 This is <u>the way how</u> I make bread. ➡ _____

6 I want to know the reason <u>which</u> he plays the piano. ➡ _____

EXERCISE **C** 다음 우리말을 주어진 단어 및 어구와 why / how를 사용하여 영작하시오.

1 너는 내가 그를 좋아하는 이유를 모른다. (like, the reason)

➡ You don't know _____ .

2 이것이 내가 그 라디오를 고쳤던 방법이다. (fixed, the radio)

➡ This is _____ .

3 네가 내게 거짓말했던 이유를 말해라. (lied, the reason, me, to)

➡ Tell me _____ .

4 그것이 내가 그녀를 만났던 방법이다. (That, met)

➡ _____

Chapter 13
관계사

학교 시험 대비 문제

맞힌 개수	
선택형	_____ / 26
서술형	_____ / 9

▶▶ 정답과 해설 p.57

01 다음 빈칸에 들어갈 말로 알맞은 것은?

Peter has a sister _____ is very beautiful.

① whose   ② who   ③ whom
④ of which   ⑤ which

02 다음 빈칸에 들어갈 말로 바르게 짝지어진 것은?

• The house _____ I live in has a pretty garden.
• This is the city _____ I met Jane.

① who — who   ② which — who
③ who — where   ④ which — which
⑤ which — where

03 다음 두 문장을 관계대명사를 사용하여 연결한 것으로 올바른 것은?

You see the people. They live nearby.

① You see the people who live nearby.
② You see the people which live nearby.
③ You see the people whom live nearby.
④ You see the people whose live nearby.
⑤ You see the people who they live nearby.

고난도

04 다음 밑줄 친 who의 쓰임이 나머지 넷과 다른 것은?

① I like people who are diligent.
② He doesn't know who is coming.
③ She met a guy who is tall and thin.
④ Do you remember the lady who was late for the meeting?
⑤ I am looking for an American who can teach me English.

05 다음 중 밑줄 친 부분이 어법상 틀린 것은?

The girl who have a puppy is sitting on the
①   ②   ③   ④   ⑤
box.

06 다음 〈보기〉의 밑줄 친 부분과 쓰임이 같은 것은?

〈보기〉
Don't throw away anything that can be recycled.

① That is my friend's pencil case.
② He is the only man that helped me.
③ Do you know that she is very kind?
④ I can see that mountain well from here.
⑤ People know that Bell invented the telephone.

07 다음 중 어법상 올바른 것은?

① I know the girl that gave me a doll.
② I know the girl what gave me a doll.
③ I know the girl which gave me a doll.
④ I know the girl whom gave me a doll.
⑤ I know the girl whose gave me a doll.

10 다음 빈칸에 들어갈 말로 바르게 짝지어진 것은?

- I have a friend _____ lives here.
- I know the boy _____ name is Tim.
- She is the girl _____ I saw yesterday.

① who — whom — which
② who — whose — whose
③ whom — that — whom
④ who — whose — which
⑤ who — whose — whom

고난도
08 다음 밑줄 친 부분 중 생략할 수 없는 것은?

① The man <u>whom</u> I saw was Mr. Smith.
② This is the boy <u>who</u> broke the window.
③ I have the letter <u>that</u> you sent last week.
④ This is the comic book <u>which</u> everybody likes.
⑤ The woman <u>who is</u> sitting on the bench is Susan.

11 다음 문장의 ①~⑤ 중에서 생략할 수 있는 것은?

American football is a game which is played
①   ②   ③   ④
mainly in the US.
⑤

09 다음 밑줄 친 which의 쓰임이 나머지 넷과 다른 것은?

① She found her pet <u>which</u> she had lost.
② I don't know <u>which</u> university he went to.
③ I bought the book <u>which</u> was written by her.
④ She was waiting for the bus <u>which</u> comes here.
⑤ He lost the bag <u>which</u> his mother had bought for him.

고난도
12 다음 중 밑줄 친 부분이 어법상 틀린 것은?

① He has dogs <u>that bark</u> furiously.
② She has a robot <u>that clean</u> the house.
③ A bat is an animal <u>that lives</u> in a cave.
④ I'm reading a letter <u>which is</u> from Sora.
⑤ It is something <u>that holds</u> the parts together.

[13-14] 다음 중 어법상 올바른 것을 고르시오.

`고난도`

13 ① I know the place in who she lives.

② I have a friend who lived in London.

③ I met a girl which was dressed in jeans.

④ I remember the boy which bought the camera.

⑤ I met the man whom worked for the company.

16 다음 밑줄 친 who의 쓰임이 나머지 넷과 다른 것은?

① I have a friend <u>who</u> lives in Canada.

② This is the man <u>who</u> I met yesterday.

③ The man <u>who</u> lives next door is friendly.

④ Look at the man <u>who</u> is wearing glasses.

⑤ Let me introduce Tom <u>who</u> is a great tennis player.

17 다음 두 문장을 관계사를 사용하여 연결한 것으로 알맞은 것은?

> I spent a day in LA. + My aunt lives in LA.

① I spent a day in LA how my aunt lives.

② I spent a day in LA where my aunt lives.

③ I spent a day in LA which my aunt lives.

④ I spent a day in LA when my aunt lives.

⑤ I spent a day in LA where my aunt lives in.

14 ① This is what I want.

② He has an aunt lives in Paris.

③ I have two friends who lives in London.

④ This is the room what my sister studies.

⑤ Do you know the time which Tom will be back?

`고난도`

18 다음 두 문장을 관계사를 사용하여 연결한 것으로 틀린 것은?

① She is the girl. I fell in love with her.

➡ She is the girl that I fell in love with.

② He is the boy. He always studies math.

➡ He is the boy who always studies math.

③ It is the picture. I took it yesterday.

➡ It is the picture that I took yesterday.

④ I have the piano. My father bought it.

➡ I have the piano that my father bought.

⑤ We checked everything. We needed it.

➡ We checked everything that we needed it.

15 다음 중 어법상 틀린 것은?

① She is the girl whom I love.

② This is the boy who won the game.

③ I have the watch which you gave me last week.

④ These are the shoes that my father bought them for me.

⑤ We checked the things that we bought for the camping trip.

19 다음 중 빈칸에 that이 들어갈 수 없는 것은?

① I gave him all the money _____ I had.

② He is the writer _____ book won a prize.

③ She records everything _____ happens to her in her diary.

④ Look at the boy and his dog _____ are playing in the park.

⑤ You can see club posters _____ are describing their activities.

20 다음 빈칸에 들어갈 말로 알맞은 것은? (답 2개)

> The dress _____ she is wearing is new.

① whom   ② who   ③ whose
④ which   ⑤ that

21 다음 우리말을 영어로 바르게 옮긴 것은?

> Nancy가 만든 그 인형은 예뻤다.

① Nancy made the doll what was pretty.

② Nancy which the doll made was pretty.

③ The doll which Nancy made was pretty.

④ The doll which made Nancy was pretty.

⑤ Nancy which was made by the doll was pretty.

고난도
22 다음 빈칸에 들어갈 말로 알맞은 것은?

> It was the movie _____ with her friends.

① Mary wanted to see

② Mary wanted to see it

③ who Mary wanted to see

④ whose Mary wanted to see

⑤ which Mary wanted to see it

23 다음 중 밑줄 친 부분이 어법상 틀린 것은?

① I miss the days <u>when</u> I was a child.

② Show me the room <u>in which</u> you sleep.

③ This is the place <u>where</u> my mom works.

④ Today is the day <u>on which</u> I go fishing.

⑤ Can you tell me the reason <u>how</u> you are late for class?

24 다음 밑줄 친 부분의 쓰임이 나머지 넷과 다른 것은?

① This is exactly <u>what</u> I want.

② Can you tell me <u>how</u> you passed the test?

③ This is the house <u>where</u> I lived last year.

④ I remember the year <u>when</u> the World Cup was held.

⑤ I don't remember the day <u>when</u> I first met her in the park.

고난도

25 다음 밑줄 친 부분의 쓰임이 〈보기〉와 같은 것은?

─〈보기〉─

An elephant is an animal that lives in hot countries.

① That is common here in Korea.

② We know that water boils at 100℃.

③ He thinks that the exam was difficult.

④ There are many paintings in that museum.

⑤ You can send pretty cards to the people that need love.

26 다음 밑줄 친 부분을 생략할 수 없는 것은?

① The girl who likes us will sing for us.

② I like the cap which Jack is wearing.

③ He is the actor whom I've wanted to see.

④ This is the desk that my grandma used 30 years ago.

⑤ There are hundreds of useful websites which you can find.

서 술 형

[27-28] 다음 빈칸에 공통으로 들어갈 말을 쓰시오.

27

• I want to invent a robot _____ can do the dishes.

• Have you got anything _____ belongs to me?

28

• I like the cat _____ is playing with a monkey.

• Billy is the first boy _____ came here.

• I'm the only person _____ can help him.

[29-30] 다음 우리말과 일치하도록 주어진 단어 및 어구를 배열하시오.

29

• 그는 어제 그가 산 목걸이를 나에게 주었다.
(bought, me, he, yesterday, gave, which, He, the necklace)

➡ _____

_____

30

• 나에게 중요한 것은 나의 가족이다.
(is, to, important, family, me, my, is, What)

➡ _____

_____

[31-33] 다음 그림을 보고, 〈조건〉에 맞도록 그림 속 장면을 묘사하는 문장을 완성하시오.

<조건>

- 관계대명사 who 또는 which를 사용할 것
- 현재진행시제로 표현할 것
- 주어진 단어를 사용할 것 (필요시 형태 변화)

31 There is a boy _____.
(draw, picture)

32 There is a girl _____.
(watch, TV)

33 There is a cat _____.
(sleep, floor)

[34-35] 다음 두 문장을 〈보기〉와 같이 관계대명사를 사용하여 한 문장으로 바꿔 쓰시오.

┌〈보기〉─────────────────────
- The guitar was stolen.
- It was given to Jake by me.

➡ ___The guitar which was given to Jake___
___by me was stolen.___
└──────────────────────────

34 • Students often receive prizes.
 • Their behavior is very good.
 ➡ _____
 _____

35 • I met the doctor.
 • He helped Africans.
 ➡ _____
 _____

Chapter 14

가정법

1 조건문

1 [if 조건절] ~라면

① if 조건절은 일반적인 사실이나 실제 일어날 수 있는 상황에 대한 조건을 나타낸다.

Oil floats **if** you pour it on water. 물 위에 기름을 부으면 기름은 (물 위에) 뜬다.

② 조건절에서는 현재시제로 미래를 나타낸다.

If it **rains** tomorrow, I will stay at home. 내일 비가 오면, 나는 집에 있을 것이다.

2 [if 명사절] ~인지 아닌지

if는 명사절로 문장에서 목적어 역할을 하기도 한다.

I wonder **if** it will rain tomorrow. 나는 내일 비가 올지 궁금하다.

▶▶ 정답과 해설 p. 59

EXERCISE A 다음 문장에서 밑줄 친 if절의 쓰임을 〈보기〉에서 고르시오.

〈보기〉

ⓐ 조건절　　ⓑ 명사절

1 I don't know if I can help you.

2 I will be happy if I see you again.

3 Please tell me if her answer is true.

4 Your day will get short if you get up late.

5 You must work hard if you want to succeed.

EXERCISE B 다음 우리말과 일치하도록 주어진 단어와 어구를 사용하여 문장을 완성하시오. (필요시 형태 변화)

1 내일 날씨가 추워지면, 나는 집에 있을 것이다. (get, tomorrow, cold)

➡ _____ , I will stay at home.

2 내가 그녀를 내일 만날지 모르겠다. (see, tomorrow)

➡ I'm not sure _____ .

3 네가 서두르지 않으면, 너는 그를 만날 수 없을 것이다. (hurry up)

➡ _____ , you will not be able to see him.

276

2 가정법 과거

「If + 주어 + 동사의 과거형 ~, 주어 + would / should / could / might + 동사원형 ....」
조건절(만약 ~한다면)   주절(…할 텐데)

1 가정법 과거는 현재 사실과 반대되는 일을 가정하는 표현이다. 가정법 과거를 직설법으로 전환할 때 시제는 현재형이 되고, 긍정과 부정이 가정법과 반대가 되어야 한다.

If I **had** some money, I **could buy** the new cell phone.
➡ As I **don't have** any money, I **can't buy** the new cell phone.
만약 내가 돈이 좀 있다면, 나는 그 새 휴대 전화를 살 수 있을 텐데.

2 가정법 과거에서 if절의 be동사는 인칭에 상관없이 항상 **were**를 쓴다.
(구어체에서는 단수 주어에 **was**를 쓰기도 한다.)

If I **were** a bird, I **would fly** to you.
➡ As **I am not** a bird, I **can't fly** to you.
만약 내가 새라면, 너에게 날아갈 텐데.

▶▶ 정답과 해설 p. 59

EXERCISE A 다음 괄호 안에서 옳은 것을 고르시오.

1 If he met her, he [will / would] like her.

2 If I [know / knew] the rules, I would not lose the game.

3 If you [are / were] at home, I could go to the library.

4 If it were hot, we [will / would] go to the swimming pool.

5 I [will / would] be happier if the weather were nicer.

6 If we had a car, we [can / could] travel more by car.

EXERCISE B 다음 두 문장의 의미가 일치하도록 빈칸을 채워 문장을 완성하시오.

1 As I don't have money, I cannot buy a house.
   = If I _____ money, I _____ _____ a house.

2 As she knows the fact, she can tell it to you.
   = If she _____ _____ the fact, she _____ _____ it to you.

3 As he is lazy, he can't finish the work in time.

= If he _____ _____ lazy, he _____ _____ the work in time.

4 If I knew his address, I could write a letter.

= As I _____ _____ his address, I _____ _____ a letter.

5 As I don't have good friends, I am not happy.

= If I _____ good friends, I _____ _____ happy.

6 As he is not a doctor, he can't teach me biology.

= If he _____ a doctor, he _____ _____ me biology.

7 If he finished the work, he could play basketball with you.

= As he _____ _____ the work, he _____ _____ basketball with you.

EXERCISE C 다음 우리말과 일치하도록 주어진 단어를 사용하여 문장을 완성하시오. (필요시 형태 변화)

1 만약 네가 정직하다면, 나는 너를 채용할 텐데. (be, hire)

➡ If you _____ honest, I _____ _____ you.

2 만약 내가 부자라면, 나는 네게 그 집을 사줄 수 있을 텐데. (be, buy)

➡ If I _____ rich, I _____ _____ the house for you.

3 만약 그가 거기에 있다면, 나는 그 장소에 방문할 텐데. (be, visit)

➡ If he _____ there, I _____ _____ the place.

4 만약 그녀가 더 일찍 오면, 그녀는 그 버스를 탈 수 있을 텐데. (come, take)

➡ If she _____ earlier, she _____ _____ the bus.

5 만약 내가 패스트푸드를 덜 먹는다면, 나는 몸무게를 줄일 수 있을 텐데. (eat, lose)

➡ If I _____ less fast food, I _____ _____ weight.

6 만약 내게 충분한 시간이 있다면, 나는 부모님 댁을 더 자주 방문할 텐데. (have, visit)

➡ If I _____ enough time, I _____ _____ my parents more often.

7 만약 내가 일본어를 한다면, 나는 일본인 친구를 사귈 수 있을 텐데. (speak, make)

➡ If I _____ Japanese, I _____ _____ Japanese friends.

3 가정법 과거완료

「If + 주어 + had + p.p. ~, 주어 + would / should / could / might + have + p.p. ....」
　　조건절(만약 ~했다면)　　　　　　　　　　　주절(…했을 텐데)

가정법 과거완료는 과거에 일어났던 사실을 반대로 가정하는 표현이다. 가정법 과거완료를 직설법으로
전환할 때 시제는 과거형이 되고, 긍정과 부정이 가정법과 반대가 되어야 한다.

If I **had had** some money, I **could have bought** the new cell phone.
➡ As I **didn't have** any money, I **couldn't buy** the new cell phone.
만약 내가 돈이 좀 있었다면, 나는 새 휴대 전화를 살 수 있었을 텐데.

▶▶ 정답과 해설 p.59

EXERCISE Ⓐ **다음 괄호 안에서 옳은 것을 고르시오.**

1   If I [knew / had known] your arrival time, I would have seen you there.

2   If you [were / had been] at home, I would have gone home earlier.

3   If I had had money, I [could help / could have helped] you then.

4   If you [told / had told] me the truth yesterday, I could have forgiven you.

5   If it had been hot, we [would have stayed / would stay] in the car.

6   If he had not known that, he [would like / would have liked] her.

7   If she [studied / had studied] English harder, she could have passed the test.

EXERCISE Ⓑ **다음 두 문장의 의미가 일치하도록 빈칸을 채워 문장을 완성하시오.**

1   As it wasn't fine, I couldn't go fishing with my dad.
　　= If it _____ _____ fine, I _____ _____ _____ fishing with my dad.

2   As I finished my homework, I could play soccer.
　　= If I _____ _____ my homework, I _____ _____ _____ soccer.

3   As he won the prize then, he wasn't sad.
　　= If he _____ _____ the prize then, he _____ _____ _____ sad.

4 As I didn't wake up earlier, I missed the first train.

= If I _____ _____ up earlier, I _____ _____ _____ the first train.

5 If I had had enough money, I could have bought the bag.

= As I _____ _____ enough money, I _____ _____ the bag.

6 If you had come to the party, you could have met her.

= As you _____ _____ to the party, you _____ _____ her.

7 If I had known the answer, I wouldn't have told him a lie.

= As I _____ _____ the answer, I _____ him a lie.

8 If you had taken my advice, you could have won the race.

= As you _____ _____ my advice, you _____ _____ the race.

EXERCISE **C** 다음 문장의 밑줄 친 부분을 바르게 고쳐 쓰시오.

1 If he <u>has</u> money, he could buy the doll for you. ➡ _____

2 If you <u>went</u> there early, you could have met him. ➡ _____

3 She would be happy if you <u>go</u> to see her. ➡ _____

4 If you had taken the subway, you might not <u>be</u> late. ➡ _____

5 If I <u>have been</u> there, I could have helped you. ➡ _____

6 <u>If I am you</u>, I would not do that. ➡ _____

EXERCISE **D** 다음 우리말과 일치하도록 주어진 단어를 사용하여 문장을 완성하시오. (필요시 형태 변화)

1 만약 내가 아프지 않았다면, 나는 너를 방문했을 텐데. (be, visit)

➡ If I _____ _____ sick, I would _____ _____ you.

2 만약 내가 어젯밤에 외출했다면, 나는 그의 전화를 받지 못했을 텐데. (go, receive)

➡ If I _____ _____ out last night, I would not _____ _____ his call.

3 만약 내게 가족이 없었다면, 나는 외로웠을 텐데. (have, be)

➡ If I _____ _____ my family with me, I would _____ _____ lonely.

4 만약 네가 그때 일찍 도착했다면, 우리는 파티에 갈 수 있었을 텐데. (come, go)

➡ If you _____ _____ early then, we could _____ _____ to the party.

4 I wish 가정법 과거

「I wish + 주어 + 동사(조동사)의 과거형」 : ~라면 좋을 텐데

1 I wish 가정법 과거는 현재의 이룰 수 없는 소망을 나타낼 때 사용한다.

I wish I **lived** in a big city. 내가 큰 도시에 산다면 좋을 텐데.

➡ I **am sorry** that I **don't live** in a big city.

2 I wish 가정법 과거에서 be동사는 항상 were를 쓴다.
(구어체에서는 단수 주어에 was를 쓰기도 한다.)

I wish I **were** rich. 내가 부자라면 좋을 텐데.

➡ I **am sorry** that I **am not** rich.

▶▶ 정답과 해설 p. 59

EXERCISE A 다음 두 문장의 의미가 일치하도록 문장을 완성하시오.

1 I wish I were wise.

= I am sorry that _____.

2 I wish I remembered your name.

= I am sorry that _____.

3 I am sorry that she is so rude.

= I wish _____.

4 I am sorry that you don't tell me the whole story.

= I wish _____.

EXERCISE B 다음 우리말과 일치하도록 주어진 단어를 사용하여 문장을 완성하시오. (필요시 형태 변화)

1 그가 바쁘지 않으면 좋을 텐데. (be)

➡ I wish he _____ _____ busy.

2 내가 머리가 아프지 않으면 좋을 텐데. (have)

➡ I wish I _____ _____ a headache.

3 내가 그 언어를 말할 수 있으면 좋을 텐데. (speak)

➡ I wish I _____ _____ the language.

4 네가 나한테 거짓말하지 않으면 좋을 텐데. (tell)

➡ I wish you _____ _____ me a lie.

5 I wish 가정법 과거완료

「I wish + 주어 + had p.p.」: ~이었다면 좋을 텐데

I wish 가정법 과거완료는 과거의 이룰 수 없는 소망을 나타낼 때 사용한다.

I wish I **had lived** in a big city. 내가 큰 도시에 살았다면 좋을 텐데.

➡ **I am sorry** that I **didn't live** in a big city.

I wish I **had been** rich at that time. 내가 그때 부자였다면 좋을 텐데.

➡ **I am sorry** that I **was not** rich at that time.

▶▶ 정답과 해설 p. 59

EXERCISE A 다음 두 문장의 의미가 일치하도록 문장을 완성하시오.

1 I wish I had been healthy.
   = I am sorry that _____.

2 I wish I had had wings like a bird.
   = I am sorry that _____.

3 I wish you had told me about the dance.
   = I am sorry that _____.

4 I am sorry that I didn't meet her then.
   = I wish _____.

5 I am sorry that David was not a bit more careful.
   = I wish _____.

6 I am sorry that Lisa didn't accept my offer.
   = I wish _____.

EXERCISE B 다음 괄호 안에서 옳은 것을 고르시오.

1 I wish I [am / were] here with you. But you've gone.

2 I wish I [have met / had met] you that day.

3 I wish I [heard / had heard] her advice then.

4 I wish he [had not met / didn't meet] her yesterday.

5 I wish I [went / have gone] to school at 10 today.

6 as if 가정법 과거 / 과거완료

1 「as if + 주어 + 동사(조동사)의 과거형」: 마치 ~인 것처럼

as if 가정법 과거는 현재의 사실과 반대되는 일을 나타낼 때 사용하며, 주절의 시제와 같은 시점의 내용을 나타낸다.

He talks **as if** he **knew** the answer. 그는 마치 답을 아는 것처럼 말한다. **〈답을 아는 것: 현재〉**
➡ In fact, he **doesn't know** the answer.

2 「as if + 주어 + had p.p.」: 마치 ~이었던 것처럼

as if 가정법 과거완료는 주절의 시제보다 앞선 과거 시점의 내용을 나타낸다.

He talks **as if** he **had known** the answer. 그는 마치 답을 알았던 것처럼 말한다. **〈답을 알았던 것: 과거〉**
➡ In fact, he **didn't know** the answer.

▶▶ 정답과 해설 p.60

EXERCISE A 다음 두 문장의 의미가 일치하도록 문장을 완성하시오.

1 He acts as if he were tired. = In fact, _____.

2 He talks as if he had been a genius. = In fact, _____.

3 She talks as if Paul had loved her. = In fact, _____.

4 She behaves as if she were my best friend. = In fact, _____.

5 She talks as if she had been there last night. = In fact, _____.

EXERCISE B 다음 괄호 안에서 옳은 것을 고르시오.

1 You talk to me as if I [am / were] a child. But I'm 20 now.

2 He looks as if he [were / had been] sick last night.

3 He talks as if he [knows / knew] her name. But he doesn't know it.

4 He talks as if he [saw / had seen] the movie yesterday.

5 Cindy looks at him as if she [had not seen / didn't see] him before.

학교 시험 대비 문제

▶▶ 정답과 해설 p.60

01 다음 우리말과 일치하도록 빈칸에 들어갈 말로 알맞은 것은?

> • 만약 내가 너라면, 나는 그것을 하지 않을 텐데.
> ➡ If I _____ you, I would not do that.

① am
② will be
③ were
④ had been
⑤ would be

02 다음 밑줄 친 단어의 형태로 알맞은 것은?

> If it <u>rain</u> tomorrow, we will stay at home.

① will rain
② rains
③ would rain
④ rained
⑤ is raining

03 다음 우리말을 영어로 바르게 옮긴 것은?

> 내가 시험을 보지 않으면 좋을 텐데.

① I wish I had no exams.
② I wish I hadn't had exams.
③ I wish I will have exams.
④ I wish I won't have exams.
⑤ I wish I would have exams.

04 다음 주어진 문장과 의미가 같은 것은?

> In fact, Eric didn't read the book.

① Eric talks as if he read the book.
② Eric talks as if he reads the book.
③ Eric talks as if he had read the book.
④ Eric talks as if he didn't read the book.
⑤ Eric talks as if he hadn't read the book.

05 다음 빈칸에 들어갈 말로 알맞은 것은?

> This ring is what my boyfriend gave me on my birthday. He _____ angry if I lose it.

① will be
② is
③ wouldn't be
④ were
⑤ would have been

06 다음 우리말과 일치하도록 빈칸에 들어갈 말로 알맞은 것은?

> • 내 친구 Kevin처럼 내게 멋진 차가 있다면 좋을 텐데.
> ➡ I _____ I had a nice car like my friend, Kevin.

① wish
② want
③ were
④ had
⑤ had had

고난도

07 다음 주어진 문장과 의미가 같은 것은?

> If I had enough money, I could buy a car.

① As I have enough money, I couldn't buy a car.
② As I don't have enough money, I can't buy a car.
③ As I don't have enough money, I could buy a car.
④ As I didn't have enough money, I could buy a car.
⑤ As I didn't have enough money, I can buy a car.

08 다음 중 밑줄 친 부분이 어법상 틀린 것은?

> If I <u>could speak</u> English <u>as</u> <u>fluently</u> as you, I
> ① ② ③
> <u>will be</u> happy. But I <u>can't</u>.
> ④ ⑤

09 다음 빈칸에 들어갈 말로 알맞은 것은?

> I wish I _____ the bus last night.

① take
② took
③ has taken
④ had taken
⑤ would take

10 다음 두 문장의 뜻이 일치하도록 빈칸에 들어갈 말이 바르게 짝지어진 것은?

> • I wish I could be a famous singer.
> = I _____ that I _____ a famous singer.

① am sorry — can
② am sorry — can't be
③ am sorry — couldn't
④ was sorry — can't be
⑤ was sorry — couldn't be

11 다음 주어진 문장과 의미가 같은 것은?

> The weather is bad, so we will not go on a picnic.

① If the weather is bad, we would go on a picnic.
② If the weather is bad, we will go on a picnic.
③ If the weather will be bad, we will go on a picnic.
④ If the weather were not bad, we would go on a picnic.
⑤ If the weather were not bad, we will go on a picnic.

12 다음 중 어법상 <u>틀린</u> 것은?

① I wish I got up earlier.

② I wish you liked Korean food.

③ He talks as if he met her before.

④ I wish Sandra had stayed at the party.

⑤ He talks as if he had known everything.

13 다음 우리말과 일치하도록 빈칸에 들어갈 말로 알맞은 것은?

> • 만약 네가 대통령이라면, 너는 무엇을 할 거니?
> ➡ What _____ if you were the president?

① will you do

② would you do

③ you would do

④ are you doing

⑤ are you going to do

14 다음 밑줄 친 부분과 의미가 같은 것은?

> <u>If I had had enough time</u>, I could have helped you more.

① As I have enough time

② As I had enough time

③ As I don't have enough time

④ As I didn't have enough time

⑤ As I'm going to have enough time

15 다음 빈칸에 들어갈 말로 바르게 짝지어진 것은?

> • I don't know how to drive a car.
> ➡ I wish I _____ how to drive a car.
> ➡ If I knew how to drive a car, I _____ you up.

① knew — pick

② know — pick

③ knew — picked

④ knew — would pick

⑤ know — would pick

16 다음 중 어법상 <u>틀린</u> 것은?

① I wish I had wings like a bird.

② If I weren't busy, I could help you.

③ If you get up late, you will miss the bus.

④ He talks as if he knew nothing about me.

⑤ If he met her then, he could have given her the book.

서술형

[17-18] 다음 두 문장의 뜻이 일치하도록 빈칸에 알맞은 말을 쓰시오.

17

> • Jake acts _____ _____ he were rich.
> = In fact, Jake is not rich.

18

- As I didn't keep my promise, my mom didn't trust me.

= If I _____ _____ my promise, my mom _____ _____ _____ me.

19 다음 주어진 단어를 사용하여 문장을 완성하시오. (필요시 형태 변화)

If I _____ _____ there, I would have attended the meeting. (be)

20 다음 빈칸에 알맞은 말을 쓰시오.

Jane is 20 years old. But she acts as if she _____ a child.

21 다음 우리말과 일치하도록 주어진 단어를 배열하여 문장을 완성하시오.

- 그녀가 진실을 말한다면 좋을 텐데.
  (she, tell, truth, would, the)
  ➡ I wish _____.

[22-23] 다음 우리말을 주어진 단어와 어구를 사용하여 영작하시오.

22

- 네가 거짓말을 하면, 너희 선생님은 너에게 벌을 줄 것이다. (tell a lie, punish)
  ➡ _____
  _____

23

- 만약 내가 지금 졸리지 않다면, 그 보고서를 끝마칠 수 있을 텐데. (sleepy, the report)
  ➡ _____
  _____

24 다음 두 문장의 뜻이 일치하도록 빈칸에 알맞은 말을 쓰시오.

- As I didn't know my future job, I didn't study English harder.

= If I _____ _____ my future job, I would _____ _____ English harder.

[25-27] 다음 그림을 보고, 그림에 맞게 가정법 표현으로 문장을 완성하시오.

25

You cannot drive until you are18.

I wish I _____ 19 years old.

26

A She always raises her hand as if _____

_____.

B You're right. Actually, she doesn't know the answer.

27

If I had any money, I _____

_____.

고난도

[28-29] 오늘 아침에 Jack에게 있었던 일에 대한 글을 읽고, 〈조건〉에 맞게 주어진 문장을 완성하시오.

Jack got up late this morning because he stayed up too late last night. Fortunately, his mother drove him to school. So, he could get to school on time.

─〈조건〉─
- Jack의 입장에서 쓸 것
- have를 포함해서 쓸 것
- 축약형을 쓰지 말 것

28 If I had not stayed up late last night,

I _____.

29 If my mother had not driven me to school,

I _____.

288

Chapter
15

전치사

in (연도, 계절, 월)	**in** 2010 2010년에 **in** winter 겨울에 **in** May 5월에 *cf.* **in** the morning 아침에 **in** the afternoon 오후에 **in** the evening 저녁에
on (요일, 특정 일자)	**on** March first 3월 1일에 **on** Christmas Eve 성탄 전야에 **on** Sunday morning 일요일 아침에 **on** his birthday 그의 생일에 *cf.* **on** + 요일s 요일마다
at (특정 시각)	**at** noon 정오에 **at** 3:00 3시에 **at** present 현재 **at** night 밤에 **at** midnight 자정에 **at** dawn 새벽에

cf. We'll see you **in** five days. 우리는 5일 후에 너를 만날 것이다. <시간의 경과 : ~ 후에, ~만에>

✛ 시간 부사구에 형용사 next, this, last 등을 쓰면 그 앞에 전치사 in, on, at을 쓰지 않는다.

What are you doing **this weekend**? 너는 이번 주말에 뭐 할 거니?

I finished my homework **last night**. 나는 어젯밤에 숙제를 끝냈다.

▶▶ 정답과 해설 p.62

EXERCISE A 다음 우리말과 일치하도록 빈칸에 알맞은 전치사를 넣어 어구를 완성하시오.

1 2002년에 ➡ _____ 2002

2 새해 첫 날에 ➡ _____ New Year's Day

3 점심 시간에 ➡ _____ lunchtime

4 9월에 ➡ _____ September

5 7월 21일에 ➡ _____ July 21st

6 9시 30분에 ➡ _____ 9:30

7 저녁에 ➡ _____ the evening

8 금요일 저녁에 ➡ _____ Friday evening

EXERCISE B 다음 빈칸에 in, on, at 중 알맞은 전치사를 넣어 문장을 완성하시오.

1 I usually get up _____ seven.

2 My brother was born _____ May 4th.

3 She will visit me _____ Sunday.

4 I will go to the beach _____ summer.

5 The bus will leave _____ ten minutes.

다음 문장의 밑줄 친 부분을 바르게 고쳐 쓰시오.

1 I go to church <u>at Sundays</u>.　　　➡ _____

2 The toy store closes <u>in 6 p.m.</u>　　➡ _____

3 Lincoln was born <u>in February 12th</u>, 1809.　➡ _____

4 She wants to get up early <u>at the morning</u>.　➡ _____

5 The school was founded <u>on 1987</u>.　➡ _____

6 My friends often go swimming <u>at summer</u>.　➡ _____

7 My father bought me a doll <u>in my birthday</u>.　➡ _____

8 They will be back <u>on next Saturday</u>.　➡ _____

9 She doesn't eat any food <u>on night</u>.　➡ _____

10 Does the summer vacation begin <u>in July 17th</u>?　➡ _____

EXERCISE D 다음 in, on, at 중 알맞은 전치사를 쓰고, 필요하지 않으면 ×표를 하시오.

1 I have lunch with my friends _____ noon.

   I am going to meet her _____ this afternoon.

2 I wake up late _____ the morning.

   He plays the piano for an hour _____ Saturday mornings.

3 My brother is going to come back _____ December.

   I am going to have a party _____ December 24th.

4 We take the entrance exam _____ winter.

   We took the entrance exam _____ last winter.

5 We will meet him _____ Friday night.

   We will meet him _____ next Friday night.

2 시간의 흐름을 나타내는 전치사

for + 시간 (~ 동안)	during + 특정 기간 (~ 동안)
We talked about our hobby **for** two hours. 우리는 우리의 취미에 대해 2시간 동안 이야기했다.	I planned what to do **during** the vacation. 나는 방학 동안 무엇을 할지 계획을 세웠다.
by (~까지)	until(till) (~까지)
We should finish our work **by** tomorrow. 우리는 내일까지 우리의 일을 끝마쳐야 한다. 〈내일까지 완료〉	I will wait for you at the bus stop **until** 4. 나는 버스 정류장에서 4시까지 너를 기다릴 것이다. 〈4시까지 계속〉
before (~ 전에)	after (~ 후에)
You must come back home **before** 8. 너는 8시 전에 집에 돌아와야 한다.	She plays the piano **after** school. 그녀는 방과 후에 피아노를 연주한다.
from (~부터)	since (~부터, 이후로)
I will be here **from** 8 o'clock tomorrow. 나는 내일 8시부터 여기에 있을 것이다.	We have known him **since** his marriage. 우리는 그의 결혼 이후로 그를 알고 지내고 있다. 〈주로 완료시제에서 쓰임〉
through (~ 내내)	around (~ 경에)
He worked **through** the night. 그는 밤새 일했다.	She met him **around** 4. 그녀는 4시 경에 그를 만났다.
to (~가 되기 전에)	past (~을 지나서)
I arrived there ten **to** nine. 나는 9시 10분 전에 그곳에 도착했다.	It's a quarter **past** nine. 9시 15분이다.

* by는 '기한'의 의미로, until은 '계속'의 의미로 쓰인다.
* before와 after는 접속사로도 쓰인다.
* from은 '기점'의 의미로, since는 '계속'의 의미로 쓰인다.

▶▶ 정답과 해설 p.62

EXERCISE A 다음 괄호 안에서 옳은 것을 고르시오.

1 My father hasn't eaten anything [from / since] this morning.

2 We are going away [for / during] two days.

3 I finished working at a quarter [to / past] six, arriving home [around / to] 6:15.

4 The sun gives us light [for / during] the day.

5 We will be on vacation [from / since] Wednesday.

6 We are going to stay here [by / until] Sunday.

7 She should finish her homework [by / until] tomorrow morning.

8 I usually get up at a quarter [to / past] six. That's six fifteen in the morning.

9 My father goes to sleep [before / after] reading the newspaper.

10 [Before / After] eating an apple, you had better wash it carefully.

EXERCISE B 다음 빈칸에 알맞은 단어를 <보기>에서 골라 문장을 완성하시오.

┌─〈보기〉─────────────────────────────────┐
│ for   during   by   until   before   after │
└───┘

1 I have waited _____ three hours.

2 She will have to wait _____ this afternoon.

3 Do you know what happened _____ the night?

4 We must finish this report _____ nine o'clock today.

5 Please turn off the lights _____ going out.

6 He felt sick _____ eating too much ice cream.

EXERCISE C 다음 빈칸에 알맞은 단어를 <보기>에서 골라 문장을 완성하시오.

┌─〈보기〉─────────────────────────────────┐
│ from   since   through   around   to   past │
└───┘

1 My family lived in Korea _____ 2000 to 2009.

2 The stationery store closes _____ ten o'clock.

3 We have lived in this town _____ last year.

4 He played tennis _____ the weekend.

5 What time is ten _____ six? – It's 6:10.

6 It's ten _____ seven. It'll get dark at seven o'clock.

3 장소를 나타내는 전치사

1 in 비교적 넓은 장소

내부	**in** a car 차 안에	**in** a room 방 안에
	in a box 상자 안에	**in** a building 건물 안에
넓은 구역 (나라, 도시, 마을 등)	**in** Korea 한국에	**in** a city 도시에
	in Seoul 서울에	**in** a park 공원에
책, 신문, 그림 등	**in** a book 책에	**in** a newspaper 신문에
	in a picture 그림에	**in** a dictionary 사전에
기타	**in** hospital 입원하여	**in** bed 침대에서

2 at 비교적 좁은 장소

정확한 지점	**at** the airport 공항에	**at** the bus stop 버스 정류장에
주소	**at** 35 Myeongdong 명동 35번지에	
기타	**at** home 집에(서)	**at** school 수업(재학) 중에
	at work 업무 중에	**at** a meeting 회의에(서)

3 on 특정한 면

접촉한 면 위	• 접촉되어 있는 위 **on** a plate 접시 위에 **on** the roof 지붕 위에	**on** the floor 마루 위에
	• 접촉되어 있는 면 **on** both sides 양쪽에 **on** the wall 벽에	**on** your left 당신의 왼쪽에
교통수단	**on** a bus 버스를 타고 **on** a bicycle 자전거를 타고	**on** a horse 말을 타고

▶▶ 정답과 해설 p. 62

EXERCISE A 다음 괄호 안에서 옳은 것을 고르시오.

1 I went for a swim [in / at / on] the river.

2 There is a man [in / at / on] the phone booth.

3 Let's see [in / at / on] the theater.

4 The keys are [in / at / on] the table.

5   They will be [in / at / on] home this afternoon.

6   There are many pictures [in / at / on] the wall.

EXERCISE B 다음 빈칸에 in, at, on 중 알맞은 전치사를 넣어 문장을 완성하시오.

1   There is a monitor _____ the desk.

2   A man is standing _____ the bus stop.

3   His parents live _____ London.

4   A boy is lying _____ the floor.

5   He likes swimming _____ the sea.

6   Your bags are _____ the chair.

7   There is a flag _____ top of the building.

8   He is waiting for you _____ the station.

9   There are some clothes _____ the closet.

10 The children are playing _____ the grass _____ the park.

EXERCISE C 다음 우리말과 일치하도록 주어진 단어와 어구를 사용하여 문장을 완성하시오.

1   그 고양이는 소파 위에 있다. (cat, the sofa)
    ➡ _____

2   우리는 버스 정류장에서 Peter를 봤다. (the bus stop, saw)
    ➡ _____

3   벽에 London의 포스터 한 장이 있다. (a poster of London, the wall)
    ➡ _____

4   서랍 안에 연필이 몇 자루 있다. (the drawer, some pencils)
    ➡ _____

5   마을에는 두 개의 학교가 있다. (two schools, town)
    ➡ _____

6   이 버스는 기차역에서 서나요? (stop, this bus, the railway station)
    ➡ _____

4 위치, 방향을 나타내는 전치사

above (~ 보다 높은 쪽) 위에	over (덮고 있듯이 바로) ~ 위에
Raise your hand **above** your head. 머리 위로 손을 들어라.	The cloud is **over** Seoul today. 오늘은 구름이 서울을 덮고 있다.
below (~ 보다 낮은 쪽) 아래에	under (덮여 있듯이 바로) ~ 아래에
Put your hand down **below** your head. 머리 아래로 손을 내려라.	Jim is wearing a shirt **under** his jacket. Jim은 재킷 아래에 셔츠를 입고 있다.

in front of ~앞에	behind ~뒤에	by, next to ~옆에	between ~(둘) 사이에	among ~(셋 이상) 사이에
in front of	behind	by / next to	between	among

from ~로부터	to ~쪽으로	up ~위로	down ~아래로
from	to	up	down

into ~안으로 out of ~밖으로	through ~을 통과하여	across ~을 가로질러 along ~을 따라서
into / out of	through	across / along

▶ ▶ 정답과 해설 p. 62

EXERCISE A 다음 괄호 안에서 옳은 것을 고르시오.

1 The bird is getting [out of / from] the cage.

2 The sun rose [on / above] the hill.

3 I always walk from home [to / at] school.

4 There was a house [between / among] two tall buildings.

5 The dog is lying [under / down] the table.

6 She was swimming [above / across] the river.

7 There is a tree [up / in front of] the house.

8 Janet is walking [down / under] the stairs.

9 Can you see the house [between / among] many trees there?

10 They passed [through / into] the long tunnel.

11 He took his pen [into / out of] his backpack to write the number.

12 Jim put on a jacket [above / over] his shirt.

EXERCISE B 다음 우리말과 일치하도록 빈칸에 알맞은 전치사를 넣어 문장을 완성하시오.

1 Who is that boy coming _____ the stairs? (계단 아래로)

2 There is a bank _____ to the post office. (우체국 옆에)

3 Tom is sitting _____ Emily and Kevin. (Emily와 Kevin 사이에)

4 She is hiding _____ the chair. (의자 뒤에)

5 Look at the boy walking _____ the street. (거리를 가로질러)

6 She is lying _____ the tree. (나무 아래)

7 The teacher took the students _____ their classroom. (교실 안으로)

8 I usually take a walk with my wife _____ the river. (강을 따라)

9 They glued a plastic sheet _____ the broken window. (깨진 창문 위에)

10 Please write your full name _____ your address. (주소 아래쪽에)

11 We followed her _____ the stairs to the teacher's room. (계단을 올라)

12 The smell of flowers came _____ the window. (창문을 통해)

5 그 밖의 전치사

about	~에 관하여	This is the film **about** the Korean War. 이것은 한국 전쟁에 관한 영화이다.
for	~을 위해, ~을 향해	I need some money **for** today. 나는 오늘 쓸 돈이 좀 필요하다.
by	~에 의해, (교통수단) ~을 타고	I read short stories written **by** Chekhov. 나는 체호프에 의해 쓰인 단편 소설을 읽었다.
near	~의 가까이에	The park is **near** the hotel. 그 공원은 그 호텔 가까이에 있다.
as	~로서	I am working **as** a book editor. 나는 책 편집자로 일하고 있다.
like	~와 같은, ~처럼	Is Japanese **like** Chinese? 일본어가 중국어 같은가요?
with	~와 함께, (도구) ~으로	Megan is staying **with** her parents for a month. Megan은 한 달간 그녀의 부모님과 함께 머물고 있다.
within	~이내에	You must finish the work **within** a week. 너는 일주일 내에 그 일을 끝마쳐야 한다.
without	~없이	We can't do this **without** your help. 우리는 너의 도움 없이 이것을 할 수 없다.
because of (= owing to) (= due to)	~때문에	I couldn't sleep last night **because of** my toothache. 나는 치통 때문에 어젯밤에 잠을 잘 수 없었다. *cf.* because of + 명사(구) / because(접속사) + 주어 + 동사

▶▶ 정답과 해설 p.63

EXERCISE A 다음 괄호 안에서 옳은 것을 고르시오.

1 The flight was cancelled [because of / between] bad weather.

2 My brother sings very well [like / about] a singer.

3 I'm going to Los Angeles [with / between] my friends.

4 Is there a bus terminal [near / within] here?

5 The table was used [as / by] a chair.

6 He will come home [from / within] a few days.

7 You should not drive for more than two hours [without / within] taking a break.

8 Please give me a call before you leave [for / with] New York.

학교 시험 대비 문제

▶▶ 정답과 해설 p.63

01 다음 빈칸에 들어갈 말로 알맞은 것은?

It is not good for your health to eat _____ midnight.

① on
② by
③ at
④ in
⑤ for

02 다음 우리말과 일치하도록 빈칸에 들어갈 말로 알맞은 것은?

- 겨울방학 동안 즐겁게 보냈니?
➡ Did you enjoy yourself _____ the winter vacation?

① for
② during
③ while
④ on
⑤ until

03 다음 빈칸에 공통으로 들어갈 말로 알맞은 것은?

- My teacher patted me _____ the back.
- There are many shoes _____ the floor.

① in
② by
③ at
④ on
⑤ under

04 다음 대화의 빈칸에 들어갈 말로 알맞은 것은?

A How are you going there?
B I am going there _____ train.

① in
② with
③ by
④ at
⑤ for

05 다음 빈칸에 들어갈 말로 바르게 짝지어진 것은?

The first astronaut _____ space was Yuri Gagarin from Russia. He went to space _____ April 12, 1961.

① in — on
② in — into
③ from — in
④ in — in
⑤ from — into

06 다음 중 어법상 틀린 것은?

① A star is born from dust and gas.
② He had a strange car with no front seat.
③ Some animals come into the city to eat.
④ One day a lady and a dog got on the bus.
⑤ The Titanic was sinking above the water.

07 다음 밑줄 친 부분이 어법상 틀린 것은?

① Let's see at a quarter <u>to</u> eight.

② Mr. Big comes home <u>around</u> seven.

③ Brian has lived in Seoul <u>from</u> his birth.

④ I can wear jeans all <u>through</u> the year.

⑤ Dad reads the newspaper before <u>breakfast</u>.

08 다음 중 밑줄 친 부분의 풀이가 틀린 것은?

① He <u>comes from</u> England.

➡ is from

② Shall we <u>take a walk</u> after lunch?

➡ go for a walk

③ He stayed in his office <u>for a moment</u>.

➡ for a while

④ Michael was standing <u>by</u> his father.

➡ not later than

⑤ I have to go back to my seat <u>right now</u>.

➡ at the present time

09 다음 빈칸에 공통으로 들어갈 말로 알맞은 것은?

> • Sylvia will arrive _____ her home in Seoul tomorrow.
> • _____ the age of 14, he became a poet.

① at(At) ② in(In) ③ on(On)

④ by(By) ⑤ from(From)

10 다음 중 우리말을 영어로 잘못 옮긴 것은?

① 그는 창문 옆에 서 있었다.

➡ He stood by the window.

② 버스는 저 거리를 따라 운행했다.

➡ The bus ran along that street.

③ 기차는 터널을 통과했다.

➡ The train ran across a tunnel.

④ 검은 머리의 소녀가 내 여동생이다.

➡ The girl with black hair is my sister.

⑤ 머리 위로 양 손을 들어라.

➡ Raise your hands above your head.

[11-12] 다음 대화를 읽고, 물음에 답하시오.

> **A** Excuse me. Where is the World Cup Stadium?
> **B** Let's see. Go straight for one block and turn right ⓐ _____ the corner.
> **A** Okay, and then?
> **B** Go one more block and turn left ⓑ _____ the corner. You'll see it ⓒ _____ your right.

11 위 글의 ⓐ와 ⓑ에 공통으로 들어갈 말로 알맞은 것은?

① by ② from

③ at ④ into

⑤ to

12 위 글의 ⓒ에 들어갈 말로 알맞은 것은?

① on
② by
③ under
④ along
⑤ in

13 다음 빈칸에 들어갈 단어가 나머지 넷과 <u>다른</u> 것은?

① He moved to Seoul _____ 2009.
② He will be back _____ three hours.
③ The baby _____ the room was crying.
④ We like to go swimming _____ summer.
⑤ My sister was born _____ May 5th, 2003.

14 다음 빈칸에 들어갈 말로 알맞은 것은?

> • The meeting was delayed because the weather was bad.
> = The meeting was delayed _____ the bad weather.

① during
② from
③ instead of
④ without
⑤ because of

15 다음 중 밑줄 친 부분이 어법상 <u>틀린</u> 것은?

① A Who do you agree <u>with</u>?
　 B I think Tommy is right.
② A What do you think of her?
　 B She is the best singer <u>in</u> Korea.
③ A What time did you get there?
　 B I got there <u>until</u> five o'clock.
④ A What do you want to be <u>in</u> the future?
　 B I want to be an English teacher.
⑤ A The vending machine is <u>out of</u> order.
　 B Then, you can have some of my juice.

16 다음 대화의 ⓐ와 ⓑ에 들어갈 말로 바르게 짝지어진 것은?

> A Kate, I am gaining weight these days.
> B Why don't you get some exercise?
> A I know, but it's too boring to do it alone.
> B Okay, I'll do it ⓐ _____ you, then.
> A Really? Thank you! What time shall we meet? At 7?
> B No. I work ⓑ _____ 7. And it'll take about 30 minutes to get to the gym. So, how about 7:45?
> A Okay. I really appreciate it.

① with — on
② of — until
③ for — by
④ with — from
⑤ with — until

17 다음 우리말과 일치하도록 빈칸에 들어갈 말로 알맞은 것은?

> • 너는 다음 버스 정류장에서 하차해야 한다.
> ➡ You should get off the bus _____ the next bus stop.

① in   ② by   ③ of
④ on   ⑤ at

18 다음 대화의 빈칸에 공통으로 들어갈 말로 알맞은 것은?

> A When do you have to finish your report _____?
> B I must finish my report _____ Friday.

① by   ② on
③ until   ④ in
⑤ before

19 다음 빈칸에 들어갈 말로 알맞은 것은?

> Michael Jordan is a legend _____ basketball players in the world.

① in   ② among
③ with   ④ on
⑤ between

고난도

20 다음 중 어법상 틀린 것은?

① I was sleepy during the class.
② My bag seems to be under the table.
③ We can see him through the window.
④ Most people like to climb up this tree.
⑤ There is a bank among the church and the library.

고난도

21 다음 밑줄 친 like의 의미가 나머지 넷과 다른 것은?

① He swims like a fish.
② It sounds like thunder.
③ What does he look like?
④ She is tall like her mother.
⑤ They don't like swimming in the sea.

서 술 형

22 다음 우리말과 일치하도록 빈칸에 알맞은 말을 쓰시오.

> • 그 식민지들은 아메리카 대륙의 대서양 해변을 따라 위치해 있었다.
> ➡ The colonies were located _____ the Atlantic coast of American continent.

23 다음 두 문장의 뜻이 일치하도록 빈칸에 알맞은 말을 쓰시오.

> • The bus is behind the taxi.
> = The taxi is _____ the bus.

24 다음 빈칸에 공통으로 들어갈 말을 쓰시오.

> • I cut my finger _____ a knife.
> • I will go camping _____ my friends.

25 다음 우리말과 일치하도록 빈칸에 알맞은 말을 쓰시오.

> • 그들은 도로를 건너가고 있다.
> ➡ They are walking _____ the road.

26 다음을 읽고, 밑줄 친 ⓐ와 ⓑ에 들어갈 말을 쓰시오.

> Mother's Day is a day to honor mothers. It is celebrated on different days around the world. In the United Kingdom, it is ____ⓐ____ March. In the United States, Mother's Day falls ____ⓑ____ the second Sunday of May.

ⓐ ➡ _____

ⓑ ➡ _____

[27-28] 다음 우리말과 일치하도록 빈칸에 알맞은 말을 쓰시오.

27

> • 그 박물관은 일요일마다 9시부터 5시까지 개방한다.
> ➡ The museum is open _____ 9 _____ 5 _____ Sundays.

28

> • 우리는 세계 정보 통신망을 통해 인터넷을 이용할 수 있다.
> ➡ We can use the Internet _____ the World Wide Web.

[29-31] 다음 그림을 보고, 〈조건〉에 맞게 그림을 묘사하는 글을 영어로 쓰시오.

┌─〈조건〉─────────────────────────┐
• There is(are) 구문으로 쓸 것
• 주어진 단어를 모두 사용할 것 (필요시 형태 변화)
└────────────────────────────────┘

29

(under / boat / bridge)

_____

30

(between / dog / tree)

_____

31

(on / beach / woman)

_____

고난도
[32-34] 다음 글에서 의미상 단어가 **잘못** 쓰인 문장 3개를 찾아 바르게 고쳐 쓰시오.

┌────────────────────────────────┐
  Moonlight is beautiful. But, the Moon doesn't make its own light. The moonlight that we see comes in the Sun. The Moon reflects sunlight in night like a mirror. As you know, the Moon moves around the Earth. When the Moon is among the Earth and the Sun, we see the dark side of it. And when the Moon is on the opposite side of the Earth, the full moon reflects sunlight.
└────────────────────────────────┘

32 _____

_____

33 _____

_____

34 _____

_____

우리 학교 교과서 연계표

※ 다락원(강용순) 연계표 : 홈페이지 제공

	금성(최인철)		적중! 중학영문법 3300제 Level 2		
1과	접속사 if	Ch.12 접속사	5 조건을 나타내는 접속사	p.235
	부가의문문	문장의 기초	4 부가의문문	p.11
2과	의문사 + to부정사	Ch.04 부정사	6 명사적 용법 – 의문사 + to부정사	p.75
	so that	중학영문법 3300제 Level 3	Ch.12 6 so / so that ~ / so ~ that ...	p.266
3과	to부정사 (형용사적 용법)	Ch.04 부정사	7 형용사적 용법 – (대)명사 수식	p.76
	강조의 do	Ch.03 조동사	11 do	p.60
4과	간접의문문	Ch.12 접속사	10 의문사가 있는 간접의문문	p.241
	수동태	Ch.07 수동태	1 수동태	p.136
5과	to부정사 (부사적 용법)	Ch.04 부정사	13 enough to	p.86
	현재완료	Ch.02 시제	6 현재완료의 형태	p.35
6과	주격 관계대명사	Ch.13 관계사	1 주격 관계대명사	p.254
	to부정사 (가주어 it)	Ch.04 부정사	2 명사적 용법 – 주어 역할	p.69
7과	목적격 관계대명사	Ch.13 관계사	2 목적격 관계대명사	p.256
	관계대명사 what	Ch.13 관계사	6 관계대명사 what	p.261
8과	too ~ to부정사	Ch.04 부정사	12 too ~ to	p.85
	가정법 과거	Ch.14 가정법	2 가정법 과거	p.277

	능률(김성곤)		적중! 중학영문법 3300제 Level 2		
1과	동명사	Ch.05 동명사	1 동명사의 쓰임	p.96
	감각동사 + 형용사	Ch.01 문장의 형식	3 2형식 – 감각동사 + 형용사	p.16
2과	주격 관계대명사	Ch.13 관계사	1 주격 관계대명사	p.254
	빈도부사	Ch.10 형용사와 부사	12 빈도부사	p.198
3과	현재완료	Ch.02 시제	6 현재완료의 형태	p.35
	so ~ that (결과)	Ch.12 접속사	6 결과를 나타내는 접속사	p.236
4과	수동태	Ch.07 수동태	1 수동태	p.136
	비교급 강조	Ch.11 비교	5 비교급 비교	p.213
5과	목적격 관계대명사	Ch.13 관계사	2 목적격 관계대명사	p.256
	분사	Ch.06 분사	4 감정을 나타내는 분사	p.119
6과	to부정사 (가주어 it)	Ch.04 부정사	2 명사적 용법 – 주어 역할	p.69
	간접의문문	Ch.12 접속사	10 의문사가 있는 간접의문문	p.241
7과	to부정사 (목적격보어)	Ch.01 문장의 형식	8 5형식 – to부정사 목적격보어	p.21
	접속사 if	Ch.12 접속사	5 조건을 나타내는 접속사	p.235

	능률(양현권)		적중! 중학영문법 3300제 Level 2		
1과	의문문	문장의 기초	3 의문사가 있는 의문문	p.10
	재귀대명사	Ch.09 대명사	3 재귀대명사의 형태와 용법	p.170
2과	수동태	Ch.07 수동태	1 수동태	p.136
	not only ~ but also	Ch.12 접속사	2 상관접속사	p.230
3과	to부정사 (가주어 it)	Ch.04 부정사	2 명사적 용법 – 주어 역할	p.69
	enough to	Ch.04 부정사	13 enough to	p.86
4과	현재완료	Ch.02 시제	6 현재완료의 형태	p.35
	so that	중학영문법 3300제 Level 3	Ch.12 6 so / so that ~ / so ~ that ...	p.266
5과	주격 관계대명사	Ch.13 관계사	1 주격 관계대명사	p.254
	had better	Ch.03 조동사	9 had better / would like to	p.58
6과	간접의문문	Ch.12 접속사	10 의문사가 있는 간접의문문	p.241
	도치	중학영문법 3300제 Level 3	Ch.15 3 도치 I – 장소 부사구	p.328
7과	to부정사 (형용사적 용법)	Ch.04 부정사	7 형용사적 용법 – (대)명사 수식	p.76
	조동사 must	Ch.03 조동사	6 must / have to	p.55
8과	to부정사 (목적격보어)	Ch.01 문장의 형식	8 5형식 – to부정사 목적격보어	p.21
	(a) few / (a) little	Ch.10 형용사와 부사	3 수량형용사	p.186

동아(윤정미)		적중! 중학영문법 3300제 Level 2	
1과	수여동사	Ch.01 문장의 형식	5 4형식	p.18
	both A and B	Ch.12 접속사	2 상관접속사	p.230
2과	have to	Ch.03 조동사	6 must / have to	p.55
	to부정사 (부사적 용법)	Ch.04 부정사	9 부사적 용법 – 목적 / 원인 / 판단 근거	p.79
3과	수동태	Ch.07 수동태	1 수동태	p.136
	to부정사 (목적격보어)	Ch.04 부정사	5 명사적 용법 – 목적격보어 역할	p.73
4과	주격 관계대명사	Ch.13 관계사	1 주격 관계대명사	p.254
	접속사 if	Ch.12 접속사	5 조건을 나타내는 접속사	p.235
5과	목적격 관계대명사	Ch.13 관계사	2 목적격 관계대명사	p.256
	5형식 문장	Ch.01 문장의 형식	7 5형식 – 명사 / 형용사 목적격보어	p.20
6과	5형식 지각동사	Ch.01 문장의 형식	10 5형식 – 지각동사	p.23
	so ~ that (결과)	Ch.12 접속사	6 결과를 나타내는 접속사	p.236
7과	현재완료	Ch.02 시제	6 현재완료의 형태	p.35
	to부정사 (가주어 it)	Ch.04 부정사	2 명사적 용법 – 주어 역할	p.69
8과	간접의문문	Ch.12 접속사	10 의문사가 있는 간접의문문	p.241
	because (이유)	Ch.12 접속사	4 이유를 나타내는 접속사	p.234

동아(이병민)		적중! 중학영문법 3300제 Level 2	
1과	to부정사 (형용사적 용법)	Ch.04 부정사	7 형용사적 용법 – (대)명사 수식	p.76
	명령문 + and/or	Ch.12 접속사	8 명령문 + and (or)	p.238
2과	현재완료	Ch.02 시제	6 현재완료의 형태	p.35
	to부정사 (목적격보어)	Ch.04 부정사	5 명사적 용법 – 목적격보어 역할	p.73
3과	수동태	Ch.07 수동태	1 수동태	p.136
	접속사 if	Ch.12 접속사	5 조건을 나타내는 접속사	p.235
4과	주격 관계대명사	Ch.13 관계사	1 주격 관계대명사	p.254
	최상급	Ch.11 비교	9 최상급 비교	p.217
5과	to부정사 (가주어 it)	Ch.04 부정사	2 명사적 용법 – 주어 역할	p.69
	5형식 지각동사	Ch.01 문장의 형식	10 5형식 – 지각동사	p.23
6과	원급 비교	Ch.11 비교	3 원급 비교	p.210
	접속사 although	Ch.12 접속사	7 양보를 나타내는 접속사	p.237
7과	so ~ that (결과)	Ch.12 접속사	6 결과를 나타내는 접속사	p.236
	목적격 관계대명사	Ch.13 관계사	2 목적격 관계대명사	p.256
8과	-thing + 형용사	Ch.10 형용사와 부사	2 -one / -body / -thing + 형용사	p.185
	간접의문문	Ch.12 접속사	10 의문사가 있는 간접의문문	p.241

미래엔(최연희)		적중! 중학영문법 3300제 Level 2	
1과	주격 관계대명사	Ch.13 관계사	1 주격 관계대명사	p.254
	접속사 after, while	Ch.12 접속사	3 시간을 나타내는 접속사	p.232
2과	현재완료	Ch.02 시제	6 현재완료의 형태	p.35
	each	Ch.09 대명사	9 all / each / every	p.176
3과	to부정사 (형용사적 용법)	Ch.04 부정사	7 형용사적 용법 – (대)명사 수식	p.76
	to부정사 (가주어 it)	Ch.04 부정사	2 명사적 용법 – 주어 역할	p.69
4과	목적격 관계대명사	Ch.13 관계사	2 목적격 관계대명사	p.256
	so ~ that (결과)	Ch.12 접속사	6 결과를 나타내는 접속사	p.236
5과	접속사 if	Ch.12 접속사	5 조건을 나타내는 접속사	p.235
	원급 비교	Ch.11 비교	3 원급 비교	p.210
6과	수동태	Ch.07 수동태	1 수동태	p.136
	-thing + 형용사	Ch.10 형용사와 부사	2 -one / -body / -thing + 형용사	p.185
7과	5형식 문장	Ch.01 문장의 형식	7 5형식 – 명사 / 형용사 목적격보어	p.20
	5형식 사역동사	Ch.01 문장의 형식	9 5형식 – 사역동사	p.22
8과	5형식 지각동사	Ch.01 문장의 형식	10 5형식 – 지각동사	p.23
	to부정사 (목적격보어)	Ch.01 문장의 형식	8 5형식 – to부정사 목적격보어	p.21

비상(김진완)		적중! 중학영문법 3300제 Level 2		
1과	동명사	Ch.05 동명사	1 동명사의 쓰임	p.96
	5형식 문장	Ch.01 문장의 형식	7 5형식 – 명사 / 형용사 목적격보어	p.20
2과	접속사 if	Ch.12 접속사	5 조건을 나타내는 접속사	p.235
	to부정사 (목적격보어)	Ch.01 문장의 형식	8 5형식 – to부정사 목적격보어	p.21
3과	수동태	Ch.07 수동태	1 수동태	p.136
	to부정사 (형용사적 용법)	Ch.04 부정사	7 형용사적 용법 – (대)명사 수식	p.76
4과	주격 관계대명사	Ch.13 관계사	1 주격 관계대명사	p.254
	5형식 지각동사	Ch.01 문장의 형식	10 5형식 – 지각동사	p.23
5과	목적격 관계대명사	Ch.13 관계사	2 목적격 관계대명사	p.256
	현재완료	Ch.02 시제	6 현재완료의 형태	p.35
6과	to부정사 (가주어 it)	Ch.04 부정사	2 명사적 용법 – 주어 역할	p.69
	원급 비교	Ch.11 비교	3 원급 비교	p.210
7과	간접의문문	Ch.12 접속사	10 의문사가 있는 간접의문문	p.241
	5형식 사역동사	Ch.01 문장의 형식	9 5형식 – 사역동사	p.22
8과	so ~ that (결과)	Ch.12 접속사	6 결과를 나타내는 접속사	p.236
	분사	Ch.06 분사	1 분사의 쓰임	p.114

YBM(박준언)		적중! 중학영문법 3300제 Level 2		
1과	to부정사 (형용사적 용법)	Ch.04 부정사	7 형용사적 용법 – (대)명사 수식	p.76
	접속사 that	Ch.12 접속사	9 접속사 that	p.240
2과	의문사 + to부정사	Ch.04 부정사	6 명사적 용법 – 의문사 + to부정사	p.75
	원급 비교	Ch.11 비교	3 원급 비교	p.210
3과	5형식 사역동사	Ch.01 문장의 형식	9 5형식 – 사역동사	p.22
	접속사 if	Ch.12 접속사	5 조건을 나타내는 접속사	p.235
4과	주격 관계대명사	Ch.13 관계사	1 주격 관계대명사	p.254
	-thing + 형용사	Ch.10 형용사와 부사	2 -one / -body / -thing + 형용사	p.185
특강 1	간접의문문	Ch.12 접속사	10 의문사가 있는 간접의문문	p.241
	최상급	Ch.11 비교	9 최상급 비교	p.217
5과	수동태	Ch.07 수동태	1 수동태	p.136
	so ~ that (결과)	Ch.12 접속사	6 결과를 나타내는 접속사	p.236
6과	to부정사 (가주어 it)	Ch.04 부정사	2 명사적 용법 – 주어 역할	p.69
	not only ~ but also	Ch.12 접속사	2 상관접속사	p.230
7과	목적격 관계대명사	Ch.13 관계사	2 목적격 관계대명사	p.256
	to부정사 (목적격보어)	Ch.04 부정사	5 명사적 용법 – 목적격보어 역할	p.73
8과	현재완료	Ch.02 시제	6 현재완료의 형태	p.35
	조동사 may	Ch.03 조동사	4 may / might	p.53
특강 2	5형식 지각동사	Ch.01 문장의 형식	10 5형식 – 지각동사	p.23
	too ~ to부정사	Ch.04 부정사	12 too ~ to	p.85

YBM(송미정)		적중! 중학영문법 3300제 Level 2		
1과	최상급	Ch.11 비교	9 최상급 비교	p.217
	to부정사 (부사적 용법)	Ch.04 부정사	9 부사적 용법 – 목적 / 원인 / 판단 근거	p.79
2과	to부정사 (형용사적 용법)	Ch.04 부정사	7 형용사적 용법 – (대)명사 수식	p.76
	5형식 사역동사	Ch.01 문장의 형식	9 5형식 – 사역동사	p.22
3과	의문사 + to부정사	Ch.04 부정사	6 명사적 용법 – 의문사 + to부정사	p.75
	주격 관계대명사	Ch.13 관계사	1 주격 관계대명사	p.254
4과	현재완료	Ch.02 시제	6 현재완료의 형태	p.35
	접속사 if	Ch.12 접속사	5 조건을 나타내는 접속사	p.235
5과	부가의문문	문장의 기초	4 부가의문문	p.11
	수동태	Ch.07 수동태	1 수동태	p.136
6과	so ~ that (결과)	Ch.12 접속사	6 결과를 나타내는 접속사	p.236
	목적격 관계대명사	Ch.13 관계사	2 목적격 관계대명사	p.256
7과	5형식 지각동사	Ch.01 문장의 형식	10 5형식 – 지각동사	p.23
	to부정사 (가주어 it)	Ch.04 부정사	2 명사적 용법 – 주어 역할	p.69
8과	to부정사 (목적격보어)	Ch.04 부정사	5 명사적 용법 – 목적격보어 역할	p.73
	분사	Ch.06 분사	1 분사의 쓰임	p.114
9과	관계부사	Ch.13 관계사	9 관계부사 – where / when	p.265
	간접의문문	Ch.12 접속사	10 의문사가 있는 간접의문문	p.241

지학사(민찬규)			적중! 중학영문법 3300제 Level 2		
1과	one / the other	Ch.09 대명사	8 부정대명사로 열거하기	p.175
	접속사 if	Ch.12 접속사	5 조건을 나타내는 접속사	p.235
2과	의문사 + to부정사	Ch.04 부정사	6 명사적 용법 – 의문사 + to부정사	p.75
	주격 관계대명사	Ch.13 관계사	1 주격 관계대명사	p.254
3과	목적격 관계대명사	Ch.13 관계사	2 목적격 관계대명사	p.256
	to부정사 (목적격보어)	Ch.01 문장의 형식	8 5형식 – to부정사 목적격보어	p.21
4과	-thing + 형용사	Ch.10 형용사와 부사	2 -one / -body / -thing + 형용사	p.185
	현재완료	Ch.02 시제	6 현재완료의 형태	p.35
5과	수동태	Ch.07 수동태	1 수동태	p.136
	조동사가 쓰인 수동태	Ch.07 수동태	4 조동사가 쓰인 수동태	p.140
6과	so ~ that (결과)	Ch.12 접속사	6 결과를 나타내는 접속사	p.236
	원급 비교	Ch.11 비교	3 원급 비교	p.210
7과	to부정사 (가주어 it)	Ch.04 부정사	2 명사적 용법 – 주어 역할	p.69
8과	5형식 사역동사	Ch.01 문장의 형식	9 5형식 – 사역동사	p.22
	접속사 although	Ch.12 접속사	7 양보를 나타내는 접속사	p.237

천재(이재영)			적중! 중학영문법 3300제 Level 2		
1과	주격 관계대명사	Ch.13 관계사	1 주격 관계대명사	p.254
	접속사 if	Ch.12 접속사	5 조건을 나타내는 접속사	p.235
2과	목적격 관계대명사	Ch.13 관계사	2 목적격 관계대명사	p.256
	의문사 + to부정사	Ch.04 부정사	6 명사적 용법 – 의문사 + to부정사	p.75
3과	to부정사 (가주어 it)	Ch.04 부정사	2 명사적 용법 – 주어 역할	p.69
	to부정사 (형용사적 용법)	Ch.04 부정사	7 형용사적 용법 – (대)명사 수식	p.76
4과	수동태	Ch.07 수동태	1 수동태	p.136
	원급 비교	Ch.11 비교	3 원급 비교	p.210
5과	to부정사 (목적격보어)	Ch.04 부정사	5 명사적 용법 – 목적격보어 역할	p.73
	before, after (시간)	Ch.12 접속사	3 시간을 나타내는 접속사	p.232
6과	5형식 사역동사	Ch.01 문장의 형식	9 5형식 – 사역동사	p.22
	too ~ to부정사	Ch.04 부정사	12 too ~ to	p.85
7과	현재완료	Ch.02 시제	6 현재완료의 형태	p.35
	분사	Ch.06 분사	1 분사의 쓰임	p.114
8과	최상급 비교	Ch.11 비교	9 최상급 비교	p.217
	간접의문문	Ch.12 접속사	10 의문사가 있는 간접의문문	p.241

천재(정사열)			적중! 중학영문법 3300제 Level 2		
1과	to부정사 (형용사적 용법)	Ch.04 부정사	7 형용사적 용법 – (대)명사 수식	p.76
	접속사 that	Ch.12 접속사	9 접속사 that	p.240
2과	접속사 if	Ch.12 접속사	5 조건을 나타내는 접속사	p.235
	5형식 지각동사	Ch.01 문장의 형식	10 5형식 – 지각동사	p.23
3과	현재완료	Ch.02 시제	6 현재완료의 형태	p.35
	though (양보)	Ch.12 접속사	7 양보를 나타내는 접속사	p.237
4과	주격 관계대명사 목적격 관계대명사	Ch.13 관계사	1 주격 관계대명사 2 목적격 관계대명사	p.254 p.256
	관계대명사의 생략	Ch.13 관계사	7 목적격 관계대명사의 생략 8 「주격 관계대명사 + be동사」의 생략	p.263 p.264
5과	의문사 + to부정사	Ch.04 부정사	6 명사적 용법 – 의문사 + to부정사	p.75
	to부정사 (목적격보어)	Ch.04 부정사	5 명사적 용법 – 목적격보어 역할	p.73
6과	(a) few / (a) little	Ch.10 형용사와 부사	3 수량형용사	p.186
	수동태	Ch.07 수동태	1 수동태	p.136
7과	분사	Ch.06 분사	1 분사의 쓰임	p.114
	to부정사 (가주어 it)	Ch.04 부정사	2 명사적 용법 – 주어 역할	p.69
8과	so ~ that (결과)	Ch.12 접속사	6 결과를 나타내는 접속사	p.236
	5형식 사역동사	Ch.01 문장의 형식	9 5형식 – 사역동사	p.22

INDEX 찾아보기

영문

적중! 중학영문법
3300제

LEVEL **2**

정답+워크북

적중! 중학영문법
3300제

LEVEL **2**

문장의 기초

1 단어/구 ▶▶ p.8

A

1 명사(점심 식사)	**2** 감탄사(오)
3 부사(가끔씩)	**4** 접속사(~ 전에)
5 전치사(~에서)	**6** 형용사(흥미로운)
7 동사(있다)	**8** 대명사(이것)
9 부사(늦게)	**10** 형용사(처음의)
11 전치사(~ 동안)	

2 문장 ▶▶ p.9

A

1 보어(큰 문제)
2 동사(걸어갔다)
3 목적어(그녀의 숙제를)
4 목적어(경험을)
5 수식어(물론)
6 수식어(그저께)
7 동사(신고 있다)
8 주어(아이들은)
9 수식어(곧)
10 보어(흥미가 있는)
11 수식어(몇몇 젊은이들과 함께)
12 수식어(1994년에)
13 목적어(그 장면을)
14 수식어(놀랍게도)

3 의문사가 있는 의문문 ▶▶ p.10

A

1 Where are my keys?
2 Whose coat is this?
3 When did they arrive?
4 How can we find a restaurant?
5 What caused the accident?
6 Who helps you with your homework?
7 How much is the ticket for the concert?

4 부가의문문 ▶▶ p.11

A

1 is it	**2** doesn't he
3 can he	**4** don't we
5 didn't you	**6** wasn't it
7 isn't there	**8** did you
9 aren't they	**10** couldn't she

5 감탄문 ▶▶ p.12

A

1 How salty	**2** What an expensive
3 How interesting	**4** How boring
5 What beautiful	**6** What a

Chapter 01 문장의 형식

1 1형식 ▶▶ p.14

A

1 S V M	**2** S V M M
3 S V M	**4** S V M M
5 S V M M	**6** M V S M

B

1 There is a cow
2 There aren't many trees
3 There wasn't another place

2 2형식 ▶▶ p. 15

A

1 S V M, 1형식　　2 S V C M, 2형식

3 S V M, 1형식　　4 S V C M, 2형식

5 S V C, 2형식　　6 S V C M M, 2형식

B

1 becomes fourteen years old

2 is getting colder and colder

3 My little brother is very smart.

3 2형식 – 감각동사 + 형용사 ▶▶ p. 16

A

1 looks nice　　2 taste sweet

3 looked like　　4 smells good

5 looks young　　6 sounds like

B

1 tastes bitter

2 looks like a singer

3 sounds beautiful

4 felt nervous because of the interview

4 3형식 ▶▶ p. 17

A

1 S V O　　2 S V O

3 S V O　　4 S V O

5 S V O

B

1 want to eat

2 stopped looking for

3 didn't say anything

4 know that I don't like eggs

5 4형식 ▶▶ p. 18

A

1 S V IO DO, 4형식

2 S V O, 3형식

3 S V IO DO M, 4형식

4 S V IO DO, 4형식

5 S V O M, 3형식

6 S V IO DO M, 4형식

B

1 made me a dress

2 bought her a present

3 cooks him lunch every day

4 gave Bob his favorite clothes

6 4형식 문장의 3형식 문장 전환 ▶▶ p. 19

A

1 a birthday gift to you

2 a secret to me

3 a pretty doll for his daughter

4 a toy for me

5 his age of him

6 some money to me

7 a meal for his mother

8 a digital camera to the repair shop

7 5형식 – 명사 / 형용사 목적격보어 ▶▶ p. 20

A

1 S V O OC, 5형식

2 S V IO DO, 4형식

3 S V O OC, 5형식

4 S V O OC, 5형식

5 S V IO DO, 4형식

6 S M V O OC M, 5형식

B

1 thought the chair old
2 called her "Snow White"
3 left the door open
4 elected John the president of the class

8 5형식 – to부정사 목적격보어
▶▶ p.21

A

1 everyone to come
2 me to clean
3 her to go
4 him to stop

B

1 allow people to fish
2 expect the goods to arrive
3 would like me to wear
4 don't want her to bungee jump
5 ordered the man to come out
6 asked the doorman to let us in

9 5형식 – 사역동사
▶▶ p.22

A

1 think
2 wash
3 play
4 to paint, paint
5 to come

B

1 Let me introduce
2 made him drive
3 had my brother clean
4 helps me (to) do my homework
5 get Paul to call

10 5형식 – 지각동사
▶▶ p.23

A

1 cry
2 run
3 bark, barking
4 touch
5 cross, crossing

B

1 saw her cry
2 watched a man swimming
3 heard his sister laugh
4 watched him enter the bank
5 He heard somebody shout "Help!"
6 heard a famous singer sing

Chapter 01 학교 시험 대비 문제
▶▶ p.24~28

01 ② 02 ① 03 ⑤ 04 ③ 05 ④ 06 ④ 07 ② 08 ① 09 ⑤ 10 ② 11 ④ 12 ② 13 ① 14 ② 15 ① 16 ② 17 ⑤ 18 ④ 19 ⑤ 20 ③ 21 ⑤ 22 ② 23 ④ 24 ①, ④

서술형 25 water(watering) plants 26 many different sites, are 27 come home early 28 go to bed early 29 to clean his room 30 (to) do his homework 31 very fast in the pool, rings with its mouth 32 older as time went by, trees and flowers at home 33 to go home now, you to lend me some money

01 **해설** 목적격보어가 to부정사이므로, 동사원형을 목적격보어로 갖는 사역동사 made는 쓸 수 없다.

02 **해설** 4형식 문장의 동사 give와 teach는 3형식 문장으로 전환할 때 간접목적어 앞에 전치사 to를 쓴다.
　　해석 • 그녀는 내게 책 한 권을 주었다.
　　　　• Ann은 우리에게 영어를 가르친다.

03 **해설** ①, ④는 2형식, ②, ③은 3형식 문장이다. 현재진행시제가 쓰인 1형식 문장 ⑤의 is standing을 각각 동사와 보어로 착각하지 않도록 주의한다.
　　해석 마루 위에 고양이 한 마리가 있다.

04 해설 ③ 「감각동사 + 형용사」이므로 looked unhappy 로 써야 한다.

05 해설 ①, ②, ③, ⑤는 5형식 문장이고, ④는 4형식 문장에서 전환된 3형식 문장이다.

06 해설 두 번째 빈칸 뒤에 목적격보어로 동사원형을 쓴 것으로 보아, 빈칸에 올 수 있는 동사는 사역동사인 make, have이다. 그 중 의미상 첫 번째 빈칸에도 들어갈 수 있는 것은 have이다.

　해석 • 나는 형제 한 명과 자매 한 명이 있다.
　　　• 나는 그에게 집 청소를 시킬 것이다.

07 해설 ① 5형식 / 3형식 ③ 5형식 / 4형식 ④ 4형식 / 3형식 ⑤ 4형식 / 1형식
　　②의 첫 문장에서 It은 가주어로 쓰였고, 두 번째 문장에서 It은 대명사로 쓰였지만 두 문장 모두 2형식 문장이다.

08 해설 ① want는 목적격보어로 to부정사를 쓰므로 to take로 써야 한다.

09 해설 buy를 쓴 4형식 문장을 3형식 문장으로 전환할 때 간접목적어(사람) 앞에 전치사 for를 쓴다.
　해석 나의 어머니는 내게 멋진 가방을 사주실 수 있다.

10 해설 ② 사역동사 make는 목적격보어로 동사원형을 쓰므로 clean으로 써야 한다.

　해석 A 넌 또 늦었구나!
　　　B 죄송해요, 선생님. 어머니께서 제가 외출하기 전에 방을 청소하게 하셨어요. 선택의 여지가 없었어요.
　　　A 시간을 잘 지키거라!

11 해설 ①, ②, ③, ⑤의 밑줄 친 부분은 수식어구이고, ④의 밑줄 친 부분은 the film을 설명하는 목적격보어이다.

12 해설 tell은 목적격보어로 to부정사를 쓴다. to부정사의 부정은 to부정사 바로 앞에 not을 써서 만든다.

13 해설 ②, ③, ④, ⑤의 had는 '~하게 하다'의 의미로 쓰인 5형식 문장의 사역동사로, ①에서는 '가지다'의 의미인 3형식 문장의 동사로 쓰였다.

14 해설 지각동사는 목적격보어로 동사원형 또는 현재분사(-ing)를 사용한다.
　해석 • 우리는 그 남자가 연설하는 것을 들었다.
　　　• 우리는 그녀가 아래층으로 내려오고 있는 것을 봤다.

15 해설 목적격보어(playing)가 현재분사이므로 동사는 지각동사가 오는 것이 알맞다.

16 해설 get은 목적격보어로 to부정사를 사용한다.
　해석 빗소리를 들으면 나는 편안해진다.
　　　→ 빗소리는 나를 편안하게 한다.

17 해설 두 번째 문장에서 목적격보어로 동사원형을 쓴 것으로 보아 had와 made를 쓸 수 있다. 의미상 나머지 빈칸에 공통으로 들어갈 수 있는 단어는 made이다.

　해석 • 그는 나무 탁자를 만들었다.
　　　• 그녀의 농담이 우리 모두를 웃게 했다.
　　　• 그녀는 딸에게 드레스를 만들어줬다.

18 해설 ④의 밑줄 친 부분은 5형식 문장의 목적격보어로, 나머지는 3형식 문장의 목적어로 쓰였다.

19 해설 4형식 문장의 동사 give는 3형식 문장으로 전환할 때 간접목적어 앞에 전치사 to를, 5형식 문장에서 동사 ask는 목적격보어로 to부정사를 쓴다.
　해석 • 당신의 개한테 초콜릿을 줘서는 안 된다.
　　　• 그녀는 내게 그녀의 새를 돌봐 달라고 부탁했다.

20 해설 당신에게 좋은 조언을 해줄 것이라는 내용이므로 4형식 「주어 + 동사 + 간접목적어 + 직접목적어」의 어순이 알맞다.
　해석 Johnson 씨는 당신이 만나야 하는 사람이다. 그는 당신에게 좋은 조언을 해줄 것이다.

21 해설 감각동사 sound는 보어로 형용사를 쓰므로, 부사 excellently는 알맞지 않다.
　해석 Jake는 우리에게 그가 캠핑에 관한 완벽한 계획을 세웠다고 말했다. 하지만 그 계획은 근사한 / 훌륭한 / 완벽한 / 흥미로운 것 같지 않았다.

22 해설 ② 4형식 문장의 동사 send는 3형식으로 전환할 때 간접목적어(사람) 앞에 전치사 to를 사용한다.

23 해설 let은 목적격보어로 동사원형을 쓴다.

24 해설 ① get은 '~되다'라는 2형식 동사로 주격보어 자리에 형용사가 와야 하므로 darkly(부사) → dark(형용사)
　　④ keep은 '계속 ~이다'라는 뜻으로 5형식 동사로 목적격보어 자리에 부사가 올 수 없으므로 neatly(부사) → neat(형용사)

25 **해설** 지각동사 saw는 목적격보어로 동사원형이나 현재분사를 쓴다.

해석 나는 할머니께서 식물에 물 주시는〔주시고 있는〕것을 봤다.

26 **해설** There are ~ 문장에서 주어는 are 다음에 오는 말이며 are가 동사이다.

해석 인터넷에는 많은 다양한 사이트가 있다.

27 **해설** 사역동사 make는 목적격보어로 동사원형을 쓴다.

해석 Tom의 아빠는 Tom을 집에 일찍 들어오게 한다.

28 **해설** 사역동사 have는 목적격보어로 동사원형을 쓴다.

해석 Tom의 엄마는 Tom을 일찍 자게 한다.

29 **해설** 동사 want는 목적격보어로 to부정사를 쓴다.

해석 Tom의 누나는 Tom이 그의 방을 청소하기를 원한다.

30 **해설** 준사역동사 help는 목적격보어로 동사원형과 to부정사를 모두 쓸 수 있다.

해석 Tom의 형은 Tom이 숙제하는 것을 도울 것이다.

31 **해설** 1형식 문장이 되어야 하므로 뒤에 수식어구가 와야 한다. / 목적어가 와야 3형식 문장이 된다.

해석 돌고래는 수영장에서 아주 빠르게 이동한다. / 돌고래는 입으로 고리들을 옮긴다.

32 **해설** 형용사인 보어가 와야 2형식 문장이 된다. as time went by(부사절) : 시간이 지남에 따라 / grew(키웠다)의 목적어가 와야 3형식 문장이 된다.

해석 나의 부모님은 세월이 갈수록 점점 더 늙으셨다. / 우리 부모님은 집에서 나무와 꽃을 키우셨다.

33 **해설** want의 목적어가 와야 3형식 문장이 된다. / 목적어와 목적격보어가 와야 5형식 문장이 된다.

해석 나는 지금 집에 가고 싶다. / 나는 네가 내게 약간의 돈을 빌려주기를 원한다.

Chapter 02 시제

1 현재시제 ▶▶ p.30

A
1 is
2 drives
3 snows
4 arrives
5 goes
6 rises, sets

B
1 walks
2 moves
3 plays
4 does
5 hears
6 always gets

2 과거시제 ▶▶ p.31

A
1 got
2 went
3 broke
4 founded
5 taught
6 lost

B
1 Minsu played computer games when his mother was not home.
2 What did you do on the weekend?
3 He took my bag on the street.
4 I sometimes heard of you from my sister.

3 미래시제 ▶▶ p.32

A
1 will snow
2 will be
3 will go
4 won't〔will not〕go
5 won't〔will not〕bark

B
1 It is not〔isn't〕going to rain this evening.
2 My sister is going to drive to work today.
3 Lana is not〔isn't〕going to come to our party this weekend.
4 We are going to save a lot of energy with the recycling programs.
5 Is your brother going to study in Canada from this fall?

4 진행시제　　　　▶▶ p.33

A

1　were, doing　　2　was cooking
3　is wearing　　　4　am studying

B

1　is your mom sleeping
2　am taking Japanese lessons
3　was throwing a ball
4　was serving in the army

5 진행시제로 쓸 수 없는 동사　　　　▶▶ p.34

A

1　has　　　　　　　2　remember
3　Does she like　　4　saw
5　know　　　　　　6　belongs
7　misses　　　　　　8　Do you have
9　resembles

6 현재완료의 형태　　　　▶▶ p.35~36

A

1　have opened　　2　has made
3　I have seen　　　4　The boys have drunk
5　My sister's boyfriend has bought

B

1　has not (hasn't) scored
2　has not (hasn't) hurt
3　Uncle Tom has not (hasn't) lost
4　The Lees have not (haven't) moved
5　Dad and I have not (haven't) caught

C

1　Have you put
2　has your child broken
3　Has Tom done
4　has caught the thieves
5　have you been late for school

7 현재완료 – 완료　　　　▶▶ p.37

A

1　have just called
2　have just cleaned
3　has just made

B

1　Have you found, already
2　I have already seen
3　She has just decided
4　We have already spent
5　He hasn't (has not) done, yet

8 현재완료 – 계속　　　　▶▶ p.38

A

1　haven't (have not) washed
2　haven't (have not) called
3　haven't (have not) visited
4　haven't (have not) played

B

1　has learned the piano for
2　have lived in Seoul since
3　have had a cold for
4　have been at the hotel since
5　have not (haven't) done any sports since

9 현재완료 – 경험　　　　▶▶ p.39

A

1　been to Japan
　　I've never been to Japan, I've been to China
2　Have you ever played basketball?
　　I've never played basketball, I've played volleyball
3　Have you ever ridden a horse?
　　I've never ridden a horse, I've ridden an elephant

B

1 has lived, before
2 have never seen
3 has visited, once
4 have never given, before

10 현재완료 – 결과　　　▶▶ p.40

A

1 has gone to
2 has gone to
3 Have, been to
4 has gone to

B

1 has lost my watch
2 has broken my new camera
3 has left for China with his wife
4 has bought an expensive ring for his girlfriend

11 현재완료와 과거　　　▶▶ p.41

A

1 left
2 before
3 has lived
4 had
5 saw
6 did you get

B

1 lived here
2 has won twice
3 have you worked for the company

Chapter 02 학교 시험 대비 문제

▶▶ p.42~48

01 ③　02 ⑤　03 ②　04 ③　05 ③　06 ④　07 ③　08 ①, ②　09 ①　10 ①　11 ⑤　12 ③　13 ①　14 ②　15 ⑤　16 ②　17 ⑤　18 ①　19 ①　20 ②　21 ④　22 ⑤　23 ③　24 ②　25 ⑤　26 ②　27 ③　28 ⑤　29 ⑤

서술형 **30** since　**31** were talking　**32** for　**33** have lost　**34** has gone to, has been to　**35** will(is going to) exercise, will(is going to) wear　**36** will snow → snows　**37** has been → was　**38** Mike has not (hasn't) fixed his car.　**39** Has Jacob watched TV?　**40** met　**41** hit　**42** has lived in Korea since 2015.　**43** She has gone to Paris to study.　**44** Have you (ever) been to Paris?　**45** I have never been to Paris yet. 또는 I haven't been to Paris yet.　**46** bought　**47** wasn't(was not)　**48** have lost　**49** visit　**50** is opening

01 **해설** get의 변화형은 get - got - gotten(got)이다.
02 **해설** found(설립하다)의 변화형은 found - founded - founded이다.
03 **해설** 미국에 가서 현재 없으므로 has gone을 쓴다. have been to(~에 가본 적이 있다)와 의미를 구별해서 써야 한다. ③의 「used to + 동사원형」은 '~하곤 했다'의 뜻이며, ⑤의 「be used to -ing」는 '~하는 데 익숙하다'의 의미이다.
　해석 Tom은 미국으로 가서 지금 여기에 없다.
04 **해설** 「Have(Has) + 주어 + p.p. ~ ?」의 형태인 현재완료시제의 의문문이다. 따라서 eat의 과거분사인 eaten이 알맞다.
　해석 너는 한국 음식을 먹어본 적이 있니?
05 **해설** 현재완료시제(has rained)와 기간(a week)이 언급된 것으로 보아 전치사 for(~ 동안)가 알맞다.
　해석 일주일 동안 비가 내리고 있다.
06 **해설** ④ 'How long ~'으로 공부한 기간을 물었는데 작년에 공부했다는 대답은 적절하지 않다.
07 **해설** 보기와 ③은 현재완료시제의 경험을 나타내는 용법으로 쓰였다. ①은 결과, ②와 ⑤는 계속, ④는 완료의 의미를 나타낸다.
　해석 나는 도쿄에 가본 적이 없다.
08 **해설** ① 서울에 가버리고 없다는 '결과'의 의미 ② 유리창을 깨뜨렸다는 '결과'의 의미 ③ 2010년부터 수원에서 살고 있다는 '계속'의 의미 ④ 영어를 6년간 공부하고 있다는 '계속'의 의미 ⑤ 이미 숙제를 끝냈다는 '완료'의 의미

09 **해설** 의문사가 없는 현재완료시제의 질문이므로 답은 Yes, I have.이거나 No, I haven't.이다.

해석 A 너는 밴쿠버에 가본 적이 있니?

B 응, 그래.

10 **해설** 주어진 우리말에는 '어제'라는 과거를 나타내는 부사가 있으므로, 동사의 시제는 과거시제 met가 알맞다.

11 **해설** 보기는 현재완료시제로 일 년간 이곳에 살고 있다는 계속의 의미를 나타낸다. 계속의 의미로 쓰인 문장은 ⑤이다. ① 경험 ②, ④ 완료 ③ 결과

해석 나는 여기서 일 년째 살고 있다.

12 **해설** ③ 미래시제를 나타내는 be going to는 과거를 나타내는 부사(yesterday)와 함께 쓸 수 없다.

13 **해설** 문맥상 '아직'이라는 의미로 부정문에 쓰이는 yet이 알맞다. just now는 '이제 막, 방금 전'의 의미로 과거시제와 함께 쓰인다. already는 '이미, 벌써'라는 의미로 긍정문과 의문문에 쓰인다.

해석 A 너는 Edward를 봤니?

B 아니, 나는 아직 그를 보지 못했어.

14 **해설** 문장 맨 앞에 Have가 있는 것으로 보아 현재완료시제이며 싱가포르에 가본 경험을 묻고 있으므로 과거분사 been이 알맞다.

have been to : ~에 가본 적이 있다

해석 너는 싱가포르에 가본 적이 있니?

15 **해설** these days로 보아 최근 일시적으로 지속되는 상태인 댄스 수업 수강에 대한 언급이므로 현재진행시제(am taking)가 알맞다.

해석 나는 요즘 댄스 강습을 받는 중이다.

16 **해설** ①, ④, ⑤에는 과거의 특정 시점을 나타내는 부사(구)가 있다. 이런 경우 동사는 과거시제를 쓴다. ③의 used to는 과거의 습관을 나타내므로 미래를 나타내는 부사구 next month와 함께 쓸 수 없다.

17 **해설** 빈칸 뒤의 내용으로 보아 부정의 대답이 와야 한다. 현재완료시제의 의문사 없는 의문문에 대한 부정의 대답이므로 No, I haven't.가 알맞다.

해석 A 너는 낙타를 타본 적이 있니?

B 아니, 없어. 언젠가는 그걸 타보고 싶어.

18 **해설** 첫 번째 빈칸에는 3년(three years)이라는 기간을 의미하므로 전치사 for(~동안)가 알맞다. 두 번째 빈칸에는 since가 쓰인 것으로 보아 현재완료시제가 와야 하므로 과거분사가 알맞다.

해석 • 나는 이 차를 3년째 사용하고 있다.

• 그는 작년 겨울부터 나를 알고 지냈다.

19 **해설** How long으로 기간을 묻고 있으므로 계속의 의미를 나타내는 현재완료시제(have studied)를 쓴다.

해석 너는 얼마나 오래 스페인어를 공부해왔니?

20 **해설** ② 과거를 나타내는 부사 yesterday가 있으므로 It rained yesterday.로 써야 한다.

21 **해설** ④ since 뒤에는 과거의 특정 시점이 온다. 4달이라는 기간이 언급되어 있으므로 for를 써야 한다.

22 **해설** since는 과거의 특정 시점과 함께 쓰여 '~이후로, ~부터'라는 의미이며, for는 기간과 함께 쓰여 '~동안'이라는 의미로 쓰인다. ⑤는 나머지와 달리 a long time이라는 기간이 쓰였으므로 for가 알맞다.

23 **해설** 미래를 나타내는 부사구(next month)와 함께 쓰인 왕래발착동사(go)는 현재진행시제로 가까운 미래를 나타낼 수 있다.

24 **해설** 시간이나 조건을 나타내는 부사절에서는 미래를 표현할 때 미래시제 대신 현재시제를 쓴다.

25 **해설** A의 빈칸에는 Have와 since가 쓰인 것으로 보아 현재완료시제가 알맞다. B의 빈칸에는 this afternoon이라는 과거를 나타내는 부사구가 있으므로 과거시제 saw가 알맞다.

해석 A 민하가 토론토에서 돌아온 후로 그녀를 본 적이 있니?

B 응, 나는 오늘 오후에 그녀를 봤어.

26 **해설** 문맥상 빈칸에는 '이미'의 의미인 already가 알맞다. yet은 부정문과 의문문에 쓰인다.

해석 A Susan은 지금 아마 배고플 거야!

B 아니야. 그녀는 이미 나와 함께 간식을 먹었어.

27 **해설** '엄마가 집에 오셨을 때'라는 과거 특정 시점에 진행 중이던 일이므로 과거진행시제로 쓴다.

28 **해설** 소유를 의미하는 have는 진행시제로 쓰지 않는다. am having → have

29 **해설** 과거시제 문장에 미래를 의미하는 a few weeks later를 함께 쓸 수 없다.

서 술 형

30 **해설** 현재완료시제인 것과 문장의 의미로 보아 시작 시점을 나타내는 전치사 since가 알맞다.

해석 한국인들은 1945년부터 이 공휴일을 기념하고 있다.

31 해설 주어진 우리말로 보아 과거진행시제로 표현할 수 있다. 과거진행시제는 「be동사의 과거형 + -ing」로 표현한다. 따라서 were talking으로 써야 한다.

32 해설 현재완료시제이고 빈칸 뒤에 기간을 나타내는 어구가 있으므로 for가 알맞다.
해석 • 그는 목포에서 3년째 살고 있다.
    • 나는 한국어를 오랫동안 공부하고 있다.

33 해설 연필을 잃어버려서 찾지 못하는 상황이므로 결과를 의미하는 현재완료시제로 표현할 수 있다.
해석 나는 내 연필을 잃어버렸고, 그것을 지금 찾을 수 없다.

34 해설 have gone to : ~에 가고 없다(결과), have been to : ~에 가본 적이 있다(경험)

35 해설 tomorrow, next month로 보아 「will(be going to) + 동사원형」 형태의 미래시제로 써야 한다.
해석 • Jack은 내일 그의 강아지와 함께 운동할 것이다.
    • Nicole은 다음 달 콘서트에서 빨간 드레스를 입을 것이다.

36 해설 시간이나 조건의 부사절에서는 현재시제로 미래를 나타낸다.
해석 내일 눈이 내리면 나는 눈사람을 만들 것이다.

37 해설 역사적 사실은 반드시 과거시제로 표현한다.
해석 24회 올림픽은 서울에서 개최되었다.

38 해설 현재완료시제의 부정문을 만들 때는 have(has) 뒤에 not을 쓴다.
해석 Mike는 그의 자동차를 고치지 않았다.

39 해설 현재완료시제의 의문문을 만들 때는 have(has)를 문장 맨 앞으로 보낸다.
해석 Jacob이 TV를 봤니?

40 해설 경험을 나타내는 현재완료시제로 써야 하므로 meet의 과거분사인 met을 쓴다.

41 해설 「almost + 과거동사」는 '거의 ~할 뻔 했다'의 뜻으로, 빈칸에는 hit(치다)의 과거형 hit이 들어가야 한다. hit는 현재, 과거, 과거분사의 형태가 모두 같다.

42 해설 과거 특정 시기부터 현재까지 동작이 쭉 이어지는 경우엔 '(계속) ~해오고 있다'라는 뜻의 현재완료 계속적 용법을 사용한다.
해석 • Susan은 2015년에 한국으로 왔다.
    • Susan은 여전히 한국에서 살고 있다.

→ Susan은 2015년부터 한국에 살고 있다.

[43-45]
해설 **43** '~에 가고 없다'는 말은 현재완료시제를 사용하여 「have(has) gone to + 장소」로 쓴다.
44 '~에 가본 적이 있다'는 말은 현재완료시제를 사용하여 「have(has) been to + 장소」로 표현한다. 현재완료시제를 경험의 의미로 쓸 때는 부사 ever를 함께 쓰기도 한다.
45 현재완료시제의 부정을 나타낼 때는 have 뒤에 not이나 never를 붙여서 표현한다. '아직'의 의미를 나타내는 yet은 문장 끝에 쓴다.

해석 **미선** 준수야, Christina는 어디 있어? 나는 최근에 그녀를 본 적이 없어.
준수 그녀는 파리에 공부하러 갔어.
미선 아, 그래서 내가 최근에 그녀를 못 봤구나, 너는 파리에 가봤니?
준수 응, 가봤어. 너는?
미선 아니, 나는 아직 파리에 가본 적이 없어.
준수 파리는 세계에서 가장 아름다운 도시들 중 하나야.

46 해설 배가 고파서 먹을 것을 샀다는 의미이다. 문장이 과거시제이므로 과거형 bought가 알맞다.
해석 나는 배고파서 집에 오는 길에 먹을 것을 샀다.

47 해설 그 책을 이해하지 못해서 책에 흥미가 없다는 의미이다. 문장이 과거시제이므로 wasn't나 was not이 알맞다.
해석 그녀는 그 책을 이해하지 못했기 때문에 그것에 대해 흥미가 없었다.

48 해설 열쇠를 잃어버리고 찾지 못해서 찾는 것을 도와달라는 의미이므로 결과를 나타내는 현재완료시제 have lost가 알맞다.
해석 나는 내 자동차 열쇠를 잃어버렸어. 그것을 찾는 걸 도와줄래?

49 해설 현재의 습관이나 반복적인 동작을 나타낼 때는 현재시제를 사용하므로 visit가 알맞다.
해석 나는 매주 일요일 저녁식사를 하러 할머니를 방문한다.

50 해설 Look!이라는 표현으로 보아 현재 일어나고 있는 일이므로 현재진행시제를 쓴다.
해석 봐! 저 남자가 너희 집 문을 열고 있어.

Chapter 03 조동사

1 조동사의 쓰임
▶▶ p. 50

A
1 be
2 have to
3 will
4 finish
5 be able to
6 use

B
1 should go
2 will have to do
3 may have to come
4 will be able to write

2 조동사의 부정문 / 의문문
▶▶ p. 51

A
1 cannot(can't) understand
2 will not(won't) be
3 may not order
4 should not(shouldn't) spend

B
1 Can he study
2 Will my father raise
3 Should we obey
4 Will it rain or snow

3 can / could
▶▶ p. 52

A
1 am not able to
2 Are, able to
3 was not able to

B
1 ⓔ
2 ⓓ
3 ⓐ
4 ⓑ
5 ⓒ
6 ⓔ
7 ⓓ

4 may / might
▶▶ p. 53

A
1 ⓐ
2 ⓑ
3 ⓐ
4 ⓑ
5 ⓐ
6 ⓑ
7 ⓐ

B
1 cat may(might) be
2 may(can) leave, may not(cannot) leave
3 May(Can) I come

5 will / would
▶▶ p. 54

A
1 is going to be
2 Are you going to read
3 are you going to visit
4 are not going to buy

B
1 will, be
2 is going to have
3 would(will) you close
4 won't be late
5 Would(Will) you show

6 must / have to
▶▶ p. 55

A
1 ⓑ
2 ⓐ
3 ⓐ
4 ⓑ

B
1 have to work
2 has to call
3 will have to do
4 had to go
5 have to go
6 had to walk
7 must be
8 will have to visit

7 must의 부정

▶▶ p.56

A

1 must not   **2** don't have to
3 must not   **4** don't have to
5 cannot

B

1 must not use
2 doesn't have to wear
3 must not make any noise
4 doesn't have to finish
5 cannot(can't) lose the game

8 should / ought to

▶▶ p.57

A

1 should take an umbrella
2 should not eat fast food
3 ought not to drink
4 ought to go home

9 had better / would like to

▶▶ p.58

A

1 had better
2 had better not
3 had better
4 had better not
5 had better
6 had better not

B

1 would like to buy
2 What would you like to do
3 I'd better not be
4 I'd like to get married
5 had better wear

10 would / used to

▶▶ p.59

A

1 used to   **2** would (used to)
3 am used to   **4** used to
5 would (used to)   **6** is used to
7 would (used to)   **8** used to

11 do

▶▶ p.60

A

1 ⓑ   **2** ⓐ
3 ⓐ   **4** ⓒ
5 ⓑ   **6** ⓑ
7 ⓒ   **8** ⓑ
9 ⓓ   **10** ⓑ

Chapter 03 학교 시험 대비 문제

▶▶ p.61~66

01 ② 02 ④ 03 ④ 04 ③ 05 ⑤ 06 ② 07 ③ 08
⑤ 09 ⑤ 10 ④ 11 ⑤ 12 ① 13 ⑤ 14 ⑤ 15 ②
16 ② 17 ② 18 ① 19 ⑤ 20 ③ 21 ③ 22 ⑤ 23
④ 24 ① 25 ③ 26 ④

서술형 27 couldn't   28 must   29 May(may)   30
Linda won't(will not) be able to sing very well. / Will
Linda be able to sing very well?   31 will(are going to)
help, will(are going to) build   32 cannot(can't) be
33 will have to   34 doesn't have to go to school   35
must not smoke   36 can ride a bike(bicycle)   37 must
not use your(a) cell phone

01 **해설** I'm sorry.라는 응답으로 보아 '갈 수 없다'는 의미
인 I can't go.가 이어지는 것이 알맞다.

    해석 A 내일은 토요일이야. 수영장에 가자.
           B 미안해. 나는 갈 수 없어.

02 **해설** may로 질문했으므로 may로 답한다. Yes로 답했
으므로 뒤에는 you may가 오는 것이 알맞다.

    해석 A 연필로 편지를 써도 되나요?
           B 네, 그래요.

03 **해설** may : ~일지도 모른다 / must : ~임에 틀림없다 / cannot : ~일 리가 없다

04 **해설** '~임에 틀림없다'라는 강한 추측의 의미를 나타내는 조동사는 must이다.

해석 나는 그가 정직하다고 확신한다. → 그는 정직한 게 틀림없다.

05 **해설** ①, ②, ③, ④는 허가로, 주어진 문장과 ⑤는 추측의 의미로 쓰였다.

해석 나는 우편물을 보내러 우체국에 갈지도 모른다.

06 **해설** 조동사 뒤에는 동사원형을 쓰므로 ②는 write로 써야 한다.

해석 나는 네가 가져와야 할 것들을 써놔야 한다고 생각한다.

07 **해설** had better의 부정형은 had better not이다.

해석 너는 오늘 밤에 외출하지 않는 게 좋을 것이다.

08 **해설** don't have to : ~할 필요가 없다 = don't need to

해석 가끔씩 너는 도서관에 갈 필요가 없다.

09 **해설** ⑤ should의 부정형은 should 뒤에 not을 붙여서 should not(shouldn't)로 나타낸다.

10 **해설** 조동사 used to(~했었다)는 과거의 상태를 나타낸다.

해석 근처에 커다란 나무가 있었다. 하지만 더 이상 이곳에 그 나무는 없다.

11 **해설** ⑤는 추측의 의미이고 나머지는 모두 의무를 나타낸다.

12 **해설** be able to는 can으로 바꿔 쓸 수 있다. 과거시제이므로 could를 쓴다.

해석 그는 어제 그의 어머니 댁에 갈 수 없었다.

13 **해설** 문맥상 '주차하면 안 된다'는 '금지'의 의미가 어울리므로 don't have to(~할 필요가 없다)가 쓰인 ⑤는 알맞지 않다.

해석 이곳은 장애인을 위한 곳이다. 여기에 주차하면 안 된다.

14 **해설** had better의 부정형은 had better not이다.

15 **해설** 문맥상 추측의 의미이면서 과거시제인 might가 알맞다.

해석 나는 그가 결석할지도 모른다고 생각했다. 그는 어제 아파 보였다.

16 **해설** 과거의 상태나 습관적인 행위를 나타내는 조동사는 used to이다.

해석 • 모퉁이에 빵집이 있었지만, 지금은 교회가 있다.
• 나는 어렸을 때 사탕을 좋아했지만, 지금은 아

이스크림을 좋아한다.

17 **해설** ② be used to -ing는 '~하는 데 익숙하다'로, 나머지는 모두 과거의 상태나 습관을 나타내는 '~하곤 했다'의 의미인 조동사로 쓰였다.

18 **해설** 충분히 자야 한다는 충고이므로 had better를 쓸 수 있다.

해석 나는 네가 잠을 잘 자야 한다고 생각한다.

19 **해설** '~하는 데 익숙하지 않다'의 의미이므로 be used to -ing의 부정형을 쓴다.

20 **해설** 조동사 can은 인칭에 상관없이 항상 형태가 같으며, 뒤에 동사원형이 온다. can은 be able to로 바꿔 쓸 수 있다.

해석 우주비행사는 달 위를 걸을 수 있다.

21 **해설** should는 '~해야 한다'는 뜻으로 도덕적 의무나 충고를 나타낸다.

해석 A 나는 그저 공부하고 잠자고 먹었지. 나는 전혀 운동하지 않았어.
B 너는 열심히 운동해야 해. 기분이 좋아져.

22 **해설** ⑤는 '하다'라는 의미의 일반동사로, 나머지는 의문문, 부정문을 만드는 조동사로 쓰였다.

23 **해설** 허락 후 덧붙이는 내용이므로 문맥상 '~해야 한다'의 의미인 must가 알맞다.

해석 A 제가 밖에 나가서 놀아도 되나요?
B 응, 그래. 하지만 7시까지는 돌아와야 한다.

24 **해설** ② don't able to → am not able to ③ 조동사 뒤에는 동사원형이 오므로 speaks → speak ④ 조동사는 연달아 쓸 수 없으므로 will can → will be able to ⑤ 어제 일이므로 are → were

25 **해설** have to의 부정형은 don't have to(~할 필요가 없다)이다.

26 **해설** 일찍 자도록 충고하는 내용이므로 should나 ought to가 알맞다.

해석 Michael은 내일 캠핑을 하러 갈 것이다. 버스는 오전 7시에 출발한다. 그의 엄마는 그에게 "일찍 자야 한다. 내일 아주 일찍 일어나야 하잖니."라고 말씀하셨다. Michael은 알람 시계를 맞추고 잤다.

서 술 형

27 **해설** 빈칸 뒤의 내용으로 보아 공통적으로 '~할 수 없었다'의 의미인 couldn't가 알맞다.

해석 • 나는 전에 피아노를 잘 연주할 수 없었지만, 지금은 할 수 있다.

• 나는 어제 너무 아파서 학교에 갈 수 없었다.

28 해설 각각 추측과 의무를 나타내는 must가 알맞다.

　해석 • 너는 아픈 게 틀림없다. 창백해 보인다.
　　　 • 우리는 반 친구들에게 항상 친절해야 한다.

29 해설 각각 허가와 추측의 의미인 may가 알맞다.

　해석 • 당신에게 질문을 해도 될까요?
　　　 • 그 소문은 거짓일지도 모른다.

30 해설 will의 부정문은 won't(will not)를 사용한다. 의문문은 「조동사 + 주어 + 동사원형 ~?」의 어순으로 쓴다.

　해석 Linda는 노래를 아주 잘 부를 수 있을 것이다.

31 해설 미래의 일을 나타내므로 will 또는 be going to를 사용한다. help → will(are going to) help, build → will(are going to) build

　해석 • 그들은 이번 주 일요일에 노숙자들을 도울 것이다.
　　　 • 로봇이 가까운 미래에 거대한 우주선을 만들 것이다.

32 해설 강한 부정의 추측 '~일 리가 없다'는 조동사 cannot으로 나타낸다.

33 해설 조동사 will, must를 연달아 쓸 수 없으므로 must를 have to로 바꿔 쓴다.

　해석 그는 일찍 일어나야 한다. → 그는 다음 주에 일찍 일어나야 할 것이다.

34 해설 have to를 부정문으로 만들면 don't(doesn't/didn't) have to가 되며, 이는 '~할 필요가 없다, ~하지 않아도 된다'라고 해석한다.

　해석 A John, 일어나! 벌써 오전 9시란다.
　　　 B 세상에! 오전 9시? 나 학교에 늦었어요! 왜 저를 더 일찍 깨우지 않았어요, 엄마?
　　　 A 무슨 말을 하는 거니? 오늘은 일요일이야!
　　　 B 오, 맞네요. 오늘은 수업이 없지.
　　　 → John은 그가 늦잠을 잤고 학교에 늦었다고 생각하지만, 오늘은 일요일이기 때문에 그는 학교에 가지 않아도 된다.

35 해설 흡연을 금지하는 표지판이다. must의 부정형은 must not이다.

　해석 공원에서 담배를 피워서는 안 된다.

36 해설 자전거 도로 표지판이다. 조동사 뒤에는 동사원형이 온다.

　해석 공원에서 자전거를 타도 된다.

37 해설 휴대 전화 사용을 금지하는 표지판이다.

　해석 비행기에서 휴대 전화를 사용해서는 안 된다.

Chapter 04 부정사

1 부정사의 쓰임　　▶▶ p.68

A

1 meet **2** help
3 not to **4** to go
5 To eat

B

1 read, to read **2** bought, to buy

2 명사적 용법 – 주어 역할　　▶▶ p.69

A

1 is important to read a good book
2 is wrong to tell a lie
3 is difficult to lift the heavy box
4 is lucky to have a true friend

B

1 to travel around the world
2 to learn a foreign language
3 It is important to obey
4 It is not safe to walk alone

3 명사적 용법 – 주격보어 역할　　▶▶ p.70

A

1 내 직업은 호텔에서 손님을 맞이하는 것이다.
2 가장 중요한 것은 포기하지 않는 것이다.
3 중요한 것은 다른 사람들의 말을 듣는 것이다.
4 내 남동생의 꿈은 가수가 되는 것이다.
5 가장 중요한 것은 열린 마음을 유지하는 것이다.

B

1 is to study law
2 to live in Paris someday
3 Our goal is to win
4 to keep a diary in English
5 My goal is to buy a new car
6 is to take the subway
7 is to play computer games

4 명사적 용법 – 목적어 역할 ▶▶ p.71~72

A
1 to play football
2 to wear a cap
3 to see Maria
4 to meet foreigners there
5 to take a trip next Sunday
6 not to send her a birthday card
7 to see the stars

B
1 to eating → to eat
2 goes → to go
3 to is → to be
4 meeting → to meet
5 get → to get
6 read → to read
7 taking → to take
8 to bought → to buy

C
1 to go to Paris
2 Tom expected to win
3 to sell our products there
4 I promise to do
5 not to be late again
6 She decided to study hard
7 not to live with his parents
8 Jimmy will agree not to buy

5 명사적 용법 – 목적격보어 역할 ▶▶ p.73~74

A
1 to sing   2 to call
3 not to eat   4 to attend
5 to sleep   6 not to make
7 to stop   8 to use
9 to wash

B
1 him to learn   2 her to get
3 you to come   4 Jake to pass
5 us to do   6 me to go

C
1 told him to return
2 wanted him to follow
3 expected him to see
4 enables us to share
5 allowed me to drive
6 told her to play the piano
7 expects me to exercise every day
8 enable us to study at home

6 명사적 용법 – 의문사+to부정사 ▶▶ p.75

A
1 how to park   2 How to spend
3 what to make   4 how to send

B
1 how she should spend
2 where I should go
3 when I should leave
4 what I should do

7 형용사적 용법 – (대)명사 수식 ▶▶ p.76

A
1 a lot of things to do
2 a black pen to use
3 something hot to drink
4 time to have
5 nothing interesting to read

B
1 needs friends to support him
2 have something to tell you
3 has two children to look after
4 want something interesting to read
5 doesn't have any skirts to wear

8 형용사적 용법 - to부정사+전치사　▶▶ p. 77~78

A

1　to play with
2　to live in
3　to talk with
4　to fill out
5　to dance with
6　to sit on

B

1　to stay at
2　to talk about
3　to worry about
4　to talk with
5　to write on
6　to write with
7　to play with
8　to put your hands in

C

1　a pen to write with
2　a man to depend on
3　lots of blanks to fill in
4　a lot of topics to talk about
5　a piece of paper to write on
6　any friends to talk with
7　a pretty girl to talk to
8　a good song to listen to

9 부사적 용법 - 목적 / 원인 / 판단 근거　▶▶ p. 79~80

A

1　to hear the bad news
2　was disappointed to get a bad grade
3　was sorry to be late for the meeting
4　is excited to go to London for a vacation

B

1　so as to see me
2　to meet her cousin
3　in order not to miss the first train
4　so as not to surf the Internet

C

1　Tom은 돈을 절약하기 위해 소형차를 샀다. ⓐ
2　그가 그렇게 말하다니 정직할 리 없다. ⓒ
3　그들은 산책하기 위해 밖으로 나갔다. ⓐ

4　그들은 그의 부재를 알고서 실망했다. ⓑ
5　Dan이 그녀에게 선물을 주다니 그녀를 좋아하는 것이 틀림없다. ⓒ
6　Sam은 시험에 합격하기 위해 열심히 공부했다. ⓐ
7　나는 음식을 좀 사기 위해 시장에 갔다. ⓐ
8　내가 그를 믿다니 어리석은 게 틀림없다. ⓒ
9　그녀는 그에게서 전화를 받아서 행복했다. ⓑ
10　그는 제시간에 도착하기 위해 택시를 탔다. ⓐ

10 부사적 용법 - 결과 / 조건 / 형용사 수식　▶▶ p.81~82

A

1　lived to be
2　woke up to find
3　grew up to be
4　got home to find
5　only to find

B

1　difficult to learn
2　impossible to train
3　hard to understand
4　not easy to answer

C

1　to know that
2　to help others
3　to join your club

D

1　프랑스어는 배우기 어렵다. ⓒ
2　내가 거기서 그녀를 만나면 기쁠 텐데. ⓑ
3　저 책들은 이해하기 쉽다. ⓒ
4　그 학생들은 가르치기 무척 어렵다. ⓒ
5　우리 증조 할아버지는 100세까지 사셨다. ⓐ
6　그와 이야기해보면 너는 그를 이해할지도 모른다. ⓑ

11 to부정사의 의미상 주어　▶▶ p.83~84

A

1　of her
2　for her
3　of him
4　for them
5　of you
6　for me
7　for me
8　of you
9　for me
10　of you

B

1 very difficult for me to understand your idea
2 brave of him to fight against the robber
3 impossible for me to finish the work in time
4 silly of you not to write down her phone number
5 foolish of her not to answer the questions
6 dangerous for him not to wear a seat belt

C

1 easy for you to learn
2 important for Jason to study
3 careless of him to drop
4 kind of you to take
5 rude of them not to care

12 too ~ to
▶▶ p.85

A

1 too young to travel
2 so, that, couldn't
3 that I can't
4 so, that she can't, it

B

1 too high to reach
2 too hot to drink

13 enough to
▶▶ p.86

A

1 clever enough to do
2 so, that, can understand
3 easy enough for me to follow
4 so, that I cold, it

B

1 rich enough to buy
2 thick enough, to walk on

14 원형부정사
▶▶ p.87

A

1 crying, cry
2 write
3 to cross, cross
4 carry
5 sing, singing
6 play

B

1 didn't let me go
2 helped my sister wash
3 saw the two boys playing
4 heard someone knock on the door

Chapter 04 학교 시험 대비 문제
▶▶ p.88~94

01 ④   02 ③   03 ①, ⑤   04 ②   05 ②   06 ①   07 ③
08 ①   09 ④   10 ①   11 ②   12 ①   13 ④   14 ②   15
⑤   16 ②   17 ⑤   18 ②   19 ④   20 ②   21 ⑤   22 ④
23 ③, ⑤   24 ⑤   25 ⑤   26 ④   27 ①   28 ④

서술형 29 not(never) to invite   30 to see off his brother   31 to buy a jacket   32 careless of you   33 to go, to visit, to see   34 so active, he can get   35 to buy, to live in   36 a chair to sit on   37 so smart, can fix, smart enough to fix   38 to borrow (some) books   39 to buy (some) bread   40 to take (some) pictures   41 Sujin's mom didn't allow Sujin to go to the party.   42 Sujin's mom ordered Sujin to go upstairs and do her homework.

01 **해설** ④는 some bread를 수식하는 형용사적 용법의 to부정사이고 나머지는 모두 명사적 용법의 to부정사이다.

02 **해설** '함께 놀 친구'의 의미로 전치사 with와 '(그 위에) 글씨를 쓸 종이'의 의미로 전치사 on이 필요하다.
   해석 • 그는 함께 놀 많은 친구들이 있다.
   • 나는 쓸 종이가 조금 필요하다.

03 해설 too + 형용사〔부사〕+ to부정사 = so + 형용사〔부사〕+ that + 주어 + can't〔couldn't〕: 너무 ~해서 …할 수 없는

04 해설 ②에서 to 뒤에 명사가 쓰인 것으로 보아 전치사 to이고, 나머지는 모두 to부정사의 to이다.

05 해설 ask는 목적격보어로 to부정사를 쓰는 동사이고, 지각동사인 hear는 목적격보어 자리에 원형부정사 또는 현재분사를 쓴다.

해석 • 그녀는 그에게 창문을 닫도록 요청했다.
　　　• 나는 누군가가 어둠 속에서 비명 지르는 소리를 들었다.

06 해설 가주어 It과 의미상 주어가 쓰인 문장으로 It is impossible for you to work all day long.으로 배열하면 다섯 번째의 단어는 you이다.

07 해설 ③「only + to부정사」는 '~하지만 (결국) …하다'의 뜻이므로 He studied hard only to fail the exam.과 같은 뜻이 되려면 He studied hard but he failed the exam.으로 써야 한다.

08 해설 ① 사람의 성격이나 태도를 나타내는 형용사 (nice)와 함께 to부정사의 의미상 주어를 쓰는 경우에는「of + 목적격」으로 쓴다.

09 해설 ④는 '~해서 결국 …하다'라는 의미로 쓰인 부사적 용법(결과)이고, 나머지는 모두 명사적 용법으로 쓰였다.

10 해설 ① want는 목적격보어 자리에 to부정사를 쓴다. go → to go

11 해설 사역동사 let은 목적격보어로 원형부정사를 쓴다. 「too ~ to부정사」는 '너무 ~해서 …할 수 없는'의 의미이다.

해석 A 당신은 아이들이 강에서 수영하는 것을 허락하나요?
　　　B 아니요. 강은 너무 위험해서 아이들이 수영할 수 없을 것 같아요.

12 해설 ①은 감정의 원인(~해서)을 나타내는 부사적 용법이고, 나머지는 모두 목적(~하기 위해)을 나타내는 부사적 용법이다.

13 해설 「의문사 + to부정사」=「의문사 + 주어 + should + 동사원형」
해석 나는 어디로 가야 할지 결정할 수 없다.

14 해설 〈보기〉와 ②의 It은 가주어로 쓰였다. ①, ④ 날씨를 나타내는 비인칭 주어 ③ a book을 가리키는 대명사 ⑤ 거리를 나타내는 비인칭 주어
해석 학생 대사로서 여행하는 것은 재미있다.

15 해설 〈보기〉와 ⑤의 to부정사는 명사를 수식하는 형용

사적 용법이다. ①, ④ 목적어 역할을 하는 명사적 용법 ② 주어 역할을 하는 명사적 용법 ③ 부사적 용법(감정의 원인)
해석 나는 쇼핑하러 갈 시간이 없다.

16 해설 빈칸에는 진주어를 이끄는 to부정사가 들어가야 한다.
해석 뉴욕에 머무는 동안 이 질문을 듣는 것은 흔하다.

17 해설 expect, advise, want, tell, ask는 목적격보어 자리에 to부정사를 쓰는 동사이다.

18 해설 Why로 질문하고 있으므로 '~하기 위해'의 의미를 지닌 to부정사가 필요하다.
해석 A 너는 왜 오늘 아침에 일찍 일어났니?
　　　B 나는 일출을 보려고 일찍 일어났어.

19 해설 ④ tell은 목적격보어로 to부정사를 쓰는 동사이다. 따라서 I told the children not to make too much noise.가 알맞다.

20 해설 '너무 ~해서 …할 수 없는'의 의미이므로「too ~ to부정사」가 알맞다.
해석 나는 내일 피아노 연주대회에 참가할 것이다. 나는 너무 긴장돼서 잠을 잘 수 없다. 하지만 나는 최선을 다할 것이다. 나는 많이 연습했다.

[21~23]
해석 **민호** 무슨 일이니, 지나야?
　　　지나 수학 시험을 망쳤어. 난 정말 뭘 해야 할지 모르겠어.
　　　민호 너무 심각하게 받아들이지 마. 오늘 밤에 나와 같이 공부하는 게 어때?
　　　지나 고마워, 민호야. 네가 그런 제안을 해주다니 정말 친절하구나.

21 해설 「의문사 + to부정사」는「의문사 + 주어 + should + 동사원형」으로 바꿔 쓸 수 있다.

22 해설 kind는 성격·태도를 나타내는 형용사이므로 to부정사의 의미상 주어는「of + 목적격」의 형태로 써야 한다.

23 해설 help(준사역동사)는 목적격보어 자리에 to부정사와 원형부정사를 모두 쓸 수 있다.
해석 민호는 지나가 수학 공부하는 것을 도울 것이다.

24 해설 〈보기〉와 ⑤의 to부정사는 목적을 나타내는 부사적 용법이다. ① 부사적 용법(감정의 원인) ② 명사적 용법(목적어) ③ 형용사적 용법(명사 수식) ④ 부사적 용법(판단 근거)
해석 그는 시험에 합격하기 위해 열심히 공부했다.

25 해설 펜이 있는지 묻고 있으므로 빈칸은 '가지고 쓸'이라는 의미가 되는 것이 적절하다. 따라서 to write with가 알맞다. ③ to write on은 '(표면) 위에 쓰다'라는 의미이므로 paper to write on처럼 종이와 함께 쓸 수 있는 표현이다.

해석 A 나는 쓸 뭔가가 필요해. 펜이 있니?
　　 B 물론이지. 여기 있어.

26 해설 ④는 명사인 a book을 수식하는 형용사적 용법이고, 나머지는 모두 목적격보어로 쓰인 명사적 용법이다.

27 해설 목적격보어 자리에 원형부정사(cross)가 왔으므로 빈칸에는 사역동사나 지각동사만 올 수 있다. allow는 목적격보어 자리에 to부정사가 쓰인다.

28 해설 빈칸에는 보어 역할을 하는 to부정사가 와야 한다.
해석 A 너는 취미가 있니?
　　 B 아니. 너는 어때?
　　 A 내 취미는 동전을 수집하는 거야.

서 술 형

29 해설 decide는 to부정사를 목적어로 사용하며, to부정사의 부정은 not(never)을 to 앞에 쓴다.

30 해설 '~하기 위해'의 의미로 목적을 나타내는 to부정사의 부사적 용법으로 쓴다.
해석 A 상호가 왜 공항에 갔니?
　　 B 그는 형을 배웅하러 공항에 갔어.

31 해설 '~하기 위해'의 의미로 목적을 나타내는 to부정사의 부사적 용법으로 쓴다.
해석 A 너는 왜 그 가게에 갔니?
　　 B 나는 재킷을 사러 그 가게에 갔어.

32 해설 careless는 성격·태도를 나타내는 형용사이므로 의미상 주어를 「of + 목적격」으로 나타낸다.
해석 A 네가 접시를 깨다니 부주의했구나.
　　 B 죄송해요, 하지만 나는 당신을 돕고 싶었어요.

33 해설 decide와 would like의 목적어 자리에는 to부정사가 쓰인다. A의 두 번째 빈칸에는 목적의 의미를 나타내는 부사적 용법의 to부정사가 와야 한다.
해석 A 나는 올 여름에 영국에 가기로 결정했어.
　　 B 영국? 정확히 어디?
　　 A 나는 국립 미술관을 방문하러 런던에 갈 거야. 아름다운 그림이 많이 있는데, 나는 그것들을 보고 싶어. 그러고 나서 나는 버킹엄 궁전에 갈 거야.
　　 B 즐거운 여행이 되길 바랄게.

34 해설 「형용사〔부사〕+ enough + to부정사」 = 「so + 형용사〔부사〕+ that + 주어 + can」
해석 Mike는 반 친구들과 사이좋게 지낼 만큼 충분히 활발하다.

35 해설 want의 목적어 역할을 하는 to부정사가 필요하고, 명사 a big house를 수식하는 to live in이 와야 한다(집 안에 사는 것이므로 전치사 in 사용). live는 자동사이므로 뒤에 반드시 전치사를 써야 한다.
해석 그녀는 거주할 큰 집을 사고 싶어 한다.

36 해설 '앉을 의자'의 의미이므로 a chair to sit on이 알맞다(의자 위에 앉는 것이므로 전치사 on 사용)
해석 유진은 앉을 의자가 필요하다.

37 해설 「so + 형용사 + that + 주어 + can」 = 「형용사 + enough + to부정사」
해석 Alan은 컴퓨터를 수리할 만큼 충분히 똑똑하다.

38 해설 수민이가 도서관에서 책을 빌리고 있는 그림이므로 to borrow (some) books가 알맞다.
해석 수민이는 책을 빌리기 위해 도서관에 갔다.

39 해설 준수가 계산대에서 빵을 계산하고 있는 그림이므로 to buy (some) bread가 알맞다.
해석 준수는 빵을 사기 위해 제과점에 갔다.

40 해설 상호가 공원에서 사진을 찍고 있는 그림이므로 to take (some) pictures가 알맞다.
해석 상호는 사진을 찍기 위해 공원에 갔다.

[41-42]
해설 41 수진이의 엄마는 수진이가 파티에 가는 것을 허락하지 않았다. allow는 목적격보어로 to부정사를 쓰는 동사다.
　　 42 수진이의 엄마는 수진이에게 올라가서 숙제를 하라고 명령했다. order는 목적격보어로 to부정사를 쓰는 동사다.
해석 수진 엄마, 제가 파티에 가게 허락해주실래요?
　　 엄마 수진아, 너는 파티에 가는 것이 허락되지 않아.
　　 수진 제발요, 엄마. 제발 파티에 가게 해주세요.
　　 엄마 안 돼! 위층으로 올라가서 숙제해라.

Chapter 05 동명사

1 동명사의 쓰임
▶▶ p.96

A
1 cleaned, Cleaning
2 made, making
3 closes, closing
4 teaches, teaching
5 wrote, Writing

2 주어로 쓰이는 동명사
▶▶ p.97

A
1 Studying (To study)
2 Talking (To talk)
3 Getting (To get)
4 Walking (To walk)
5 Having (To have)
6 Reading (To read)

B
1 Blaming (To blame) others
2 Being (To be) on time for school
3 Taking (To take) care of the elderly is
4 Getting (To get) along with classmates is
5 Playing (To play) computer games is

3 보어로 쓰이는 동명사
▶▶ p.98

A
1 delivering (to deliver)
2 scheduling (to schedule)
3 drawing (to draw)
4 going (to go)
5 taking (to take) off

B
1 running (to run) his own bakery
2 becoming (to become) a famous actor
3 traveling (to travel) around the world
4 is drinking (to drink) water
5 is finding (to find) the talented writers

4 목적어로 쓰이는 동명사
▶▶ p.99~100

A
1 denied telling
2 finished reading
3 avoid watching
4 doesn't mind talking
5 enjoyed having dinner
6 postponed selling his house

B
1 doing
2 turning
3 watching
4 saving
5 driving
6 learning
7 going

C
1 enjoyed playing
2 stopped smoking
3 suggested having
4 put off playing
5 gave up waiting for
6 didn't avoid climbing
7 didn't mind changing

5 동사＋동명사 / to부정사 (같은 의미)
▶▶ p.101~102

A
1 playing (to play) computer games
2 going (to go) on an errand
3 doing (to do) his homework

4 playing〔to play〕 soccer

5 reading〔to read〕 books

6 getting〔to get〕 up early

7 watching〔to watch〕 soccer games

8 hanging〔to hang〕 out with his friends

9 taking〔to take〕 care of his younger brother

10 reading〔to read〕 comic books

B

1 to learn

2 rising〔to rise〕

3 lying〔to lie〕

4 to go

5 raining〔to rain〕

6 climbing

7 reading〔to read〕

8 drinking

9 playing〔to play〕

C

1 continued writing〔to write〕

2 likes lying〔to lie〕

3 doesn't like getting〔to get〕 up

4 will start jogging〔to jog〕

5 did you begin teaching〔to teach〕

6 loves talking〔to talk〕 with her friends

6 동사＋동명사 / to부정사 (다른 의미)   ▶▶ p.103~104

A

1 laughing

2 working

3 to buy

4 to stay

5 seeing

6 to buy

7 leaving

8 meeting

B

1 나는 그 프로그램을 설치하려고 애썼다.

2 나는 그 프로그램을 (한번) 설치해봤다.

3 그들은 우리를 돕기 위해 멈춰 서지 않았다.

4 그들은 우리를 돕는 것을 그만두지 않았다.

5 Tony는 개에게 먹이를 줘야 하는 것을 기억한다.

6 Tony는 개에게 먹이를 준 것을 기억한다.

7 Jake는 그녀를 만나기로 한 것을 잊었다.

8 Jake는 그녀를 만난 것을 잊었다.

9 나는 더 이상 기다릴 수 없다고 말하게 되어 유감이다.

10 나는 더 이상 기다릴 수 없다고 말한 것을 후회한다.

C

1 stopped to see

2 remember calling

3 remember to pick

4 regret not saving

5 trying to learn

7 동명사 관용 표현   ▶▶ p.105~106

A

1 swimming

2 eating out

3 taking

4 studying

5 learning

6 playing

B

1 (on) doing

2 working

3 crying

4 finding

5 playing

6 trying

7 shopping

8 considering

9 solving

C

1 spent, (on) looking for

2 have difficulty remembering

3 is busy preparing

4 is worth seeing

5 say to going skiing

6 When it comes to teaching

7 couldn't〔could not〕 help laughing 또는
couldn't〔could not〕 but laugh

Chapter 05 학교 시험 대비 문제

▶▶ p.107~112

01 ② 02 ③ 03 ① 04 ④ 05 ① 06 ③ 07 ④ 08
② 09 ③ 10 ④ 11 ① 12 ② 13 ④ 14 ④ 15 ④
16 ③ 17 ⑤ 18 ④ 19 ① 20 ④ 21 ③ 22 ③,④
23 ②,③ 24 ③ 25 ④ 26 ⑤

서술형 27 going, to going 28 regrets not saying
29 solving(to solve), reading 30 calling, to check
31 walking, to walk, walking(to walk) 32 He went
fishing with his dad last Sunday. 33 I was busy doing
my homework. 34 I can't but think about you. 또는
I can't help thinking about you. 35 He spends most
of his allowance (on) playing computer games. 36 I
can't remember meeting Steven. 37 I'll never forget
meeting Tom Cruise. 38 Remember to turn off
the light before you leave. 39 We stopped to look
around.

01 **해설** be동사 뒤에 보어가 필요하므로 동명사 making
   이 알맞다.
   해석 그의 직업은 신발을 만드는 것이다.

02 **해설** enjoy는 목적어로 동명사를 쓰는 동사이다.
   해석 그녀는 음악 듣는 것을 즐긴다.

03 **해설** want는 목적어로 to부정사를 쓰므로 빈칸에 쓸
   수 없다. like, start, begin은 to부정사와 동명사
   를 모두 목적어로 쓰며 enjoy는 동명사를 목적어
   로 쓴다.

04 **해설** ④는 진행형 현재분사이고, 나머지는 모두 동사의
   목적어 역할을 하는 동명사이다.

05 **해설** ① 전치사의 목적어 자리에 동사가 오면 동명사
   (inviting)로 써야 한다.

06 **해설** ③ avoid는 목적어로 동명사를 쓰므로 talking으
   로 써야 한다.

07 **해설** 「would like + to부정사」: ~하고 싶다
   「be busy + -ing」: ~하느라 바쁘다
   해석 • 나는 오늘 밤 그를 만나고 싶다.
      • 나는 지금 공부하느라 바쁘다.

08 **해설** 문장의 주어 자리이므로 「동사원형 + -ing」 형태인
   동명사를 써야 한다.
   해석 산을 오르는 것은 많은 에너지를 필요로 한다.

09 **해설** 전치사 without 뒤에 동사가 왔으므로 전치사의
   목적어로 쓰이는 동명사를 써야 한다.
   해석 Chris는 작별 인사 없이 서울을 떠났다.

10 **해설** 동사 consider의 목적어 자리이므로 동명사를 써

야 한다. get a job : 직장을 얻다
   해석 너는 해외에서 취업하는 것을 고려했니?

11 **해설** 주어로 쓰인 동명사는 단수로 취급하므로 is가 알
   맞다.
   해석 • 다른 문화에 대해 배우는 것은 흥미롭다.
      • 새로운 사람들을 만나는 것은 재미있다.

12 **해설** 「cannot help + -ing」: ~하지 않을 수 없다, ~할
   수밖에 없다

13 **해설** 「It is no use + -ing」: ~해도 소용없다
   해석 그의 이름을 크게 불러도 소용없다.

14 **해설** 전치사의 목적어 자리에 동사가 오면 동명사를 써
   야 한다. B는 과거에 돈을 빌려준 사실을 잊은 것
   이므로 「forget + 동명사」가 알맞다.
   해석 A 제게 돈을 빌려주셔서 감사합니다. 정말 도움이
      되었어요.
      B 당신에게 돈 빌려준 것을 잊었네요.

15 **해설** 「spend + 시간 + (on) -ing」: ~하는 데 시간을 쓰다

16 **해설** stop은 뒤에 to부정사가 나올 때는 부사적 용법으
   로 '~하기 위해 멈춰 서다'의 의미로, 동명사가 나오
   면 목적어로 '~하는 것을 멈추다'의 의미로 쓰인다.

17 **해설** 주어진 단어를 우리말에 맞게 배열하면 He regrets
   not studying hard at school.이다. 동명사의 부
   정형은 동명사 앞에 not을 쓴다.

18 **해설** ④ '(앞으로) ~할 것을 기억하다'의 의미이므로
   「remember + to부정사」가 알맞다.
   해석 A 제발 열심히 공부하는 것을 잊지 말고, 시간 낭
      비하는 걸 피해라.
      B 알아요, 엄마. 그렇게 해야 하는 것을 기억할게
      요. 걱정하지 마세요.

19 **해설** 과거에 만났던 것을 기억하는 것이므로
   「remember + -ing」가 알맞다.
   해석 A Smith 씨를 아니?
      B 내가 어린아이였을 때 그분을 만났던 것이 기억
      나.

20 **해설** 「spend + 시간 + (on) -ing」: ~하는 데 시간을 쓰다
   가주어 It의 진주어에 해당하므로 to부정사가 적
   절하다.
   해석 A 너는 과거에 대해 걱정하는 데 시간을 덜 써야
      한다.
      B 네가 그렇게 말하는 건 쉽지.

21 **해설** 「cannot help + -ing」: ~하지 않을 수 없다
      = 「cannot but + 동사원형」
   해석 나는 그의 농담에 웃지 않을 수 없다.

22 **해설** continue는 목적어로 동명사와 to부정사를 모두 사용할 수 있다.

해석 Cindy는 아이를 가진 후에도 계속해서 일할 것이다.

23 **해설** 동사 is의 주어로 쓰이는 경우이므로 동명사나 to부정사의 형태가 알맞다.

해석 산속에서 야생동물을 만지는 것은 위험하다.

24 **해설** ③은 진행형의 현재분사이고, 나머지는 모두 보어역할을 하는 동명사로 쓰였다.

25 **해설** ④ want는 to부정사를 목적어로 사용하는 동사이므로 to buy로 써야 한다.

26 **해설** 「be busy + -ing」: ~하느라 바쁘다

「how about + -ing?」: ~하는 게 어때?

해석 **마이크** 좋은 아침이에요, 엄마.

엄마 좋은 아침이구나, 마이크. 아침 식사할 준비 됐니?

마이크 아니요, 저는 학교 갈 준비하느라 바빠요.

엄마 하지만 너는 뭐라도 먹어야 해. 매일 아침을 아침 식사로 시작하는 것은 아주 중요해.

마이크 저는 입맛이 없어요.

엄마 그러면, 계란 볶음이랑 과일이라도 좀 먹는 게 어때?

마이크 좋아요. 고마워요, 엄마.

서 술 형

27 **해설** 「Why don't you + 동사원형?」

= 「How about + -ing?」

= 「What do you say to + -ing?」

해석 수영하러 가는 게 어때?

28 **해설** 동명사의 부정은 동명사 앞에 not이 온다.

「regret + -ing」: ~한 것을 후회하다

29 **해설** like는 목적어로 동명사와 to부정사를 모두 사용할 수 있으며, enjoy는 목적어로 동명사를 사용한다.

해석 나는 수수께끼 푸는 걸 좋아해서 추리 소설 읽는 걸 즐긴다.

30 **해설** 「remember + 동명사」: ~한 것을 기억하다 (과거의 일)

「remember + to부정사」: ~할 것을 기억하다 (미래의 일)

해석 • 나는 지난 주말에 할머니께 전화 드린 것을 기억한다.

• 너는 먼저 영수증 확인하는 것을 기억해야 한다.

31 **해설** enjoy의 목적어이므로 walking이 알맞다. '~하려고 애쓰다'라는 의미는 try 뒤에 to부정사를 쓴다. 주어로는 동명사와 to부정사가 모두 올 수 있다.

32 **해설** go -ing : ~하러 가다

33 **해설** be busy -ing : ~하느라 바쁘다

34 **해설** can't but + 동사원형 : ~하지 않을 수 없다

(= can't help -ing)

35 **해설** spend + 시간 / 돈 + (on) -ing : ~하는 데 시간 / 돈을 쓰다

36 **해설** Steven을 만났던 것(과거)을 기억하지 못하는 것이므로 remember의 목적어로 동명사를 쓴다.

해석 나는 Steven을 만난 것을 기억하지 못한다.

37 **해설** 톰 크루즈를 만난 것(과거)을 잊지 못하는 것이므로 동명사로 쓴다.

해석 나는 톰 크루즈를 만난 것을 절대로 잊지 못할 것이다.

38 **해설** 떠나기 전에 불을 끄는 것을 기억하라는 말이므로 to부정사로 쓴다.

해석 떠나기 전에 불 끄는 것을 기억해라.

39 **해설** 「stop + to부정사」: ~하기 위해 멈춰 서다

「stop + -ing」: ~하는 것을 멈추다

해석 우리는 주위를 둘러보기 위해 멈춰 섰다.

Chapter 06 분사

1 분사의 쓰임
▶▶ p. 114

A

1 writing 2 dancing
3 broken 4 arrived

B

1 나는 그가 공공장소에서 소리치고 있는 것을 들었다.
2 나는 파랗게 칠해진 지붕을 좋아한다.
3 청바지를 입고 있는 남자가 나의 아버지다.
4 쥐를 쫓고 있는 고양이를 봐라.

2 현재분사
▶▶ p. 115~116

A

1 crying baby 2 dancing girl
3 leaf falling 4 girl talking

B

1 passing 2 respected
3 helping 4 interesting
5 screaming 6 playing
7 written 8 walking

C

1 lying on the grass
2 reading a book on the chair
3 watering the flowers
4 standing in front of the gate

D

1 sat watching the movie
2 felt my house shaking
3 The girl making her own doll

3 과거분사
▶▶ p. 117~118

A

1 parked car 2 burned〔burnt〕house
3 vase broken 4 letter written

B

1 surrounded 2 smiling
3 broken 4 interested
5 designed 6 calling
7 fixed 8 singing

C

1 named 2 made
3 injured 4 fallen

D

1 buy a picture painted
2 an expensive watch made in Swiss
3 him carried out of the burning house

4 감정을 나타내는 분사
▶▶ p. 119~120

A

1 surprised 2 surprising
3 tired 4 boring
5 confusing 6 confused
7 moving 8 moved
9 embarrassed

B

1 shocking, shocked
2 confused, confusing
3 disappointing, disappointed
4 amazed, amazing
5 annoyed, annoying
6 satisfied, satisfying
7 touching, touched
8 frightening, frightened
9 exhausted, exhausting
10 depressing, depressed
11 interested, interesting
12 surprising, surprised

5 현재분사와 동명사
▶▶ p. 121~122

A

1 동명사 2 동명사
3 현재분사 4 현재분사

5 동명사	**6** 동명사
7 현재분사	**8** 현재분사
9 현재분사, 동명사	**10** 현재분사
11 동명사	**12** 현재분사
13 동명사	**14** 현재분사

B

1 a room for dancing, 동명사

2 a cart for shopping, 동명사

3 a boy who is crying, 현재분사

4 a stick for walking, 동명사

5 a forest which is smoking, 현재분사

6 a dog which is barking, 현재분사

7 a room for waiting, 동명사

8 shoes for dancing, 동명사

9 a ball which is rolling, 현재분사

C

1 the walking stick

2 spend most of my working day

3 saw a sleeping boy

4 bought a new sleeping bag

5 Their goal is winning the game.

6 분사구문 만드는 법   ▶▶ p. 123~124

A

1 Having no money with me

2 (Before) Going to school

3 (After) Walking for hours

4 (Being) Watching TV

5 Not having a car

B

1 Because I am tired

2 Because she felt ill

3 Because I had no money

4 As he was tired from work

5 Because I didn't know the way to the hotel

6 Because I didn't like the movie

7 While I walked [was walking] down the street

C

1 Feeling tired

2 Finishing our dinner

3 Written in haste

4 Admitting the results

5 Not having anything to eat

7 분사구문 - 때 / 이유   ▶▶ p. 125~126

A

1 Being a foreigner

2 Having spare time

3 Having a lot of work to do

4 (Being) Walking along the street

5 Not being old enough

6 (Being) Looking out the window

7 Not knowing Japanese

B

1 After he finished his homework

2 As he started at 7

3 When she saw me

4 After she watched a movie on TV

5 While I read [was reading] the book

6 As she didn't study hard

7 As she didn't know him well

C

1 Finishing his homework

2 Listening to the music

3 Walking along the river

4 Seeing him at the station

5 Not being a student

8 분사구문 - 조건 / 양보   ▶▶ p. 127~128

A

1 Turning to the right

2 living near her house

3 Working hard

4 going to bed early

5 Taking the bus

6 Taking his advice

7 not wanting to do it

B

1 Although he was very sick

2 If you pass the test

3 Though she felt cold

4 If he works hard

5 If you go straight

6 If I am not busy tomorrow

7 Although I don't know his name

C

1 sleeping a lot

2 Taking a taxi

3 being injured

4 Talking with him

5 not knowing the streets

9 분사구문 - 동시 동작 / 연속 동작

▶▶ p. 129

A

1 Sitting by the window

2 Sitting in the park

3 Entering the room

4 Standing there

5 watching TV

6 breaking the vase on the desk

Chapter 06 학교 시험 대비 문제

▶▶ p. 130~134

01 ① 02 ④ 03 ④ 04 ② 05 ⑤ 06 ② 07 ③ 08 ④ 09 ④ 10 ③ 11 ④ 12 ⑤ 13 ④ 14 ④ 15 ⑤ 16 ③ 17 ① 18 ① 19 ① 20 ③ 21 ③

서술형 **22** swimming in the river **23** taken by Chris **24** 바빠서, 그녀는 점심을 먹지 못했다. **25** 힘이 셌지만, 그는 그 상자를 옮길 수 없었다. **26** 그녀를 기다리면서, 그는 아무것도 하지 않고 있었다. **27** Turning **28** Talking about **29** Do you know the woman talking with Kevin? **30** The martial art called Taekwondo is from Korea. **31** There are so many boys playing baseball. **32** I saw her eating something on the bench. **33** My parents were satisfied with the result. **34** Looking out of the window, she felt sad. **35** Having breakfast, she watched TV. **36** (Being) Walking with her umbrella, she got wet. **37** Getting to the store, she found the store was closed.

01 해설 명사 the man을 수식하면서 '~하고 있는'의 능동·진행의 의미로 쓰이는 현재분사가 알맞다.

　　해석 유리창을 부수고 있는 남자는 누구니? 가서 멈추게 해.

02 해설 코트가 세탁되는 것이므로 과거분사(수동)가 알맞다.

　　해석 나는 세탁소에 내 코트 세탁을 맡겼다.

03 해설 ④는 동명사로 쓰였고, 나머지는 모두 현재분사로 쓰였다.

04 해설 ② 자동차가 수리되는 것이므로 과거분사(수동) repaired를 써야 한다.

05 해설 상자를 옮기고 있는 소녀, 집이 흔들리고 있는 것을 느낀 것이므로 둘 다 현재분사(능동·진행)가 알맞다. 진행 중인 행동을 강조할 때 지각동사의 목적격보어로 현재분사를 쓴다.

　　해석 • John은 상자를 옮기고 있는 그 소녀에게 갔다.

　　　　• 나는 집이 흔들리는 것을 느꼈다.

06 해설 <보기>의 밑줄 친 부분은 현재분사이고, ②의 playing은 My hobby를 설명하는 동명사 (주격보어)이다.

　　해석 그들은 운동장에서 축구를 하고 있었다.

07 해설 능동·진행의 의미이므로 앞의 명사를 수식하는 현재분사가 알맞다.

08 해설 명사 the car를 수식하며 수동의 의미인 과거분사가 알맞다.

해석 한국에서 만들어진 그 차는 최고다.

09 **해설** '짖는'의 의미이므로 현재분사(능동)가 알맞다. '초대를 받은'의 의미이므로 과거분사(수동)가 알맞다.

해석 • 나는 그 짖는 개를 참을 수 없다.
• 파티에 초대받은 몇몇 아이들은 올 수 없었다.

10 **해설** 분사구문은 접속사와 주어를 생략한 후, 동사원형에 -ing를 붙여서 만든다.

해석 친구가 없었기 때문에, 그는 몹시 외로웠다.

11 **해설** 분사구문에 쓰인 being은 생략이 가능하다. 또한 의미를 분명히 드러내기 위해 접속사를 생략하지 않는 경우도 있다.

해석 TV를 시청하는 동안, 나는 잠이 들었다.

12 **해설** 첫 번째 빈칸은 내 머리가 '만져지는' 것이므로 과거분사(수동)가 알맞고, 두 번째 빈칸은 누군가가 내 머리를 '만지는' 것이므로 현재분사(능동)가 알맞다.

해석 • 나는 누군가에 의해 내 머리가 만져지는 것을 느꼈다.
• 나는 누군가가 내 머리를 만지는 것을 느꼈다.

13 **해설** ④ 그 남자가 서 있는 것을 발견했다는 의미이므로 능동·진행을 나타내는 현재분사 standing으로 써야 한다.

14 **해설** 분사가 보충 설명하는 (대)명사가 그 감정을 느끼는 의미일 때는 과거분사, 그 감정을 전달하는 의미일 때는 현재분사를 쓴다.

해석 • 그는 그 경기에 몹시 흥분했다.
• 그 갈라 쇼는 아주 매혹적이었다.

15 **해설** 의미상 이유를 나타내는 접속사가 쓰인 ⑤가 알맞다. ②는 현재시제이므로 답이 될 수 없다.

해석 피곤했기 때문에, 그는 택시를 타야 했다.

16 **해설** 의미상 이유를 나타내는 접속사가 쓰여야 하며 주절이 과거시제이므로 부사절에도 과거시제가 쓰여야 한다.

해석 그녀의 주소를 알았기 때문에, 나는 그녀의 집을 쉽게 찾을 수 있었다.

17 **해설** 의미상 조건을 나타내는 접속사 If가 쓰여야 한다. ②, ③은 주어가 you가 되어야 알맞다.

해석 조금 쉬면, (몸 상태가) 더 좋아질 거야.

18 **해설** ① '~하고 있는'의 의미로 babies를 수식하는 현재분사 / ②, ③, ④, ⑤ '~하기 위한'의 의미로 쓰인 동명사

19 **해설** ① '고양이에게 먹이를 주고 있는'의 의미로, 능동·진행을 나타내므로 현재분사인 feeding이나 원형

인 feed를 써야 한다. ⑤는 '아이들에게 둘러싸인'의 의미로 과거분사가 알맞다.

20 **해설** 분사구문에서 부정어 not은 분사 앞에 위치한다.

해석 부자가 아니기 때문에, 나는 차를 살 수 없다.

21 **해설** 동사 interest의 뜻은 '재미있게 하다(만들다)'이다. 책이 재미를 느끼게 해주는 것이므로 interesting으로 써야 한다.

서 술 형

22 **해설** 의미상 분사구 swimming in the river가 명사 The man을 수식하는 문장으로 바꿔 쓸 수 있다.

해석 강에서 수영하는 남자가 우리 선생님이다.

23 **해설** 사진이 Chris에 의해 찍힌 것이므로 과거분사구 taken by Chris가 앞의 명사를 수식하는 형태로 바꿔 쓸 수 있다.

해석 Chris가 찍은 그 사진은 아주 훌륭하다.

24 **해설** 이유를 나타내는 분사구문이다.
= Because she was busy

25 **해설** 양보를 나타내는 분사구문이다.
= Though he was strong

26 **해설** 동시 동작을 나타내는 분사구문이다.
= As[While] he waited[was waiting] for her

27 **해설** 조건의 의미가 있는 분사구문이다.
= If you turn to the left

28 **해설** 동시 동작을 나타내는 분사구문이다.
= As[While] she talked[was talking] about her childhood

29 **해설** '~하고 있는'의 의미이므로 현재분사를 쓴다.

해석 Kevin과 이야기하고 있는 여자를 알고 있니?

30 **해설** 우리말의 의미상 수동을 나타내므로 과거분사를 쓴다.

해석 태권도라고 불리는 무술은 한국에서 나왔다.

31 **해설** '~하고 있는'의 의미이므로 현재분사를 쓴다. 운동 경기 앞에는 관사를 쓰지 않는다.

해석 야구를 하고 있는 정말 많은 소년들이 있다.

32 **해설** '~하고 있는'의 의미이므로 현재분사를 쓴다.

해석 나는 그녀가 벤치에서 뭔가를 먹고 있는 것을 봤다.

33 **해설** 과거분사를 써서 '만족하는'의 의미를 표현한다.
be satisfied with : ~에 만족하다

해석 나의 부모님은 그 결과에 만족하셨다.

해설 분사구문을 만들 때는 먼저 접속사를 생략하고, 부사절과 주절의 주어가 같은지 확인한 후, 같은 경우 부사절의 주어를 생략한다. 그런 다음 동사를 -ing 형태로 바꾼다. 분사구문이 Being으로 시작하는 경우에는 Being을 생략할 수 있다.

해석 Jennifer가 일요일 아침에 일어났다. 그녀는 창문 밖을 보고, 슬펐다. 비가 억수같이 오고 있었다. 그녀는 아침 식사를 한 후, TV를 봤다. 그때 그녀의 어머니가 그녀에게 가게에 가서 우유를 좀 사오라고 했다. 그녀는 밖으로 나갔다. 우산을 쓰고 걷는 동안, 그녀는 (비에) 젖었다. 가게에 도착했을 때, 그녀는 가게가 닫힌 것을 알았다. "오늘은 나의 날이 아니군(오늘 제대로 되는 일이 없네)."이라고 그녀는 생각했다.

Chapter 07 수동태

1 수동태 ▶▶ p. 136

A

1 is obeyed by
2 is respected by
3 is played by
4 is read by

B

1 Tom hears the music.
2 Bananas are exported (by us) to Europe.
3 Koreans sing the folksong.
4 The concerts are usually held (by us) at the university.

2 수동태 시제 ▶▶ p. 137~138

A

1 was opened by
2 These emails were sent
3 was invented by
4 were bitten by dogs
5 will be answered by
6 The news will be reported
7 will be driven by me

B

1 built this house
2 invented cell phones
3 James sent these emails
4 A famous actress adopted
5 We will bake
6 will hold the concert
7 will close the gates

C

1 The photo was taken by my brother.
2 I will order the book on the Internet.
3 Pyramids were built by the Egyptians.
4 Many people will be bitten by the mad dog.
5 I caught many kinds of fish.

3 수동태 부정문 / 의문문 ▶▶ p.139

A

1 was not put   2 is not visited
3 were not built   4 were not murdered

B

1 Was my exam graded
2 Were the hamburgers brought
3 were the problems solved

4 조동사가 쓰인 수동태 ▶▶ p.140

A

1 will be done   2 may not be used
3 must be cleaned by you
4 couldn't be handled by me

B

1 The details should be checked (by you).
2 She won't(will not) repair the machine.
3 Gauguin might not paint those pictures.

5 4형식 문장의 수동태 ▶▶ p.141~142

A

1 to   2 of
3 for   4 to
5 to   6 for
7 to

B

1 was sent to   2 am taught
3 was asked of   4 was read to
5 was bought for   6 was given
7 was written to   8 were given to

C

1 Sarah gave me this magazine.
2 A cake was made for my sister by my mom.
3 My father bought me this computer.
4 A birthday card was sent to my friend by me.

6 5형식 문장의 수동태 ▶▶ p.143

A

1 am made happy
2 am expected to
3 was seen swimming
4 was made surprised

B

1 The police officer was made angry by my brother.
2 We were taught to study hard by our teacher.
3 They elected Jason their leader.
4 My boss invited me to play tennis.

7 동사구의 수동태 ▶▶ p.144

A

1 was put off
2 was run over
3 was taken care of
4 was brought up by
5 was paid attention to by
6 was laughed at by
7 will be looked after by
8 should not be made fun of

8 by 이외의 전치사 ▶▶ p.145

A

1 in   2 about
3 with   4 to
5 with   6 about
7 to   8 with
9 with   10 of
11 at   12 about
13 with   14 with
15 at   16 with
17 to

Chapter 07 학교 시험 대비 문제

▶▶ p.146~152

01 ⑤ 02 ⑤ 03 ⑤ 04 ① 05 ④ 06 ① 07 ③ 08
④ 09 ② 10 ⑤ 11 ① 12 ② 13 ⑤ 14 ③ 15 ⑤
16 ④ 17 ② 18 ④ 19 ⑤ 20 ② 21 ③ 22 ④ 23
③ 24 ③ 25 ③ 26 ① 27 ⑤

서술형 28 of 29 will take 30 serves, is served 31 was not(wasn't) planted, Was an apple tree planted 32 Is, played 33 with 34 sent me this text message 35 bought me this camera 36 bought for 37 written to 38 am interested in 39 is known to 40 is worried about 41 The whole garden is covered with grass. 42 The big bucket is filled with clean water. 43 I am interested in taking pictures. 44 This cake was made for me by David. 45 My exam results were sent to me. 46 This smart phone was bought for me by Sumi. 47 The house wasn't destroyed by the storm. 48 The Great Wall of China was built between 226 and 220 B.C. 49 Yi Sunsin was born in 1545. 50 The light bulb was invented by Edison in 1879.

01 **해설** 능동태 문장의 목적어(the oven)가 주어이므로 수동태로 표현한다. 주어진 문장이 현재시제이므로 is used가 알맞다.
해석 나의 어머니는 요즘 오븐을 사용하신다.
→ 오븐은 요즘 나의 어머니에 의해 사용된다.

02 **해설** give가 동사로 쓰인 4형식 문장을 수동태로 전환할 때 간접목적어 앞에 전치사 to를 쓴다.
해석 Cindy가 나의 엄마에게 그녀의 선물을 주었다.
→ 그녀의 선물은 Cindy에 의해 나의 엄마에게 주어졌다.

03 **해설** 수동태의 형태는 「be동사＋과거분사」이다. ⑤를 제외한 나머지 문장에서는 be동사 뒤에 현재형 또는 과거형을 썼으므로 알맞지 않다.
① find → found ② sang → sung
③ wrote → written ④ broke → broken

04 **해설** 수동태의 형태는 「be동사＋과거분사」이다. ①은 am(was) loved 또는 have been loved로 써야 한다.

05 **해설** 한글은 세종대왕에 의해 만들어진 것이므로, Hangeul was created by King Sejong.이 맞는 문장이다.

06 **해설** 조동사가 있는 수동태의 형태는 「조동사＋be동사＋과거분사」이다. ①은 must be cleaned로 써

야 한다.

07 **해설** 모나리자는 레오나르도 다빈치에 의해 그려졌다. 따라서 It was painted by Leonardo da Vinci. 또는 Leonardo da Vinci did(painted it).가 적절하다.
해석 누가 모나리자를 그렸니?

08 **해설** 주어인 비행기가 라이트 형제에 의해 발명된 것이므로 수동태로 표현한다. 주어가 단수(The airplane)이므로 「was＋과거분사」 형태가 알맞다.
해석 그 비행기는 라이트 형제에 의해 발명되었다.

09 **해설** 건물이 개조되는 것이므로 수동태로 표현한다. 미래를 나타내는 in 2028이 쓰였으므로 과거나 현재시제가 아닌 미래시제로 쓴다.
해석 이 건물은 2028년에 개조될 것이다.

10 **해설** ⑤ be satisfied with : ~에 만족하다

11 **해설** 의문사가 없는 의문문의 수동태는 「Be동사＋주어＋p.p.~?」이므로 Was로 써야 한다.
해석 A 종이는 일본인에 의해 발명되었니?
B 아니, 그렇지 않아. 그것은 중국인에 의해 발명되었어.

12 **해설** ② 5형식 문장을 수동태로 전환할 경우, 목적격보어를 「be동사＋p.p.」 뒤에 그대로 쓴다. for angry → angry

13 **해설** ⑤ 동사 buy는 직접목적어만을 수동태의 주어로 쓸 수 있다. 따라서 A pretty bag was bought for her by me.로 써야 한다.

14 **해설** 조동사가 있는 문장의 수동태는 「조동사＋be＋p.p.」의 형태이다.
해석 그는 더 좋은 포스터를 디자인해야 한다.

15 **해설** 수동태의 부정문은 「be동사＋not＋p.p.」 형태로 쓴다.
해석 Mr. Big은 그 사진들을 게시하지 않을 것이다.

16 **해설** 빈칸 뒤에 이어지는 내용으로 보아 부정의 말이 들어가야 하며, 수동태의 부정문은 「be동사＋not＋p.p.」이다.
해석 이 미술관은 10시에 개관되지 않는다. 개관 시간은 11시다.

17 **해설** 의문사가 있는 의문문의 수동태는 「의문사＋be동사＋주어＋p.p. ~?」이므로 ②는 Where was this box found?로 써야 한다.

18 **해설** '내 애완견이 돌보아졌다'는 수동의 의미가 알맞으며, 동사구 look after의 수동태 형태는 「be동사＋looked after by」이다.
해석 내 애완견은 James에 의해 돌보아졌다.

정답과 해설 **31**

19 **해설** 문맥상 수동의 의미가 알맞으며, 동사 laugh at(~을 놀리다)의 수동태 형태는 「be동사 + laughed at by」이다.

　해석 **A** Mary는 슬퍼 보여. 그녀에게 무슨 일이 있었니?

　　　　B 그녀는 짧은 머리 때문에 친구들에게 놀림을 받았어.

20 **해설** 조동사가 쓰인 수동태 : 「조동사 + be + p.p.」

　해석 작은 집은 나의 삼촌에 의해 성냥으로 만들어질 수 있다.

21 **해설** 4형식 문장을 수동태로 전환할 때 동사 make는 간접목적어 앞에 for를 쓰고, 동사 give는 전치사 to를 쓴다.

　해석 • 나를 위한 예쁜 드레스 한 벌이 Andy에 의해 만들어졌다.

　　　　• 공은 나에 의해 그에게 주어졌다.

22 **해설** 주어 glasses는 '발명된' 것이므로 수동태 문장으로 써야 한다. 주어가 복수이고 시제가 과거이므로 were invented가 알맞다. 두 번째 문장은 능동태 문장이므로 '발명했다'는 의미의 invented가 알맞다.

　해석 최초의 실제 안경은 1284년에 발명되었다. 하지만 정확히 누가 안경을 발명했는지 아무도 모른다.

23 **해설** 동사 make가 4형식 문장에 쓰인 경우 수동태로 전환할 때 간접목적어 앞에 for를 쓴다. 동사 tell, send, teach, write는 전치사 to를 쓴다.

24 **해설** ① took care of는 동사구이므로 행위자를 표시하는 by를 빠뜨리지 않도록 주의한다. me → by me ② 동사의 수는 주어의 수와 일치해야 한다. are → is(was) ④ him은 행위자가 아니다. by → to ⑤ 수동태 미래시제이므로 will be opened로 써야 한다.

25 **해설** 5형식 문장의 수동태이므로 목적격보어는 「be동사 + p.p.」 뒤에 그대로 쓴다.

　해석 우리는 그가 교실에서 공부하고 있는 것을 보았다.

26 **해설** 주어진 문장은 5형식 문장을 수동태로 전환한 문장이다. 「주어 + 동사 + 목적어 + 목적격보어」의 어순에 따라 목적격보어 surprised를 목적어 뒤에 쓴다.

　해석 내 여동생은 나에 의해 깜짝 놀랐다.

27 **해설** 「주어 + 동사 + 목적어 + 목적격보어」의 5형식 문장은 목적어(the place)를 주어로 하여 수동태 문장을 만들고, 목적격보어는 「be동사 + p.p.」 뒤에 그대로 쓴다.

　해석 쌍둥이 형제는 그 장소를 '낙원'이라고 부른다.

28 **해설** ask가 동사로 쓰인 4형식 문장을 수동태로 전환할 경우 간접목적어 앞에 전치사 of를 쓴다.

29 **해설** 미래시제의 수동태 문장이다. 능동태 전환 시 수동태 문장과 마찬가지로 미래시제를 쓰면 된다.

　해석 우산은 나에 의해 챙겨질 것이다.
　　　　→ 나는 우산을 챙길 것이다.

30 **해설** 첫 번째 문장은 '조식을 제공한다'는 능동의 의미이고, 두 번째 문장은 '조식이 제공된다'는 수동의 의미이다.

　해석 • 여종업원은 매일 아침 조식을 제공한다.

　　　　• 조식은 여종업원에 의해 매일 아침 제공된다.

31 **해설** 수동태의 부정문은 「be동사 + not + p.p.」이고, 의문사가 없는 의문문의 수동태는 「Be동사 + 주어 + p.p. ~?」이다.

　해석 Ann은 사과나무 한 그루를 심었다.
　　　　→ 사과나무 한 그루가 Ann에 의해 심어지지 않았다.
　　　　→ 사과나무 한 그루가 Ann에 의해 심어졌니?

32 **해설** 음악이 연주된다는 수동의 의미이고, 대답으로 보아 질문은 의문사가 없는 현재시제의 의문문이므로 「Be동사 + 주어 + p.p. ~?」 형태가 알맞다.

　해석 **A** 음악은 그 밴드에 의해 연주되니?
　　　　B 응, 그래. 멋지고 아주 신나.

33 **해설** be satisfied with : ~에 만족하다 / be filled with : ~으로 가득 차다

　해석 • 나는 그 결과에 만족한다.

　　　　• 이 병은 물로 가득 차 있다.

34 **해설** 4형식 문장의 어순은 「주어 + 동사 + 간접목적어 + 직접목적어」이다. 수동태 문장의 「전치사 + 간접목적어」는 능동태 문장에서 전치사 없이 동사 뒤에 쓴다.

　해석 이 문자 메시지는 내 딸에 의해 내게 보내졌다.

35 **해설** 4형식 문장의 어순은 「주어 + 동사 + 간접목적어 + 직접목적어」이다.

　해석 나를 위한 이 카메라는 아빠에 의해 구매되었다.

36 **해설** 4형식 문장을 수동태로 전환할 때는 간접목적어 앞에 전치사를 쓴다. 동사 buy는 전치사 for를 쓴다.

　해석 그는 내게 같은 책을 사주었다.

37 **해설** 4형식 문장을 수동태 문장으로 전환할 때는 간접목적어 앞에 전치사를 쓴다. 동사 write는 전치사

to를 쓴다.

해석 나의 엄마는 내게 이메일 한 통을 쓰셨다.

38 해설 be interested in : ~에 관심이 있다

39 해설 be known to : ~에게 알려지다

be known as : ~로 알려지다

40 해설 be worried about : ~에 대해 걱정하다

41 해설 be covered with : ~으로 덮여 있다

해석 정원 전체가 풀로 덮여 있다.

42 해설 be filled with : ~으로 가득 차다

해석 커다란 양동이가 깨끗한 물로 가득 차 있다.

43 해설 be interested in : ~에 관심이 있다

해석 나는 사진 촬영에 관심이 있다.

44 해설 make가 동사로 쓰인 4형식 수동태 문장에는 간접목적어 앞에 전치사 for를 쓴다.

해석 이 케이크는 나를 위해 David에 의해 만들어졌다.

45 해설 send가 동사로 쓰인 4형식 수동태 문장에는 간접목적어 앞에 전치사 to를 쓴다.

해석 나의 시험 결과가 내게로 발송되었다.

46 해설 buy가 동사로 쓰인 4형식 수동태 문장에는 간접목적어 앞에 전치사 for를 쓴다.

해석 나를 위한 이 스마트폰은 수미에 의해 구매되었다.

47 해설 수동태의 부정문은 「be동사 + not + p.p.」로 쓴다.

해석 그 집은 폭풍에 의해 파괴되지 않았다.

48 해설 기원전 226년부터 220년 사이에 지어졌으므로 between A and B를 써서 연도를 표시한다.

해석 중국의 만리장성은 기원전 226년과 220년 사이에 건설되었다.

49 해설 특정 연도를 표시할 때는 in을 사용한다.

해석 이순신은 1545년에 태어났다.

50 해설 수동태 문장으로 전환 할 때 동작의 주체는 by로 표시한다.

해석 전구는 1879년에 에디슨에 의해 발명되었다.

Chapter 08 명사와 관사

1 셀 수 있는 명사 ▶▶ p.154

A

1	is	**2**	a dictionary
3	students	**4**	is
5	plan		

B

1 a brilliant idea

2 does your family do

3 we have a class

4 a baseball game in the stadium

2 셀 수 있는 명사의 복수형 ▶▶ p.155

A

1	radios	**2**	potatoes
3	knives	**4**	fish
5	teeth	**6**	ladies
7	leaves	**8**	men
9	children		

B

1	shelves	**2**	countries
3	kangaroos	**4**	tomatoes

3 셀 수 없는 명사 ▶▶ p.156

A

1	life	**2**	orange juice
3	water	**4**	much
5	much furniture	**6**	Milk is

B

1 is not much furniture

2 go swimming this Sunday

3 How much money do you

4 셀 수 없는 명사의 수량 표현

▶▶ p. 157~158

A

1 a glass of milk
2 two slices of pizza
3 a bottle of juice
4 five sheets of paper
5 a slice of cheese
6 a cup of coffee
7 a bottle of wine
8 a slice of pie
9 a loaf of bread
10 bottles of water

B

1 a bottle (glass / cup) of beer
2 a glass (cup / bottle) of water
3 three loaves of bread
4 ten slices of cheese
5 two cups of green tea
6 two glasses of wine
7 some slices of pizza
8 How many cups of coffee
9 many pieces of furniture
10 a sheet (piece) of paper
11 a slice of cheese

C

1 a cup of black tea
2 Drinking a glass of milk
3 buy two loaves of Swiss cheese
4 to order a bottle of wine
5 a sheet of paper to write on
6 a piece of news on the radio

5 부정관사

▶▶ p. 159

A

1 ⓑ
2 ⓕ
3 ⓓ
4 ⓐ
5 ⓒ
6 ⓔ

6 정관사

▶▶ p. 160~161

A

1 ×
2 The
3 the
4 ×
5 the
6 ×
7 the

B

1 go to bed
2 ○
3 the most exciting movie
4 ○
5 ○
6 ○
7 mathematics
8 the bookstore
9 school
10 Summer
11 the second time
12 dinner

C

1 was born in 1978
2 The eagle is the king
3 the way you said
4 do you have breakfast
5 the largest population in the world
6 the first girl who joined our study group

Chapter 08 학교 시험 대비 문제

▶▶ p. 162~166

01 ⑤ 02 ⑤ 03 ④ 04 ⑤ 05 ② 06 ② 07 ⑤ 08 ③ 09 ④ 10 ④ 11 ⑤ 12 ② 13 ③ 14 ② 15 ③ 16 ② 17 ② 18 ① 19 ④

서술형 20 a(A) 21 The sun sets in the west. 22 My brothers and sisters write to our parents once a year. 23 Can you play the piano? 24 fishes → fish 25 the French → French 26 sheet → sheets 27 piece of papers → pieces of paper 28 ⓐ two slices of cheese ⓑ a(one) glass of milk 29 a pair of jeans, two caps 30 two pairs of shoes, a(one) bag 31 two ties, a(one) belt

01 **해설** trout는 단수형과 복수형이 같다.

02 **해설** potato의 복수형은 potatoes이다.

03 **해설** happiness만 셀 수 없는 추상 명사이고 나머지는 모두 셀 수 있는 명사이다.

04 **해설** leaves는 leaf의 복수형이다. 복수형은 각각 ① pencil - pencils ② pie - pies ③ boyes - boys ④ bedroom - bedrooms로 쓴다.

05 **해설** a glass of wine : 와인 한 잔 / a glass of orange juice : 오렌지 주스 한 잔
해석 • 와인 한 잔 어떠세요?
• 나는 오렌지 주스 한 잔을 마셨다.

06 **해설** 과목명 앞에는 정관사 the를 사용하지 않는다.

07 **해설** ⑤ water는 물질명사로 복수형을 쓸 수 없다.
waters → water

08 **해설** cake와 advice의 단위명사로 쓸 수 있는 것은 piece이다.
해석 • 나는 케이크 한 조각을 원한다.
• 제게 조언 한 마디 해주시겠어요?

09 **해설** many는 셀 수 있는 명사를 수식하는 말이다. butter는 셀 수 없는 명사이므로 그 앞에 many를 쓸 수 없다.

10 **해설** 셀 수 없는 명사의 수량 표현에서 2개 이상은 단위가 되는 명사가 복수형이 되며 물질명사에는 변화가 없다.
해석 Sally는 빵 두 덩어리와 치즈 세 조각을 샀다.

11 **해설** twice a day의 부정관사 a는 '~마다'의 의미로 쓰였다. 보기와 같은 의미로 쓰인 경우는 ⑤의 once a week(일주일에 한 번)이다.
해석 하루에 두 번 이 알약을 먹어라.

12 **해설** ① 운동, ③ 연도, ④ 요일, ⑤ 식사 앞에는 정관사 the를 붙이지 않는다. 형용사의 최상급을 표현할 때는 그 앞에 정관사 the를 쓴다.

13 **해설** ① the book으로 써야 한다. ② hour는 모음 발음으로 시작하므로 부정관사 an을 쓴다. ④ food는 셀 수 없으므로 a를 붙이지 않는다. a food → some food ⑤ MP3 player는 모음 발음으로 시작하므로 부정관사 an을 쓴다.

14 **해설** 도시는 고유명사이므로 앞에 관사(a)를 쓰지 않는다.
해석 안녕. 내 이름은 Sam이고, 미국 출신이야. 나는 부모님과 함께 뉴욕에서 살고 있어. 나는 한국에서 새 친구 몇 명을 사귀고 싶어.

15 **해설** ① take a test : 시험을 치르다 ② bread는 셀 수 없는 명사이므로 복수형을 쓸 수 없고 many가 아

닌 much(a lot of)와 함께 쓴다. ④ 형용사의 최상급 앞에는 the를 쓴다. ⑤ students는 셀 수 있는 명사이므로 much가 아닌 many와 함께 쓴다.

16 **해설** ① advice는 셀 수 없는 명사이므로 부정관사를 붙일 수 없다. ③, ④ paper와 rain은 셀 수 없는 명사이므로 복수형으로 쓰지 않는다. ⑤ hour는 셀 수 있는 명사이므로 앞에 many를 쓰고, 복수형 hours로 쓴다.

17 **해설** 빈칸 앞에 부정관사 a가 있으므로 셀 수 없는 명사는 쓸 수 없다.
해석 A 실례합니다. 셔츠〔가방 / 지갑 / 안내서〕를 사고 싶은데요.
B 들어오세요. 몇 가지를 보여 드릴게요.

18 **해설** 보기와 ①의 부정관사는 종족 전체를 나타낸다. ② one(하나의), ③ the same(같은), ④ per(~마다), ⑤ ~ 같은 사람
해석 고양이는 어둠 속에서 볼 수 있다.

서 술 형

19 **해설** furniture는 셀 수 없는 명사이므로 복수형으로 쓸 수 없으며 양을 나타내는 형용사 much로 수식한다.

20 **해설** 셀 수 있는 명사 앞에는 부정관사나 수를 나타내는 형용사를 쓸 수 있다. '하나의'를 의미하는 a〔A〕가 알맞다.
해석 • 저는 컴퓨터 한 대를 찾고 있어요.
• 일 년은 열두 달이다.
• 내 친구는 깜짝 파티를 열었다.
• 사전을 한 권 사는 게 어때?

21 **해설** 세상에서 유일한 것인 태양(Sun) 앞에는 정관사 the가 붙는다.
해석 태양은 서쪽에서 진다.

22 **해설** '마다, ~당'이라는 뜻을 나타낼 때는 부정관사 a〔an〕를 사용하며, '일 년에 한 번'이라는 의미는 once a year로 표현한다.
해석 나의 형제자매는 일 년에 한 번 부모님께 편지를 쓴다.

23 **해설** 악기 앞에는 정관사 the를 쓴다.
해석 너는 피아노를 칠 수 있니?

24 **해설** fish는 단수형과 복수형이 같다. fishes → fish
해석 나는 많은 물고기가 호수에서 헤엄치는 것을 봤다.

25 **해설** the French → French

언어 이름 앞에는 관사를 쓰지 않는다.

해석 그녀는 프랑스어를 한다.

[26-27]

해설 **26** several은 '여러 개의'라는 뜻으로 복수를 나타내는 형용사이므로 단위명사인 sheet를 복수형으로 써야 한다.

27 paper는 복수형으로 쓸 수 없으므로 단위명사를 이용하여 복수를 표현한다. 따라서 pieces of paper라고 해야 올바른 표현이다.

해석 • 서로 다른 색깔의 색종이 몇 장을 작은 조각으로 잘라라.

• 당신이 만들 모자이크 디자인의 밑그림을 그려라. 꽃, 동물, 또는 당신이 고른 그 밖의 어떤 것도 될 수 있다.

• 모자이크를 만들기 위해 디자인의 밑그림 안에 종이 조각을 조심스럽게 촘촘히 풀로 붙여라.

28 **해설** cheese는 셀 수 없는 명사이므로 단위명사 slice를 사용하여 양을 표현하고, milk는 셀 수 없는 명사이므로 단위명사 glass를 사용하여 양을 표현한다.

해석 • 맥앤치즈(마카로니 앤 치즈)를 만드는 데 필요한 재료

치즈 두 장, 버터 한 덩어리, 마카로니 한 팩, 크림 반 컵, 우유 한 잔, 작은 베이컨 조각들, 파슬리 한 티스푼

29 **해설** jeans와 같이 분리할 수 없는 한 쌍인 경우 a pair of로 수량을 표시한다. cap은 셀 수 있는 명사이므로 복수형으로 쓴다.

해석 Tom은 청바지 한 벌과 모자 두 개를 사고 싶어 한다.

30 **해설** shoes와 같이 분리할 수 없는 한 쌍인 경우 a pair of로 수량을 표시하며, 두 켤레이므로 two pairs of로 쓴다. bag은 셀 수 있는 명사이므로 부정관사로 한 개의 수량을 표현할 수 있다.

해석 Sarah는 신발 한 켤레와 가방 한 개를 사고 싶어 한다.

31 **해설** tie나 belt는 셀 수 있는 명사이므로 복수형으로 표현이 가능하며, 부정관사를 써서 한 개의 수량을 표현할 수 있다.

해석 Alex는 넥타이 두 개와 벨트 한 개를 사고 싶어 한다.

Chapter 09 대명사

1 인칭대명사 ▶▶ p. 168

A

1 him 2 We
3 It 4 her
5 He 6 Your
7 their

B

1 You love her
2 cleaned my room
3 His dad goes fishing
4 Did they return her books

2 소유격과 소유대명사 ▶▶ p. 169

A

1 Their 2 our
3 hers, mine 4 Her
5 yours 6 Mine
7 mine

B

1 My dream is
2 Her job, yours
3 His novel, reading his

3 재귀대명사의 형태와 용법 ▶▶ p. 170

A

1 itself 2 herself
3 yourselves 4 yourself

B

1 강조 용법 2 재귀 용법
3 재귀 용법 4 재귀 용법

4 재귀대명사 관용 표현 ▶▶ p.171

A

1 talk to himself
2 by myself
3 enjoyed ourselves
4 for yourself

B

1 went out by itself
2 the party by herself
3 help yourself to some bread

5 대명사 it ▶▶ p.172

A

1 ⓑ　　2 ⓑ
3 ⓒ　　4 ⓐ

B

1 It is not good
2 It was dark and quiet
3 It likes to sleep

6 부정대명사 one ▶▶ p.173

A

1 One　　2 ones
3 it　　4 ones
5 it　　6 one
7 ones

B

1 bought a new one
2 Are there smaller ones

7 부정대명사 another / other ▶▶ p.174

A

1 another　　2 other
3 the others　　4 others
5 another　　6 the other

8 부정대명사로 열거하기 ▶▶ p.175

A

1 Some, others
2 the others
3 the others
4 One, the other

B

1 Some, others
2 One, the others
3 Some, the others
4 another, the other

9 all / each / every ▶▶ p.176

A

1 have　　2 has
3 smile　　4 has
5 has　　6 every
7 rooms　　8 student
9 meal　　10 was

10 both / either / neither ▶▶ p.177

A

1 Both　　2 Neither
3 both　　4 either
5 neither　　6 Both
7 Either

▶▶ p. 178~182

01 ④　02 ③　03 ②　04 ③　05 ②　06 ②　07 ④　08
⑤　09 ④　10 ①　11 ③　12 ①　13 ②　14 ⑤　15 ④
16 ⑤　17 ②　18 ①

서술형　19 itself　20 another　21 인형 하나　22 each
23 He, her　24 They, their　25 yourself, themselves
26 ones　27 myself　28 yours　29 itself　30 him　31
yourselves　32 Some people enjoyed themselves at
the party.　33 Others just stayed at their table.

01 **해설** 두 개 중 하나와 나머지 하나를 가리키는 표현은
　　one과 the other이다.
　해석 나는 두 나라에 가봤다. 하나는 싱가포르였고, 다
　　른 하나는 중국이었다.

02 **해설** 두 개 중 하나와 나머지 하나를 가리키는 표현은
　　one과 the other이고, 두 번째 문장처럼 정해지지
　　않은 어느 대상을 지칭하는 대명사는 one을 쓴다.
　해석 • 하나는 검은색이고 다른 하나는 파란색이다.
　　• 어느 것이 더 밝아 보이니?

03 **해설** 막연한 다수와 또 다른 막연한 다수를 가리키는
　　표현은 some과 others이다.
　해석 요즘 스페인어가 많은 나라의 사람들에 의해 쓰여
　　진다. 그들 중 몇몇은 스페인어를 모국어로 쓰고,
　　몇몇은 제 2외국어로 쓴다.

04 **해설** B는 A와 같은 질문을 하고 있다. 따라서 A가 말
　　한 your class를 그대로 써서 묻거나 소유대명사
　　yours를 쓸 수 있다.
　해석 A 요즘 너희 반은 좀 어때?
　　B 아주 좋아. 너희 반은 어때?

05 **해설** B가 Yes라는 말과 함께 '책상 위의 책은 내 것'이라
　　고 말하는 것으로 보아 A는 B에게 '저것은 네 것이
　　니?'라고 묻는 것이 자연스럽다. 따라서 2인칭 소
　　유대명사 yours가 적절하다.
　해석 A 네 책은 어디에 있니? 저게 네 거니?
　　B 맞아. 책상 위에 있는 책이 내 거야.

06 **해설** 빈칸 뒤의 동사가 is와 are인 것으로 보아 3개 중
　　하나와 나머지 모두를 지칭하는 것이므로 one과
　　the others를 사용한다.
　해석 나는 DVD 3개를 빌렸다. 한 개는 액션 영화이고
　　나머지는 모두 멜로 영화이다.

07 **해설** ④ between ourselves는 '우리끼리 이야기지만'
　　의 뜻으로 쓰인다.

08 **해설** ①, ②, ③, ④의 it은 시간, 날씨, 계절, 명암을 나
　　타내는 비인칭 주어 it이고, ⑤의 it은 to answer
　　that을 대신하는 가주어이다.

09 **해설** 첫 번째 빈칸 뒤에 복수명사가 온 것으로 보아
　　other가 알맞다. 두 번째 빈칸에는 '다른 것'을 보
　　여달라는 뜻이므로 another가 알맞다.
　해석 • 다른 질문들이 있나요? 어떤 것이라도 좋아요.
　　• 그건 좋은 게 아니구나. 내게 다른 걸 보여줘.

10 **해설** 뉴스를 매일 저녁 본다는 의미로 every evening
　　이 알맞다. '~마다'의 의미는 「every + 숫자 + 복수
　　명사」의 형태로 나타낼 수 있다.
　해석 • 나는 매일 저녁 뉴스를 시청한다.
　　• 그 버스는 10분마다 운행된다.

11 **해설** ③은 재귀대명사의 강조 용법으로, 나머지는 모두
　　재귀 용법으로 쓰였다.

12 **해설** an email을 가리키는 목적격 it, My uncle을 가리
　　키는 주격 He, Jina를 가리키는 목적격 her가 알
　　맞다.
　해석 • 나는 이메일 한 통을 썼고, 그것을 내 친구에게
　　　보냈다.
　　• 내 삼촌은 브라질에 있다. 그는 거기서 영어를
　　　가르친다.
　　• Jina는 나의 언니다. 나는 그녀와 매일 이야기한다.

13 **해설** 그가 돈을 낭비했다는 마지막 말로 보아 이미 줄
　　넘기 줄을 가지고 있으면서 다른 하나를 또 샀다
　　는 의미이다. 원래의 것 외의 '하나 더'의 의미이므
　　로 another가 알맞다.
　해석 내 아들은 이미 줄넘기가 있었지만 어제 하나를
　　더 샀다. 그는 돈을 낭비했다.

14 **해설** 아이들과 노인들이 다칠 수 있다는 내용이므로 주어
　　와 목적어가 동일한 대상이다. 따라서 themselves가
　　알맞다. hurt oneself : 다치다
　해석 여러분은 집 앞의 눈과 얼음을 치워야 한다. 아이
　　들과 노인들은 얼음 위에서 쉽게 미끄러져 다칠
　　수 있다.

15 **해설** ①, ②는 지시대명사이고 ③, ⑤는 to부정사를 대
　　신하는 가주어이다. 보기와 ④는 비인칭 주어로
　　쓰였다.
　해석 오늘은 비가 불규칙적으로 내린다.

16 **해설** 빈칸 뒤의 동사가 is이므로 both, all, some은 쓸
　　수 없다. either는 쓸 수 있지만 but이라는 역접의
　　접속사와 의미상 어울리지 않는다. 즉, 둘 다 재미
　　없다는 의미의 neither가 알맞다.
　해석 나는 책 두 권을 샀지만, 둘 다 재미없었다.

17 해설 each other는 '서로'라는 의미의 관용 표현이다. 두 번째 빈칸 뒤의 동사(end)가 복수동사이므로 Each는 쓸 수 없다. Every는 단독으로 대명사로 쓰이지 않는다.

해석 • Jessica와 Michael은 서로를 이해한다.
• 나의 모든 수업은 5시 30분에 끝난다.

18 해설 둘 중에 어느 것이 정답인지 묻고 있다. 동사가 are이므로 Either는 쓸 수 없다. Every와 Any는 단독으로 대명사 또는 주어로 쓰이지 않는다.

해석 A 이것과 저것 중에 어느 것이 정답인가요?
B 둘 다 맞습니다.

서 술 형

19 해설 by itself는 '저절로'의 의미를 지닌 재귀대명사의 관용 표현이다.

20 해설 각각 '다른 것', ' 하나 더'의 의미이므로 another가 알맞다.

해석 • 그 스웨터는 제게 너무 커요. 다른 걸 보여주세요.
• 저는 매우 목이 말라요. 차가운 물 한 잔을 더 주세요.

21 해설 앞 문장에 나오는 여러 인형들 중 하나를 샀다는 표현이므로 one이 가리키는 것은 '인형 하나'이다.

해석 Melinda는 장난감 가게에 있었다. 예쁜 인형들이 많이 있었다. 그녀는 하나를 샀다.

22 해설 부정대명사의 관용 표현인 each other는 '서로'라는 의미를 가진다.

23 해설 Jason을 가리키는 주격 인칭대명사 He와 Rachel을 가리키는 목적격 인칭대명사 her가 알맞다.

해석 Jason은 Rachel을 사랑한다. 그는 그녀를 아주 많이 사랑한다.

24 해설 Tom and Ann을 가리키는 주격 인칭대명사 They, '그들의 딸'이라는 말에 해당하는 소유격 인칭대명사 their가 알맞다.

해석 Tom과 Ann은 Rose라는 이름의 딸이 있다. 그들은 그들의 딸을 아주 많이 사랑한다.

25 해설 주어와 재귀대명사는 수와 성이 일치해야 하므로 각각 yourself와 themselves가 알맞다.

해석 • Nicole, 네가 직접 설거지를 했니?
• 너는 그들을 도울 필요가 없어. 그들 스스로 그것을 할 수 있어.

26 해설 앞에 나온 사물과 같은 종류(shoes)이고 복수형이므로 대명사 ones를 쓴다.

해석 A 저 신발은 멋지다.
B 어느 것?
A 저 녹색 신발.

27 해설 by oneself : 혼자서, 홀로 (= alone)
해석 나는 혼자서 그 벽을 모두 칠했다.

28 해설 의미상 your car이므로 소유대명사 yours가 알맞다.
해석 나는 내 차를 볼 수 있는데, 네 것은 어디에 있니?

29 해설 동사 wash의 목적어가 필요하며, 문맥상 주어인 '우리 고양이'를 가리키므로 재귀대명사 itself가 알맞다.
해석 우리 고양이는 매끼 식사 후에 스스로 세수한다.

30 해설 앞에 전치사 to가 있으므로 John을 가리키는 목적격 인칭대명사 him이 알맞다.
해석 John은 어디에 있니? 나는 그에게 말해야 하는데.

31 해설 완전한 문장이므로 2인칭 복수주어(you)를 강조하는 재귀대명사 yourselves가 알맞다.
해석 얘들아, 너희는 스스로 숙제를 해야 한다.

[32-33]

해설 32 정해지지 않은 막연한 다수의 대상을 처음 언급할 때는 명사 앞에 some을 붙여서 표현한다.

33 이후에 또 다른 막연한 다수의 대상을 언급할 때는 other+복수명사 혹은 others로 나타낸다.

해석 어제 우리 학교에서는 댄스파티가 있었다. 학생들, 선생님들, 이웃들을 포함한 많은 사람들이 그 파티에 참석했다. 몇몇 사람들은 그 파티에서 즐거운 시간을 보냈다. 그들을 열정적으로 춤을 추었고, 그곳에 있어서 행복해하는 것처럼 보였다. 또 다른 몇몇 사람들은 그저 그들의 테이블에서 머무르기만 했다. 그들은 절대로 춤추려 일어나거나 무대로 오지 않았다.

Chapter 10 형용사와 부사

1 형용사의 쓰임 ▶▶ p.184

A
1 a very cute woman
2 a very big house
3 a really nice boy
4 a really expensive vase
5 very useful information

B
1 I can't carry the big box.
2 She sleeps in a small bed.
3 She didn't make any friends here.
4 Dogs are popular animals in Europe.
5 My family is having dinner in a crowded restaurant.

2 -one / -body / -thing + 형용사 ▶▶ p.185

A
1 something hot to drink
2 there was nothing wrong
3 didn't find anything strange
4 have something different to tell

B
1 Somebody handsome
2 something important
3 Nothing exciting
4 anything interesting

3 수량형용사 ▶▶ p.186~187

A
1	a few	2	Few
3	little	4	many
5	little	6	much
7	a little	8	much
9	many		

B
1	much money	2	A few children
3	a little water	4	Few tourists
5	many questions	6	little hope

C
1 How much salt
2 few people in the park
3 Many(A lot of / Lots of / Plenty of) students attended the meeting
4 unfortunately he has little talent
5 We need much(a lot of / lots of / plenty of) information about water pollution.

4 some / any ▶▶ p.188

A
1	some	2	any
3	some	4	any
5	any	6	some, any

B
1 Would you like some
2 some(a few) hats at the store
3 have any fun without you

5 the + 형용사 ▶▶ p.189

A
1 the poor 또는 poor people
2	the deaf	3	get
4	need	5	Do
6	want		

B
1	the sick	2	The rich
3	the poor	4	the hungry
5	The young, the elderly		

6 연도 / 날짜 / 분수 ▶▶ p. 190

A

1 eighteen ninety-four
2 nineteen forty-five
3 nineteen eighty
4 nineteen ninety-nine
5 two thousand (and) two
6 two thousand (and) thirteen 또는 twenty thirteen
7 January (the) first 또는 the first of January
8 February (the) fifteenth 또는 the fifteenth of February
9 May (the) first 또는 the first of May
10 August (the) twentieth 또는 the twentieth of August
11 November (the) twenty-fourth 또는 the twenty-fourth of November
12 December (the) twenty-fifth 또는 the twenty-fifth of December
13 a half 또는 one-half
14 a fifth 또는 one-fifth
15 three-fourths 또는 three-quarters
16 three-sevenths
17 five-sixths
18 five-ninths
19 one and a half
20 two and two-thirds
21 two and seven-elevenths
22 four and three-sevenths

7 소수 / 배수 ▶▶ p. 191

A

1 three point one four
2 seven point one seven
3 sixteen point two eight
4 fifty point one four
5 a(one) hundred (and) twenty-seven point nine one
6 six hundred (and) fifteen point four six
7 four times
8 twice a week
9 once a month
10 eight times a year

B

1 twice a week
2 once a year
3 four times a month

8 부사의 형태 ▶▶ p. 192

A

1 truly
2 wisely
3 slowly
4 clearly
5 sincerely
6 angrily
7 safely
8 terribly
9 nicely
10 carefully
11 easily
12 directly
13 usually
14 gently
15 really
16 quickly
17 certainly
18 suddenly
19 finally
20 horribly
21 difficultly
22 differently
23 heavily
24 cheaply
25 generally
26 necessarily

9 부사의 쓰임 ▶▶ p. 193

A

1 quiet, quietly
2 easy, easily
3 happily, happy
4 careful, carefully

B

1 well
2 Unfortunately
3 sad
4 necessary
5 suddenly
6 really

10 형용사와 형태가 같은 부사

A
1 부사(열심히)
2 형용사(늦은)
3 부사(빨리)
4 부사(일찍)
5 부사(높이)
6 형용사(긴, 먼)
7 형용사(충분한)
8 부사(충분히)
9 형용사(빠른)

B
1 late
2 hard
3 highly
4 deep
5 hardly
6 Lately, nearly

C
1 late → lately
2 near → nearly
3 lately → late
4 high → highly
5 deep → deeply
6 hardly → hard

D
1 We worked late
2 a very fast swimmer
3 Did he sleep enough
4 How long are you going to

11 비슷한 의미의 부사
▶▶ p. 196~197

A
1 still
2 yet
3 very
4 much
5 either

B
1 already
2 too
3 much
4 yet
5 still
6 very
7 either

C
1 much faster than
2 still haven't come back
3 already spoken to your sister
4 she hasn't opened it yet
5 He has not, either.

12 빈도부사
▶▶ p. 198~199

A
1 often wash
2 will never win
3 is usually late
4 hardly snows
5 has never thought
6 should always help
7 have often thought
8 have hardly read

B
1 ②
2 ①
3 ①
4 ②
5 ②
6 ②

C
1 often goes to school
2 have never been to
3 can seldom have dinner
4 sometimes does his homework
5 will never play computer games

D
1 We seldom(hardly) solved the problem.
2 Ann is usually at home on Sundays.
3 I have never seen him since 2002.
4 The prince has never visited the castle before.
5 Do you always go out in the evening?

13 동사구에서 부사의 위치
▶▶ p. 200

A
1 ○
2 took it off
3 turn it down
4 pick them up
5 ○
6 turn it on

B
1 turned it on
2 wake them up

01 ④ 02 ③ 03 ④ 04 ③ 05 ⑤ 06 ③ 07 ③ 08
② 09 ④ 10 ② 11 ④ 12 ⑤ 13 ④ 14 ④ 15 ④
16 ③ 17 ② 18 ④ 19 ⑤ 20 ② 21 ① 22 ⑤ 23
③ 24 ⑤ 25 ① 26 ④

서술형 27 some 28 any 29 the elderly to go upstairs 30 is always late 31 the blind 32 There isn't anything special in today's morning newspaper. 33 ⓐ sometimes gain ⓑ very(really) 34 hardly clean your room 35 something big and expensive 36 Put on my jacket. 또는 Put my jacket on. 37 hardly could → could hardly 38 much → many(a lot of/lots of/plenty of) 39 nicely → nice 40 poor → the poor(poor people)

01 **해설** 「형용사 + -ly」는 부사가 되고, 「명사 + -ly」는 형용사가 된다. really, slowly, happily, beautifully는 부사이고 friendly는 형용사이다.

02 **해설** 분수를 읽을 때 분자는 기수로, 분모는 서수로 읽는다. 분자가 2 이상일 때는 분모에 -s를 붙이므로 2/5는 two-fifths로 읽는다.

03 **해설** -thing으로 끝나는 대명사는 형용사가 뒤에서 수식한다. 따라서 something hot으로 써야 한다.

04 **해설** 동사구의 목적어가 대명사이면 반드시 「동사 + 대명사 + 부사」의 형태로 써야 하므로 Take them off로 써야 한다.
해석 네 양말은 매우 더럽다. 그것을 벗어라. 여기 깨끗한 게 있다. 그걸 신어라.

05 **해설** sugar는 셀 수 없는 명사이므로 '많은'의 의미일 때 a lot of, lots of, plenty of 외에 much를 쓸 수 있다.
해석 많은 설탕을 섭취하는 것은 좋지 않다.

06 **해설** people은 셀 수 있는 명사이므로 many, a few, few 등의 수식을 받는다. a lot of, some 등으로도 수식할 수 있으나, 양을 나타내는 much, a little, little 등은 사용할 수 없다.

07 **해설** ③ 까마귀가 높이 날고 있다는 의미이므로 high를 써야 한다. high는 형용사로도 쓰이고 부사로도 쓰이는데, -ly를 붙인 highly(매우)는 부사로 또 다른 의미를 가진다.

08 **해설** 첫 번째 문장은 내용상 '거의 없는'의 의미가 적절하고 friends가 셀 수 있는 명사이므로 few를 써야 한다. 두 번째 문장은 긍정문이므로 some을,

마지막 문장은 의문문이지만 '권유'를 나타내므로 some을 사용한다.
해석 • Ryan은 너무 무례해서 친구들이 거의 없다.
• 우리는 우유를 조금 살 예정이다.
• 주스를 좀 더 드시겠어요?

09 **해설** ④ still이 부정문에 쓰이면 부정어(not, never) 앞에 쓰이므로 still hasn't로 써야 한다.

10 **해설** 첫 번째 빈칸은 형용사 enough의 수식을 받는 명사가 와야 하고, 두 번째 빈칸은 보어 자리에 형용사가 와야 한다. 형용사 asleep은 '잠이 든, 자고 있는'의 뜻이다.
해석 • Jack은 어젯밤에 충분한 잠을 자지 못했다.
• 그는 하루 종일 졸렸다.

11 **해설** ④ time은 셀 수 없는 명사이므로 much를 써야 한다.

12 **해설** ⑤ 동사인 be treated를 수식하는 말이 와야 하므로 형용사가 아닌 부사 equally를 써야 한다.
해석 Helen은 매우 총명했다. 그녀는 시각장애인들을 위한 학원에 다녔는데, 거기서 그녀는 공부를 아주 잘했다. 그녀는 매우 열심히 공부했다. Helen은 모든 사람들이 동등하게 대접받아야 한다고 생각했다.

13 **해설** hard는 '단단한, 어려운'이란 의미의 형용사로도 쓰이고, '열심히'란 의미의 부사로도 쓰인다. 의미상 '열심히'의 의미로 쓰였으므로 hard로 써야 한다. hard에 -ly를 붙인 hardly(거의 ~ 않다)는 부사로 또 다른 의미를 가진다.

14 **해설** 부사 very는 원급의 형용사나 부사를 강조하고, much는 비교급의 형용사나 부사를 강조한다.
해석 • 그 문제는 풀기가 매우 어렵다.
• 이 차는 저 차보다 훨씬 더 빨리 달린다.

15 **해설** 첫 번째 빈칸에는 '어려운'이라는 의미의 형용사가 와야 하고, 나머지 두 개의 빈칸에는 부정의 의미가 들어가야 하므로 hardly(거의 ~ 않다)가 알맞다.
해석 • 중국어로 쓰인 책을 읽는 것은 어렵다.
• 나는 이 소음 때문에 네 말을 거의 들을 수 없다.
• 심한 교통체증 때문에, 그는 제시간에 거의 도착할 수 없었다.

16 **해설** '~한 사람들'이라는 의미를 나타내기 위해서는 「the + 형용사」 형태로 써야하므로 disabled → the disabled

17 **해설** 부정문에서 '또한, 역시'의 의미로 쓰이는 부사는 either이다.
해석 A 나는 그의 연설을 이해하지 못하겠어.

B 나도 역시 이해하지 못하겠어.

18 해설 late는 '늦은; 늦게'의 의미로 형용사이면서 부사이다. lately는 '최근에'라는 의미로 쓰이는 부사이다.
해석 • 우리는 오늘 아침 늦게 일어났다.
• Jack은 최근에 살이 쪘다.

19 해설 ⑤ often은 빈도부사이므로 일반동사 goes 앞에 써야 한다. goes often → often goes

20 해설 첫 번째 빈칸에는 동사 runs를 꾸미는 부사가 필요하고, 두 번째 빈칸에는 명사 runner를 꾸미는 형용사가 필요하므로 형용사와 부사의 형태가 같은 fast가 알맞다.
해석 • 나의 형은 매우 빨리 달린다.
• 나의 형은 빠른 주자이다.

21 해설 문맥상 빈칸에는 공통적으로 '아직'의 의미가 필요하다. 첫 번째 빈칸에 들어갈 yet은 부정문에서 '아직'의 의미로, 두 번째 빈칸에 들어갈 still은 긍정문에서 '아직도'의 의미로 쓰였다.
해석 A 너는 역사 보고서를 끝냈니?
B 아니, 아직.
A 다음 주 금요일까지 마감이지, 그렇지 않니?
B 아니야. 마감일은 5월 5일이야. 아직 2주가 남았어.

22 해설 ⑤ 동사구의 목적어가 대명사이면 반드시 「동사 + 대명사 + 부사」의 순서로 써야 한다. Clean up it. → Clean it up.

23 해설 ③ 동사구의 목적어가 대명사이면 반드시 「동사 + 대명사 + 부사」의 순서로 써야 한다. 따라서 woke him up으로 써야 한다.
해석 어느 날 사자 한 마리가 자고 있었다. 그런데 쥐 한 마리가 실수로 잠을 깨워서 사자는 잠이 깼다. 사자는 화가 나 재빨리 쥐를 잡았다.

24 해설 ⑤ 3배〔번〕 이상의 배수는 「기수 + times」의 형태로 형용사 앞에 쓴다. 따라서 three times가 올바른 형태이다.

25 해설 ① 분수를 읽을 때 분자가 2 이상일 때는 분모에 -s를 붙여야 하므로 four-sixths로 읽어야 한다.

26 해설 very는 부사이므로 형용사 또는 다른 부사를 수식할 때 수식하는 말 앞에 온다.
해석 늦게 도착하는 것은 별로 좋은 인상을 주지 못할 것이다.

27 해설 some은 셀 수 없는 명사 (information)와 셀 수 있는 명사 (minutes)를 모두 수식할 수 있다.
해석 • 우리는 약간의 정보를 가지고 있다.
• 그것은 몇 분 전에 일어났다.

28 해설 no는 not ~ any와 같은 뜻으로, '전혀 ~ 아닌'의 의미로 쓰인다.
해석 슬프게도 나는 함께 놀 친구가 전혀 없다.

29 해설 '~한 사람들'이라는 말은 「the + 형용사」의 형태로 표현한다. elderly는 '연세가 드신'이라는 뜻의 형용사다.

30 해설 빈도부사 always(항상)는 be동사 뒤에 위치한다. be late for : ~에 늦다

31 해설 「the + 형용사」는 '~한 사람들'의 의미로 쓰인다. blind people은 the blind로 바꿔 쓸 수 있다.
해석 그들은 시각장애인들을 위한 안내견을 훈련시킨다.

32 해설 -thing으로 끝나는 대명사는 형용사가 뒤에서 수식하므로 anything special로 써야 한다.

33 해설 ⓐ sometimes는 빈도부사이므로 일반동사 gain 앞에 와야 한다.
ⓑ 형용사 원급 easy를 수식하는 부사는 very (really)가 알맞다.
해석 겨울 동안, 많은 동물들이 먹이를 찾지 못한다. 그래서 몇몇 동물들은 겨울철 수개월 동안 잠을 잔다. 그들은 잠을 자기 전에 많이 먹어야 한다. 그들은 가끔 일주일에 40파운드 가량 살이 찌기도 한다. 그러나 봄이 되면 동물들이 먹이를 찾는 것은 무척 쉽다.

34 해설 빈도부사 hardly는 be동사 뒤, 조동사 뒤, 일반동사 앞에 온다.
해석 너는 네 방을 거의 청소하지 않아. 청소하지 않으면 너는 나갈 수 없어.

35 해설 -one / -body / -thing으로 끝나는 대명사는 형용사가 뒤에서 수식한다.
해석 여러분에게 이 집을 소개하게 되어 기쁩니다. 그건 크고 비싼 것입니다.

36 해설 추위를 타는 연인에게 자신의 옷을 주는 상황이므로 put on(입다)을 쓴다. 목적어가 명사 (my jacket)이므로 Put on my jacket이나 Put my jacket on 둘 다 가능하다.
해석 당신은 몹시 추워 보여요. 제 외투를 입으세요.

해설 **37** hardly는 빈도부사로 조동사 뒤에 와야 하므로 could hardly의 순서로 쓴다.

38 letters는 셀 수 있는 명사의 복수형이므로 much가 아닌 many 또는 a lot of, lots of 등을 쓴다.

39 명사를 수식하는 것은 형용사이다. 따라서 nice로 쓰는 것이 알맞다.

40 의미상 '가난한 사람들'을 의미하므로 「the + 형용사」 형태인 the poor 또는 poor people이 알맞다.

해석 크리스마스 이브였다. 내 여동생은 너무 들떠서 잠을 거의 자지 못했다. 그녀는 산타에게 5개월 동안 많은 편지를 썼다. 그녀는 산타로부터 많은 멋진 것들을 받고 싶었는데 왜냐하면 그것들을 가난한 사람들에게 나누어 줄 계획을 했기 때문이다. 잠시 후 그녀는 결국 잠이 들었다.

Chapter 11 비교

1 비교급 / 최상급 만들기 – 규칙 변화 ▶▶ p.208

A

1 prettier, prettiest
2 stranger, strangest
3 heavier, heaviest
4 larger, largest
5 simpler, simplest
6 thicker, thickest
7 more useful, most useful
8 more important, most important
9 more famous, most famous
10 hotter, hottest
11 more exactly, most exactly
12 healthier, healthiest
13 funnier, funniest
14 more beautiful, most beautiful
15 more foolish, most foolish
16 more popular, most popular
17 more easily, most easily
18 dirtier, dirtiest
19 thinner, thinnest
20 more active, most active
21 bigger, biggest
22 more excellent, most excellent

2 비교급 / 최상급 만들기 – 불규칙 변화 ▶▶ p.209

A

1 less, least **2** latter, last
3 more, most
4 farther(further), farthest(furthest)
5 more, most **6** later, latest
7 better, best **8** worse, worst
9 better, best **10** further, furthest

B

1 more **2** least mistake
3 worst dresser

3 원급 비교 ▶▶ p.210

A
1 as important as 2 not as〔so〕 old as
3 as expensive as 4 not as〔so〕 cold as

B
1 as funny as he is
2 not as tall as his brother
3 isn't so boring as you think
4 English as fluently as Ted does

4 원급을 이용한 비교 표현 ▶▶ p.211~212

A
1 quick as email
2 not as〔so〕 fast as a plane
3 can't run as〔so〕 fast as I can
4 stronger than plastic
5 more comfortable than the floor
6 scored better than Danny did
7 as〔so〕 big as

B
1 as hard as 2 as fast as possible
3 as kindly as he could 4 as soon as you can

C
1 five times as big as 2 ten times as tall as
3 twice as large as

D
1 not as big as Mike's
2 come back as soon as possible
3 as quickly as you can
4 three times as fast as you

5 비교급 비교 ▶▶ p.213

A
1 shorter than 2 heavier than
3 more, than 4 more books than
5 older than mine

B
1 than 2 better
3 mine
4 much〔even / still / far / a lot〕
5 more

6 배수사를 이용한 비교 표현 ▶▶ p.214

A
1 ten times longer than that one
2 about four times larger than the Moon
3 five times as long as the dog
4 about three times as high as my school

B
1 twice as large as the Atlantic
2 eighty times heavier than the Moon
3 half as fast as a subway train
4 about twenty times faster than a bullet

7 비교급을 이용한 표현 1 ▶▶ p.215

A
1 longer 2 higher
3 harder 4 the happier
5 more and more tired

B
1 More and more
2 The harder, the better
3 colder and colder
4 The higher, the more dangerous
5 The older, the wiser

8 비교급을 이용한 표현 2 ▶▶ p.216

A
1 less exciting than
2 not as〔so〕 useful as
3 more important than

B

1 like better, apples or bananas
2 more active player, Mike or Tom
3 less often than you do
4 more exciting sport, soccer or baseball

9 최상급 비교 ▶▶ p.217

A

1 of **2** in
3 the most **4** of
5 most diligent

B

1 the biggest island
2 the most expensive bag
3 the highest mountain
4 the most important thing

10 최상급을 이용한 표현 ▶▶ p.218

A

1 the worst **2** girls
3 ever **4** one
5 holidays **6** most
7 cities **8** hobbies

B

1 one of the most famous singers
2 the most interesting novel (that)
3 one of the most expensive cars
4 one of the most useful inventions

11 비교급과 원급을 이용한 최상급 표현 ▶▶ p.219~220

A

1 as diligent **2** than
3 cities **4** more
5 any

B

1 important as love **2** faster than, train
3 writer, great as **4** more intelligent, girls
5 prettier than, park

C

1 bigger than, bigger than all, as(so) big, bigger than
2 more important than, more important than all, as(so) important, more important
3 better than, other, than, the, students, No, as(so) good, No, better
4 most expensive, more expensive, as(so) expensive as
5 colder than, No, colder, as(so) cold as

Chapter 11 학교 시험 대비 문제 ▶▶ p.221~226

01 ① 02 ② 03 ⑤ 04 ③ 05 ② 06 ③ 07 ② 08 ④ 09 ④ 10 ① 11 ③ 12 ④ 13 ⑤ 14 ④ 15 ③ 16 ④ 17 ③ 18 ④ 19 ⑤ 20 ③ 21 ④

서술형 22 as(so) strong as 23 Which, or 24 The older, the prettier 25 always does better than I do 26 three times more expensive than 27 More and more 28 the happiest day 29 The harder, the easier 30 most 31 smarter than any other student 32 as(so) smart as Jane 33 is not as(so) young as Michelle 34 is (much) taller than Michelle 35 Kevin is the heaviest of the three. 36 bigger than Korea 37 But Seoul is one of the biggest cities in the world.

01 **해설** 「단모음 + 단자음」으로 끝나는 단어는 비교급, 최상급을 만들 때 마지막 자음을 한 번 더 쓰고 -er, -est를 붙인다. big — bigger — biggest

02 **해설** little의 비교급과 최상급은 little — less — least이다.

03 **해설** 두 가지 어구가 의미상 동등하게 비교되어 있으므로 원급 비교를 사용한다.
「not as(so) + 형용사(부사) 원급 + as」: ~만큼 …하지 않은
해석 계단을 올라가는 것은 계단을 내려가는 것만큼 쉽지 않다.

04 **해설** '~의 몇 배로 …한'의 표현에는 「배수사 + as 원급 as」를 사용한다. 2배를 나타내는 배수사는 two가 아니라 twice이다.

05 해설 비교급을 강조하는 말에는 much, even, far, still, a lot 등이 있다. very는 원급의 형용사나 부사를 강조한다.

해석 • 코끼리는 호랑이보다 훨씬 (몸집이) 더 크다.
• 중국은 한국보다 훨씬 (면적이) 더 크다.
• 자동차는 자전거보다 훨씬 더 빠르다.

06 해설 빈칸 뒤에 any other thing이 온 것으로 보아 최상급을 나타내는 표현인 「비교급 than + any other + 단수명사」가 쓰인 문장이다.

해석 이 건물은 다른 어떤 것보다 더 높다.(이 건물이 가장 높다.)

07 해설 빈칸 앞에 more가 있으므로 비교급을 만들 때 more를 붙이는 단어만 들어갈 수 있다. hard의 비교급은 harder이다.

08 해설 '~할수록 점점 더 …하다'의 의미인 「the + 비교급, the + 비교급」 구문이므로, 빈칸에는 good의 비교급인 better가 알맞다. '점점 더 ~한'이라는 표현은 「비교급 + and + 비교급」으로 쓴다.

해석 • 이 와인을 오래 보관하면 할수록, 그것은 더 맛있어 진다.
• 날씨가 점점 더 더워지고 있다.

09 해설 원급 비교인 「not + as〔so〕+ 원급 + as」는 '~만큼 …하지 못하다'라는 의미의 비교 표현인 「less + 원급 + than」과 같은 의미로 쓰인다.

해석 이 방은 저 방만큼 편안하지 않다.
= 이 방은 저 방보다 덜 편안하다.

10 해설 that절에 ever가 있는 것으로 보아 주어진 글은 '~한 것 중에서 가장 …한'이라는 의미의 최상급을 표현하는 구문이므로 interesting을 최상급으로 만드는 the most가 알맞다.

해석 '해리포터'는 내가 읽어본 것 중에서 가장 재미있는 책이다.

11 해설 Michael은 여동생만큼 키가 크다고 했으므로 is as tall as로 써야 한다.

12 해설 late의 최상급은 latest(가장 최근의)와 last(마지막)가 있다. 여기에서는 '마지막 날'의 의미이므로 the last를 쓴다. 두 번째 문장은 famous 앞에 one of가 있는 것으로 보아 최상급을 이용한 표현이다. famous의 최상급 표현인 the most famous로 쓰는 것이 알맞다.

해석 • 할로윈은 10월의 마지막 날이다.
• 크리스마스는 가장 유명한 공휴일 중 하나이다.

13 해설 ⑤는 「비교급 than any other + 단수명사」 구문이므로 important 앞에 more를 써야 한다.

14 해설 원급을 강조할 때는 very를, 비교급을 강조할 때는 much, even, far, still, a lot을 사용한다.

해석 은은 아주 비싸고 아름답지만, 금은 훨씬 더 비싸고 아름답다.

15 해설 as와 as 사이에는 형용사나 부사의 원급이 와야 하는데 ③의 taller는 형용사 tall의 비교급 형태이므로 빈칸에 알맞지 않다.

16 해설 ① '~ 중에서'의 의미로 「of + 복수명사」를 쓰므로 in이 아닌 of를 쓴다. ② as와 as 사이에는 원급을 쓴다. ③ '점점 더 ~한'이라는 표현은 「비교급 + and + 비교급」으로 쓴다. ⑤ 「one of the 최상급 + 복수명사」 구문이므로 nicest로 써야 한다.

17 해설 두 문장 모두 의미상 최상급 문장이므로 the를 붙여서 the cutest, the ugliest의 형태로 쓴다.

해석 • 강아지는 세상에서 가장 귀여운 동물 중 하나이다.
• 세상에서 가장 못생긴 개를 뽑는 대회가 있다.

18 해설 great의 최상급은 greatest이다.

19 해설 ⑤ 비교급을 이용한 최상급 표현에서 비교급 than any other 뒤에 복수명사가 아닌 단수명사를 써야 하므로 islands → island

20 해설 '가능한 한 ~하게'의 표현으로는 「as + 원급 + as possible」 또는 「as + 원급 + as + 주어 + can〔could〕」가 있다. possible 대신 「주어 + can〔could〕」를 쓸 수 있는데 동사가 과거이므로 can 대신 could를 써야 한다.

해석 어제 나는 아침 늦게 일어났다. 나는 가능한 한 빨리 달렸다. 하지만 나는 영어 수업에 지각했다.

21 해설 수영은 몸무게 56kg이고 Jessica는 58kg이므로 ④는 표의 내용과 일치하지 않는다.

22 해설 「A + 비교급 than + B」 = 「B + not as〔so〕 + 형용사〔부사〕 원급 + as + A」

해석 James는 Peter보다 힘이 더 세다.
= Peter는 James만큼 힘이 세지 않다.

23 해설 Which〔Who〕 ~ 비교급, A or B? : A와 B 중 어떤 것이〔누가〕 더 ~한가?

해석 A 너는 꽃무늬와 줄무늬 중 어떤 스카프가 더 좋니?
B 난 꽃무늬가 더 좋아.

24 해설 「the + 비교급, the + 비교급」 구문으로 '~하면 할수록 더 …하다'의 의미를 나타낸다.

25 해설 빈도부사 always는 일반동사 does 앞에 와야 하고, than은 비교급 better 뒤에 온다. than 뒤에는 비교 대상 I와 대동사 do가 나란히 온다.

해석 Kate는 열심히 공부하지 않지만 항상 나보다 시험을 잘 본다.

26 해설 배수 표현이므로 「배수사 + 비교급 + than」의 순서로 쓴다. 세 배는 three times로 쓴다.

해석 요즘 배는 사과보다 세 배 더 비싸다.

27 해설 '점점 더'라는 표현은 「비교급 + and + 비교급」의 형태로 쓴다. many(많은)의 비교급 more를 이용하여 more and more의 형태로 쓴다.

28 해설 최상급 표현이므로 the happiest의 형태로 쓴다.

29 해설 '~하면 할수록 더 …하다'는 「the + 비교급, the + 비교급」의 형태로 나타낸다. hard의 비교급은 harder이고, easy의 비교급은 easier이다.

30 해설 「one of the + 최상급 + 복수명사」 구문을 사용하여 She is one of the most beautiful women in the world.로 쓸 수 있다. 따라서 여섯 번째 오는 단어는 most이다.

[31-32]

해설 31 「비교급 than any other + 단수명사」로 최상급을 표현할 수 있다.

32 「No (other) 단수명사 ~ as〔so〕 + 원급 + as」로 최상급을 표현할 수 있다.

해석 • Jane은 우리 반에서 가장 똑똑한 학생이다.
31 Jane은 우리 반의 그 어떤 다른 학생보다 더 똑똑하다.
32 우리 반의 그 어떤 학생도 Jane만큼 똑똑하지 않다.

33 해설 Kevin이 주어이고, Kevin이 Michelle보다 나이가 많으므로 원급 비교를 사용하면 not as〔so〕 young as로 표현할 수 있다.

해석 Kevin은 Michelle만큼 어리지 않다.

34 해설 Jack이 주어이고, Jack은 Michelle보다 키가 더 크므로 taller than을 쓴다.

해석 Jack은 Michelle보다 키가 (훨씬) 더 크다.

35 해설 셋 중에서 몸무게가 가장 많이 나가는 사람은 Kevin이므로 Kevin을 주어로 하여 최상급 표현인 heaviest를 쓴다. 형용사의 최상급 앞에는 the를 쓰며 끝에 '세 명 중'을 의미하는 of the three를 쓴다.

해석 Kevin은 세 사람 중에서 가장 무겁다.

[36-37]

해설 36 원급 비교 표현으로 '한국은 일본만큼 크지 않다.'라는 의미이므로 비교급 표현을 써서 '일본은 한국보다 더 크다.'로 쓰는 것이 알맞다.

37 '가장 ~한 것들 중 하나'의 표현은 「one of the 최상급 + 복수명사」의 형태로 써야 하므로 cities로 쓴다.

해석 한국은 멋있고 아름다운 나라인 것 같다. 한국은 일본만큼 크지 않다. 하지만 서울은 세계에서 가장 큰 도시 중 하나다. 나는 한국의 문화를 배우러 그곳에 가고 싶다. 나는 한국에 점점 더 많은 관심이 생긴다. 그리고 내가 한국에 오래 머물면 머물수록, 한국에 대해 더 많이 배울 수 있을 것이다.

Chapter 12 접속사

1 and / or / but
▶▶ p.228~229

A

1	but	**2**	and
3	and	**4**	or
5	but	**6**	or
7	and	**8**	and
9	but	**10**	or
11	but	**12**	but

B

1	but	**2**	and
3	or	**4**	and
5	but	**6**	but
7	or		

C

1 like science and math

2 Mike can't speak French, but

3 is old but healthy

4 got off at the next stop and took

5 do you like better, tennis or golf

2 상관접속사
▶▶ p.230~231

A

1	not, but	**2**	not only, but also
3	Either, or	**4**	neither, nor
5	as well as	**6**	either, or

B

1	have	**2**	am
3	loves	**4**	have
5	has	**6**	kind
7	beautiful	**8**	singing
9	he		

C

1 Neither you nor I was right.

2 I love both Mom and Dad.

3 Not only David but also Henry has a car.

4 She likes not a forest but a beach.

5 Either she or I can take it.

6 I bought a dress as well as a coat.

7 Neither she nor I have been to Japan.

3 시간을 나타내는 접속사
▶▶ p.232~233

A

1	Until	**2**	while
3	after	**4**	as
5	until	**6**	since
7	Before	**8**	While

B

1 as, as he was watching TV

2 after, after you finish your homework

3 when, when he needs information

4 while, while I was away

5 since, since he broke his leg

6 until, until their house is repaired

C

1	Until(Before)	**2**	comes
3	since	**4**	took
5	have been	**6**	finishes

4 이유를 나타내는 접속사
▶▶ p.234

A

1 because it got cold

2 as he lost his books

3 Since the clock was slow, I was late for the meeting.

4 The park is very popular because it has a beautiful view.

B

1 because I felt tired

2 as she is(she's) busy

3 because of my English test

4 Since you are(you're) my best friend

5 조건을 나타내는 접속사 ▶▶ p.235

A

1 he is poor
2 it rains tomorrow
3 she doesn't get up early

B

1 unless   2 if
3 rains   4 수정 사항 없음
5 practices

6 결과를 나타내는 접속사 ▶▶ p.236

A

1 so I put on my sunglasses
2 because it snowed a lot
3 because I studied hard yesterday
4 so he felt much better

B

1 so sleepy that I cannot(can't) drive the car
2 so poor that he could not(couldn't) buy
3 so weak that he cannot(can't) run for a long time

7 양보를 나타내는 접속사 ▶▶ p.237

A

1 Although I failed the test
2 Even though Dave knew the answer
3 Although I was tired
4 Though he was young

B

1 Although he is poor, he is always happy.
2 Though he is young, he can do the work.
3 Even though the room is small, I like it.
4 Even though it rained a lot, I went cycling.

8 명령문+and(or) ▶▶ p.238~239

A

1 and, or   2 or, and

3 and, or   4 or, and
5 or, and   6 and, or
7 or, and

B

1 If, take   2 If, don't
3 If, eat   4 Unless, eat
5 If, are   6 If, are not, Unless, are

C

1 Read English books, or you will be poor at English.
Unless you read English books, you will be poor at English.
2 Clean your room, or your mother will be angry.
Unless you clean your room, your mother will be angry.
3 Eat less fast food, or you will get fat.
Unless you eat less fast food, you will get fat.

9 접속사 that ▶▶ p.240

A

1 that we can do it, 목적어
2 That she can play the piano, 주어
3 that the store is far from here, 목적어
4 that you don't study hard, 보어
5 that he can't speak English at all, 보어
6 that winter will be over early, 목적어
7 that she was absent from class, (진)주어

B

1 that he is honest
2 that the weather was hot
3 that he studies well
4 that we should do our best

10 의문사가 있는 간접의문문 ▶▶ p.241~242

A

1 who I am
2 who those people are
3 where he lives
4 who used all my paper

5 what you had for lunch

6 how old Nicole is

7 when she started acting

8 how far it is from here to the station

B

1 Who do you think will win the election?

2 What do you guess David is doing?

3 Why do you think Tom told a lie?

4 Where do you guess the coin went?

C

1 what time the concert starts

2 how far the post office is

3 asked me where I lived

4 When do you think he will come back?

11 의문사가 없는 간접의문문

▶▶ p.243~244

A

1 if(whether) she is coming

2 if(whether) it is going to rain

3 if(whether) Sarah was late

4 if(whether) Nick needed a pencil

5 if(whether) they saw an elephant

6 if(whether) Ms. Lee sang a song

7 if(whether) Jack could ride his bike

8 if(whether) she finishes her homework after dinner

B

1 if we got an invitation

2 if my friends will visit me

3 whether the taxi had arrived

4 whether there was a cafe nearby

C

1 if(whether) I felt sick

2 if(whether) I was ready

3 if(whether) the ball belongs to

4 if(whether) they can take photos

5 if(whether) there is a post office

Chapter 12 학교 시험 대비 문제

▶▶ p.245~252

01 ② 02 ① 03 ③ 04 ② 05 ② 06 ② 07 ② 08 ② 09 ⑤ 10 ⑤ 11 ① 12 ⑤ 13 ② 14 ⑤ 15 ② 16 ① 17 ⑤ 18 ③ 19 ④ 20 ③ 21 ⑤ 22 ② 23 ② 24 ④ 25 ⑤ 26 ② 27 ③ 28 ③ 29 ⑤ 30 ⑤

서술형 **31** Though(Although / Even though) **32** Unless **33** but also **34** Since my friends weren't here **35** because the sky is getting dark **36** where he lives **37** if(whether) you will come to his birthday party **38** ⓑ, I could not go to the party because I had to take care of my baby. **39** ©, He has a computer at home but he likes to work in the computer lab at school. **40** ⓐ, Although he is the shortest player in his team, he is the best basketball player. **41** Before he blew out the candle, he made a wish. **42** After I ate dinner, I fell asleep under this tree. **43** ④ neither → either ⑤ will melt → melts **44** what time it was **45** if(whether) I would go to the library **46** where I bought my sweater **47** when they heard the news **48** after they got married **49** if they invite you **50** because they didn't have breakfast

01 **해설** 첫 번째 빈칸은 생선과 닭(fish and chicken)이라는 내용으로 대등의 and가 알맞고 두 번째 빈칸은 빈칸 앞뒤가 서로 상반되는 내용이므로 역접의 but이 알맞다.

해석 A 나는 생선과 닭을 좋아하지 않아. 너는 어때?

B 나는 생선은 좋아하지 않지만 닭은 무척 좋아해.

02 **해설** ②, ③, ④, ⑤는 접속사(~할 때)로, ①은 의문사로 쓰였다.

03 **해설** 조건을 나타내는 접속사절에서는 현재시제로 미래를 나타낸다.

04 **해설** 빈칸 앞뒤에 나온 문장의 내용으로 보아 원인과 결과를 연결하는 접속사 so가 알맞다.

해석 나는 무거운 상자들을 몇 개 옮겨야 해서, 내 친구에게 그것들을 옮겨달라고 부탁했다.

05 **해설** 이유를 묻고 있으므로 Because(왜냐하면)로 시작하는 문장으로 답하는 것이 알맞다.

해석 A Nick은 어제 왜 학교에 오지 않았니?

B 왜냐하면 그는 아팠어.

06 **해설** 문맥상 첫 번째 빈칸에는 '~할 때'의 뜻을 나타내는 접속사 When이 알맞고, 두 번째 빈칸에는 '만약 ~한다면'이라는 조건을 나타내는 접속사 if가 알맞다.

07 **해설** 의문사가 있는 간접의문문의 어순은 「의문사＋주어＋동사」이다. 따라서 ②는 I'm not sure what he did.로 써야 한다.

08 **해설** ①, ③, ④, ⑤의 if는 '~한다면'의 의미로, ②의 if는 '~인지 아닌지'의 의미로 쓰였다.

09 **해설** 문맥상 '그러면'의 의미를 나타내는 and가 알맞다. 명령문 뒤에 and가 오면 '~해라, 그러면'의 의미를 가진다.

　　 해석 좀 더 인내해라, 그러면 너는 더 강해질 것이다.

10 **해설** 「결과＋because＋이유」＝「이유＋so＋결과」로 나타낼 수 있으므로 ⑤가 정답이다. ④는 현재 사실과 반대되는 일을 가정하는 가정법 과거이므로 답이 될 수 없다.

　　 해석 비가 와서 우리는 쇼핑하러 갈 수 없었다.

11 **해설** 나란히 이어진 두 문장은 인과 관계나, 역접의 관계가 아니다. 따라서 의미상 접속사 When(~할 때)이 들어가는 것이 적절하다.

　　 해석 • 비가 내릴 때, 나는 집에서 TV를 본다.
　　　　 • 영화를 볼 때, 나는 팝콘을 먹는다.

12 **해설** ①, ②, ③, ④는 '~하는 동안'의 의미로, ⑤는 '반면에'의 의미로 쓰였다.

13 **해설** ①, ③, ④, ⑤의 that은 명사절을 이끄는 접속사로서 목적어절을 이끌고 있다. ②의 that은 girl을 가리키는 지시형용사로 쓰였다.

14 **해설** unless는 if ~ not의 의미이므로 빈칸에는 if와 부정의 뜻을 나타내는 don't가 알맞다. 조건을 나타내는 부사절에는 미래시제인 won't를 쓰지 않는다.

　　 해석 네가 사과하지 않으면 나는 너와 말하지 않을 것이다.

15 **해설** ② '운동을 매일 해라, 그러면 너는 건강해질 것이다.'는 의미가 자연스러우므로 or(그렇지 않으면)가 아닌 and(그러면)가 적절하다.

16 **해설** ②, ③, ④, ⑤는 접속사(~할 때)로, ①은 간접의문문에 쓰인 의문사로 쓰였다.

17 **해설** 〈보기〉에서 as는 '~할 때'의 의미로 쓰였다. 같은 의미로 쓰인 것은 ⑤이다. ① ~만큼 ②, ③, ④ ~이기 때문에

　　 해석 그녀는 일할 때 항상 노래를 부른다.

18 **해설** 상관접속사 not *A* but *B* : A가 아니라 B

19 **해설** 명령문 뒤의 and는 '그러면'의 의미이다.

20 **해설** 빈칸을 사이에 두고 각각 your talents와 your interests, kind와 handsome이 나란히 나열되어

있다. 두 어구를 이어주는 상관접속사 as well as가 알맞다.

　　 해석 • 직업을 선택할 때 흥미뿐만 아니라 재능도 고려하라.
　　　　 • 그는 잘생겼을 뿐만 아니라 친절했다.

21 **해설** 잠을 자면서 꿈을 꾼 상황을 묘사한 문장이다. 의미상 시간을 나타내는 접속사 While(~하는 동안)이 알맞다.

　　 해석 나는 잠자고 있는 동안, 이상한 꿈을 꿨다.

22 **해설** 접속사 as가 '~할 때'의 의미로 쓰였으므로 when과 바꿔 쓸 수 있다.

　　 해석 다른 사람으로부터 도움을 받을 때 반드시 "감사합니다."라고 말해야 한다.

23 **해설** 문장에서 목적어 역할을 하는 명사절의 접속사 that은 생략이 가능하다.

　　 해석 Susan은 그녀의 오빠가 그 시의 의미를 이해하지 못했다고 생각한다.

24 **해설** 명사절을 이끄는 접속사(~인지 아닌지)와 조건을 나타내는 접속사(~한다면)인 if가 알맞다.

　　 해석 • 내가 그것을 할 수 있는지 모르겠다.
　　　　 • 여가 시간이 생기면, 나는 하루 종일 잠을 자겠다.

25 **해설** 두 가지 물건(two things)이 있다고 했으므로 a book and a pen으로 써야 한다.

　　 해석 **A** 네 가방에는 뭐가 있니?
　　　　 B 책 한 권과 펜 한 자루, 두 가지 물건이 있어.

26 **해설** 조건을 나타내는 부사절에서는 현재시제로 미래를 나타낸다. 따라서 will finish가 아닌 finishes로 써야 한다.

　　 해석 오늘 학교가 일찍 끝나면, 나는 영화를 보러 갈 것이다.

27 **해설** unless는 if ~ not과 같은 의미이므로 부정문인 If you don't join us가 알맞다.

　　 해석 네가 참여하지 않으면, 우리는 하이킹하러 가지 않을 것이다.

28 **해설** ③은 관계대명사(that절이 Brian을 수식)로, ①, ④ 주어 ② 보어 ⑤ 목적어 역할을 하는 명사절을 이끄는 접속사로 각각 쓰였다.

29 **해설** ⑤는 조건을 나타내는 접속사이고, 나머지는 모두 '~인지 아닌지'의 뜻으로 목적어 역할을 하는 명사절을 이끄는 접속사이다.

30 **해설** 간접의문문에서 의문사가 문장 맨 앞에 나온 것으로 보아 do you remember는 빈칸에 알맞지 않다.

31 해설 주절과 부사절의 의미가 서로 대조를 이루고 있으므로 양보를 나타내는 접속사 Though(Although / Even though)가 알맞다.

해석 방이 어두웠지만, 그는 불을 켜지 않았다.

32 해설 의미상 여권이 없으면 입국이 불가능하다는 의미가 되어야 한다. 빈칸 뒤에 긍정문이 나왔으므로 빈칸에는 If ~ not의 의미인 Unless가 알맞다.

해석 A 제가 여권 없이 중국에 있는 제 친척을 방문할 수 있나요?
B 아니요, 안 됩니다. 여권이 없으면, 중국 입국이 허가되지 않습니다.

33 해설 음악(music)과 미술(art)이 모두 지루하다고 했으므로 상관접속사 not only A but also B를 사용하여 문장을 완성한다.

해석 그녀는 음악뿐만 아니라 미술도 지루해한다.

34 해설 접속사 since(~ 이므로) 뒤에 주어, 동사 순으로 단어를 배열하여 문장을 완성한다.

35 해설 접속사 because(~ 때문에) 뒤에 주어, 동사 순으로 단어와 어구를 배열하여 문장을 완성한다.

36 해설 간접의문문의 어순은 「의문사 + 주어 + 동사」이다. 따라서 where he lives가 알맞다.

해석 그가 어디에 사는지 내게 말해줄래?

37 해설 의문사가 없는 간접의문문의 어순은 「if(whether) + 주어 + 동사」이다.

해석 그는 네가 그의 생일 파티에 올 것인지 알고 싶어 한다.

38 해설 파티에 못 간다는 내용과 아기를 돌봐야 한다는 내용은 인과관계를 나타내는 접속사 because로 연결될 수 있다.

해석 나는 아기를 돌봐야 하기 때문에 그 파티에 갈 수 없었다.

39 해설 집에 컴퓨터를 가지고 있다는 내용과 학교의 컴퓨터실에서 작업하길 좋아한다는 내용은 역접의 접속사 but으로 연결할 수 있다.

해석 그는 집에 컴퓨터가 있지만 학교 컴퓨터실에서 작업하길 좋아한다.

40 해설 그가 가장 단신이라는 말과 최고의 농구 선수라는 내용은 양보를 나타내는 접속사 although로 연결할 수 있다.

해석 그는 팀에서 최단신이지만 최고의 농구선수이다.

41 해설 소원을 빌고 초를 껐으므로 초를 불기 전에 소원

을 빌었다는 내용으로 바꿔 쓸 수 있다.

해석 그는 초를 불기 전에, 소원을 빌었다.

42 해설 잠들기 전에 저녁을 먹었으므로 저녁을 먹은 후 잠이 들었다는 내용으로 바꿔 쓸 수 있다.

해석 나는 저녁 식사를 한 후, 이 나무 아래서 잠들었다.

43 해설 ④ 뒤에 or가 있으므로 either로 써야 한다.
⑤ 조건 부사절에서는 현재시제가 미래시제를 대신하므로 현재형으로 쓴다.

해석 밤새 눈이 내렸다. 오늘 우리는 등산을 할 예정이었지만, 폭설 때문에 등산을 할 수 없었다. 그래서 우리는 스키를 타러 가거나 뮤지컬을 보러 갈 것이다. 만약 내일 눈이 녹으면, 우리는 등산을 할 것이다.

44 해설 의문사가 있는 간접의문문이므로 「의문사(what time) + 주어 + 동사」의 어순으로 쓴다. 과거 시제의 일치에 주의한다.

해석 Isabel이 나에게 몇 시인지 물었다.

45 해설 의문사가 없는 간접의문문이므로 「if(whether) + 주어 + 동사」의 어순으로 쓴다. 과거 시제의 일치와 인칭의 변화(you → I)에 주의한다.

해석 Isabel이 나에게 도서관에 갈 것인지 물었다.

46 해설 의문사가 있는 간접의문문이므로 「의문사(where) + 주어 + 동사」의 어순으로 쓴다. 인칭의 변화(your → my)에 주의한다.

해석 Isabel이 나에게 내 스웨터를 어디에서 샀는지 물었다.

47 해설 놀란 것은 '소식을 들었을 때(when)'이다.

해석 그들은 그 소식을 들었을 때 놀랐다.

48 해설 하와이로 신혼여행을 가는 것은 '결혼을 한 후(after)'이다.

해석 그들은 결혼한 후에 하와이로 신혼여행을 갔다.

49 해설 '초대를 하면'이라는 조건(if)이 있어야 자연스럽다.

해석 그들이 너를 초대한다면 그 파티에 갈 거니?

50 해설 배가 고픈 것은 '아침을 먹지 않았기 때문(because)'이다.

해석 그들은 아침을 먹지 않았기 때문에 배가 고프다.

Chapter 13 관계사

1 주격 관계대명사

▶▶ p.254~255

A
1 who(that) is a pianist
2 which(that) was built in 1990
3 who(that) lives next door
4 that are standing at the gate
5 which(that) looks very beautiful

B
1 which
2 who
3 that
4 has
5 makes
6 were
7 speak

C
1 who(that)
2 which(that)
3 that
4 is
5 is

D
1 a friend who(that) lives in America
2 the watch which(that) is very old
3 is an animal which(that) lives in Africa
4 The man who(that) is sitting in front of me

2 목적격 관계대명사

▶▶ p.256~257

A
1 which(that) I drew yesterday
2 who(m) (that) I want to marry
3 which(that) everybody likes
4 who(m) (that) we met in Paris last month

B
1 which
2 which
3 whom
4 who
5 which

C
1 There are three apple trees. I can't reach them.

2 The doctor had a car. Tom wanted to drive it.
3 Look at the man and his cat. My son is playing with them.
4 The man was away on vacation. I called him last Monday.

D
1 the bike which(that) I sold yesterday
2 the boy who(m) (that) they are looking for
3 The car which(that) he is driving is

3 소유격 관계대명사

▶▶ p.258

A
1 whose husband won the lottery
2 whose garden is beautiful
3 whose top is covered with snow
4 whose daughter is an athlete
5 whose cover is brown
6 My neighbor whose name is Jenny

4 관계대명사 that만 쓰는 경우

▶▶ p.259

A
1 that
2 that
3 that
4 that

B
1 all that I have
2 the first student that heard the news
3 everything that you know about him
4 the most beautiful woman that I have ever seen

5 관계대명사 that vs. 접속사 that

▶▶ p.260

A
1 ⓑ
2 ⓒ
3 ⓑ
4 ⓐ
5 ⓑ

B
1 that smiles a lot
2 that you were in Ireland

6 관계대명사 what
▶▶ p.261~262

A
1 the thing which(that) I wanted
2 The thing which(that) she said
3 the things which(that) I ordered
4 The thing which(that) we saw
5 the thing which(that) I need
6 The thing which(that) you need to do

B
1 what
2 that
3 what
4 which, that
5 that
6 what
7 that
8 what
9 who, that

C
1 What he said
2 what she memorized
3 what the teacher ordered
4 what I really want to know
5 What is important in my life
6 Nobody will believe what she said.
7 What kept me awake was Rachel's radio.

7 목적격 관계대명사의 생략
▶▶ p.263

A
1 who
2 which
3 ×
4 that
5 that
6 ×

B
1 The cakes Mary baked
2 The bus I take
3 the girl I like most
4 the woman he met on vacation

8 「주격 관계대명사＋be동사」의 생략
▶▶ p.264

A
1 who is
2 who is
3 ×
4 which was
5 which are
6 who was
7 who were
8 ×

B
1 The lady sitting there
2 the car made in Germany
3 people traveling around the world
4 a watch worn on your wrist

9 관계부사 – where / when
▶▶ p.265~266

A
1 (where) wild animals are kept
   in which wild animals are kept
2 where my father bought my computer
   at which my father bought my computer
3 (when) my grandpa passed away
   on which my grandpa passed away
4 where the 2002 World Cup was held
   in which the 2002 World Cup was held

B
1 where
2 which
3 when
4 when
5 where
6 which
7 when
8 where

C
1 the place where we saw ghosts
2 the day when she came here
3 the playground where I played soccer
4 the day when he goes to church
5 I remember the place where I always saw you.

10 관계부사 – why / how
▶▶ p.267~268

A
1 (why) I provided him with a good idea
   for which I provided him with a good idea

2 how you solved the puzzle

the way you solved the puzzle

in which you solved the puzzle

3 how you made this food

the way you made this food

in which you made this food

4 (why) you are always late for class

for which you are always late for class

5 why they didn't open the store today

for which they didn't open the store today

B

1 the way 또는 how　　**2** why 또는 for which

3 which　　　　　　　**4** which

5 the way 또는 how　　**6** why 또는 for which

C

1 the reason why I like him

2 how I fixed the radio

3 the reason why you lied to me

4 That is how I met her.

Chapter 13 학교 시험 대비 문제

▶▶ p. 269~274

01 ②　02 ⑤　03 ①　04 ②　05 ③　06 ②　07 ①　08
② 09 ②　10 ⑤　11 ③　12 ②　13 ②　14 ①　15 ④
16 ②　17 ②　18 ⑤　19 ②　20 ④, ⑤　21 ③　22 ①
23 ⑤　24 ①　25 ⑤　26 ①

서술형 **27** that　**28** that　**29** He gave me the necklace which he bought yesterday.　**30** What is important to me is my family.　**31** who is drawing a picture　**32** who is watching TV　**33** which is sleeping on the floor　**34** Students whose behavior is very good often receive prizes.　**35** I met the doctor who (that) helped Africans.

01 **해설** 선행사(a sister)가 사람이고, 관계대명사절의 주어가 생략되어 있으므로 주어 역할을 하는 주격 관계대명사 who가 적절하다.

해석 Peter는 무척 아름다운 누나가 한 명 있다.

02 **해설** 첫 번째 빈칸 뒤의 절에서 in의 목적어가 없으므로 house를 선행사로 하는 목적격 관계대명사가 필요하다. 두 번째 빈칸에는 선행사(the city)가 장소를 나타내며 빈칸 뒤의 문장이 완전하므로 관계부사 where가 필요하다.

해석 • 내가 사는 집은 예쁜 정원이 있다.

• 이곳이 내가 Jane을 만났던 도시이다.

03 **해설** they를 대신할 수 있는 관계대명사는 주격 관계대명사 who이다.

해석 너는 사람들을 본다. 그들은 근처에 산다.

04 **해설** ①, ③, ④, ⑤는 주격 관계대명사(선행사가 있음)로, ②는 간접의문문의 의문사로 쓰였다.

05 **해설** 주격 관계대명사절의 동사의 수는 선행사의 수에 일치시켜야 하므로 선행사(The girl)에 맞춰 ③의 동사는 has로 써야 한다.

해석 강아지를 가지고 있는 그 소녀가 상자 위에 앉아 있다.

06 **해설** 〈보기〉의 밑줄 친 that은 anything을 선행사로 하는 주격 관계대명사이다. ①은 지시대명사, ②는 관계대명사, ③, ⑤는 접속사, ④는 지시형용사이다.

해석 재활용할 수 있는 것은 아무것도 버리지 마시오.

07 **해설** 선행사(the girl)가 사람이므로 주격 관계대명사로 who 또는 that을 쓸 수 있다.

08 **해설** 목적격 관계대명사와 「주격 관계대명사＋be동사」는 생략할 수 있다. ②의 who는 주격 관계대명사이므로 생략할 수 없다.

09 **해설** ①, ③, ④, ⑤의 which는 관계대명사이고, ②의 which는 간접의문문에 쓰인 의문사이다.

10 **해설** 세 문장의 선행사(a friend, the boy, the girl)가 모두 사람이다. 각 관계사절에서 주어, 소유격, 목적어 역할을 하는 관계대명사가 필요하므로 각각 who, whose, whom이 알맞다.

해석 • 나는 여기에 사는 친구가 있다.

• 나는 이름이 Tim인 소년을 안다.

• 그녀는 내가 어제 봤던 소녀이다.

11 **해설** 「주격 관계대명사＋be동사」는 생략이 가능하다.

해석 미식축구는 주로 미국에서 하는 경기다.

12 **해설** ② 주격 관계대명사절의 동사는 선행사의 수와 인칭에 일치시켜야 하므로 that cleans로 써야 한다.

13 **해설** ① 선행사가 장소(the place)이므로 who가 아닌 in which로 써야 한다. ③, ④, ⑤는 사람이 선행사이고 주격 관계대명사가 쓰여야 하므로 who나

that을 써야 한다.

14 해설 ② 주격 관계대명사는 생략할 수 없다. ③ 주격 관계대명사절의 동사는 선행사의 수와 인칭에 일치시켜야 한다. ④ 선행사가 장소이고 뒤에 완전한 문장이 오므로 관계부사 where가 알맞다. ⑤ 선행사가 시간이고 뒤에 완전한 문장이 오므로 관계부사 when이 알맞다.

15 해설 ④ the shoes를 가리키는 관계사절의 them은 목적격 관계대명사 that이 대신하고 있으므로 삭제해야 한다.

16 해설 ①, ③, ④, ⑤는 주격 관계대명사이고, ②는 목적격 관계대명사이다. 사람을 선행사로 하는 목적격 관계대명사로는 whom 대신 who도 쓸 수 있다.

17 해설 장소를 나타내는 선행사(LA)를 수식하는 관계부사 where(= in which)가 알맞다.

18 해설 ⑤ everything을 가리키는 관계사절의 it은 목적격 관계대명사 that이 대신하고 있으므로 삭제해야 한다.

19 해설 ② 빈칸 뒤에 명사가 이어지고 있으므로 소유격 관계대명사 whose가 알맞다. ① all이 선행사를 수식하므로 that ③ 선행사가 -thing으로 끝나므로 that ④ 선행사가 사람 + 동물이므로 that ⑤ which 또는 that

20 해설 선행사가 사물이고, 관계사절 동사의 목적어 역할을 하는 목적격 관계대명사가 필요하므로 which나 that을 쓴다.
해석 그녀가 입고 있는 드레스는 새것이다.

21 해설 선행사를 The doll로 하고 이를 수식하는 목적격 관계대명사절(which Nancy made)이 오는 문장이다.

22 해설 ① which(that) Mary wanted to see에서 목적격 관계대명사 which(that)가 생략된 형태이다.
해석 그것은 Mary가 친구들과 함께 보고 싶어한 영화였다.

23 해설 ⑤ 선행사가 the reason이므로 이유를 나타내는 관계부사 why를 써야 한다.

24 해설 ①은 선행사를 포함한 관계대명사이고 나머지는 관계부사이다.

25 해설 〈보기〉와 ⑤는 주격 관계대명사로 쓰였다. ① 지시대명사 ②, ③ 목적어 역할을 하는 명사절의 접속사 ④ 지시형용사
해석 코끼리는 더운 나라에서 사는 동물이다.

26 해설 ① 주격 관계대명사는 생략할 수 없다.

27 해설 첫 번째 빈칸에는 선행사가 사물이므로 관계대명사 which 또는 that이 알맞다. 두 번째 빈칸에는 선행사가 -thing으로 끝나는 대명사이므로 관계대명사 that이 알맞다.
해석 • 나는 설거지를 할 수 있는 로봇을 발명하고 싶다.
• 너는 내 소유인 물건을 가지고 있니?

28 해설 첫 번째 빈칸에는 선행사가 동물이므로 주격 관계대명사로 which와 that을 쓸 수 있다. 두 번째 빈칸에는 선행사에 서수가 있으므로 관계대명사 that을 쓴다. 세 번째 빈칸에는 선행사에 the only가 있으므로 관계대명사 that을 쓴다.
해석 • 나는 원숭이와 놀고 있는 그 고양이가 마음에 든다.
• Billy는 여기에 온 첫 번째 소년이다.
• 나는 그를 도울 수 있는 유일한 사람이다.

29 해설 목걸이(the necklace)를 선행사로 하는 목적격 관계대명사절이 이어지도록 단어를 배열한다.

30 해설 '~한 것'의 의미를 가지는 관계대명사 what을 사용하여 단어를 배열한다.

31 해설 소년은 그림을 그리고 있다. 사람이 선행사이므로 관계대명사는 who를 쓴다.
해석 그림을 그리고 있는 소년이 한 명 있다.

32 해설 소녀는 TV를 보고 있다. 사람이 선행사이므로 관계대명사 who를 쓴다.
해석 TV를 시청하고 있는 소녀가 한 명 있다.

33 해설 고양이는 바닥에서 잠을 자고 있다. 동물이 선행사이므로 관계대명사는 which를 쓴다.
해석 바닥에서 자고 있는 고양이가 한 마리 있다.

[34-35]
해석 나에 의해 Jake에게 주어진 기타가 도난당했다.

34 해설 앞 문장의 주어가 두 번째 문장에서는 소유격(Their)으로 제시되어 있으므로 소유격 관계대명사(whose)를 사용하여 한 문장으로 만든다.
해석 품행이 아주 훌륭한 학생들은 종종 상을 받는다.

35 해설 선행사가 사람(the doctor)이고 관계사절의 주어가 필요하므로 주격 관계대명사 who 또는 that을 사용하여 문장을 만든다.
해석 나는 아프리카인들을 도운 의사를 만났다.

Chapter 14 가정법

1 조건문 ▶▶ p.276

A
1 ⓑ   2 ⓐ
3 ⓑ   4 ⓐ
5 ⓐ

B
1 If it gets cold tomorrow
2 if I will see her tomorrow
3 If you don't hurry up

2 가정법 과거 ▶▶ p.277~278

A
1 would   2 knew
3 were   4 would
5 would   6 could

B
1 had, could buy
2 didn't know, couldn't tell
3 were not, could finish
4 don't know, can't write
5 had, would be
6 were, could teach
7 doesn't finish, can't play

C
1 were, would hire   2 were, could buy
3 were, would visit   4 came, could take
5 ate, could lose   6 had, would visit
7 spoke, could make

3 가정법 과거완료 ▶▶ p.279~280

A
1 had known   2 had been
3 could have helped   4 had told
5 would have stayed   6 would have liked
7 had studied

B
1 had been, could have gone
2 hadn't finished, couldn't have played
3 hadn't won, would have been
4 had woken, wouldn't have missed
5 didn't have, couldn't buy
6 didn't come, couldn't meet
7 didn't know, told
8 didn't take, couldn't win

C
1 had   2 had gone
3 went   4 have been
5 had been   6 If I were you

D
1 hadn't been, have visited
2 had gone, have received
3 hadn't had, have been
4 had come, have gone

4 I wish 가정법 과거 ▶▶ p.281

A
1 I am not wise
2 I don't remember your name
3 she weren't so rude
4 you told me the whole story

B
1 were not   2 didn't have
3 could speak   4 didn't tell

5 I wish 가정법 과거완료 ▶▶ p.282

A
1 I was not healthy
2 I didn't have wings like a bird
3 you didn't tell me about the dance
4 I had met her then
5 David had been a bit more careful
6 Lisa had accepted my offer

B

1 were   2 had met

3 had heard   4 had not met

5 went

6 as if 가정법 과거/과거완료

▶▶ p. 283

A

1 he is not tired

2 he was not a genius

3 Paul didn't love her

4 she is not my best friend

5 she was not there last night

B

1 were   2 had been

3 knew   4 had seen

5 had not seen

Chapter 14 학교 시험 대비 문제

▶▶ p. 284~288

01 ③ 02 ② 03 ① 04 ③ 05 ① 06 ① 07 ② 08 ④ 09 ④ 10 ② 11 ④ 12 ③ 13 ② 14 ④ 15 ④ 16 ⑤

서술형 17 as if 18 had kept, would have trusted 19 had been 20 were 21 she would tell the truth 22 If you tell a lie, your teacher will punish you. 23 If I were not(weren't) sleepy now, I could finish the report. 24 had known, have studied 25 were 26 she knew the answer 27 could(would) buy the bag 28 would not have gotten(got) up late this morning 29 could not have gotten(got) to school on time

01 **해설** 주절에 would not do를 쓴 것으로 보아 가정법 과거 문장이다. 가정법 과거의 if절에는 동사의 과 거형을 쓰고, be동사인 경우 항상 were를 쓴다.

02 **해설** 미래의 일을 나타내는 조건문이다. 조건을 나타내 는 부사절에서는 현재시제로 미래를 나타낸다.

해석 내일 비가 내리면, 우리는 집에 머물 것이다.

03 **해설** 「I wish + 가정법 과거」는 '~라면 좋을 텐데'라는 의미로 「I wish + 주어 + 동사(조동사)의 과거형」 형태로 쓴다.

04 **해설** 「In fact + 과거시제」는 「as if + 가정법 과거완료」 로 바꿔 쓸 수 있으며, 긍정과 부정이 직설법과 반 대가 된다.

해석 사실 Eric은 그 책을 읽지 않았다.

05 **해설** 조건절에 현재시제가 쓰인 것으로 보아 가정법 문 장이 아닌 조건문이다. 따라서 의미상 주절의 동 사는 will be가 알맞다.

해석 이 반지는 남자 친구가 내 생일에 준 것이다. 내가 그걸 잃어버리면 그는 화를 낼 것이다.

06 **해설** 「I wish + 가정법 과거」는 '~라면 좋을 텐데'라는 의미를 표현한다.

07 **해설** 주어진 문장이 가정법 과거이므로 현재 사실의 반 대를 표현한다.

해석 만약 내게 충분한 돈이 있다면, 자동차 한 대를 살 수 있을 텐데.

08 **해설** 의미상 현재 사실의 반대를 나타내는 가정법 과거 로 표현해야 하므로 주절에는 조동사 will의 과거 형인 would가 들어간 would be를 써야 한다.

해석 만약 내가 너처럼 유창하게 영어를 할 수 있다면, 나는 행복할 텐데. 하지만 나는 (너처럼 유창하게 영어를) 못해.

09 **해설** last night으로 보아 과거에 실현할 수 없던 소망 을 나타내는 「I wish + 가정법 과거완료」가 알맞다.

해석 내가 어젯밤에 그 버스를 탔다면 좋을 텐데.

10 **해설** 「I wish + 가정법」은 소망을 나타내는 표현으로 직 설법 전환 시 「I am sorry that + 주어 + 동사」의 형 태로 쓸 수 있다. could be가 쓰인 것을 볼 때 가 정법 과거이므로 직설법에서는 현재시제를 쓴다.

해석 내가 유명한 가수가 될 수 있으면 좋을 텐데.

11 **해설** 의미상 현재 사실의 반대를 가정하는 가정법 과거 를 사용한다. 가정법 과거에서는 be동사일 경우 인칭에 상관없이 were를 사용한다.

해석 날씨가 안 좋아서 우리는 소풍을 가지 않을 것이다.

12 **해설** ③ before로 보아 과거의 일이므로 「as if + 가정법 과거완료」인 had met으로 써야 한다.

13 **해설** if절에 were가 쓰였으므로 가정법 과거 문장이다. 의문문이고, 주절에 조동사의 과거형이 있어야 하 므로 조동사와 주어가 도치된 ②가 알맞다.

14 **해설** 가정법 과거완료의 긍정문이므로 직설법 과거시 제의 부정문으로 바꿔 쓸 수 있다. have(가지다)

는 일반동사로 쓰였으므로 didn't have가 알맞다.

해석 만약 내가 충분한 시간이 있었다면, 나는 너를 더 도와줄 수 있었을 텐데.

15 해설 첫 번째 문장은 직설법 현재시제이고, 나머지 두 문장은 가정법이다. 직설법 현재시제는 가정법 과거로 바꿔 쓸 수 있으므로 첫 번째 빈칸에는 「I wish + 가정법 과거」로 knew가 알맞고, 두 번째 빈칸에는 가정법 과거의 주절에 「조동사의 과거형 + 동사원형」이 와야 한다.

해석 나는 운전하는 방법을 모른다.
→ 내가 운전하는 방법을 알면 좋을 텐데.
→ 만약 내가 운전하는 방법을 안다면, 나는 너를 태워다 줄 텐데.

16 해설 ⑤ 주절에 「조동사의 과거형(could) + have + p.p.」가 쓰였고 if절에 쓰인 then이 과거를 나타내므로 가정법 과거완료 문장이다. 따라서 if절의 동사를 had met으로 써야 한다.

서 술 형

17 해설 '부자가 아닌데 마치 부자인 것처럼 행동한다.'는 의미이므로, 「as if + 가정법 과거」를 쓴다.

해석 Jake는 마치 부자인 것처럼 행동한다. → 사실 Jake는 부자가 아니다.

18 해설 과거시제의 직설법 문장은 가정법 과거완료로 바꿔 쓸 수 있다. if절은 과거완료시제, 주절은 「조동사의 과거형 + have + p.p.」 형태로 쓴다.

해석 만약 내가 약속을 지켰으면, 엄마는 나를 신뢰하셨을 텐데.

19 해설 주절의 would have attended로 보아 가정법 과거완료 문장임을 알 수 있다. 가정법 과거완료 문장에서는 if절에 과거완료시제(had + p.p.)를 쓴다.

해석 만약 내가 거기 있었다면, 나는 그 모임에 참석했을 텐데.

20 해설 일반적인 습관을 나타내는 현재시제 문장이므로, 「as if + 가정법 과거」를 쓴다. as if 뒤는 가정법 과거이므로 동사로 were를 사용한다.

해석 Jane은 20살이다. 하지만 그녀는 아이처럼 행동한다.

21 해설 소망을 나타내는 「I wish + 가정법」을 쓴다. 주어진 우리말로 보아 현재시제이므로 가정법 과거를 쓴다.

22 해설 '거짓말 → 벌'이라는 객관적 상황에 대한 것이므

로 현재시제의 조건문으로 표현한다. 조건을 나타내는 부사절에서는 현재시제로 미래를 나타낸다.

23 해설 현재 사실과 다르게 졸리지 않은 것을 가정하여 주관적인 내용을 표현하므로 가정법 과거를 사용한다.

24 해설 주어진 문장이 과거시제이므로 과거의 반대되는 사실을 가정하는 가정법 과거완료 문장으로 나타낸다.

해석 만약 내가 장래의 내 직업을 알았다면, 영어를 더 열심히 공부했을 텐데.

25 해설 18살까지 운전할 수 없다는 말에 차를 운전할 수 있는 나이가 아니어서 아쉬워하는 표현이다. 「I wish + 가정법 과거」로 표현해야 하므로 be동사의 과거형인 were를 쓴다.

해석 내가 19살이면 좋을 텐데.

26 해설 그녀가 답을 모른다는 B의 말로 보아 답을 아는 것처럼 항상 손을 든다는 말이 어울리므로 「as if + 가정법 과거」를 써서 표현한다.

해석 A 그녀는 항상 답을 아는 것처럼 손을 든다.
B 맞아. 사실 그녀는 답을 몰라.

27 해설 진열된 가방을 사고 싶지만 동전 몇 개만 가졌을 뿐이어서 아쉬운 상황이다. 따라서 가정법 과거로 '조금이라도 돈이 있다면 그 가방을 살 수 있을 텐데.'의 의미가 알맞다.

해석 내게 조금이라도 돈이 있다면, 그 가방을 살 수 있을 텐데.

[28-29]

해석 Jack은 오늘 아침에 늦게 일어났는데 어젯밤에 늦게까지 깨어 있었기 때문이다. 다행히도, 그의 어머니께서 그를 학교까지 태워다 주셨다. 그래서 그는 제시간에 학교에 도착할 수 있었다.

28 해설 어젯밤 늦게까지 깨어 있어서 늦잠을 잤다는 내용으로 볼 때 주절에는 '오늘 아침에 늦게 일어나지 않았을 텐데.'의 표현이 알맞다. 과거의 일이므로 가정법 과거완료가 알맞다.

해석 어젯밤에 늦게까지 깨어 있지 않았다면, 오늘 아침에 늦게 일어나지 않았을 텐데.

29 해설 다행히 어머니가 태워다 주셔서 제시간에 학교에 도착할 수 있었다는 내용이므로 주절에는 '제시간에 학교에 도착할 수 없었을 텐데'의 표현을 사용하는 것이 알맞다. 과거의 일이므로 가정법 과거완료로 쓴다.

해석 어머니가 나를 학교에 태워다 주시지 않았다면, 나는 제시간에 학교에 도착할 수 없었을 텐데.

Chapter 15 전치사

1 특정 시점을 나타내는 전치사
▶▶ p.290~291

A
1	in	2	on
3	at	4	in
5	on	6	at
7	in	8	on

B
1	at	2	on
3	on	4	in
5	in		

C
1 on Sundays 또는 every Sunday
2 at 6 p.m.
3 on February 12th
4 in the morning
5 in 1987
6 in summer
7 on my birthday
8 next Saturday 또는 on Saturday
9 at night
10 on July 17th

D
1	at, ×	2	in, on
3	in, on	4	in, ×
5	on, ×		

2 시간의 흐름을 나타내는 전치사
▶▶ p.292~293

A
1	since	2	for
3	to, around	4	during
5	from	6	until
7	by	8	past
9	after	10	Before

B
1	for	2	until
3	during	4	by
5	before	6	after

C
1	from	2	around
3	since	4	through
5	past	6	to

3 장소를 나타내는 전치사
▶▶ p.294~295

A
1	in	2	in
3	at	4	on
5	at	6	on

B
1	on	2	at
3	in	4	on
5	in	6	on
7	on	8	at
9	in	10	on, in

C
1 The cat is on the sofa.
2 We saw Peter at the bus stop.
3 There is a poster of London on the wall.
4 There are some pencils in the drawer.
5 There are two schools in town.
6 Does this bus stop at the railway station?

4 위치, 방향을 나타내는 전치사
▶▶ p.296~297

A
1	out of	2	above
3	to	4	between
5	under	6	across
7	in front of	8	down
9	among	10	through
11	out of	12	over

B

1	down	**2**	next
3	between	**4**	behind
5	across	**6**	under
7	into	**8**	along
9	over	**10**	below
11	up	**12**	through

5 그 밖의 전치사

▶▶ p.298

A

1	because of	**2**	like
3	with	**4**	near
5	as	**6**	within
7	without	**8**	for

Chapter 15 학교 시험 대비 문제

▶▶ p.299~304

01 ③ 02 ② 03 ④ 04 ③ 05 ① 06 ⑤ 07 ③ 08
④ 09 ① 10 ③ 11 ③ 12 ① 13 ⑤ 14 ⑤ 15 ③
16 ⑤ 17 ⑤ 18 ① 19 ② 20 ⑤ 21 ⑤

서술형 **22** along **23** in front of **24** with **25**
across **26** ⓐ in, ⓑ on **27** from, to, on **28** through
29 There is a boat under the bridge. **30** There is a
dog (sitting) between the two trees. **31** There are
two women (lying) on the beach (chairs). **32** The
moonlight that we see comes from the Sun. **33**
The Moon reflects sunlight at night like a mirror. **34**
When the Moon is between the Earth and the Sun,
we see the dark side of it.

01 **해설** 정확한 시각이나 때를 나타낼 때는 at을 사용한다.
명사 midnight은 자정을 나타내므로 at을 사용
한다.
해석 자정에 먹는 것은 네 건강에 좋지 않다.

02 **해설** '~동안'의 표현으로는 for와 during이 있는데 「for
+ 시간을 나타내는 구체적인 숫자」와 「during
+ 기간을 나타내는 명사(구)」의 형태로 쓴다.
vacation은 기간을 나타내는 명사이므로 during이

알맞다. 참고로 while은 '~하는 동안'이라는 뜻의
접속사로 「while + 주어 + 동사」의 형태로 쓴다.

03 **해설** '등을 토닥이다'와 '바닥 위'의 표현은 '(접촉한 면)
~위에'의 의미이므로 on을 사용한다.

04 **해설** 이동 방법을 묻고 있으므로 교통 수단을 나타내는
전치사 by를 쓴다.
해석 A 넌 거기에 어떻게 갈 거니?
B 나는 거기에 기차를 타고 갈 거야.

05 **해설** 장소를 나타내는 in과 특정 일자를 나타내는 on을
쓴다.
해석 우주에 간 최초의 우주 비행사는 러시아 출신의
유리 가가린이었다. 그는 1961년 4월 12일에 우
주로 갔다.

06 **해설** ⑤ '물 아래로 가라앉고 있다'의 의미가 자연스러
우므로 above → below

07 **해설** ③ 현재완료가 쓰인 것으로 보아 '~부터(계속)'를
뜻하는 since가 알맞다.

08 **해설** by는 '~옆에(next to)'의 의미로도 쓰이고, '~까지
(not later than)'의 의미로도 쓰인다. ④의 by는
'~옆에'를 뜻하므로 next to가 알맞다.

09 **해설** 첫 번째 문장에서는 좁은 장소를 나타내는 at을 사
용해야 하고(at home 집에), 두 번째 문장에서는
정확한 때를 나타내는 At을 쓴다.
해석 • Sylvia는 내일 서울에 있는 그녀의 집에 도착할
것이다.
• 14살의 나이에, 그는 시인이 되었다.

10 **해설** ③ '~을 통과하여'라는 의미이므로
across → through

[11-12]
해설 **11** 정확한 지점을 나타내는 전치사로 at을 사용
한다.
12 접촉되어 있는 면을 의미하는 전치사 on을 쓴다.
해석 A 실례합니다. 월드컵 경기장이 어디입니까?
B 봅시다. 한 블록 직진한 뒤 모퉁이에서 오른쪽
으로 도세요.
A 네, 그러고 나서요?
B 한 블록 더 간 뒤 모퉁이에서 왼쪽으로 도세요.
오른편에 보일 거예요.

13 **해설** ⑤에서는 특정한 날을 가리키는 것이므로 전치사
on을 쓰고, 나머지 빈칸에는 in을 쓸 수 있다.

14 **해설** because 뒤에는 「주어 + 동사」 형태의 절이 오고,
because of 뒤에는 명사(구)가 온다.
해석 그 회의는 악천후 때문에 연기되었다.

15 **해설** ③ 도착한 시각을 묻고 있으므로 until(~까지)이

아니라 특정 시각을 나타내는 at을 써야 한다.

16 해설 ⓐ 혼자 운동하는 것이 지루하다는 친구에게 같이 하겠다는 의미이므로 with(~와 함께)를 쓴다. ⓑ 문맥상 7시까지 일한다는 의미인 until(~까지)이 알맞다.

해석 A Kate, 나 요즘에 살이 찌고 있어.
B 운동을 좀 하는 게 어때?
A 알아, 하지만 너무 지루해서 혼자서는 할 수 없어.
B 그래, 그러면 내가 너와 같이 할게.
A 정말? 고마워! 우리 몇 시에 만날까? 7시에?
B 아니. 나는 7시까지 일을 해. 그리고 체육관에 가려면 30분은 걸릴 거야. 그러니까 7시 45분 어때?
A 좋아. 정말 고마워.

17 해설 버스 정류장이라는 정확한 지점을 나타내는 at을 써야 한다.

18 해설 마감일을 묻고 있으므로 '~까지'의 의미인 by를 쓴다. until(~까지)의 경우 until 뒤에 나온 시점까지 행동이 계속되는 경우에 쓰며, by(~까지)는 그때까지 이루어지면 되는 행동인 경우에 쓴다.

해석 A 너는 언제까지 보고서를 끝마쳐야 하니?
B 나는 금요일까지 내 보고서를 끝마쳐야 해.

19 해설 ② 의미상 농구 선수들 사이의 전설이라는 의미이므로 among(~ 중에)을 사용한다. between은 둘 사이를 의미한다.

해석 마이클 조던은 전 세계 농구 선수들 사이에서 전설이다.

20 해설 ⑤ '교회와 도서관 사이에'라는 의미이므로 between A and B로 써야 한다.

21 해설 ①, ②, ③, ④는 명사 앞에서 '~처럼'의 의미인 전치사로, ⑤는 동사로 '좋아하다'의 의미로 쓰였다.

서 술 형

22 해설 우리말 표현으로 '~을 따라서'이므로 전치사 along을 쓴다.

23 해설 '버스가 택시 뒤에 있다.'를 택시를 주어로 할 경우에는 '택시가 버스 앞에 있다.'가 되어야 하므로 in front of를 사용한다.

해석 그 버스가 그 택시 뒤에 있다. = 그 택시가 그 버스 앞에 있다.

24 해설 첫 번째 문장은 '칼에' 베었다는 의미이고, 두 번째 문장은 '친구들과 함께'라는 의미이다. 따라서 '~으로(도구)'와 '~와 함께'의 의미를 나타내는 전치사 with가 공통으로 들어갈 수 있다.

해석 • 나는 칼에 손가락을 베었다.
• 나는 내 친구들과 함께 캠핑을 갈 것이다.

25 해설 '~을 가로질러'의 의미를 나타낼 때는 전치사 across를 쓴다.

26 해설 ⓐ 연도, 계절, 월 앞에는 in을 사용한다.

해석 어머니의 날은 어머니들을 공경하는 날이다. 그날은 세계 각지에서 다른 날에 기념된다. 영국에서 그날(어머니의 날)은 3월이다. 미국에서 어머니의 날은 5월의 두 번째 일요일이다.

27 해설 관용 표현 from A to B(A부터 B까지)를 쓰고, 요일인 Sundays 앞에는 on을 사용한다.

28 해설 인터넷을 사용할 때, World Wide Web이라는 공간을 통해 이용한다는 의미이므로 through(~을 통하여)를 쓸 수 있다.

29 해설 다리 밑으로 지나가는 보트를 표현하려면 under를 쓴다.

해석 다리 아래에 보트 하나가 있다.

30 해설 나무 사이에 있는 개를 표현하려면 between(~ 사이에)을 쓴다.

해석 두 나무 사이에 강아지 한 마리가 (앉아) 있다.

31 해설 '해변에'는 on the beach로 쓴다.

해석 해변 (의자) 위에 두 여자가 (누워) 있다.

[32-34]

해설 32 출처를 나타내는 전치사로는 from이 쓰인다.

33 morning, afternoon, evening 앞에는 in을 써서 in the morning의 형태로 쓰고, night, midnight, dawn 앞에는 at을 쓴다. 따라서 at night으로 써야 한다.

34 의미상 '달이 지구와 태양 사이에 있다'는 것이므로 between을 쓰는 것이 알맞다.

해석 달빛은 아름답다. 그러나 달은 스스로 빛을 만들지는 못한다. 우리가 보는 달빛은 태양에서 온다. 달은 밤에 거울처럼 햇빛을 반사한다. 알다시피 달은 지구 주변을 돈다. 달이 지구와 태양 사이에 있을 때, 우리는 달의 어두운 면을 본다. 그리고 달이 지구의 반대편에 있을 때, 보름달이 햇빛을 반사한다.

적중! 중학영문법 3300제

3300제

LEVEL 2

워크북

적중! 중학영문법 3300제 Level 2

워크북

단어 암기장

* WORD TEST의 정답은 WORD LIST에서 확인할 수 있습니다.

□ 01	stay [stei]	통 머무르다	
□ 02	busy [bízi]	형 바쁜	
□ 03	forest [fɔ́ːrist]	명 숲	
□ 04	field [fiːld]	명 들판	
□ 05	place [pleis]	명 장소	
□ 06	autumn [ɔ́ːtəm]	명 가을	
□ 07	rise [raiz]	통 오르다, 일어나다	
□ 08	smart [smɑːrt]	형 영리한	
□ 09	quickly [kwíkli]	부 빨리	
□ 10	delicious [dilíʃəs]	형 맛있는	
□ 11	classroom [klǽsrùːm]	명 교실	
□ 12	taste [teist]	통 맛이 나다	
□ 13	sweet [swiːt]	형 달콤한	
□ 14	practical [prǽktikəl]	형 실제적인	
□ 15	medicine [médisn]	명 약	

□ 16	bitter [bítər]	형 맛이 쓴	
□ 17	store [stɔːr]	명 가게, 상점	
□ 18	perfume [pəːrfjúːm]	명 향수	
□ 19	succeed [səksíːd]	통 성공하다	
□ 20	enjoy [indʒɔ́i]	통 즐기다	
□ 21	look for	~을 찾다	
□ 22	wallet [wɑ́lit]	명 지갑	
□ 23	order [ɔ́ːrdər]	통 주문하다 명 주문	
□ 24	cook [kuk]	통 요리하다 명 요리사	
□ 25	favorite [féivərit]	형 가장 좋아하는	
□ 26	secret [síːkrit]	명 비밀	
□ 27	age [eidʒ]	명 나이	
□ 28	meal [miːl]	명 식사	
□ 29	bring [briŋ]	통 가져오다	
□ 30	repair shop	수리점	

WORD TEST

A 다음 영어는 우리말로, 우리말은 영어로 쓰시오.

01	stay		**11**	교실
02	busy		**12**	맛이 나다
03	forest		**13**	달콤한
04	field		**14**	실제적인
05	place		**15**	약
06	autumn		**16**	맛이 쓴
07	rise		**17**	가게, 상점
08	smart		**18**	향수
09	quickly		**19**	성공하다
10	delicious		**20**	즐기다

B 다음 영어를 우리말과 알맞은 것끼리 연결하시오.

21	look for	·	·	식사
22	wallet	·	·	나이
23	order	·	·	요리하다; 요리사
24	cook	·	·	가장 좋아하는
25	favorite	·	·	수리점
26	secret	·	·	~을 찾다
27	age	·	·	지갑
28	meal	·	·	주문하다; 주문
29	bring	·	·	비밀
30	repair shop	·	·	가져오다

		형 우스운, 재미있는	□ 16	shout [ʃaut]	통 외치다

□ 01

| 통 이름을 짓다 명 이름 | □ 17 | bright [brait] | 형 밝은 |

| 명 역, 정거장 | □ 18 | scientist [sáiəntist] | 명 과학자 |

| 통 뽑다, 선출하다 | □ 19 | choice [tʃɔis] | 명 선택 |

.esident [prézidənt] | 명 대통령, 회장 | □ 20 | string [striŋ] | 명 끈 |

□ 06 advise [ədváiz] | 통 조언하다 | □ 21 | garbage [gá:rbidʒ] | 명 쓰레기 |

□ 07 allow [əláu] | 통 허락하다 | □ 22 | borrow [bá:rou] | 통 빌리다 |

□ 08 goods [gudz] | 명 (pl.) 상품 | □ 23 | prepare [pripɛ́ər] | 통 준비하다 |

□ 09 doorman [dɔ́:rmən] | 명 문지기 | □ 24 | make a speech | 연설하다 |

□ 10 wash the dishes | 설거지하다 | □ 25 | tight [tait] | 형 팽팽한 |

□ 11 introduce [ìntrədjú:s] | 통 소개하다 | □ 26 | wooden [wúdn] | 형 나무로 만든 |

□ 12 enter [éntər] | 통 ~에 들어가다 | □ 27 | advice [ədváis] | 명 조언, 충고 |

□ 13 stranger [stréindʒər] | 명 낯선 사람 | □ 28 | neat [ni:t] | 형 단정한 |

□ 14 by oneself | 혼자서, 홀로 | □ 29 | do one's homework | 숙제를 하다 |

□ 15 laugh [læf] | 통 웃다 명 웃음 | □ 30 | go by | 지나가다 |

A 다음 영어는 우리말로, 우리말은 영어로 쓰시오.

01	funny		11	소개하다	
02	name		12	~에 들어가다	
03	station		13	낯선 사람	
04	elect		14	혼자서, 홀로	
05	president		15	웃다; 웃음	
06	advise		16	외치다	
07	allow		17	밝은	
08	goods		18	과학자	
09	doorman		19	선택	
10	wash the dishes		20	끈	

B 다음 영어를 우리말과 알맞은 것끼리 연결하시오.

21	garbage	·		·	조언, 충고
22	borrow	·		·	단정한
23	prepare	·		·	쓰레기
24	make a speech	·		·	팽팽한
25	tight	·		·	준비하다
26	wooden	·		·	연설하다
27	advice	·		·	빌리다
28	neat	·		·	숙제를 하다
29	do one's homework	·		·	지나가다
30	go by	·		·	나무로 만든

□ 01	move [mu:v]	통 이동하다; 이사하다		□ 16	grammar [grǽmər]	명 문법	
□ 02	around [əráund]	전 ~ 주위에		□ 17	throw [θrou]	통 던지다	
□ 03	get up	일어나다		□ 18	serve [səːrv]	통 근무하다, 복무하다	
□ 04	go to bed	자다, 취침하다		□ 19	army [áːrmi]	명 군대	
□ 05	set [set]	통 (해, 달이) 지다		□ 20	mistake [mistéik]	명 실수	
□ 06	invite [inváit]	통 초대하다		□ 21	refrigerator [rifrídʒərèitər]	명 냉장고	
□ 07	break out	발발(발생)하다		□ 22	score [skɔːr]	통 득점하다	
□ 08	found [faund]	통 설립하다		□ 23	hurt [həːrt]	통 다치다	
□ 09	physics [fíziks]	명 물리학		□ 24	break [breik]	통 부수다, 고장 나다	
□ 10	lose [luːz]	통 잃다; 지다(패하다)		□ 25	catch [kætʃ]	통 잡다	
□ 11	baseball [béisbɔ̀ːl]	명 야구		□ 26	thief [θiːf]	명 도둑	
□ 12	east [iːst]	명 동쪽		□ 27	be late for	~에 지각하다	
□ 13	bark [baːrk]	통 짖다		□ 28	return [ritə́ːrn]	통 되돌아오다	
□ 14	recycling [riːsáikliŋ]	명 재활용		□ 29	have a cold	감기에 걸리다	
□ 15	these days	요즘		□ 30	take a shower	샤워하다	

WORD TEST

A 다음 영어는 우리말로, 우리말은 영어로 쓰시오.

01	move		11	야구
02	around		12	동쪽
03	get up		13	짖다
04	go to bed		14	재활용
05	set		15	요즘
06	invite		16	문법
07	break out		17	던지다
08	found		18	근무하다, 복무하다
09	physics		19	군대
10	lose		20	실수

B 다음 영어를 우리말과 알맞은 것끼리 연결하시오.

21	refrigerator	·
22	score	·
23	hurt	·
24	break	·
25	catch	·
26	thief	·
27	be late for	·
28	return	·
29	have a cold	·
30	take a shower	·

· 부수다, 고장 나다

· 잡다

· 도둑

· ~에 지각하다

· 샤워하다

· 득점하다

· 감기에 걸리다

· 다치다

· 되돌아오다

· 냉장고

☐ 01	volleyball [válibɔ̀:l]	몡 배구	
☐ 02	passport [pǽspɔ̀:rt]	몡 여권	
☐ 03	expensive [ikspénsiv]	혱 비싼	
☐ 04	ring [riŋ]	몡 반지	
☐ 05	heart attack	심장 마비	
☐ 06	the day before yesterday	그저께	
☐ 07	dinosaur [dáinəsɔ̀:r]	몡 공룡	
☐ 08	month [mʌnθ]	몡 달, 월	
☐ 09	weekend [wí:kend]	몡 주말	
☐ 10	exist [igzíst]	통 존재하다	
☐ 11	each other	서로	
☐ 12	learn [lə:rn]	통 배우다	
☐ 13	already [ɔ:lrédi]	뿐 이미, 벌써	
☐ 14	celebrate [séləbrèit]	통 기념하다	
☐ 15	holiday [hálədèi]	몡 공휴일	

☐ 16	hide [haid]	통 숨다	
☐ 17	subject [sʌ́bdʒikt]	몡 과목, 주제	
☐ 18	article [á:rtikl]	몡 기사	
☐ 19	discussion [diskʌ́ʃən]	몡 토론	
☐ 20	exhibit [igzíbit]	몡 전시품 통 전시하다	
☐ 21	piggy bank	돼지 저금통	
☐ 22	take part in	~에 참가하다	
☐ 23	receive [risí:v]	통 받다	
☐ 24	exercise [éksərsàiz]	통 운동하다	
☐ 25	camel [kǽməl]	몡 낙타	
☐ 26	basketball [bǽskitbɔ̀:l]	몡 농구	
☐ 27	actor [ǽktər]	몡 배우	
☐ 28	be held	열리다, 개최되다	
☐ 29	recently [rí:sntli]	뿐 최근에	
☐ 30	on one's way home	집에 가는 길에	

WORD TEST

Ⓐ 다음 영어는 우리말로, 우리말은 영어로 쓰시오.

01	volleyball	_____	**11**	서로	_____
02	passport	_____	**12**	배우다	_____
03	expensive	_____	**13**	이미, 벌써	_____
04	ring	_____	**14**	기념하다	_____
05	heart attack	_____	**15**	공휴일	_____
06	the day before yesterday	_____	**16**	숨다	_____
07	dinosaur	_____	**17**	과목, 주제	_____
08	month	_____	**18**	기사	_____
09	weekend	_____	**19**	토론	_____
10	exist	_____	**20**	전시품; 전시하다	_____

Ⓑ 다음 영어를 우리말과 알맞은 것끼리 연결하시오.

21	piggy bank ·	·	운동하다
22	take part in ·	·	낙타
23	receive ·	·	집에 가는 길에
24	exercise ·	·	농구
25	camel ·	·	배우
26	basketball ·	·	열리다, 개최되다
27	actor ·	·	돼지 저금통
28	be held ·	·	~에 참가하다
29	recently ·	·	최근에
30	on one's way home ·	·	받다

WORD LIST

□ 01	den...	명 치과의사
		형 특별한
	...pì]	명 조리법
	...o on a diet	다이어트를 하다
□ 05	spicy [spáisi]	형 매운
□ 06	spend [spend]	동 (시간을) 보내다, (돈을) 쓰다
□ 07	alone [əlóun]	부 홀로
□ 08	raise [reiz]	동 키우다, 올리다
□ 09	obey [oubéi]	동 복종하다, (규칙을) 지키다
□ 10	rule [ru:l]	명 규칙
□ 11	lie [lai]	동 거짓말하다
□ 12	wear [wer]	동 입다
□ 13	tomorrow [təmɔ́:rou]	명 내일
□ 14	bathtub [bǽθtʌ̀b]	명 욕조
□ 15	windy [wíndi]	형 바람이 부는

□ 16	leave [li:v]	동 떠나다
□ 17	laptop [lǽptàp]	명 휴대용 컴퓨터(노트북)
□ 18	hurry [hə́:ri]	동 서두르다
□ 19	truth [tru:θ]	명 진실
□ 20	drop [drɑp]	동 떨어뜨리다
□ 21	famous [féiməs]	형 유명한
□ 22	actress [ǽktris]	명 여배우
□ 23	clothes [klouðz]	명 (pl.) 옷, 의복
□ 24	make (a) noise	떠들다
□ 25	strong [strɔ:ŋ]	형 강한, 힘센
□ 26	drive [draiv]	동 운전하다
□ 27	copy [kápi]	동 베끼다, 복사하다
□ 28	report [ripɔ́:rt]	명 보고서 동 보고하다
□ 29	umbrella [ʌmbrélə]	명 우산
□ 30	get(take) a rest	쉬다

WORD TEST

A 다음 영어는 우리말로, 우리말은 영어로 쓰시오.

01	dentist		11	거짓말하다
02	special		12	입다
03	recipe		13	내일
04	go on a diet		14	욕조
05	spicy		15	바람이 부는
06	spend		16	떠나다
07	alone		17	휴대용 컴퓨터(노트북)
08	raise		18	서두르다
09	obey		19	진실
10	rule		20	떨어뜨리다

B 다음 영어를 우리말과 알맞은 것끼리 연결하시오.

21 famous ·		· 떠들다
22 actress ·		· 강한, 힘센
23 clothes ·		· 쉬다
24 make (a) noise ·		· 여배우
25 strong ·		· 옷, 의복
26 drive ·		· 운전하다
27 copy ·		· 유명한
28 report ·		· 우산
29 umbrella ·		· 보고서; 보고하다
30 get(take) a rest ·		· 베끼다, 복사하다

WORD LIST

□ 01	traffic [trǽfik]	명 교통(량)	□ 16	twins [twins]	명 (pl.) 쌍둥이
□ 02	stay up late	밤늦게 깨어 있다	□ 17	useless [júːslis]	형 쓸모없는
□ 03	wait for	~을 기다리다	□ 18	disabled [diséibld]	형 장애를 가진
□ 04	get married to	~와 결혼하다	□ 19	apologize [əpálədʒàiz]	동 사과하다
□ 05	farm [faːrm]	명 농장	□ 20	pale [peil]	형 창백한
□ 06	hill [hil]	명 언덕	□ 21	false [fɔːls]	형 그릇된, 틀린
□ 07	vegetarian [vèdʒətériən]	명 채식주의자	□ 22	absent [ǽbsənt]	형 부재의, 결석한
□ 08	flea market	벼룩시장	□ 23	raw fish	생선회
□ 09	library [láibrèri]	명 도서관	□ 24	astronaut [ǽstrənɔ̀ːt]	명 우주 비행사
□ 10	read [riːd]	동 읽다	□ 25	homeless [hóumlis]	명 노숙자
□ 11	hospital [háspitl]	명 병원	□ 26	giant [dʒáiənt]	형 거대한
□ 12	clean [kliːn]	동 청소하다	□ 27	spaceship [spéisʃìp]	명 우주선
□ 13	loud [laud]	형 (소리가) 큰 부 크게	□ 28	future [fjúːtʃər]	명 미래
□ 14	answer [ǽnsər]	동 대답하다, 대응하다	□ 29	be good at	~을 잘하다
□ 15	honest [áːnist]	형 정직한	□ 30	encouragement [enkɔ́ːridʒmənt]	명 격려

WORD TEST

A 다음 영어는 우리말로, 우리말은 영어로 쓰시오.

01	traffic		11	병원
02	stay up late		12	청소하다
03	wait for		13	(소리가) 큰; 크게
04	get married to		14	대답하다, 대응하다
05	farm		15	정직한
06	hill		16	쌍둥이
07	vegetarian		17	쓸모없는
08	flea market		18	장애를 가진
09	library		19	사과하다
10	read		20	창백한

B 다음 영어를 우리말과 알맞은 것끼리 연결하시오.

21	false	·	· 우주 비행사
22	absent	·	· 노숙자
23	raw fish	·	· 부재의, 결석한
24	astronaut	·	· 그릇된, 틀린
25	homeless	·	· ~을 잘하다
26	giant	·	· 격려
27	spaceship	·	· 생선회
28	future	·	· 미래
29	be good at	·	· 거대한
30	encouragement	·	· 우주선

WORD LIST

□ 01	decide [disáid]	통 결정하다	□ 16	attend [əténd]	통 참석하다
□ 02	oversleep [òuvərslí:p]	통 늦잠 자다	□ 17	everywhere [évriwer]	부 어디에나
□ 03	dangerous [déindʒərəs]	형 위험한	□ 18	enable [inéibl]	통 가능하게 하다
□ 04	greet [gri:t]	통 인사하다, 환영하다	□ 19	share [ʃɛər]	통 공유하다
□ 05	goal [goul]	명 목표	□ 20	information [ìnfərméiʃən]	명 정보
□ 06	foreigner [fɔ́:rinər]	명 외국인	□ 21	follow [fálou]	통 따르다
□ 07	give up	~을 포기하다	□ 22	through [θru:]	전 ~을 통하여
□ 08	law [lɔ:]	명 법	□ 23	make a promise	약속하다
□ 09	resolution [rèzəlú:ʃən]	명 결심	□ 24	support [səpɔ́:rt]	통 지지하다
□ 10	refuse [rifjú:z]	통 거절하다	□ 25	piece [pi:s]	명 조각
□ 11	take a trip	여행하다	□ 26	depend on	~을 의지하다
□ 12	while [wail]	접 ~하는 동안	□ 27	blank [blæŋk]	명 빈칸
□ 13	do one's best	최선을 다하다	□ 28	fill [fil]	통 채우다
□ 14	because of	~ 때문에	□ 29	talk to	~에게 말을 걸다
□ 15	product [prádəkt]	명 제품, 생산품	□ 30	topic [tápik]	명 화제, 주제

Ⓐ 다음 영어는 우리말로, 우리말은 영어로 쓰시오.

01	decide		11	여행하다	
02	oversleep		12	~하는 동안	
03	dangerous		13	최선을 다하다	
04	greet		14	~ 때문에	
05	goal		15	제품, 생산품	
06	foreigner		16	참석하다	
07	give up		17	어디에나	
08	law		18	가능하게 하다	
09	resolution		19	공유하다	
10	refuse		20	정보	

Ⓑ 다음 영어를 우리말과 알맞은 것끼리 연결하시오.

21	follow	·	· 지지하다
22	through	·	· 조각
23	make a promise	·	· 따르다
24	support	·	· ~을 통하여
25	piece	·	· ~에게 말을 걸다
26	depend on	·	· 화제, 주제
27	blank	·	· 약속하다
28	fill	·	· ~을 의지하다
29	talk to	·	· 빈칸
30	topic	·	· 채우다

□ 01	miss [mis]	동 놓치다; 그리워하다	□ 16	reach [ri:tʃ]	동 닿다
□ 02	awake [əwéik]	형 깨어 있는 동 깨다	□ 17	thick [θik]	형 두꺼운
□ 03	stupid [stú:pid]	형 어리석은	□ 18	language [lǽŋgwidʒ]	명 언어
□ 04	glad [glæd]	형 기쁜	□ 19	knock [nɑk]	동 두드리다
□ 05	traffic signal	명 교통 신호	□ 20	scream [skri:m]	동 비명을 지르다
□ 06	disappoint [dìsəpɔ́int]	동 실망시키다	□ 21	wrong [rɔ́:ŋ]	형 잘못된
□ 07	grow up	성장하다	□ 22	get a raise	승진하다
□ 08	robber [rɑ́bər]	명 도둑, 강도	□ 23	ambassador [æmbǽsədər]	명 대사
□ 09	silly [síli]	형 어리석은	□ 24	see off	배웅하다
□ 10	careless [kɛ́ərlis]	형 부주의한	□ 25	active [ǽktiv]	형 활동적인, 적극적인
□ 11	turn off	~을 끄다	□ 26	mind [maind]	명 마음
□ 12	absence [ǽbsəns]	명 부재, 결석	□ 27	keep a diary	일기를 쓰다
□ 13	owner [óunər]	명 주인	□ 28	collect [kəlékt]	동 수집하다
□ 14	care [kɛər]	동 배려하다	□ 29	would like to	~하고 싶다
□ 15	shelf [ʃelf]	명 선반	□ 30	upstairs [ʌ̀pstérz]	부 위층으로

A 다음 영어는 우리말로, 우리말은 영어로 쓰시오.

01	miss		11	~을 끄다
02	awake		12	부재, 결석
03	stupid		13	주인
04	glad		14	배려하다
05	traffic signal		15	선반
06	disappoint		16	닿다
07	grow up		17	두꺼운
08	robber		18	언어
09	silly		19	두드리다
10	careless		20	비명을 지르다

B 다음 영어를 우리말과 알맞은 것끼리 연결하시오.

21	wrong ·	· 마음
22	get a raise ·	· 배웅하다
23	ambassador ·	· 활동적인, 적극적인
24	see off ·	· 수집하다
25	active ·	· 일기를 쓰다
26	mind ·	· 잘못된
27	keep a diary ·	· ~하고 싶다
28	collect ·	· 위층으로
29	would like to ·	· 승진하다
30	upstairs ·	· 대사

□ 01	simple [símpl]	형 단순한, 간단한		□ 16	concern [kənsə́ːrn]	명 관심; 걱정
□ 02	take care of	~을 돌보다		□ 17	consider [kənsídər]	동 고려하다
□ 03	regret [rigrét]	동 후회하다		□ 18	avoid [əvɔ́id]	동 피하다
□ 04	without [wiðáut]	전 ~ 없이		□ 19	put off	미루다, 연기하다
□ 05	regularly [régjələrli]	부 규칙적으로		□ 20	rush hour	혼잡 시간대
□ 06	rumor [rúːmər]	명 소문		□ 21	postpone [poustpóun]	동 미루다, 연기하다
□ 07	breakfast [brékfəst]	명 아침 식사		□ 22	health [helθ]	명 건강
□ 08	admit [ədmít]	동 인정하다		□ 23	climb [klaim]	동 오르다
□ 09	educate [édʒukèit]	동 교육하다		□ 24	complain [kəmpléin]	동 불평하다
□ 10	blame [bleim]	동 비난하다		□ 25	errand [érənd]	명 심부름
□ 11	deliver [dilívər]	동 배달하다		□ 26	hang out	어울리다
□ 12	get along with	~와 잘 지내다		□ 27	price [prais]	명 가격
□ 13	take off	~을 벗다		□ 28	continue [kəntínjuː]	동 계속하다
□ 14	schedule [skédʒuːl]	동 일정을 잡다 명 일정		□ 29	beach [biːtʃ]	명 해변
□ 15	talented [tǽləntid]	형 재능이 있는		□ 30	jog [dʒɑg]	동 조깅하다

WORD TEST

A 다음 영어는 우리말로, 우리말은 영어로 쓰시오.

01	simple	_____	**11**	배달하다	_____
02	take care of	_____	**12**	~와 잘 지내다	_____
03	regret	_____	**13**	~을 벗다	_____
04	without	_____	**14**	일정을 잡다; 일정	_____
05	regularly	_____	**15**	재능이 있는	_____
06	rumor	_____	**16**	관심; 걱정	_____
07	breakfast	_____	**17**	고려하다	_____
08	admit	_____	**18**	피하다	_____
09	educate	_____	**19**	미루다, 연기하다	_____
10	blame	_____	**20**	혼잡 시간대	_____

B 다음 영어를 우리말과 알맞은 것끼리 연결하시오.

21	postpone	·	· 심부름
22	health	·	· 어울리다
23	climb	·	· 해변
24	complain	·	· 조깅하다
25	errand	·	· 오르다
26	hang out	·	· 건강
27	price	·	· 불평하다
28	continue	·	· 계속하다
29	beach	·	· 가격
30	jog	·	· 미루다, 연기하다

□ 01	lock [lɑk]	동 잠그다	
□ 02	detective [ditéktiv]	명 탐정, 형사	
□ 03	appreciate [əprí:ʃièit]	동 고마워하다	
□ 04	recognize [rékəgnàiz]	동 알아보다	
□ 05	control [kəntróul]	동 통제하다	
□ 06	shake hands	악수하다	
□ 07	install [instɔ́:l]	동 설치하다	
□ 08	feed [fi:d]	동 먹이다	
□ 09	pick up	~을 태우러 가다	
□ 10	difficulty [dífikʌ̀lti]	명 어려움	
□ 11	fix [fiks]	동 수리하다	
□ 12	whole [houl]	형 전부의	
□ 13	proposal [prəpóuzəl]	명 제안	
□ 14	exhibition [èksəbíʃən]	명 박람회	
□ 15	be interested in	~에 흥미가 있다	

□ 16	job [dʒɑb]	명 직업	
□ 17	take a picture	사진을 찍다	
□ 18	abroad [əbrɔ́:d]	부 해외에서	
□ 19	loudly [láudli]	부 큰 소리로	
□ 20	lend [lend]	동 빌려주다	
□ 21	waste [weist]	동 낭비하다	
□ 22	worry [wə́:ri]	동 염려하다	
□ 23	past [pæst]	명 과거 형 지난	
□ 24	wild [waild]	형 야생의	
□ 25	joke [dʒouk]	명 농담	
□ 26	pumpkin [pʌ́mpkin]	명 호박	
□ 27	be proud of	~을 자랑스러워하다	
□ 28	riddle [rídl]	명 수수께끼	
□ 29	receipt [risí:t]	명 영수증	
□ 30	scramble [skrǽmbl]	동 (달걀을) 휘저어 익히다	

A 다음 영어는 우리말로, 우리말은 영어로 쓰시오.

01	lock	_____	11	수리하다	_____
02	detective	_____	12	전부의	_____
03	appreciate	_____	13	제안	_____
04	recognize	_____	14	박람회	_____
05	control	_____	15	~에 흥미가 있다	_____
06	shake hands	_____	16	직업	_____
07	install	_____	17	사진을 찍다	_____
08	feed	_____	18	해외에서	_____
09	pick up	_____	19	큰 소리로	_____
10	difficulty	_____	20	빌려주다	_____

B 다음 영어를 우리말과 알맞은 것끼리 연결하시오.

21	waste	•	• 수수께끼
22	worry	•	• 영수증
23	past	•	• 염려하다
24	wild	•	• 호박
25	joke	•	• 과거; 지난
26	pumpkin	•	• 농담
27	be proud of	•	• (달걀을) 휘저어 익히다
28	riddle	•	• 낭비하다
29	receipt	•	• 야생의
30	scramble	•	• ~을 자랑스러워하다

□ 01	fall [fɔːl]	통 떨어지다	□ 16	used to	~하곤 했다
□ 02	leaf [liːf]	명 나뭇잎	□ 17	scene [siːn]	명 장면
□ 03	burn [bəːrn]	통 태우다, 타다	□ 18	explanation [èksplənéiʃən]	명 설명
□ 04	public [pʌ́blik]	명 대중, 일반 사람들	□ 19	embarrass [imbǽrəs]	통 당황스럽게 하다
□ 05	run after	~을 뒤쫓다	□ 20	puzzle [pʌ́zl]	통 이해할 수 없게 만들다
□ 06	vase [veis]	명 꽃병	□ 21	amaze [əméiz]	통 놀라게 하다
□ 07	pass [pæs]	통 지나가다	□ 22	audience [ɔ́ːdiəns]	명 청중
□ 08	respect [rispékt]	통 존경하다	□ 23	annoy [ənɔ́i]	통 짜증나게 하다
□ 09	water [wɔ́ːtər]	통 물을 주다 명 물	□ 24	excuse [ikskjúːs]	명 변명, 핑계
□ 10	shake [ʃeik]	통 흔들다	□ 25	satisfy [sǽtisfai]	통 만족시키다
□ 11	classmate [klǽsmèit]	명 반 친구	□ 26	touch [tʌtʃ]	통 감동시키다; 만지다
□ 12	surround [səráund]	통 둘러싸다	□ 27	quite [kwait]	부 꽤, 제법
□ 13	accident [ǽksidənt]	명 (교통) 사고	□ 28	frighten [fráitn]	통 두렵게 하다
□ 14	injure [índʒər]	통 부상을 입다	□ 29	exhaust [igzɔ́ːst]	통 기진맥진하게 하다
□ 15	carry [kǽri]	통 나르다	□ 30	depress [diprés]	통 우울하게 하다

WORD TEST

Ⓐ 다음 영어는 우리말로, 우리말은 영어로 쓰시오.

01	fall		**11**	반 친구
02	leaf		**12**	둘러싸다
03	burn		**13**	(교통) 사고
04	public		**14**	부상을 입다
05	run after		**15**	나르다
06	vase		**16**	~하곤 했다
07	pass		**17**	장면
08	respect		**18**	설명
09	water		**19**	당황스럽게 하다
10	shake		**20**	이해할 수 없게 만들다

Ⓑ 다음 영어를 우리말과 알맞은 것끼리 연결하시오.

21	amaze	•	• 만족시키다
22	audience	•	• 변명, 핑계
23	annoy	•	• 우울하게 하다
24	excuse	•	• 두렵게 하다
25	satisfy	•	• 기진맥진하게 하다
26	touch	•	• 청중
27	quite	•	• 짜증나게 하다
28	frighten	•	• 놀라게 하다
29	exhaust	•	• 감동시키다; 만지다
30	depress	•	• 꽤, 제법

□ 01	be afraid of	~을 두려워하다		□ 16	lonely [lóunli]	휑 외로운
□ 02	sew [sou]	동 바느질하다		□ 17	spare [spɛər]	휑 여가의, 여분의
□ 03	dictionary [díkʃənèri]	명 사전		□ 18	surf the Internet	인터넷을 검색하다
□ 04	roll [roul]	동 구르다		□ 19	suddenly [sʌ́dnli]	부 갑자기
□ 05	stick [stik]	명 막대기		□ 20	realize [ríːəlàiz]	동 깨닫다
□ 06	daughter [dɔ́ːtər]	명 딸		□ 21	turn on	~을 켜다
□ 07	run away	도망치다		□ 22	pigeon [pídʒən]	명 비둘기
□ 08	silent [sáilənt]	휑 조용한, 침묵하는		□ 23	pill [pil]	명 알약
□ 09	fall asleep	잠들다		□ 24	stage [steidʒ]	명 무대
□ 10	ill [il]	휑 아픈, 병든		□ 25	stand [stænd]	동 참다; 서 있다
□ 11	distance [dístəns]	명 거리, 먼 곳		□ 26	fascinate [fǽsənèit]	동 매혹시키다
□ 12	in haste	서둘러		□ 27	childhood [tʃáildhùd]	명 어린 시절
□ 13	along [əlɔ́ːŋ]	전 ~을 따라서		□ 28	martial art	무술
□ 14	take a walk	산책하다		□ 29	rain cats and dogs	비가 억수같이 내리다
□ 15	cousin [kʌ́zn]	명 사촌		□ 30	get wet	젖다

WORD TEST

A 다음 영어는 우리말로, 우리말은 영어로 쓰시오.

01	be afraid of	11	거리, 먼 곳
02	sew	12	서둘러
03	dictionary	13	~을 따라서
04	roll	14	산책하다
05	stick	15	사촌
06	daughter	16	외로운
07	run away	17	여가의, 여분의
08	silent	18	인터넷을 검색하다
09	fall asleep	19	갑자기
10	ill	20	깨닫다

B 다음 영어를 우리말과 알맞은 것끼리 연결하시오.

21	turn on	·	· 무대
22	pigeon	·	· 알약
23	pill	·	· 젖다
24	stage	·	· 어린 시절
25	stand	·	· 비가 억수같이 내리다
26	fascinate	·	· 매혹시키다
27	childhood	·	· 무술
28	martial art	·	· 참다; 서 있다
29	rain cats and dogs	·	· ~을 켜다
30	get wet	·	· 비둘기

WORD LIST

□ 01	bake [beik]	동 (빵을) 굽다
□ 02	teen [ti:n]	명 십 대(= teenager)
□ 03	export [ikspɔ́:rt]	동 수출하다
□ 04	folksong [fóuksɔ̀:ŋ]	명 민요
□ 05	university [jù:nivə́:rsəti]	명 대학
□ 06	invent [invént]	동 발명하다
□ 07	aircraft [éərkræ̀ft]	명 항공기
□ 08	visitor [vízitər]	명 방문객
□ 09	adopt [ədápt]	동 입양하다
□ 10	gate [geit]	명 문, 출입구
□ 11	murder [mə́:rdər]	동 살해하다
□ 12	reserve [rizə́:rv]	동 예약하다
□ 13	handle [hǽndl]	동 다루다, 처리하다
□ 14	detail [dí:teil]	명 세부 사항
□ 15	repair [ri:pér]	동 수리하다

□ 16	magazine [mæ̀gəzí:n]	명 잡지
□ 17	present [prézənt]	명 선물 형 현재의
□ 18	postcard [póustkà:rd]	명 엽서
□ 19	expect [ikspékt]	동 기대하다
□ 20	Egyptian [idʒípʃən]	명 이집트인
□ 21	patient [péiʃənt]	명 환자 형 인내심 있는
□ 22	run over	(차가) ~을 치다
□ 23	bring up	~을 기르다
□ 24	pay attention to	~을 주목하다
□ 25	make fun of	~을 놀리다
□ 26	be filled with	~으로 가득 차다
□ 27	examination [igzæ̀minéiʃən]	명 시험(= exam)
□ 28	be surprised at	~에 놀라다
□ 29	be excited about	~으로 들뜨다
□ 30	be related to	~와 관련이 있다

WORD TEST

A 다음 영어는 우리말로, 우리말은 영어로 쓰시오.

01	bake		**11**	살해하다
02	teen		**12**	예약하다
03	export		**13**	다루다, 처리하다
04	folksong		**14**	세부 사항
05	university		**15**	수리하다
06	invent		**16**	잡지
07	aircraft		**17**	선물; 현재의
08	visitor		**18**	엽서
09	adopt		**19**	기대하다
10	gate		**20**	이집트인

B 다음 영어를 우리말과 알맞은 것끼리 연결하시오.

21	patient ·	· ~와 관련이 있다
22	run over ·	· ~을 기르다
23	bring up ·	· 환자; 인내심 있는
24	pay attention to ·	· ~을 놀리다
25	make fun of ·	· ~으로 들뜨다
26	be filled with ·	· (차가) ~을 치다
27	examination ·	· ~에 놀라다
28	be surprised at ·	· ~을 주목하다
29	be excited about ·	· 시험
30	be related to ·	· ~으로 가득 차다

□ 01	height [hai...]	명 높이; 키	□ 16	plant [plænt]	통 심다 명 식물

□ 01 height [hai...] 명 높이; 키

□ 02 ...ne [...lìːn] 명 휘발유

□ ...3 ...owadays [náuədèiz] 부 요즘에는

□ 04 novel [nɑ́ːvl] 명 (장편) 소설

□ 05 create [kriéit] 통 창조하다

□ 06 paint [peint] 통 그리다

□ 07 compose [kəmpóuz] 통 작곡하다

□ 08 be scared of ~을 두려워하다

□ 09 be known to ~에 알려지다

□ 10 be satisfied with ~에 만족하다

□ 11 gift [gift] 명 선물

□ 12 suggest [səgdʒést] 통 제안하다

□ 13 pretty [príti] 형 예쁜

□ 14 waitress [wéitris] 명 여자 종업원

□ 15 post [poust] 통 게시하다, 올리다

□ 16 plant [plænt] 통 심다 명 식물

□ 17 grade [greid] 통 채점하다

□ 18 look after ~을 돌보다

□ 19 pet [pet] 명 애완동물

□ 20 happen [hǽpən] 통 발생하다, 생기다

□ 21 laugh at ~을 비웃다

□ 22 match [mætʃ] 명 성냥

□ 23 glasses [glǽsiz] 명 (pl.) 안경

□ 24 paradise [pǽrədàis] 명 낙원

□ 25 be worried about ~에 대해 걱정하다

□ 26 bulb [bʌlb] 명 전구

□ 27 invention [invénʃən] 명 발명, 발명품

□ 28 bucket [bʌ́kit] 명 양동이

□ 29 destroy [distrɔ́i] 통 파괴하다

□ 30 storm [stɔːrm] 명 폭풍

WORD TEST

A 다음 영어는 우리말로, 우리말은 영어로 쓰시오.

01	height	_____	**11**	선물	_____
02	gasoline	_____	**12**	제안하다	_____
03	nowadays	_____	**13**	예쁜	_____
04	novel	_____	**14**	여자 종업원	_____
05	create	_____	**15**	게시하다, 올리다	_____
06	paint	_____	**16**	심다; 식물	_____
07	compose	_____	**17**	채점하다	_____
08	be scared of	_____	**18**	~을 돌보다	_____
09	be known to	_____	**19**	애완동물	_____
10	be satisfied with	_____	**20**	발생하다, 생기다	_____

B 다음 영어를 우리말과 알맞은 것끼리 연결하시오.

21	laugh at	·	· 안경
22	match	·	· 낙원
23	glasses	·	· ~에 대해 걱정하다
24	paradise	·	· 파괴하다
25	be worried about	·	· 폭풍
26	bulb	·	· 양동이
27	invention	·	· 전구
28	bucket	·	· ~을 비웃다
29	destroy	·	· 성냥
30	storm	·	· 발명, 발명품

☐ 01	dark [dɑːrk]	몡 어둠 혱 어두운		☐ 16	cow [kau]	몡 소, 젖소
☐ 02	brilliant [bríljənt]	혱 훌륭한; 빛나는		☐ 17	hope [houp]	몡 희망 동 바라다
☐ 03	class [klæs]	몡 수업; 반		☐ 18	life [laif]	몡 삶, 생명
☐ 04	sword [sɔːrd]	몡 칼, 검		☐ 19	mammal [mǽməl]	몡 포유동물
☐ 05	goose [guːs]	몡 거위		☐ 20	loaf [louf]	몡 덩어리
☐ 06	sheep [ʃiːp]	몡 양		☐ 21	slice [slais]	몡 조각
☐ 07	deer [diər]	몡 사슴		☐ 22	beer [biər]	몡 맥주
☐ 08	ox [ɑks]	몡 황소		☐ 23	thirsty [θə́ːrsti]	혱 목마른
☐ 09	potato [pətéitou]	몡 감자		☐ 24	pop quiz	쪽지시험
☐ 10	travel [trǽvəl]	동 여행하다		☐ 25	object [ɑ́bdʒikt]	몡 물건; 목적
☐ 11	bottle [bɑ́tl]	몡 병		☐ 26	together [təgéðər]	위 함께, 같이
☐ 12	furniture [fə́ːrnitʃər]	몡 가구		☐ 27	insect [ínsekt]	몡 곤충
☐ 13	endless [éndlis]	혱 끝이 없는		☐ 28	feather [féðər]	몡 깃털
☐ 14	liquid [líkwid]	몡 액체		☐ 29	flock [flɑk]	동 모이다 몡 떼, 무리
☐ 15	produce [prədjúːs]	동 생산하다		☐ 30	owl [aul]	몡 올빼미

Ⓐ 다음 영어는 우리말로, 우리말은 영어로 쓰시오.

01	dark	_____	11	병	_____
02	brilliant	_____	12	가구	_____
03	class	_____	13	끝이 없는	_____
04	sword	_____	14	액체	_____
05	goose	_____	15	생산하다	_____
06	sheep	_____	16	소, 젖소	_____
07	deer	_____	17	희망; 바라다	_____
08	ox	_____	18	삶, 생명	_____
09	potato	_____	19	포유동물	_____
10	travel	_____	20	덩어리	_____

Ⓑ 다음 영어를 우리말과 알맞은 것끼리 연결하시오.

21	slice	•		•	물건; 목적
22	beer	•		•	깃털
23	thirsty	•		•	모이다; 떼, 무리
24	pop quiz	•		•	쪽지시험
25	object	•		•	올빼미
26	together	•		•	목마른
27	insect	•		•	함께, 같이
28	feather	•		•	조각
29	flock	•		•	맥주
30	owl	•		•	곤충

□ 01	earth [əːrθ]	몡 지구	□ 16	once [wʌns]	뷔 한 번

□ 01	earth [əːrθ]	몡 지구	□ 16	once [wʌns]	뷔 한 번
□ 02	mighty [máiti]	혱 힘센, 강력한	□ 17	twice [twais]	뷔 두 번, 두 배
□ 03	salt [sɔːlt]	몡 소금	□ 18	show [ʃou]	툉 보여주다
□ 04	be born	태어나다	□ 19	whale [weil]	몡 고래
□ 05	uncle [ʌ́ŋkl]	몡 삼촌	□ 20	take a class	수업을 듣다
□ 06	human [hjúːmən]	몡 인간, 인류	□ 21	lake [leik]	몡 호수
□ 07	eagle [íːgl]	몡 독수리	□ 22	French [frentʃ]	몡 프랑스어 혱 프랑스의
□ 08	way [wei]	몡 길; 방법	□ 23	several [sévərəl]	혱 몇몇의
□ 09	population [pὰpjəléiʃən]	몡 인구	□ 24	colored [kʌ́lərd]	혱 채색된
□ 10	roof [ruːf]	몡 지붕	□ 25	draw [drɔː]	툉 그리다
□ 11	kid [kid]	몡 아이, 어린이	□ 26	outline [áutlàin]	몡 윤곽, 외형
□ 12	happiness [hǽpinis]	몡 행복	□ 27	choose [tʃuːz]	툉 선택하다
□ 13	forget [fərgét]	툉 잊다	□ 28	glue [gluː]	툉 붙이다 몡 풀
□ 14	mix [miks]	툉 섞다	□ 29	a pair of	한 쌍의
□ 15	flour [flauər]	몡 밀가루	□ 30	tie [tai]	몡 넥타이 툉 묶다

A 다음 영어는 우리말로, 우리말은 영어로 쓰시오.

01	earth	_____	11	아이, 어린이	_____
02	mighty	_____	12	행복	_____
03	salt	_____	13	잊다	_____
04	be born	_____	14	섞다	_____
05	uncle	_____	15	밀가루	_____
06	human	_____	16	한 번	_____
07	eagle	_____	17	두 번, 두 배	_____
08	way	_____	18	보여주다	_____
09	population	_____	19	고래	_____
10	roof	_____	20	수업을 듣다	_____

B 다음 영어를 우리말과 알맞은 것끼리 연결하시오.

21	lake	·	· 프랑스어; 프랑스의
22	French	·	· 선택하다
23	several	·	· 붙이다; 풀
24	colored	·	· 한 쌍의
25	draw	·	· 넥타이; 묶다
26	outline	·	· 호수
27	choose	·	· 그리다
28	glue	·	· 윤곽, 외형
29	a pair of	·	· 몇몇의
30	tie	·	· 채색된

☐ 01	remember [rimémbər]	통 기억하다	☐ 16	careful [kέərfəl]	형 주의 깊은

☐ 01 remember [rimémbər] 통 기억하다

☐ 02 before [bifɔ́:r] 부 전에

☐ 03 look forward to ~을 고대하다

☐ 04 hometown [hóumtàun] 명 고향

☐ 05 once in a while 가끔

☐ 06 due date 만기일

☐ 07 fun [fʌn] 형 재미있는 명 재미

☐ 08 keep [ki:p] 통 간직하다, 유지하다

☐ 09 ruler [rú:lər] 명 자

☐ 10 stylish [stáiliʃ] 형 멋진, 유행하는

☐ 11 rope [roup] 명 밧줄, 로프

☐ 12 dream [dri:m] 명 꿈 통 꿈꾸다

☐ 13 exciting [iksáitiŋ] 형 흥미로운, 신나는

☐ 14 history [hístəri] 명 역사

☐ 15 repeat [ripí:t] 통 반복하다

☐ 16 careful [kέərfəl] 형 주의 깊은

☐ 17 knife [naif] 명 칼

☐ 18 cut oneself 베이다

☐ 19 have a good time 즐거운 시간을 보내다

☐ 20 mirror [mírər] 명 거울

☐ 21 by itself 저절로

☐ 22 enjoy oneself 즐거운 시간을 보내다

☐ 23 for oneself 혼자 힘으로

☐ 24 candle [kǽndl] 명 양초

☐ 25 plan [plæn] 통 계획하다 명 계획

☐ 26 help oneself to ~을 마음대로 먹다

☐ 27 steal [sti:l] 통 훔치다

☐ 28 cap [kæp] 명 (야구) 모자

☐ 29 skip [skip] 통 건너뛰다

☐ 30 cave [keiv] 명 동굴

A 다음 영어는 우리말로, 우리말은 영어로 쓰시오.

01	remember		11	밧줄, 로프	
02	before		12	꿈; 꿈꾸다	
03	look forward to		13	흥미로운, 신나는	
04	hometown		14	역사	
05	once in a while		15	반복하다	
06	due date		16	주의 깊은	
07	fun		17	칼	
08	keep		18	베이다	
09	ruler		19	즐거운 시간을 보내다	
10	stylish		20	거울	

B 다음 영어를 우리말과 알맞은 것끼리 연결하시오.

21	by itself	•	• 혼자 힘으로
22	enjoy oneself	•	• ~을 마음대로 먹다
23	for oneself	•	• 건너뛰다
24	candle	•	• 훔치다
25	plan	•	• 저절로
26	help oneself to	•	• 양초
27	steal	•	• 계획하다; 계획
28	cap	•	• 동굴
29	skip	•	• 즐거운 시간을 보내다
30	cave	•	• (야구) 모자

WORD LIST

☐ **01**	quiet [kwáiət]	형 조용한	
☐ **02**	lazy [léizi]	형 게으른	
☐ **03**	cell phone	휴대 전화	
☐ **04**	glove [glʌv]	명 장갑	
☐ **05**	recommend [rèkəménd]	동 추천하다	
☐ **06**	comfortable [kʌ́mfərtəbl]	형 편한	
☐ **07**	wall [wɔːl]	명 벽	
☐ **08**	married [mǽrid]	형 결혼한	
☐ **09**	science fiction	공상과학 소설	
☐ **10**	engineer [èndʒiníər]	명 기술자	
☐ **11**	romance [roumǽns]	명 연애; 연애 소설	
☐ **12**	lily [líli]	명 백합	
☐ **13**	unkind [ʌnkáind]	형 불친절한	
☐ **14**	used [juːzd]	형 중고의, 낡은	
☐ **15**	smile [smail]	동 미소 짓다 명 미소	

☐ **16**	brush [brʌʃ]	동 닦다	
☐ **17**	host [houst]	명 주인; 사회자	
☐ **18**	in person	직접, 개별적으로	
☐ **19**	forgive [fərgív]	동 용서하다	
☐ **20**	different [dífərənt]	형 다른	
☐ **21**	the other day	지난번에, 며칠 전에	
☐ **22**	Spanish [spǽniʃ]	명 스페인어 형 스페인의	
☐ **23**	rent [rent]	동 빌리다	
☐ **24**	between ourselves	우리끼리 이야기지만	
☐ **25**	doll [dɑl]	명 인형	
☐ **26**	include [inklúːd]	동 포함하다	
☐ **27**	correct [kərékt]	형 옳은, 정확한	
☐ **28**	in front of	~ 앞에	
☐ **29**	slip [slip]	동 미끄러지다	
☐ **30**	passionately [pǽʃənətli]	부 열정적으로	

A 다음 영어는 우리말로, 우리말은 영어로 쓰시오.

01 quiet _____

02 lazy _____

03 cell phone _____

04 glove _____

05 recommend _____

06 comfortable _____

07 wall _____

08 married _____

09 science fiction _____

10 engineer _____

11 연애; 연애 소설 _____

12 백합 _____

13 불친절한 _____

14 중고의, 낡은 _____

15 미소 짓다; 미소 _____

16 닦다 _____

17 주인; 사회자 _____

18 직접, 개별적으로 _____

19 용서하다 _____

20 다른 _____

B 다음 영어를 우리말과 알맞은 것끼리 연결하시오.

21 the other day ·

22 Spanish ·

23 rent ·

24 between ourselves ·

25 doll ·

26 include ·

27 correct ·

28 in front of ·

29 slip ·

30 passionately ·

· ~ 앞에

· 미끄러지다

· 포함하다

· 지난번에, 며칠 전에

· 스페인어; 스페인의

· 인형

· 빌리다

· 열정적으로

· 우리끼리 이야기지만

· 옳은, 정확한

□ **01**	handsome [hǽnsəm]	톙 잘생긴
□ **02**	cute [kju:t]	톙 귀여운
□ **03**	useful [jú:sfl]	톙 유용한
□ **04**	popular [pápjulər]	톙 인기 있는
□ **05**	crowded [kráudid]	톙 붐비는
□ **06**	strange [streindʒ]	톙 이상한
□ **07**	swim [swim]	톰 수영하다
□ **08**	progress [prágrəs]	톙 진전, 진행
□ **09**	maybe [méibi:]	톤 아마도
□ **10**	tourist [túərist]	톙 관광객
□ **11**	seem [si:m]	톰 ~으로 보이다
□ **12**	complete [kəmplí:t]	톰 완성하다
□ **13**	pollution [pəlú:ʃən]	톙 오염
□ **14**	unfortunately [ʌnfɔ́:rtʃənitli]	톤 불행히도
□ **15**	talent [tǽlənt]	톙 재능

□ **16**	doubt [daut]	톙 의심 톰 의심하다
□ **17**	hat [hæt]	톙 (테가 있는) 모자
□ **18**	blind [blaind]	톙 눈먼
□ **19**	elderly [éldərli]	톙 연세가 드신
□ **20**	earn [ə:rn]	톰 (돈을) 벌다
□ **21**	deaf [def]	톙 귀머거리의
□ **22**	foreign [fɔ́:rin]	톙 외국의
□ **23**	culture [kʌ́ltʃər]	톙 문화
□ **24**	half [hæf]	톙 절반 톙 절반의
□ **25**	quarter [kwɔ́:rtər]	톙 4분의 1 톙 4분의 1의
□ **26**	festival [féstivəl]	톙 축제
□ **27**	lesson [lésn]	톙 수업
□ **28**	gentle [dʒéntl]	톙 온화한
□ **29**	sincere [sinsíər]	톙 진심 어린
□ **30**	terrible [térəbl]	톙 끔찍한

A 다음 영어는 우리말로, 우리말은 영어로 쓰시오.

01	handsome		**11**	~으로 보이다
02	cute		**12**	완성하다
03	useful		**13**	오염
04	popular		**14**	불행히도
05	crowded		**15**	재능
06	strange		**16**	의심; 의심하다
07	swim		**17**	(테가 있는) 모자
08	progress		**18**	눈먼
09	maybe		**19**	연세가 드신
10	tourist		**20**	(돈을) 벌다

B 다음 영어를 우리말과 알맞은 것끼리 연결하시오.

21	deaf ·	·	진심 어린
22	foreign ·	·	끔찍한
23	culture ·	·	귀머거리의
24	half ·	·	축제
25	quarter ·	·	외국의
26	festival ·	·	4분의 1; 4분의 1의
27	lesson ·	·	문화
28	gentle ·	·	절반; 절반의
29	sincere ·	·	수업
30	terrible ·	·	온화한

□	01	usual [júːʒuəl]	형 보통의, 흔한
□	02	general [dʒénərəl]	형 일반적인
□	03	necessary [nésəsèri]	형 필요한
□	04	carefully [kέərfəli]	부 주의 깊게
□	05	lately [léitli]	부 최근에
□	06	hardly [háːrdli]	부 거의 ~ 않다
□	07	highly [háili]	부 매우
□	08	take a breath	숨을 쉬다
□	09	increase [inkríːs]	동 증가하다
□	10	nearly [níərli]	부 거의
□	11	sharp [ʃɑːrp]	형 날카로운
□	12	innocent [ínəsənt]	형 무죄인, 결백한
□	13	seldom [séldəm]	부 거의 ~않는
□	14	castle [kǽsl]	명 성
□	15	put on	~을 입다

□	16	turn down	(소리를) 줄이다
□	17	crow [krou]	명 까마귀
□	18	rude [ruːd]	형 무례한
□	19	crazy [kréizi]	형 미친
□	20	intelligent [intélidʒənt]	형 지적인, 영리한
□	21	institute [ínstitjùːt]	명 기관, 학원
□	22	treat [triːt]	동 다루다, 대하다
□	23	equally [íːkwəli]	부 평등하게
□	24	often [ɔ́ːfən]	부 종종, 자주
□	25	put on weight	살이 찌다
□	26	handwriting [hǽndràitiŋ]	명 필체
□	27	impression [impréʃən]	명 인상, 느낌
□	28	gain [gein]	동 얻다
□	29	after a while	잠시 후
□	30	finally [fáinəli]	부 마침내

WORD TEST

A 다음 영어는 우리말로, 우리말은 영어로 쓰시오.

01	usual		**11**	날카로운
02	general		**12**	무죄인, 결백한
03	necessary		**13**	거의 ~않는
04	carefully		**14**	성
05	lately		**15**	~을 입다
06	hardly		**16**	(소리를) 줄이다
07	highly		**17**	까마귀
08	take a breath		**18**	무례한
09	increase		**19**	미친
10	nearly		**20**	지적인, 영리한

B 다음 영어를 우리말과 알맞은 것끼리 연결하시오.

21	institute	·	· 평등하게
22	treat	·	· 다루다, 대하다
23	equally	·	· 인상, 느낌
24	often	·	· 종종, 자주
25	put on weight	·	· 기관, 학원
26	handwriting	·	· 잠시 후
27	impression	·	· 마침내
28	gain	·	· 살이 찌다
29	after a while	·	· 필체
30	finally	·	· 얻다

☐ 01	healthy [hélθi]	혱 건강한	☐ 16	possible [pásəbəl]	혱 가능한
☐ 02	exactly [igzǽktli]	튀 정확하게	☐ 17	metal [métl]	몡 금속
☐ 03	dirty [də́:rti]	혱 더러운	☐ 18	giraffe [dʒərǽf]	몡 기린
☐ 04	thin [θin]	혱 얇은	☐ 19	Pacific [pəsífik]	몡 태평양
☐ 05	foolish [fú:liʃ]	혱 어리석은	☐ 20	Atlantic [ætlǽntik]	몡 대서양
☐ 06	excellent [éksələnt]	혱 우수한, 뛰어난	☐ 21	bullet [búlit]	몡 총알
☐ 07	well [wel]	혱 건강한 튀 잘 몡 우물	☐ 22	heavily [hévili]	튀 심하게
☐ 08	subway [sʌ́bwèi]	몡 지하철	☐ 23	get fat	살찌다
☐ 09	little [lítl]	혱 (양이) 적은	☐ 24	practice [prǽktis]	동 연습하다 몡 연습
☐ 10	far [fɑːr]	혱 (거리 · 정도가) 먼	☐ 25	beauty [bjúːti]	몡 미(美), 아름다움
☐ 11	vote [vout]	동 투표하다	☐ 26	personality [pə̀:rsənǽləti]	몡 인격, 개성
☐ 12	dresser [drésər]	몡 ~하게 옷을 입는 사람	☐ 27	mountain [máuntən]	몡 산
☐ 13	mathematics [mæ̀θəmǽtiks]	몡 수학(= math)	☐ 28	island [áilənd]	몡 섬
☐ 14	boring [bɔ́ːriŋ]	혱 지루한	☐ 29	national [nǽʃənəl]	혱 국가의
☐ 15	fluently [flúːəntli]	튀 유창하게	☐ 30	river [rívər]	몡 강

Ⓐ 다음 영어는 우리말로, 우리말은 영어로 쓰시오.

01	healthy		**11**	투표하다	
02	exactly		**12**	~하게 옷을 입는 사람	
03	dirty		**13**	수학	
04	thin		**14**	지루한	
05	foolish		**15**	유창하게	
06	excellent		**16**	가능한	
07	well		**17**	금속	
08	subway		**18**	기린	
09	little		**19**	태평양	
10	far		**20**	대서양	

Ⓑ 다음 영어를 우리말과 알맞은 것끼리 연결하시오.

21	bullet	·	· 섬
22	heavily	·	· 총알
23	get fat	·	· 강
24	practice	·	· 국가의
25	beauty	·	· 인격, 개성
26	personality	·	· 미(美), 아름다움
27	mountain	·	· 심하게
28	island	·	· 살찌다
29	national	·	· 연습하다; 연습
30	river	·	· 산

WORD LIST

□ 01	thing [θiŋ]	몡 (사물) 것, 물건	
□ 02	nothing [nʌ́θiŋ]	때 아무것도 아닌	
□ 03	writer [ráitər]	몡 작가	
□ 04	important [impɔ́:rtənt]	혱 중요한	
□ 05	Antarctica [æntá:rktikə]	몡 남극 대륙	
□ 06	downstairs [dáunstɛ́ərz]	뮈 아래층으로	
□ 07	August [ɔ́:gʌst]	몡 8월	
□ 08	bike [baik]	몡 자전거	
□ 09	helpful [hélpfəl]	혱 도움이 되는	
□ 10	scarf [skɑ:rf]	몡 스카프, 목도리	
□ 11	creative [kri:éitiv]	혱 창조적인	
□ 12	pattern [pǽtərn]	몡 무늬, 양식	
□ 13	striped [straipt]	혱 줄무늬의	
□ 14	soon [su:n]	뮈 곧, 빨리	
□ 15	wealth [welθ]	몡 부, 재산	

□ 16	October [aktóubər]	몡 10월	
□ 17	last [læst]	혱 마지막의	
□ 18	silver [sílvər]	몡 은	
□ 19	although [ɔ:lðóu]	젭 ~이긴 하지만	
□ 20	diligent [dílədʒənt]	혱 부지런한	
□ 21	painter [péintər]	몡 화가	
□ 22	wide [waid]	혱 넓은	
□ 23	kindly [káindli]	뮈 친절하게	
□ 24	puppy [pʌ́pi]	몡 강아지	
□ 25	cheap [tʃi:p]	혱 (값이) 싼	
□ 26	hard [hɑ:rd]	혱 어려운, 딱딱한 뮈 열심히	
□ 27	ugly [ʌ́gli]	혱 못생긴	
□ 28	heavy [hévi]	혱 무거운	
□ 29	pear [per]	몡 (과일) 배	
□ 30	during [djúəriŋ]	젼 ~ 동안	

WORD TEST

A 다음 영어는 우리말로, 우리말은 영어로 쓰시오.

01	thing	_____	**11**	창조적인	_____
02	nothing	_____	**12**	무늬, 양식	_____
03	writer	_____	**13**	줄무늬의	_____
04	important	_____	**14**	곧, 빨리	_____
05	Antarctica	_____	**15**	부, 재산	_____
06	downstairs	_____	**16**	10월	_____
07	August	_____	**17**	마지막의	_____
08	bike	_____	**18**	은	_____
09	helpful	_____	**19**	~이긴 하지만	_____
10	scarf	_____	**20**	부지런한	_____

B 다음 영어를 우리말과 알맞은 것끼리 연결하시오.

21	painter	·	· (과일) 배
22	wide	·	· (값이) 싼
23	kindly	·	· 넓은
24	puppy	·	· 어려운, 딱딱한; 열심히
25	cheap	·	· 못생긴
26	hard	·	· ~ 동안
27	ugly	·	· 친절하게
28	heavy	·	· 무거운
29	pear	·	· 화가
30	during	·	· 강아지

□ **01**	hungry [hʌ́ŋgri]	톙 배고픈	□ **16**	step [step]	뗑 걸음
□ **02**	wait [weit]	똥 기다리다	□ **17**	headache [hédeik]	뗑 두통
□ **03**	hate [heit]	똥 미워하다	□ **18**	upset [ʌpsét]	톙 언짢은
□ **04**	on foot	걸어서	□ **19**	view [vju:]	뗑 경관; 견해
□ **05**	put [put]	똥 놓다, 넣다	□ **20**	unless [ənlés]	젭 ~하지 않으면
□ **06**	relative [rélətiv]	뗑 친척	□ **21**	outside [àutsáid]	뿐 밖에, 밖으로
□ **07**	get off	~에서 내리다	□ **22**	join [dʒɔin]	똥 함께하다; 잇다
□ **08**	movie director	영화감독	□ **23**	movie [múːvi]	뗑 영화
□ **09**	major [méidʒər]	똥 전공하다	□ **24**	gas [gæs]	뗑 연료; 가스; 휘발유(gasoline)
□ **10**	sociology [sòusiálədʒi]	뗑 사회학	□ **25**	arrive [əráiv]	똥 도착하다
□ **11**	economics [ìːkənámiks]	뗑 경제학	□ **26**	fail [feil]	똥 실패하다
□ **12**	kindness [káindnis]	뗑 친절	□ **27**	vegetable [védʒətəbl]	뗑 채소
□ **13**	change [tʃeindʒ]	똥 바꾸다	□ **28**	weight [weit]	뗑 무게, 체중
□ **14**	get married	결혼하다	□ **29**	window [wíndou]	뗑 창문
□ **15**	get on	~에 올라타다	□ **30**	keep one's promise	약속을 지키다

A 다음 영어는 우리말로, 우리말은 영어로 쓰시오.

01	hungry		11	경제학	
02	wait		12	친절	
03	hate		13	바꾸다	
04	on foot		14	결혼하다	
05	put		15	~에 올라타다	
06	relative		16	걸음	
07	get off		17	두통	
08	movie director		18	언짢은	
09	major		19	경관; 견해	
10	sociology		20	~하지 않으면	

B 다음 영어를 우리말과 알맞은 것끼리 연결하시오.

21	outside	•	• 연료; 가스; 휘발유
22	join	•	• 채소
23	movie	•	• 창문
24	gas	•	• 영화
25	arrive	•	• 함께하다; 잇다
26	fail	•	• 약속을 지키다
27	vegetable	•	• 무게, 체중
28	weight	•	• 도착하다
29	window	•	• 밖에, 밖으로
30	keep one's promise	•	• 실패하다

WORD LIST

□ 01	hurry up	서두르다		
□ 02	trust [trʌst]	통 신뢰하다		
□ 03	watch out	조심하다		
□ 04	in pain	아픈		
□ 05	confident [kánfidənt]	형 자신감 있는		
□ 06	be poor at	~을 못하다		
□ 07	surprising [sərpráiziŋ]	형 놀라운		
□ 08	point [pɔint]	명 요점, 요지		
□ 09	enough [inʌ́f]	형 충분한		
□ 10	certain [sə́:rtən]	형 확실한; 어떤		
□ 11	be absent from	~에 결석하다		
□ 12	wonder [wʌ́ndər]	통 궁금하다		
□ 13	sure [ʃuər]	형 확실한		
□ 14	belong to	~에 속하다		
□ 15	post office	우체국		

□ 16   guess [ges]   통 추측하다, 짐작하다

□ 17   imagine [imǽdʒin]   통 상상하다

□ 18   suppose [səpóuz]   통 추측하다, 가정하다

□ 19   act [ækt]   통 연기하다; 행동하다

□ 20   election [ilékʃən]   명 선거

□ 21   interviewer [íntərvjù:ər]   명 면접관

□ 22   washer [wáʃər]   명 세탁기

□ 23   ride a bike   자전거를 타다

□ 24   weather [wéðər]   명 날씨

□ 25   elephant [éləfənt]   명 코끼리

□ 26   bath [bæθ]   명 목욕

□ 27   bite [bait]   통 물다

□ 28   fur [fə:r]   명 털

□ 29   agree [əgrí:]   통 동의하다

□ 30   strike [straik]   통 치다

Ⓐ 다음 영어는 우리말로, 우리말은 영어로 쓰시오.

01 hurry up _____

02 trust _____

03 watch out _____

04 in pain _____

05 confident _____

06 be poor at _____

07 surprising _____

08 point _____

09 enough _____

10 certain _____

11 ~에 결석하다 _____

12 궁금하다 _____

13 확실한 _____

14 ~에 속하다 _____

15 우체국 _____

16 추측하다, 짐작하다 _____

17 상상하다 _____

18 추측하다, 가정하다 _____

19 연기하다; 행동하다 _____

20 선거 _____

Ⓑ 다음 영어를 우리말과 알맞은 것끼리 연결하시오.

21 interviewer ·

22 washer ·

23 ride a bike ·

24 weather ·

25 elephant ·

26 bath ·

27 bite ·

28 fur ·

29 agree ·

30 strike ·

· 물다

· 세탁기

· 털

· 코끼리

· 면접관

· 동의하다

· 치다

· 목욕

· 자전거를 타다

· 날씨

WORD LIST

□ **01**	sculpture [skʌ́lptʃər]	명 조각, 조각품	
□ **02**	seashore [síːʃɔːr]	명 해변	
□ **03**	inventor [invéntər]	명 발명가	
□ **04**	stand in line	줄을 서다	
□ **05**	across [əkrɔ́ːs]	전 ~을 가로질러	
□ **06**	look at	~을 보다	
□ **07**	hammer [hǽmər]	명 망치	
□ **08**	pound [paund]	동 두드리다	
□ **09**	nail [neil]	명 못	
□ **10**	marry [mǽri]	동 결혼하다	
□ **11**	museum [mjuːzíːəm]	명 박물관	
□ **12**	country [kʌ́ntri]	명 국가, 나라	
□ **13**	on vacation	휴가 중인	
□ **14**	lottery [látəri]	명 복권	
□ **15**	trip [trip]	명 여행	

□ **16**	athlete [ǽθliːt]	명 육상선수	
□ **17**	neighbor [néibər]	명 이웃	
□ **18**	lawyer [lɔ́ːjər]	명 변호사	
□ **19**	aunt [ænt]	명 이모	
□ **20**	own [oun]	동 소유하다	
□ **21**	prize [praiz]	명 상, 상품	
□ **22**	office [ɔ́ːfis]	명 사무실	
□ **23**	fantastic [fæntǽstik]	형 환상적인	
□ **24**	feel better	(기분이) 나아지다	
□ **25**	activity [æktívəti]	명 활동	
□ **26**	fresh [freʃ]	형 신선한	
□ **27**	shock [ʃɑk]	명 충격	
□ **28**	ahead [əhéd]	부 미리, 앞에	
□ **29**	couple [kʌ́pl]	명 부부, 두 사람	
□ **30**	memorize [méməràiz]	동 외우다	

A 다음 영어는 우리말로, 우리말은 영어로 쓰시오.

01	sculpture	_____	11	박물관	_____
02	seashore	_____	12	국가, 나라	_____
03	inventor	_____	13	휴가 중인	_____
04	stand in line	_____	14	복권	_____
05	across	_____	15	여행	_____
06	look at	_____	16	육상선수	_____
07	hammer	_____	17	이웃	_____
08	pound	_____	18	변호사	_____
09	nail	_____	19	이모	_____
10	marry	_____	20	소유하다	_____

B 다음 영어를 우리말과 알맞은 것끼리 연결하시오.

21	prize ·	· (기분이) 나아지다
22	office ·	· 활동
23	fantastic ·	· 사무실
24	feel better ·	· 부부, 두 사람
25	activity ·	· 신선한
26	fresh ·	· 상, 상품
27	shock ·	· 외우다
28	ahead ·	· 충격
29	couple ·	· 환상적인
30	memorize ·	· 미리, 앞에

WORD LIST

□ 01	question [kwéstʃən]	통 질문하다 명 질문	
□ 02	real [ríːəl]	형 진실의, 실제의	
□ 03	expert [ékspəːrt]	명 전문가	
□ 04	next to	전 ~ (바로) 옆에	
□ 05	noise [nɔiz]	명 소음, 소리	
□ 06	bury [béri]	통 묻다, 매장하다	
□ 07	wrist [rist]	명 손목	
□ 08	describe [diskráib]	통 묘사하다	
□ 09	pass away	사망하다	
□ 10	March [mɑːrtʃ]	명 3월	
□ 11	date [deit]	명 날짜	
□ 12	ghost [ɡoust]	명 유령	
□ 13	person [pɔ́ːrsn]	명 사람	
□ 14	reason [ríːzən]	명 이유	
□ 15	solve [sɑːlv]	통 풀다, 해결하다	
□ 16	provide [prəváid]	통 제공하다	
□ 17	nearby [níərbài]	부 가까이에 형 가까이의	
□ 18	garden [ɡáːrdn]	명 정원	
□ 19	sit [sit]	통 앉아 있다	
□ 20	throw away	(던져) 버리다	
□ 21	recycle [riːsáikl]	통 재활용하다	
□ 22	mainly [méinli]	부 주로	
□ 23	furiously [fjúəriəsli]	부 사납게, 난폭하게	
□ 24	dress [dres]	통 옷을 입다 명 드레스	
□ 25	fall in love with	~와 사랑에 빠지다	
□ 26	record [rékərd]	통 기록하다, 녹음하다	
□ 27	common [kámən]	형 흔한, 일반적인	
□ 28	boil [bɔil]	통 끓다	
□ 29	necklace [nékləs]	명 목걸이	
□ 30	behavior [bihéivjər]	명 행동, 품행	

Ⓐ 다음 영어는 우리말로, 우리말은 영어로 쓰시오.

01	question	_____	11	날짜	_____
02	real	_____	12	유령	_____
03	expert	_____	13	사람	_____
04	next to	_____	14	이유	_____
05	noise	_____	15	풀다, 해결하다	_____
06	bury	_____	16	제공하다	_____
07	wrist	_____	17	가까이에; 가까이의	_____
08	describe	_____	18	정원	_____
09	pass away	_____	19	앉아 있다	_____
10	March	_____	20	(던져) 버리다	_____

Ⓑ 다음 영어를 우리말과 알맞은 것끼리 연결하시오.

21	recycle	•	• 흔한, 일반적인
22	mainly	•	• 재활용하다
23	furiously	•	• 끓다
24	dress	•	• 목걸이
25	fall in love with	•	• 기록하다, 녹음하다
26	record	•	• 행동, 품행
27	common	•	• 옷을 입다; 드레스
28	boil	•	• 주로
29	necklace	•	• 사납게, 난폭하게
30	behavior	•	• ~와 사랑에 빠지다

WORD LIST

□ **01**	float [flout]	통 뜨다	
□ **02**	go on a picnic	소풍 가다	
□ **03**	swimming pool	수영장	
□ **04**	address [ǽdres]	명 주소	
□ **05**	genius [dʒíːnjəs]	명 천재	
□ **06**	less [les]	형 더 적은	
□ **07**	Japanese [dʒæpəníːz]	명 일본어 형 일본인의	
□ **08**	fact [fækt]	명 사실	
□ **09**	in time	제시간에	
□ **10**	biology [baiálədʒi]	명 생물학	
□ **11**	hire [háiər]	통 고용하다	
□ **12**	rich [ritʃ]	명 부자	
□ **13**	win [win]	통 얻다; 이기다, 우승하다	
□ **14**	race [reis]	명 경주	
□ **15**	call [kɔːl]	명 전화 통 전화하다, 부르다	

□ **16**	then [ðen]	부 (과거의) 그때; 그러고 나서
□ **17**	wish [wiʃ]	통 바라다 명 소망
□ **18**	wise [waiz]	형 지혜로운
□ **19**	morning [mɔ́ːrniŋ]	명 아침
□ **20**	at that time	(과거의) 그때
□ **21**	offer [ɔ́ːfər]	명 제안 통 제안하다
□ **22**	accept [əksépt]	통 받아들이다, 수락하다
□ **23**	in fact	사실은
□ **24**	arrival [əráivəl]	명 도착
□ **25**	meeting [míːtiŋ]	명 회의, 만남
□ **26**	wing [wiŋ]	명 날개
□ **27**	punish [pʌ́niʃ]	통 벌하다
□ **28**	fortunately [fɔ́ːrtʃənətli]	부 다행히도
□ **29**	get to	~에 도착하다
□ **30**	actually [ǽktʃuəli]	부 실제로, 사실은

A 다음 영어는 우리말로, 우리말은 영어로 쓰시오.

01	float	_____	**11** 고용하다	_____
02	go on a picnic	_____	**12** 부자	_____
03	swimming pool	_____	**13** 얻다; 이기다, 우승하다	_____
04	address	_____	**14** 경주	_____
05	genius	_____	**15** 전화; 전화하다, 부르다	_____
06	less	_____	**16** (과거의) 그때; 그리고 나서	_____
07	Japanese	_____	**17** 바라다; 소망	_____
08	fact	_____	**18** 지혜로운	_____
09	in time	_____	**19** 아침	_____
10	biology	_____	**20** (과거의) 그때	_____

B 다음 영어를 우리말과 알맞은 것끼리 연결하시오.

21 offer	·	· 도착
22 accept	·	· ~에 도착하다
23 in fact	·	· 받아들이다, 수락하다
24 arrival	·	· 다행히도
25 meeting	·	· 실제로, 사실은
26 wing	·	· 제안; 제안하다
27 punish	·	· 회의, 만남
28 fortunately	·	· 사실은
29 get to	·	· 날개
30 actually	·	· 벌하다

☐ 01	insist on	~을 고집하다	☐ 16	pat [pæt]	图 토닥이다, 쓰다듬다	
☐ 02	entrance [éntrəns]	명 입학; 입구	☐ 17	colony [káləni]	명 식민지	
☐ 03	stationery [stéiʃənəri]	명 문방구	☐ 18	be located	위치해 있다	
☐ 04	plate [pleit]	명 접시	☐ 19	coast [koust]	명 연안, 해안	
☐ 05	flag [flæg]	명 깃발	☐ 20	continent [káːntinənt]	명 대륙	
☐ 06	closet [klázit]	명 벽장	☐ 21	front [frʌnt]	형 앞쪽의 명 앞면	
☐ 07	grass [græs]	명 잔디	☐ 22	sink [siŋk]	图 가라앉다	
☐ 08	drawer [drɔ́ːər]	명 서랍	☐ 23	for a moment	잠시 동안	
☐ 09	railway [réilwèi]	명 철도	☐ 24	poet [póuit]	명 시인	
☐ 10	cage [keidʒ]	명 새장	☐ 25	delay [diléi]	图 연기하다, 미루다	
☐ 11	thunder [θʌ́ndər]	명 천둥	☐ 26	vending machine	자동판매기	
☐ 12	road [roud]	명 길, 도로	☐ 27	honor [ánər]	图 공경하다 명 명예	
☐ 13	smell [smel]	명 냄새 图 냄새가 나다	☐ 28	legend [lédʒənd]	명 전설	
☐ 14	flight [flait]	명 항공편, 비행	☐ 29	reflect [riflékt]	图 반사하다	
☐ 15	take a break	휴식하다	☐ 30	opposite [ápəzit]	형 반대쪽의	

A 다음 영어는 우리말로, 우리말은 영어로 쓰시오.

01	insist on	_____	11	천둥	_____

01 insist on _____

02 entrance _____

03 stationery _____

04 plate _____

05 flag _____

06 closet _____

07 grass _____

08 drawer _____

09 railway _____

10 cage _____

11 천둥 _____

12 길, 도로 _____

13 냄새; 냄새가 나다 _____

14 항공편, 비행 _____

15 휴식하다 _____

16 토닥이다, 쓰다듬다 _____

17 식민지 _____

18 위치해 있다 _____

19 연안, 해안 _____

20 대륙 _____

B 다음 영어를 우리말과 알맞은 것끼리 연결하시오.

21 front ·

22 sink ·

23 for a moment ·

24 poet ·

25 delay ·

26 vending machine ·

27 honor ·

28 legend ·

29 reflect ·

30 opposite ·

· 시인

· 전설

· 연기하다, 미루다

· 반대쪽의

· 앞쪽의; 앞면

· 자동판매기

· 반사하다

· 잠시 동안

· 공경하다; 명예

· 가라앉다

적중! 중학영문법 3300제 Level 2

워크북
내신 대비 문제

서술형 대비 문장 연습

＋

학교 시험 대비 문제

서술형 대비 문장 연습

A 다음 밑줄 친 부분을 어법에 맞게 고쳐 문장을 다시 쓰시오.

1 She <u>looks</u> her father.

→ _____

2 Let me <u>to introduce</u> myself.

→ _____

3 We heard the car <u>to come</u> this way.

→ _____

4 They call <u>she</u> Little Princess.

→ _____

5 I felt my mom <u>touched</u> my shoulder.

→ _____

6 She got her husband <u>wash</u> the dishes.

→ _____

B 다음 우리말과 일치하도록 괄호 안의 말을 바르게 배열하시오.

1 그것은 좋은 생각처럼 들린다. (a, like, that, idea, sounds, good)

→ _____

2 나는 그에게 지붕을 수리하도록 했다. (the roof, had, I, him, fix)

→ _____

3 그의 재능은 그를 스타로 만들었다. (made, a star, his, him, talent)

→ _____

4 그들은 그 아기를 Jetty라고 이름 붙였다. (named, Jetty, the, they, baby)

→ _____

5 내 여동생은 나에게 쿠키를 만들어 주었다. (cookies, my, me, sister, made)

→ _____

6 그녀는 우리에게 그녀의 사진들을 보여주었다. (photos, she, us, her, showed)

→ _____

C 다음 우리말과 일치하도록 괄호 안의 말을 이용하여 문장을 완성하시오.

1 그는 나에게 조용히 하라고 말했다. (tell, quiet)

→ _____

2 그의 친구들은 그를 Danny라고 부른다. (call)

→ _____

3 너는 내가 너를 돕기를 원하니? (want, help)

→ _____

4 너는 그녀가 피아노를 치고 있는 것을 들었니? (hear, play the piano)

→ _____

5 너의 부모님이 네가 게임하는 것을 허락하시니? (allow, play games)

→ _____

6 그녀는 그 영화가 지루하다는 것을 알게 되었다. (find, movie, boring)

→ _____

D 다음 두 문장을 5형식 문장으로 바꿔 쓰시오.

1 Terry saw a cat. The cat was sleeping on the sofa.

→ Terry saw a cat _____.

2 I heard her. She was singing a song.

→ I heard _____.

3 Lisa cooked dinner. Jim helped her.

→ Jim helped _____.

4 My dog was running to me. I saw it.

→ I saw _____.

5 A baby was crying somewhere. I heard it.

→ I heard _____.

6 My sister was cleaning her room. I saw it.

→ I saw _____.

서술형 대비 문장 연습

A 다음 밑줄 친 부분을 어법에 맞게 고쳐 문장을 다시 쓰시오.

1 I have washed my hair last night.

→ _____

2 Amy is knowing how to play the piano.

→ _____

3 Jessica usually went jogging in the morning.

→ _____

4 He has keep a diary since he was ten.

→ _____

5 They are watch TV in the living room now.

→ _____

6 I'm going to joining a book club next week.

→ _____

B 다음 우리말과 일치하도록 괄호 안의 말을 바르게 배열하시오.

1 우리는 방금 저녁을 먹었다. (just, dinner, have, we, finished)

→ _____

2 그는 매일 아침 6시에 일어난다. (every, at six, gets up, morning, he)

→ _____

3 우리는 다음 주말에 이사할 것이다. (going, next, we, to, are, move, weekend)

→ _____

4 David는 지금 그의 컴퓨터를 고치고 있다. (fixing, David, his, is, computer)

→ _____ now.

5 그들은 이틀 전에 뮤지컬을 관람했다. (watched, two days ago, they, a musical)

→ _____

6 나는 작년부터 그녀를 만나지 못했다. (not, met, last year, I, her, since, have)

→ _____

C 다음 우리말과 일치하도록 괄호 안의 말을 이용하여 문장을 완성하시오.

1 너는 네 숙제를 하고 있니? (do)

→ _____

2 이번 주에는 추울 것이다. (will, cold)

→ _____ this week.

3 너는 그 영화를 본 적이 있니? (ever, see)

→ _____

4 그녀는 5년째 서울에서 살고 있다. (live)

→ _____

5 나는 전에 일본에 가 본 적이 있다. (be, before)

→ _____

6 내가 문을 열었을 때, 내 여동생은 책을 읽고 있었다. (open, a book)

→ _____

D 주어진 동사의 현재완료형을 사용하여 같은 의미의 문장을 완성하시오.

1 My brother went to New York. He is not here now.

→ My brother _____ New York. (go)

2 He lost his glasses. He doesn't have them now.

→ He _____ his glasses. (lose)

3 I started to study English two years ago. I still study English.

→ I _____ for two years. (study)

4 I am at the library. I got here an hour ago.

→ I _____ for an hour. (be)

5 Ted is in England. He moved there in 2010.

→ Ted _____ since 2010. (live)

6 Alice and I are friends. I first met Alice last summer.

→ I _____ since last summer. (know)

서술형 대비 문장 연습

A 다음 밑줄 친 부분을 어법에 맞게 고쳐 문장을 다시 쓰시오.

1 You <u>have</u> better wash your hands.

→ _____

2 I would like <u>to eating</u> pasta for lunch.

→ _____

3 You <u>ought to not</u> drive too fast.

→ _____

4 You <u>had not better</u> lie to me.

→ _____

5 We <u>will must</u> clean the table tomorrow.

→ _____

6 She used to <u>going</u> to the park every weekend.

→ _____

B 다음 우리말과 일치하도록 괄호 안의 말을 바르게 배열하시오.

1 문 좀 열어 주시겠어요? (open, door, could, the, you)

→ _____

2 나는 다시는 그녀에게 전화하지 않을 거야. (again, I, her, call, won't)

→ _____

3 커피 한 잔 드시겠어요? (coffee, you, to, a, would, have, cup, like, of)

→ _____

4 Dan은 그의 사무실에 있을지도 모른다. (may, office, Dan, his, be, at)

→ _____

5 너는 이곳에서 사진을 찍으면 안 된다. (not, here, you, take, must, photos)

→ _____

6 그는 매년 여름마다 낚시하러 가곤 했다. (to, go, every summer, he, fishing, used)

→ _____

C 다음 우리말과 일치하도록 괄호 안의 말을 이용하여 문장을 완성하시오.

1 그게 사실일 리가 없어. (that, true)

→ _____

2 이 건물은 예전에 교회였다. (a church)

→ _____

3 너는 TV를 보지 않는 게 좋겠다. (watch TV)

→ _____

4 그녀는 일찍 일어날 필요가 없다. (have to, early)

→ _____

5 나는 중국어를 공부하고 싶다. (would, Chinese)

→ _____

6 우리는 여기에서 조용히 해야 한다. (must, quiet)

→ _____

D 다음 문장을 괄호 안의 지시대로 바꿔 쓰시오.

1 She has to lose weight. (부정문으로)

→ _____

2 He must send this letter. (과거형으로)

→ _____

3 The man must be Tony's father. (부정문으로)

→ _____

4 You had better leave your bicycle here. (부정문으로)

→ _____

5 I should go to the meeting. (의문문으로)

→ _____

6 We can finish the work by next week. (부정문으로)

→ _____

서술형 대비 문장 연습

A 다음 밑줄 친 부분을 어법에 맞게 고쳐 문장을 다시 쓰시오.

1 To help sick people <u>are</u> her job.

→ _____

2 He was careful <u>to not drop</u> the vase.

→ _____

3 It is nice <u>you</u> to remember my birthday.

→ _____

4 It is impossible <u>of him</u> to win the game.

→ _____

5 This is a good toy for children <u>to play</u>.

→ _____

6 The picture isn't <u>enough clear</u> to see.

→ _____

B 다음 우리말과 일치하도록 괄호 안의 말을 바르게 배열하시오.

1 나는 해야 할 숙제가 많다. (have, do, homework, I, to, a lot of)

→ _____

2 그가 운전하는 것은 안전하지 않다. (safe, him, is, drive, not, for, to, it)

→ _____

3 우리는 버스를 놓치지 않기 위해 달렸다. (the bus, to, we, not, ran, miss)

→ _____

4 그녀는 이야기할 친구들이 많이 있다. (many, to, she, friends, talk, has, to)

→ _____

5 그는 너무 바빠서 아침을 먹을 수 없었다. (too, he, breakfast, busy, to, have, was)

→ _____

6 너는 이 게임 하는 방법을 알고 있니? (game, how, know, you, to, this, play, do)

→ _____

C 다음 우리말과 일치하도록 괄호 안의 말을 이용하여 문장을 완성하시오.

1 그는 앉을 의자가 한 개 필요하다. (need, sit)

→ _____

2 나는 늦지 않겠다고 약속했다. (promise, late)

→ _____

3 그녀는 자라서 의사가 되었다. (grow up, be)

→ _____

4 나는 Jenny가 그녀의 방을 청소하기를 원한다. (want, clean)

→ _____

5 나를 도와주다니 너는 매우 친절하구나. (it, kind, help)

→ _____

6 그는 그 소식을 듣고 놀랐다. (surprised, hear, news)

→ _____

D 다음 두 문장을 to부정사를 이용하여 한 문장으로 바꾸시오.

1 I need a spoon. I eat with a spoon.

→ I need a spoon _____.

2 Maria passed the test. She was happy.

→ Maria was happy _____.

3 Eric wants to become a pilot. It is his dream.

→ Eric's dream is _____.

4 Jenny washed the dishes. She wanted to help her mom.

→ Jenny washed the dishes _____.

5 Sue needs a pen. She will write something with it.

→ Sue needs a pen _____.

6 John exercises every day. He wants to get healthier.

→ John exercises every day _____.

서술형 대비 문장 연습

A 다음 밑줄 친 부분을 어법에 맞게 고쳐 문장을 다시 쓰시오.

1 I couldn't help <u>laugh</u> at that moment.

→ _____

2 Reading many books <u>are</u> very helpful.

→ _____

3 I'm sorry for <u>being not</u> on time.

→ _____

4 He started <u>play</u> the violin last year.

→ _____

5 She had difficulty <u>get</u> to sleep last night.

→ _____

6 What do you say <u>to go</u> to a movie?

→ _____

B 다음 우리말과 일치하도록 괄호 안의 말을 바르게 배열하시오.

1 진실을 말하지 않는 것은 나쁘다. (bad, the truth, not, is, telling)

→ _____

2 그녀는 사진을 찍기 위해 멈췄다. (take, stopped, a picture, she, to)

→ _____

3 지금 사과해도 소용없어. (is, now, use, it, apologizing, no)

→ _____

4 나는 커피를 마시지 않을 수 없었다. (couldn't, coffee, I, drinking, help)

→ _____

5 그는 그 책을 읽는 것을 포기했다. (gave, he, reading, the book, up)

→ _____

6 나는 그에게 이메일을 보낸 것을 기억한다. (remember, to, an email, sending, I, him)

→ _____

C 다음 우리말과 일치하도록 괄호 안의 말을 이용하여 문장을 완성하시오.

1 그 영화는 볼 만한 가치가 있다. (worth, watch)

→ _____

2 나는 점심을 먹고 싶지 않아요. (feel, have)

→ _____

3 네 숙제를 가지고 오는 것을 잊지 마라. (forget, bring)

→ _____

4 그는 열심히 공부하지 않은 것을 후회했다. (regret, hard)

→ _____

5 Kelly는 그녀의 방을 청소하느라 바쁘다. (busy, clean)

→ _____

6 그녀는 옷을 사는 데 많은 돈을 쓴다. (spend, much)

→ _____

D 다음 두 문장을 동명사를 이용하여 한 문장으로 바꾸시오.

1 Josh wants to be a teacher. It is his dream.

→ Josh's dream is _____.

2 I played tennis with Jenny. I enjoyed it.

→ I enjoyed _____.

3 I don't watch horror movies. I avoid them.

→ I avoid _____.

4 Jack might miss the train. He is worried about it.

→ Jack is worried about _____.

5 Emily teaches English. It is her job.

→ Emily's job is _____.

6 He washes his car. He finished it.

→ He finished _____.

서술형 대비 문장 연습

A 다음 밑줄 친 부분을 어법에 맞게 고쳐 문장을 다시 쓰시오.

1 Tom had his computer <u>fix</u>.

→ _____

2 Don't wake up the <u>slept</u> baby.

→ _____

3 <u>Was</u> tired, I went to bed early.

→ _____

4 The news about her was very <u>shocked</u>.

→ _____

5 Cindy is <u>interesting</u> in playing the violin.

→ _____

6 <u>Having not</u> enough money, I couldn't buy the house.

→ _____

B 다음 우리말과 일치하도록 괄호 안의 말을 바르게 배열하시오.

1 이것은 일본에서 만들어진 시계이다. (this, made, Japan, in, a watch, is)

→ _____

2 그림을 그리고 있는 소년은 내 아들이다. (my son, drawing, is, a picture, the boy)

→ _____

3 나는 누군가 내 어깨를 건드리는 것을 느꼈다. (felt, my shoulder, touching, I, someone)

→ _____

4 산에 오르는 동안, 나는 다리를 다쳤다. (I, the mountain, my leg, hurt, climbing)

→ _____

5 그 책을 읽다가 그는 잠들었다. (he, reading, fell, the book, asleep)

→ _____

6 그녀를 잘 알지 못해서, 나는 그녀에게 물어볼 수 없었다. (knowing, her, not, well)

→ _____, I couldn't ask her.

C 다음 우리말과 일치하도록 괄호 안의 말을 이용하여 문장을 완성하시오. (단, 분사를 사용할 것)

1 그 결과는 매우 실망스러웠다. (result, disappoint)

→ _____

2 그녀는 Happy라고 불리는 고양이가 하나 있다. (have, call)

→ _____

3 나는 그 책이 재미있다고 느꼈다. (find, interest)

→ _____

4 그는 잠긴 문을 열기 위해 노력했다. (try, lock)

→ _____

5 무대 위에서 춤을 추고 있는 저 소년은 누구니? (dance, on the stage)

→ _____

6 나는 내 여동생이 피자를 먹고 있는 것을 보았다. (eat)

→ _____

D 다음 문장을 분사구문으로 바꾸어 쓰시오.

1 After he finished dinner, he watched the news on TV.

→ _____, he watched the news on TV.

2 When she received the flower, she felt happy.

→ _____, she felt happy.

3 While I was waiting for the bus, I read a book.

→ _____, I read a book.

4 Because I was hungry, I ate a snack before dinner.

→ _____, I ate a snack before dinner.

5 As she didn't feel well, she stayed at home.

→ _____, she stayed at home.

6 Because he didn't have any time, he couldn't attend the meeting.

→ _____, he couldn't attend the meeting.

서술형 대비 문장 연습

A 다음 밑줄 친 부분을 어법에 맞게 고쳐 문장을 다시 쓰시오.

1 Was Billy <u>be bitten</u> by a dog?

→ _____

2 She <u>was didn't invited</u> to the party.

→ _____

3 The World Cup <u>holds</u> every four years.

→ _____

4 Dinner <u>will cooked</u> by my father.

→ _____

5 The class <u>be</u> taught by Mr. Lee last year.

→ _____

6 The ring was given <u>her</u> by her boyfriend.

→ _____

B 다음 우리말과 일치하도록 괄호 안의 말을 바르게 배열하시오.

1 회의는 우리에 의해 연기되었다. (was, us, the meeting, by, put off)

→ _____

2 그 사진은 John에 의해 찍혔나요? (the picture, taken, John, was, by)

→ _____

3 쿠키 5개를 Charles가 먹었다. (eaten, Charles, by, five cookies, were)

→ _____

4 그 소설은 많은 사람들에 의해 읽힌다. (by, the novel, read, people, is, many)

→ _____

5 이 과일들은 캘리포니아에서 재배된다. (are, in, these, California, fruits, grown)

→ _____

6 그 아기는 내 여동생에 의해 돌봐진다. (taken, the baby, of, my sister, by, care, is)

→ _____

C 다음 우리말과 일치하도록 괄호 안의 말을 이용하여 문장을 완성하시오.

1 이 창문은 Kevin에 의해 깨졌나요? (break)

→ _____

2 그녀는 자신의 직업에 만족하지 못하고 있다. (satisfy, job)

→ _____

3 그 집은 나의 아버지에 의해 지어졌다. (house, build)

→ _____

4 당신의 옷은 내일 배달될 것입니다. (deliver)

→ _____

5 그 보고서는 월요일까지 완료되어야 한다. (should, finish)

→ _____ by Monday.

6 이 편지는 나의 옛 친구에 의해 쓰였다. (letter, write)

→ _____

D 다음 문장을 괄호 안의 지시대로 바꿔 쓰시오.

1 A truck ran over my dog. (수동태로)

→ _____

2 She will finish the work tomorrow. (수동태로)

→ _____

3 My grandmother made me this sweater. (수동태로)

→ _____

4 The thieves were caught by the police. (능동태로)

→ _____

5 The poster was made by Peter. (의문문으로)

→ _____

6 The story was written by a famous writer. (부정문으로)

→ _____

서술형 대비 문장 연습

A 다음 밑줄 친 부분을 어법에 맞게 고쳐 문장을 다시 쓰시오.

1 I visited <u>an Australia</u> last year.

→ _____

2 Those <u>man</u> are baseball players.

→ _____

3 They saw two <u>wolf</u> in the forest.

→ _____

4 We have a film festival once <u>the</u> year.

→ _____

5 When did you go to <u>a bed</u> yesterday?

→ _____

6 We bought two <u>bottle of waters</u> for our picnic.

→ _____

B 다음 우리말과 일치하도록 괄호 안의 말을 바르게 배열하시오.

1 너는 버스를 타고 학교에 가니? (go, do, by, to, school, you, bus)

→ _____

2 나무 아래에 많은 나뭇잎들이 있다. (leaves, are, tree, under, there, the, many)

→ _____

3 나는 일주일에 한 번 피아노를 연습한다. (practice, once, piano, a, week, the)

→ I _____ .

4 Mike는 일요일마다 교회에 간다. (on, goes, church, Sundays, to)

→ Mike _____ .

5 그 정원의 꽃들은 노란색이었다. (flowers, garden, the, yellow, were, in, the)

→ _____

6 나는 아침에 토마토 두 개를 먹었다. (tomatoes, ate, in the morning, two)

→ I _____ .

C 다음 우리말과 일치하도록 괄호 안의 말을 이용하여 문장을 완성하시오.

1 나는 어제 내 안경을 잃어버렸다. (lose)

→ _____ yesterday.

2 그 탁자 위에 있는 컵은 내 것이다. (on the table)

→ _____

3 그녀는 어제 바지 한 벌을 샀다. (pants)

→ _____ yesterday.

4 그들은 종종 방과 후에 농구를 한다. (often, play)

→ _____

5 너는 언제 점심 식사를 했니? (have, lunch)

→ _____

6 그는 바이올린을 연주할 수 있니? (can, play)

→ _____

D 다음 〈보기〉에서 알맞은 말을 골라 우리말에 맞게 영작하시오.

〈보기〉

slice	sheet	bottle	pair	glass

1 그녀는 매일 아침 우유 두 잔을 마신다. (drink)

→ _____ every morning.

2 Jenny는 어제 양말 한 켤레를 샀다. (sock)

→ _____ yesterday.

3 David는 그의 샌드위치에 치즈 세 장을 얹었다. (put)

→ _____ on his sandwich.

4 그는 한 장의 종이 위에 무언가를 썼다. (something)

→ _____

5 우리는 파티를 위해 와인 네 병이 필요하다. (need)

→ _____

서술형 대비 문장 연습

A 다음 밑줄 친 부분을 어법에 맞게 고쳐 문장을 다시 쓰시오.

1 All the money <u>were</u> stolen.

→ _____

2 He finished the report <u>him</u>.

→ _____

3 Every <u>boys</u> likes to play soccer.

→ _____

4 Do you have <u>others</u> question?

→ _____

5 <u>That</u> is important to practice every day.

→ _____

6 One of their two children is a boy, and <u>another</u> is a girl.

→ _____

B 다음 우리말과 일치하도록 괄호 안의 말을 바르게 배열하시오.

1 우리 둘 다 그 차를 보지 못했다. (saw, of, the car, us, neither)

→ _____

2 매일 운동하는 것은 쉽지 않다. (easy, every day, to, it, not, exercise, is)

→ _____

3 내 친구 모두 스키 타는 것을 좋아한다. (my friends, like, all, skiing, of)

→ _____

4 차 한 잔 더 드시겠어요? (tea, would, like, cup, another, you, of)

→ _____

5 나의 여동생 둘 다 안경을 쓴다. (my sisters, glasses, both, wear, of)

→ _____

6 아이들 각각은 애완동물을 가지고 있다. (the, has, each, a pet, of, children)

→ _____

C 다음 우리말과 일치하도록 괄호 안의 말을 이용하여 문장을 완성하시오.

1 지금 눈이 오고 있다. (snow)

→ _____

2 모든 학생이 교실에 있었다. (every, classroom)

→ _____

3 각 팀은 5명의 선수를 가지고 있다. (players)

→ _____

4 이 가방들은 우리의 것이 아니었다. (bag)

→ _____

5 우리 둘 다 역사에 관심이 있다. (of, interested)

→ _____

6 그 학교는 2년마다 축제를 연다. (hold, a festival, every)

→ _____

D 다음 우리말과 일치하도록 재귀대명사를 이용하여 문장을 완성하시오.

1 그는 종종 혼잣말을 한다. (often, talk)

→ _____

2 너는 너 자신을 사랑하니? (love)

→ _____

3 나의 여동생이 혼자서 그 문을 고쳤다. (fix)

→ _____

4 그녀는 칼에 베었다. (cut)

→ _____ with a knife.

5 그들은 캠프에서 즐거운 시간을 보냈니? (enjoy)

→ _____ at the camp?

6 우리는 식탁 위의 음식을 마음껏 먹었다. (help)

→ _____ the food on the table.

서술형 대비 문장 연습

A 다음 밑줄 친 부분을 어법에 맞게 고쳐 문장을 다시 쓰시오.

1 Why do you eat so <u>fastly</u>?

→ _____

2 He <u>took off it</u> in the room.

→ _____

3 There is a <u>few</u> sugar in my tea.

→ _____

4 The bird flew <u>highly</u> in the sky.

→ _____

5 Would you like <u>cold something</u>?

→ _____

6 She has helped <u>the poors</u> for three years.

→ _____

B 다음 우리말과 일치하도록 괄호 안의 말을 바르게 배열하시오.

1 그녀는 많은 할 일을 가지고 있다. (has, to, she, work, do, much)

→ _____

2 병에 물이 거의 없다. (water, there, little, in the bottle, is)

→ _____

3 나는 프랑스에 가 본 적이 없다. (I, been, France, to, never, have)

→ _____

4 그는 글자를 거의 읽을 수 없었다. (read, he, the letters, could, hardly)

→ _____

5 너는 흥미로운 무언가를 찾았니? (anything, did, interesting, find, you)

→ _____

6 너는 이번 주말에 어떤 계획이 있니? (have, you, plans, do, any, for this weekend)

→ _____

C 다음 우리말과 일치하도록 괄호 안의 말을 이용하여 문장을 완성하시오.

1 그는 늦게 집에 왔다. (come home)

→ _____

2 너는 오늘 열심히 공부했니? (study)

→ _____

3 이 도시에는 공원이 거의 없다. (there, park)

→ _____

4 우리의 상사는 항상 우리에게 친절하다. (boss, kind)

→ _____

5 내 방에는 가구가 거의 없다. (there, furniture)

→ _____

6 나는 비싼 어떤 것도 사지 않았다. (anything, expensive)

→ _____

D 다음 괄호 안의 단어를 알맞은 곳에 넣어서 문장을 다시 쓰시오.

1 I want to be someone. (important)

→ _____

2 Today is warmer than yesterday. (much)

→ _____

3 We go to see a movie. (seldom)

→ _____

4 He is waiting for the bus. (still)

→ _____

5 There is nothing about the article. (special)

→ _____

6 I want to do something for my birthday. (exciting)

→ _____

서술형 대비 문장 연습

A 다음 밑줄 친 부분을 어법에 맞게 고쳐 문장을 다시 쓰시오.

1 Mary is the <u>taller</u> girl in her class.

→ _____

2 He is <u>smarter</u> person I've ever met.

→ _____

3 Your report is <u>more good</u> than his.

→ _____

4 The more I eat, <u>the hungry</u> I get.

→ _____

5 My trip to China cost <u>little</u> than I expected.

→ _____

6 Korean is one of the greatest <u>language</u> in the world.

→ _____

B 다음 우리말과 일치하도록 괄호 안의 말을 바르게 배열하시오.

1 그의 가방은 내 것만큼 무겁다. (as, mine, his bag, is, heavy, as)

→ _____

2 오늘은 어제만큼 춥지 않다. (cold, as, today, as, yesterday, not, is)

→ _____

3 그는 가능한 한 천천히 말했다. (possible, spoke, as, slowly, he, as)

→ _____

4 세계에서 가장 큰 도시는 어디인가요? (is, city, world, what, the, in, largest, the)

→ _____

5 당신은 더 적게 먹을수록 더 오래 산다. (less, eat, live, you, the, longer, you, the)

→ _____

6 그들의 집은 우리의 것의 두 배만큼 크다. (as, big, twice, ours, their house, as, is)

→ _____

C 다음 우리말과 일치하도록 괄호 안의 말을 이용하여 문장을 완성하시오.

1 그 치마는 이 바지만큼 편하지 않다. (skirt, comfortable, pants)

→ _____

2 그녀의 방이 네 것보다 훨씬 더 작다. (far, yours)

→ _____

3 Jane은 우리 반에서 가장 친절한 학생이다. (kind)

→ _____

4 그 상황이 점점 더 나빠지고 있다. (situation, get)

→ _____

5 이것은 세계에서 가장 아름다운 건물들 중 하나이다. (beautiful)

→ _____

6 이 컴퓨터는 저것의 두 배만큼 빠르게 작동한다. (run, fast)

→ This computer _____ that one.

D 다음 두 문장이 같은 의미가 되도록 문장을 완성하시오.

1 My car is less expensive than his.

→ My car is _____ _____ _____ _____ his.

2 The boy ran as fast as he could.

→ The boy ran _____ _____ _____ _____.

3 My backpack is three times heavier than yours.

→ My backpack is three times _____ _____ _____ _____.

4 Money is less important than happiness.

→ Happiness is _____ _____ _____ _____.

5 The bridge is the longest bridge in Korea.

→ The bridge is _____ _____ _____ _____ bridge in Korea.

6 His watch is not as good as hers.

→ Her watch is _____ _____ his.

서술형 대비 문장 연습

A 다음 밑줄 친 부분을 어법에 맞게 고쳐 문장을 다시 쓰시오.

1 I want to know <u>who did she call</u>.

→ _____

2 Both my mother and father <u>likes</u> this game.

→ _____

3 Drive carefully, <u>and</u> you may have an accident.

→ _____

4 We didn't win the game <u>because</u> my mistake.

→ _____

5 I was <u>too</u> busy that I couldn't have breakfast.

→ _____

6 Can we talk for a minute <u>if</u> you're busy?

→ _____

B 다음 우리말과 일치하도록 괄호 안의 말을 바르게 배열하시오.

1 Amy도 Tim도 나를 도와주지 않았다. (helped, neither, Amy, Tim, me, nor)

→ _____

2 나는 그가 왜 나에게 전화했는지 모른다. (called, I, know, me, he, don't, why)

→ _____

3 그는 책이 어디에 있는지 몰랐다. (didn't, was, where, know, he, the book)

→ _____

4 그녀가 우승했다는 것은 놀랍다. (that, it, won, is, she, amazing)

→ _____

5 그들은 배가 고팠지만, 아빠를 기다렸다. (were, although, hungry, they)

→ _____, they waited for their dad.

6 우산을 가져가라, 그러면 너는 젖지 않을 것이다. (get, will, wet, and, you, not)

→ Take an umbrella with you, _____.

C 다음 우리말과 일치하도록 괄호 안의 말을 이용하여 문장을 완성하시오.

1 너는 그녀가 어디에 사는지 아니? (live)

→ _____

2 그 방이 너무 어두워서 나는 아무것도 볼 수 없었다. (so, can, anything)

→ _____

3 Tom과 Peter는 둘 다 영어를 잘한다. (be good at)

→ _____

4 열심히 공부해라, 그렇지 않으면 너는 시험에 떨어질 것이다. (fail, the exam)

→ _____

5 매일 운동해라, 그러면 너는 더 건강해질 것이다. (exercise, healthy)

→ _____

6 우리는 치킨이나 피자 중 하나를 주문할 수 있어. (can, order, either)

→ _____

D 다음 두 문장을 한 문장으로 바꿔 쓰시오.

1 I found out. Why did she come late?

→ I found out _____.

2 I didn't know. What subject did he teach?

→ I didn't know _____.

3 He doesn't remember. How much does the bag cost?

→ He doesn't remember _____.

4 Can you tell me? When did you start playing the guitar?

→ Can you tell me _____?

5 I wonder. Who is your favorite actor?

→ I wonder _____.

6 I don't know. Did I lock the door?

→ I don't know _____.

서술형 대비 문장 연습

A 다음 밑줄 친 부분을 어법에 맞게 고쳐 문장을 다시 쓰시오.

1 We went to a library <u>which</u> roof is red.

→ _____

2 I miss the days <u>where</u> I was younger.

→ _____

3 Man is the only animal <u>which</u> can use tools.

→ _____

4 This is the greatest book <u>which</u> I've ever read.

→ _____

5 Nobody knew the reason <u>which</u> he was sad.

→ _____

6 Do you know the man <u>which</u> is talking to Amy?

→ _____

B 다음 우리말과 일치하도록 괄호 안의 말을 바르게 배열하시오.

1 그녀는 모두가 좋아하는 간식을 샀다. (snacks, she, that, everyone, bought, likes)

→ _____

2 나는 머리가 긴 여자를 좋아한다. (hair, long, I, women, whose, like, is)

→ _____

3 그는 Kate가 고장 낸 컴퓨터를 고쳤다. (fixed, which, Kate, he, the computer, broke)

→ _____

4 나는 축구를 잘하는 친구가 있다. (plays, I, a friend, well, have, who, soccer)

→ _____

5 우리가 점심으로 만든 것은 피자였다. (we, was, for lunch, what, made, pizza)

→ _____

6 그녀는 화성에 관한 영화를 보았다. (saw, which, she, was, Mars, about, a movie)

→ _____

C 다음 우리말과 일치하도록 괄호 안의 말을 이용하여 문장을 완성하시오.

1 이것은 말할 수 있는 새다. (a bird, talk)

→ _____

2 서울은 그녀가 사는 도시이다. (the city)

→ _____

3 이것은 작년에 지어진 도로이다. (the road, which, build)

→ _____

4 나는 아버지가 선생님인 친구가 하나 있다. (have)

→ _____

5 이것은 내가 어제 먹은 것이다. (eat)

→ _____

6 내가 잘하는 과목은 영어이다. (which, be good at)

→ _____

D 다음 두 문장을 관계사를 이용하여 한 문장으로 바꾸시오.

1 Look at those musicians. They are singing on the street.

→ _____

2 I lost the pen. It was my sister's favorite.

→ _____

3 The cake was delicious. Jane made the cake.

→ _____

4 The woman was friendly. I met the woman on the bus.

→ _____

5 She helped a boy. His bike was stolen.

→ _____

6 This is the way. I teach my students in this way.

→ _____

서술형 대비 문장 연습

A 다음 밑줄 친 부분을 어법에 맞게 고쳐 문장을 다시 쓰시오.

1 I wish I <u>can</u> stop time.

→ _____

2 If I were you, I <u>wouldn't have believed</u> him.

→ _____

3 If I <u>have</u> a car, I could lend it to you.

→ _____

4 If I had had more money, I <u>would buy</u> two bags.

→ _____

5 If I <u>had been</u> him, I would never let you go.

→ _____

6 Harry failed the test, but he talks as if he <u>passed</u> it.

→ _____

B 다음 우리말과 일치하도록 괄호 안의 말을 바르게 배열하시오.

1 우리가 해변에 있다면 좋을 텐데. (beach, I, we, wish, the, at, were)

→ _____

2 그녀는 마치 사장인 것처럼 행동한다. (acts, were, she, as, the boss, she, if)

→ _____

3 내가 그녀에게 거짓말을 하지 않았더라면 좋을 텐데. (wish, to, I, lied, hadn't, her, I)

→ _____

4 그는 어제 아팠던 것처럼 보인다. (looks, as, been, he, had, yesterday, if, he, sick)

→ _____

5 내가 너라면 그 차를 사지 않을 텐데. (were, wouldn't, I, if, you, buy, I, the car)

→ _____

6 내가 부자라면 전 세계를 여행할 수 있을 텐데. (rich, I, travel, I, if, were, could)

→ _____ around the world.

C 다음 우리말과 일치하도록 괄호 안의 말을 이용하여 문장을 완성하시오.

1 그녀가 바쁘지 않으면 좋을 텐데. (wish, busy)

→ _____

2 그는 마치 내 가장 친한 친구인 것처럼 행동한다. (act, if)

→ _____

3 그가 날 사랑하면 좋을 텐데. (wish, love)

→ _____

4 내가 그녀라면, 나는 화가 날 텐데. (would, angry)

→ _____

5 네가 일찍 왔었다면 너는 그를 볼 수 있었을 텐데. (early, could, see)

→ _____

6 그녀가 그것을 알았다면 그녀는 너를 도와줬을 텐데. (know, would)

→ _____

D 다음 두 문장이 같은 뜻이 되도록 빈칸을 완성하시오.

1 As I have a lot of things to do, I can't join you.

→ _____, I could join you.

2 As you emailed me last week, I didn't forget it.

→ _____, I would have forgotten it.

3 I'm sorry that Tom isn't my boyfriend.

→ I wish _____.

4 I'm sorry that I didn't stop by the grocery store.

→ I wish _____.

5 In fact, they are not his parents.

→ He treats them as if _____.

6 In fact, she didn't finish her report on time.

→ She acts as if _____.

서술형 대비 문장 연습

A 다음 밑줄 친 부분을 어법에 맞게 고쳐 문장을 다시 쓰시오.

1 Tim was sitting <u>next</u> me.

→ _____

2 Korea is <u>among</u> China and Japan.

→ _____

3 He hung the picture <u>in</u> the wall.

→ _____

4 Kate always exercises <u>at</u> the evening.

→ _____

5 The festival will be held <u>at</u> July 4th.

→ _____

6 Please submit your report <u>until</u> 3:00 p.m. today.

→ _____

B 다음 우리말과 일치하도록 괄호 안의 말을 바르게 배열하시오.

1 그녀는 칼로 케이크를 잘랐다. (cut, a knife, she, the cake, with)

→ _____

2 10시 경에 비가 멈췄다. (stopped, ten o'clock, it, around, raining)

→ _____

3 새 한 마리가 나무 위를 날고 있다. (over, is, the tree, flying, a bird)

→ _____

4 우리는 2010년부터 친구로 지내왔다. (have, we, friends, since, been, 2010)

→ _____

5 수업이 몇 분 후에 시작될 것이다. (will, in, the class, minutes, a few, begin)

→ _____

6 그는 주머니에서 동전 몇 개를 꺼냈다. (took, pocket, some coins, he, out of, his)

→ _____

C 다음 우리말과 일치하도록 괄호 안의 말을 이용하여 문장을 완성하시오.

1 10시 15분이다. (quarter)
→ _____

2 나는 집에서 학교로 걸어갔다. (walk, home)
→ _____

3 우리는 봄에 많은 꽃들을 볼 수 있다. (can, many)
→ _____ spring.

4 그는 그 아름다운 강을 따라 운전했다. (drive, beautiful)
→ _____

5 너희 학교 근처에 도서관이 있니? (there, a library)
→ _____

6 내 여동생은 지난주에 유럽으로 떠났다. (leave, Europe)
→ _____ last week.

D 다음 〈보기〉에서 알맞은 전치사를 골라 우리말에 맞게 영작하시오.

┌─〈보기〉─────────────────────────────────┐
│   for   by   until   during   since   │
└───┘

1 너는 네 숙제를 금요일까지 끝내야 한다. (should, finish)
→ _____

2 나는 매일 한 시간 동안 달린다. (run, hour)
→ _____

3 나는 일요일까지 여기에 머무를 것이다. (will, stay)
→ _____

4 그는 오늘 아침부터 아무것도 먹지 않았다. (have, eat, anything)
→ _____

5 그녀는 여름 방학 동안 캐나다를 방문했다. (visit, the summer vacation)
→ _____

학교 시험 대비 문제

01 다음 중 밑줄 친 부분이 어법상 어색한 것은?

① The soup smelled so <u>good</u>.
② Chocolate tastes <u>bitter and sweet</u>.
③ I think the music sounds <u>wonderful</u>.
④ Sometimes Jack feels <u>sadly and lonely</u>.
⑤ Touch this cloth. It feels very <u>smooth</u>.

02 다음 중 문장의 형식이 나머지와 <u>다른</u> 것은?

① Yuri sent me a text message.
② Ms. Kim teaches us music.
③ Mr. Big bought his son a new bike.
④ Ken and his brother made a boat out of wood.
⑤ The white whale finally showed visitors his skills.

03 다음 밑줄 친 단어의 형태가 바르게 짝지어진 것은?

• My parents told me <u>save</u> water.
• The doctor advised Jim <u>eat</u> more vegetables and fruit.

① to save — eat
② save — to eat
③ to save — to eat
④ to save — eating
⑤ save — eating

04 다음 우리말을 영어로 바르게 옮긴 것은?

Martin은 그의 아들에게 수진이와 결혼하라고 했다.

① Martin told his son marry Sujin.
② Martin told his son marrying Sujin.
③ Martin told his son to marry Sujin.
④ Martin told his son marry with Sujin.
⑤ Martin told his son to marry with Sujin.

05 다음 빈칸에 들어갈 말로 알맞지 <u>않은</u> 것은?

Eric _____ me decorate the Christmas tree.

① wanted   ② made
③ had   ④ let
⑤ helped

06 다음 문장과 의미가 같은 것은?

Mr. Baker can give you good advice.

① Mr. Baker can give good advice you.
② Mr. Baker can give good advice to you.
③ Mr. Baker can give good advice of you.
④ Mr. Baker can give good advice for you.
⑤ Mr. Baker can give good advice about you.

07 다음 중 어법상 올바른 것은?

① This dress feels silk.
② It sounds a good plan.
③ This grape tastes sourly.
④ The fruit smells sweetly.
⑤ The steak tastes delicious.

08 다음 빈칸에 공통으로 들어갈 말로 알맞은 것은?

- I _____ something to read.
- They don't _____ to stay here.
- My mom doesn't _____ me to be alone.

① look   ② take   ③ are
④ want   ⑤ saw

09 다음 중 밑줄 친 부분이 어법상 틀린 것은?

① I always help him <u>go</u> to school.
② Yuri told us not <u>to make</u> noise.
③ I heard the rain <u>falling</u> on the roof.
④ Don't let your son <u>play</u> computer games.
⑤ My mom doesn't want me <u>studying</u> at night.

10 다음 중 밑줄 친 부분의 쓰임이 나머지 넷과 다른 것은?

① Bill said <u>nothing</u> to his wife.
② He will buy <u>a laptop computer</u>.
③ Do you remember <u>my last class</u>?
④ I planned <u>an interesting camp</u>.
⑤ Andy will tell you <u>an exciting story</u>.

11 다음 빈칸에 들어갈 말로 바르게 짝지어진 것은?

- I saw Mr. Kim _____ the bus.
- Dad had me _____ his car.

① take — wash
② take — washed
③ took — washed
④ take — washing
⑤ took — washing

서술형
12 다음 밑줄 친 단어의 알맞은 형태를 쓰시오.

(a) Cool colors make your room <u>to look</u> larger.
(b) He made us <u>memorized</u> this English poem.

(a) _____   (b) _____

13 다음 빈칸에 들어갈 말로 알맞지 <u>않은</u> 것은?

> Mom _____ me to clean my room.

① made   ② told   ③ got
④ wanted   ⑤ ordered

14 다음 빈칸에 들어갈 말로 바르게 짝지어진 것은?

> • He cooked pasta _____ me and my roommates.
> • Mr. Howard teaches English _____ middle school students.

① to — to   ② to — for   ③ for — to
④ of — to   ⑤ for — for

15 다음 중 문장의 형식이 〈보기〉와 <u>다른</u> 것은?

> ─〈보기〉─
> The test day finally arrived.

① He is in a meeting now.
② The kids stood in a circle.
③ There are many types of apples.
④ The wind blows from the north.
⑤ She turned pale with fear.

16 다음 중 문장의 형식이 나머지 넷과 <u>다른</u> 것은?

① Some people don't like raw fish.
② She decided to live in the country.
③ I know nothing about the subject.
④ The child enjoys playing with balls.
⑤ He wants me to sign a document.

17 다음 빈칸에 들어갈 말이 나머지 넷과 <u>다른</u> 것은?

① I wrote a letter _____ him.
② Show your ticket _____ the driver.
③ My parents bought a phone _____ me.
④ Did you send the report _____ her?
⑤ I didn't give chocolate _____ my cat.

18 다음 중 밑줄 친 부분의 쓰임이 나머지 넷과 <u>다른</u> 것은?

① I found the chair <u>comfortable</u>.
② My father made me <u>a lawyer</u>.
③ I heard him <u>cry out for help</u>.
④ He showed me <u>the subway map</u>.
⑤ She allowed me <u>to use her laptop</u>.

19 다음 중 어법상 **틀린** 문장으로 짝지어진 것은?

ⓐ The laundry smells badly.
ⓑ There are birds on the roof.
ⓒ I saw him to enter the building.
ⓓ It is getting warmer and warmer.
ⓔ That sounds like a good plan.

① ⓐ, ⓑ   ② ⓐ, ⓒ   ③ ⓑ, ⓓ
④ ⓒ, ⓔ   ⑤ ⓓ, ⓔ

20 다음 빈칸에 들어갈 말로 알맞지 **않은** 것은?

I can make you _____.

① a cup of coffee
② more attractive
③ happy for a while
④ a better person
⑤ to keep awake

서술형
21 다음 대화의 빈칸에 들어갈 have의 알맞은 형태를 쓰시오.

A Do you have any pets?
B No, my parents don't let me _____ a pet.

서술형
22 다음 두 문장을 한 문장으로 만들 때 빈칸에 알맞은 말을 쓰시오.

I watched Sanghyeok. He was playing computer games.
➡ I watched Sanghyeok _____ computer games.

서술형
23 다음 문장에서 어법상 **틀린** 부분을 찾아 바르게 고쳐 쓰시오.

(a) Jenny had me staying at her home.
(b) My parents expect me get good grades.

(a) _____ ➡ _____
(b) _____ ➡ _____

서술형
24 다음 우리말과 일치하도록 주어진 단어를 배열하시오.

그는 내가 그에게 돈을 좀 빌려주길 원했다.
(money, he, lend, some, me, wanted, to, him)
➡ _____
_____

학교 시험 대비 문제

01 다음 두 문장을 한 문장으로 바꿔 쓸 때 빈칸에 들어갈 말로 알맞은 것은?

> • Jack started to volunteer at the city library last month.
> • He still volunteers there.
> ➡ Jack _____ at the city library _____ last month.

① volunteered — since
② has volunteered — for
③ was volunteering — for
④ has volunteered — since
⑤ is volunteering — since

02 다음 빈칸에 들어갈 말로 알맞은 것은?

> Mr. Miller _____ his old watch, so he doesn't have it now.

① sells   ② will sell
③ sell   ④ has to sell
⑤ has sold

03 다음 밑줄 친 단어의 형태가 바르게 짝지어진 것은?

> (a) I burn my tongue on some soup last night.
> (b) They collect empty cans and bottles for three months.

① burn — collect
② burnt — collect
③ have burnt — collected
④ burnt — have collected
⑤ have burnt — have collected

04 다음 두 문장을 한 문장으로 바꿔 쓸 때 빈칸에 알맞은 것은?

> • Meg started to live in Osan two years ago.
> • She still lives in Osan.
> ➡ Meg _____ in Osan for two years.

① has lived
② have lived
③ has been lived
④ to have lived
⑤ to have been lived

05 다음 중 어법상 올바른 것은?

① I watch that DVD yesterday.
② Junho visits Berlin two years ago.
③ John met Cindy since 2015.
④ Michelle hasn't written her book yet.
⑤ He hasn't met a soccer player last year.

06 다음 중 〈보기〉의 밑줄 친 부분과 쓰임이 같은 것은?

> ─〈보기〉─
> Have you ever seen that movie?

① Abraham has lost his cell phone.
② I have never heard about Mr. Park.
③ They have lived here for 11 years.
④ Alison has just finished her homework.
⑤ I have studied Japanese since I was young.

07 다음 대화 중 어색한 것은?

① **A** What's the matter?
   B I'm just thinking.
② **A** What does your father do?
   B He is a firefighter.
③ **A** I want to be a famous actress.
   B I'm sure you will.
④ **A** What are you planning to do?
   B I was shopping with my friends.
⑤ **A** What are you interested in?
   B I'm interested in writing a story.

08 다음 우리말을 영어로 바르게 옮긴 것은?

나는 전에 스페인어를 배운 적이 있다.

① I learned Spanish ago.
② I learn Spanish before.
③ I have learned Spanish ago.
④ I have learned Spanish before.
⑤ I have been learning Spanish before.

[09-10] 다음 빈칸에 들어갈 말로 바르게 짝지어진 것을 고르시오.

09

• Tylor has worked for this company _____ his graduation.
• Tommy received a Christmas card _____ week.

① for — the   ② for — last
③ after — next   ④ since — last
⑤ since — next

10

Have you _____ math since you _____ from elementary school?

① study — graduate
② study — graduated
③ studied — graduate
④ studied — graduated
⑤ studied — graduating

11 다음 우리말과 일치하도록 주어진 단어를 사용하여 문장을 완성하시오.
서술형

Brenda가 내 방에 들어왔을 때 나는 인터넷 서핑을 하는 중이었다. (surf, come)
➡ I _____ _____ the Internet when Brenda _____ into my room.

12 다음 우리말과 일치하도록 주어진 단어와 어구를 배열하시오.
서술형

지난주에 비가 많이 내렸다. (a lot, rained, week, last)
➡ It _____.

13 다음 대화의 빈칸에 들어갈 말로 알맞은 것은?

> **A** How long have you been in Korea?
> **B** I have been here _____ two weeks.

① in   ② for   ③ ago
④ when   ⑤ since

14 다음 중 밑줄 친 부분이 어법상 **틀린** 것은?

① <u>Are</u> you <u>going</u> to the library?
② This wallet <u>is belonging</u> to me.
③ The students <u>are having</u> lunch.
④ What <u>is</u> he <u>cooking</u> for dinner?
⑤ He <u>is leaving</u> Seoul next Friday.

15 다음 대화의 빈칸에 들어갈 말로 알맞지 <u>않은</u> 것은?

> **A** When did you get your driver's license?
> **B** I got it _____.

① in 2020
② last summer
③ this year
④ four years ago
⑤ for two months

16 다음 중 어법상 **틀린** 것은?

① If it rains tomorrow, I will not go.
② She goes to church every Sunday.
③ I will visit you when I will go to Seoul.
④ Water freezes at 0℃ and boils at 100℃.
⑤ The Korean War began on June 25, 1950.

17 다음 문장을 부정문으로 바꾼 것 중 **틀린** 것은?

① He was doing the dishes.
　➡ He wasn't doing the dishes.
② He has many friends.
　➡ He doesn't have many friends.
③ He has bought me flowers.
　➡ He hasn't buy me flowers.
④ She will read those books.
　➡ She won't read those books.
⑤ I have been to Tokyo.
　➡ I have never been to Tokyo.

18 다음 대화의 빈칸에 들어갈 말로 알맞은 것은?

> **A** Have you ever tried aromatherapy?
> **B** _____ But that sounds interesting.

① Yes, I do.
② Yes, I have.
③ No, I don't.
④ No, I haven't.
⑤ No, I am not.

19 다음 중 밑줄 친 부분의 쓰임이 나머지 넷과 다른 것은?

① He <u>has</u> just <u>heard</u> the news.
② She <u>has used</u> the service once.
③ <u>Have</u> you ever <u>been</u> to London?
④ I <u>have tried</u> Mexican food before.
⑤ I <u>have</u> never <u>had</u> a chance to tell you.

20 다음 두 문장의 뜻이 일치하도록 빈칸에 들어갈 말로 알맞은 것은?

> It has been two years since I last saw her.
> = I _____ her for two years.

① saw   ② have seen
③ never seen   ④ haven't seen
⑤ will see

21 다음 빈칸에 들어갈 단어가 나머지 넷과 다른 것은?

① They have not met _____ a long time.
② I have had this phone _____ six months.
③ We have been married _____ twelve years.
④ She has been sick in bed _____ yesterday.
⑤ I have used this password _____ over 10 years.

22 다음 두 문장을 한 문장으로 만들 때 빈칸에 알맞은 말을 쓰시오.

> The maple tree was there many years ago. It is still there.
> ➡ The maple tree _____ _____ there for many years.

23 다음 우리말과 일치하도록 주어진 단어를 사용하여 문장을 완성하시오.

> 나는 비가 그칠 때까지 기다릴 것이다.
> (will, until, stop)
> ➡ I _____.

24 다음 우리말과 일치하도록 주어진 〈조건〉을 이용하여 영작하시오.

> 〈조건〉
> 1. go, leave, alone을 사용하되 어법에 맞게 형태를 변형할 것
> 2. 총 8단어로 쓸 것

나는 너를 혼자 두지 않을 것이다.
➡ _____
_____

01 다음 대화의 빈칸에 들어갈 말로 알맞은 것은?

A Can cows fly?
B _____ But they can fly in the book.

① Yes, they do.
② No, they don't.
③ No, they won't.
④ Yes, they can.
⑤ No, they can't.

02 다음 밑줄 친 (A)~(D) 중 어법상 어색한 것은?

A (A) Are you going (B) to play baseball after school?
B (C) No, I'm not. I (D) ride a bike in the park.

① 어색한 부분 없음　　② (A)
③ (B)　　④ (C)
⑤ (D)

03 다음 중 짝지어진 대화가 자연스럽지 않은 것은?

① A Why are you so worried?
B I have an exam today, but I didn't study.
② A I lost your dictionary. I'm sorry.
B Never mind.
③ A How about visiting our teacher?
B Okay.
④ A Can I listen to music?
B No, you must not listen to anything.
⑤ A May I drink coffee now?
B Yes, you shouldn't drink coffee at night.

04 다음 빈칸에 들어갈 말로 알맞은 것은?

A Mom, I'm late. I don't have time for breakfast.
B You _____ have breakfast every morning for your health.

① can　　② will　　③ may
④ should　　⑤ could

05 다음 빈칸에 들어갈 말로 바르게 짝지어진 것은?

• I _____ play the guitar well before, but I can't now.
• She _____ study hard yesterday. She has an exam today.
• I _____ run fast now, but I could run fast before.

① can — have to — can't
② could — had to — can't
③ can — had to — couldn't
④ could — had to — couldn't
⑤ could — have to — couldn't

06 다음 중 밑줄 친 부분이 어법상 틀린 것은?

① He tried to run away, but he <u>can't</u>.
② I <u>had to</u> work until late last night.
③ You <u>ought not to</u> run in classrooms.
④ <u>Would</u> you like to try some sushi?
⑤ She may fail the test. She <u>should</u> study harder.

07 다음 두 문장의 뜻이 일치하도록 빈칸에 들어갈 말로 알맞은 것은?

I'm sure the story isn't true.
= The story _____ be false.

① will
② should
③ must
④ has to
⑤ may

08 다음 문장과 의미가 같은 것은?

They don't have to wear uniforms on Saturdays.

① They need not wear uniforms on Saturdays.
② They must not wear uniforms on Saturdays.
③ They should not wear uniforms on Saturdays.
④ They used not to wear uniforms on Saturdays.
⑤ They had better not wear uniforms on Saturdays.

09 다음 중 어법상 올바른 것은?

① Jake will be able to visit our house.
② We are able to play tennis last year.
③ I don't going to finish it by tomorrow.
④ You had not better go out in the evening.
⑤ William is used to go camping next Sunday.

10 다음 대화의 빈칸에 들어갈 말로 알맞지 <u>않은</u> 것은?

A How about this brown sweater?
B I don't like it. I like that red one.
A But brown is a popular color this fall.
B Red suits me.
A Let's do it this way. Today I'll buy you the red sweater and grey pants. But next time, you _____ listen to me, okay?
B Okay.

① have to
② should
③ ought to
④ must
⑤ may

서술형
[11-12] 다음 우리말과 일치하도록 주어진 단어를 배열하시오.

11

너는 불필요한 것은 사지 않는 것이 좋겠다.
(you, unnecessary, better, things, had, not, buy)
➡ _____

_____

12

나는 방과 후에 산책을 하곤 했다.
(to, take, school, I, after, walk, a, used)
➡ _____

_____

13 다음 문장에서 어법상 <u>틀린</u> 것은?

I <u>think</u> you should <u>booked</u> your <u>flight</u> <u>early</u>
   ①   ②   ③   ④
to <u>get</u> a discount.
   ⑤

14 다음 중 밑줄 친 부분의 쓰임이 〈보기〉와 같은 것은?

〈보기〉

He <u>did</u> look tired.

① <u>Don't</u> let them bully you.
② What did you <u>do</u> last night?
③ This shirt <u>does</u> not fit me.
④ <u>Did</u> you get your report card?
⑤ I <u>do</u> like this song.

15 다음 우리말과 일치하도록 빈칸에 들어갈 말로 알맞은 것은?

너는 우선 손을 씻는 게 좋겠다.
➡ You _____ better wash your hands first.

① had   ② have   ③ would
④ should   ⑤ would like

16 다음 빈칸에 공통으로 들어갈 말로 알맞은 것은?

• What _____ your father do for a living?
• He _____ look like a superhero.

① is   ② do   ③ does
④ have   ⑤ has

17 다음 우리말을 영어로 바르게 옮긴 것은?

공항 근처에 호텔이 있었는데 지금은 없다.

① A hotel might be near the airport.
② A hotel would be near the airport.
③ There had to be a hotel near the airport.
④ There should be a hotel near the airport.
⑤ There used to be a hotel near the airport.

18 다음 중 두 문장의 의미가 서로 <u>다른</u> 것은?

① You don't have to apologize to him.
   = You don't need to apologize to him.
② My aunt would take care of me.
   = My aunt was used to taking care of me.
③ You should not use your cell phone in class.
   = You must not use your cell phone in class.
④ I could not pay attention to the teacher.
   = I was not able to pay attention to the teacher.
⑤ What will you do on Christmas Day?
   = What are you going to do on Christmas Day?

19 다음 밑줄 친 부분과 바꿔 쓸 수 있는 것은?

> She <u>wasn't able to</u> attend the meeting.

① won't　　　　② should not
③ must not　　　④ doesn't have to
⑤ couldn't

20 다음 문장을 부정문으로 바꿀 때 not이 들어갈 위치를 바르게 짝지은 것은?

> · You had (a) better (b) go there alone.
> · You (c) ought (d) to (e) be here.

① (a) — (c)　　② (a) — (d)　　③ (a) — (e)
④ (b) — (d)　　⑤ (b) — (e)

21 다음 중 밑줄 친 부분의 쓰임이 나머지 넷과 <u>다른</u> 것은?

① I am afraid that he <u>might</u> be late.
② Warning! This webpage <u>may</u> be dangerous.
③ I am still hungry. <u>Can</u> I have some more?
④ That <u>can't</u> be Dave. He is on a business trip.
⑤ She has an apartment downtown. She <u>must</u> be rich.

22 다음 밑줄 친 부분이 의미하는 것을 영어로 쓰시오.

> **A** Did you pass the English test?
> **B** Yes, I <u>did</u>.

➡ _____

23 다음 우리말과 일치하도록 빈칸에 알맞은 말을 쓰시오.

> 그녀는 짧은 머리였지만 지금은 머리가 길다.
> ➡ She _____ _____ have short hair, but now it's long.

24 다음 문장에서 어법상 <u>틀린</u> 부분을 찾아 바르게 고쳐 쓰시오.

> (a) This robot dog can guides the blind.
> (b) I will be able to playing the guitar well.

(a) _____ ➡ _____
(b) _____ ➡ _____

학교 시험 대비 문제

01 다음 우리말을 영어로 옮길 때 빈칸에 알맞은 것은?

> 나는 Jack을 내 생일 파티에 초대하지 않기로 결정했다.
> ➡ I've decided _____ Jack to my birthday party.

① not invite to   ② not to invite
③ to invite not   ④ don't to invite
⑤ not to invite to

02 다음 밑줄 친 부분의 쓰임이 나머지 넷과 <u>다른</u> 것은?

① <u>It</u>'s important to keep our earth clean.
② <u>It</u> is interesting to make a snowman with friends.
③ <u>It</u>'s too far from here to the amusement park.
④ <u>It</u> is not easy to understand the cultural differences.
⑤ <u>It</u> is good for your health to eat more vegetables.

03 다음 빈칸에 공통으로 들어갈 말로 알맞은 것은?

> • They told me _____ stay at home.
> • My parents wanted me _____ study more.

① to   ② by
③ on   ④ at
⑤ as

04 다음 중 밑줄 친 부분의 쓰임이 <보기>와 같은 것은?

> ─<보기>─
> This is the machine <u>to wash</u> the dishes.

① My hope is <u>to be</u> a popular comedian.
② It is a lot of fun <u>to keep</u> pets at home.
③ May I have a fork and a spoon <u>to eat</u> with?
④ Peter saved money <u>to buy</u> game CDs.
⑤ She grew up <u>to be</u> a famous movie star.

05 다음 밑줄 친 단어의 형태가 바르게 짝지어진 것은?

> (a) I want <u>invent</u> a cleaning robot for my mother.
> (b) He decided <u>make</u> a doghouse for himself.

① to invent — make
② invent — to make
③ to invent — to make
④ to invent — making
⑤ inventing — making

06 다음 빈칸에 들어갈 말로 알맞은 것은?

> A How are you doing?
> B Great. I made _____ last week.

① a new friend to play
② to play a new friend
③ a new friend with to play
④ a new friend to play with
⑤ with a new friend to play

07 다음 중 〈보기〉의 밑줄 친 부분과 쓰임이 같은 것은?

〈보기〉

I went to the park <u>to take</u> a walk yesterday.

① I hate <u>to listen</u> to music.
② <u>To get</u> up early is difficult.
③ Sandra needs something <u>to eat</u>.
④ There are some books <u>to read</u> in his room.
⑤ My kids will go to school <u>to study</u> science and math.

08 다음 중 〈보기〉의 밑줄 친 부분과 쓰임이 다른 것은?

〈보기〉

My dog came home. It had a loaf of meat <u>to eat</u>.

① I want someone <u>to talk</u> with me.
② Please give me something <u>to eat</u>.
③ I go there <u>to see</u> my grandfather.
④ She needs a pen <u>to write</u> with.
⑤ There is no chair <u>to sit</u> on in the room.

09 다음 중 어법상 틀린 것은?

① She likes to go to bed early.
② I enjoy playing computer games.
③ It started raining in the morning.
④ She decided studying English very hard.
⑤ He stopped watching TV to listen to the radio.

10 다음 빈칸에 알맞지 않은 것은?

It is _____ of her to bring the box.

① wise   ② foolish
③ nice   ④ kind
⑤ easy

서술형

[11-12] 다음 두 문장을 to부정사를 이용하여 한 문장으로 바꿔 쓰시오.

11

- I went to Busan.
- I wanted to see my grandparents.
➡ _____
  _____

12

- My mom cleaned the oven.
- She wanted to bake some cookies.
➡ _____
  _____

13 다음 밑줄 친 부분의 쓰임이 나머지 넷과 다른 것은?

① You have a job to finish.

② There is no place to park.

③ I have something to ask you.

④ Is there anything else to drink?

⑤ She is on a diet to lose weight.

14 다음 빈칸에 들어갈 말로 바르게 짝지어진 것은?

- It was rude _____ him to talk like that.
- It was not easy _____ her to keep smiling.
- The floor was too slippery _____ me to walk on.

① for — for — of

② for — of — of

③ of — for — for

④ of — for — of

⑤ of — of — for

15 다음 중 밑줄 친 부분의 쓰임이 같은 것끼리 바르게 짝지어진 것은?

ⓐ I don't expect her to be on time.

ⓑ He was disappointed to fail the test.

ⓒ Modern art is difficult to understand.

ⓓ It is not a good idea to drink coffee at night.

ⓔ I have little time to hang out with my friends.

① ⓐ, ⓑ   ② ⓑ, ⓒ   ③ ⓐ, ⓒ, ⓓ

④ ⓑ, ⓒ, ⓔ   ⑤ ⓒ, ⓓ, ⓔ

16 다음 빈칸에 들어갈 말로 알맞지 않은 것은?

They _____ me to wear a mask.

① wanted   ② told   ③ ordered

④ made   ⑤ expected

17 다음 중 밑줄 친 부분을 바르게 고친 것이 아닌 것은?

① To learn new things are interesting.

                  (→ is)

② I felt something to touch my face.

                  (→ touch)

③ He told me turning off the phone.

                  (→ turn off)

④ She asked us to not make any noise.

                  (→ not to make)

⑤ Do you know how pronounce her name?

                  (→ how to pronounce)

18 다음 빈칸에 공통으로 들어갈 말로 알맞은 것은?

- She needs someone to talk _____.
- He helped me _____ wash the dog.

① to   ② on   ③ in

④ with   ⑤ about

19 다음 주어진 문장과 의미가 같도록 문장을 바르게 전환한 것은?

> I can't decide which phone to buy.

① I can't decide what to buy a phone.
② I can't decide how I should buy a phone.
③ I can't decide should I buy which phone.
④ I can't decide which phone I should buy.
⑤ I can't decide a phone I should buy which.

20 다음 두 문장의 의미가 서로 <u>다른</u> 것은?

① He was too sleepy to drive.
= He was so sleepy that he could not drive.
② The soup is hot, so I cannot eat it.
= The soup is too hot for me to eat.
③ I am too busy to take time off.
= I am so busy that I can take time off.
④ The cable is long, so it can reach the socket.
= The cable is long enough to reach the socket.
⑤ She is tall enough to be a basketball player.
= She is so tall that she can be a basketball player.

21 다음 두 문장의 뜻이 일치하도록 빈칸에 들어갈 말로 알맞은 것은?

> They played well, but they lost in the final round.
> = They played well _____ in the final round.

① not to lose
② only to lose
③ but to lose
④ enough to lose
⑤ in order to lose

서술형

22 다음 두 문장의 뜻이 일치하도록 빈칸에 들어갈 알맞은 말을 쓰시오.

> These pajamas are too tight for her to wear.
> = These pajamas are _____ tight _____
> _____ _____ _____ _____.

서술형

[23-24] 다음 우리말과 일치하도록 주어진 단어를 배열하시오.

23

> 내가 너에게 차가운 마실 것을 갖다 줄게.
> (you, drink, to, get, cold, I, something, will)
> ➡ _____
> _____

24

> 그녀는 내가 그녀의 사진을 올리지 않도록 약속하게 했다.
> (post, me, to, not, promise, she, a picture of her, made)
> ➡ _____
> _____

부정사 **105**

학교 시험 대비 문제

01 다음 밑줄 친 부분의 쓰임이 나머지 넷과 다른 것은?

① Susan is good at <u>jumping</u> ropes.
② My little sister minds <u>eating</u> carrots.
③ <u>Taking</u> a walk in the morning is pleasant.
④ Harry is <u>drinking</u> orange juice at the cafe.
⑤ Her favorite activity is <u>taking</u> pictures of flowers.

02 다음 중 밑줄 친 부분이 어법상 어색한 것은?

<u>Sleeping</u> enough <u>make</u> <u>me</u> <u>feel</u> better.
(A)　　　　　(B)　(C)　(D)

① 어색한 부분 없음
② (A)
③ (B)
④ (C)
⑤ (D)

03 다음 빈칸에 들어갈 말로 알맞지 <u>않은</u> 것은?

Peter and his friends _____ talking about sports.

① enjoyed
② finished
③ gave up
④ decided
⑤ minded

04 다음 빈칸에 들어갈 말로 알맞은 것은?

On the way to the mountain, Sam stopped _____ some water.

① buy
② to buy
③ buying
④ to buying
⑤ for buying

05 다음 빈칸에 들어갈 말로 알맞은 것은?

A _____
B Why not? What time shall we meet?

① I didn't do my homework.
② What are you going to do?
③ How do you like your coffee?
④ I had a good time in Sumi's house.
⑤ How about going to the museum with me?

06 다음 중 어법상 올바른 것은?

① Sally wanted them listen to her.
② Jane ordered him clean the office.
③ I look forward to seeing him again.
④ Miles asked her coming to the party.
⑤ The head coach told me practiced hard.

07 다음 문장의 밑줄 친 부분과 바꿔 쓸 수 없는 것은?

> What do you <u>want</u> to do during your winter vacation?

① like ② hope
③ wish ④ enjoy
⑤ expect

[08-09] 다음 빈칸에 들어갈 말로 바르게 짝지어진 것을 고르시오.

08

> Dean didn't stop _____ for two hours. So, he stopped _____ a rest.

① skateboard — take
② skateboarding — taking
③ skateboarding — to take
④ to skateboarding — taking
⑤ to skateboarding — to take

09

> • I always forget _____ something to my office.
> • I can't stop _____ to music when I wash the dishes.

① bring — listen
② to bring — listening
③ to bring — to listen
④ bringing — to listen
⑤ bringing — listening

서술형
10 다음 밑줄 친 단어를 알맞은 형태로 고쳐 쓰시오.

> (a) Ms. May enjoys <u>make</u> dolls with clothes.
> (b) Harry is afraid of <u>go</u> to the dentist's.

(a) _____ (b) _____

서술형
11 다음 문장의 밑줄 친 부분을 바르게 고쳐 쓰시오.

> E-mailing is a cheap way of <u>send</u> messages to other countries.

➡ _____

서술형
12 다음 밑줄 친 부분 중 틀린 것을 골라 바르게 고쳐 쓰시오.

> ① <u>Taking</u> care of children ② <u>is</u> not easy, but I don't mind ③ <u>to do</u> it. It is a good way of ④ <u>helping</u> my mom. I'm happy ⑤ <u>to help</u> her.

_____ ➡ _____

13 다음 문장에서 어법상 **틀린** 부분을 찾아 바르게 고친 것은?

> He is considering move to another city.

① considering → consider
② considering → considers
③ move → to move
④ move → moving
⑤ move → moved

14 다음 중 밑줄 친 부분의 쓰임이 〈보기〉와 **다른** 것은?

〈보기〉
> My new year's resolution is losing weight.

① Do you mind closing the window?
② Translating English into Korean is her job.
③ I like learning about other cultures.
④ The important thing is not judging others.
⑤ Tension is building between the two countries.

15 다음 빈칸에 들어갈 말로 알맞은 것은?

> Don't forget _____ the light when you leave the room.

① turn off   ② turned off
③ turning off   ④ to turn off
⑤ to turning off

16 다음 중 어법상 **틀린** 것은?

① What do you say to eating out?
② Stop teasing him about his accent.
③ I couldn't help notice your absence.
④ My whole way of thinking has changed.
⑤ He spends too much money buying shoes.

[17-18] 다음 우리말과 일치하도록 빈칸에 들어갈 말로 알맞은 것을 고르시오.

17

> 나는 너에게 이 메시지를 보낸 것이 기억나지 않는다.
> ➡ I don't remember _____ you this message.

① send   ② sent   ③ sending
④ to send   ⑤ to sending

18

> 그는 내게 계속 앞으로 가라고 명령했다.
> ➡ He ordered me _____ forward.

① keep move
② keep moving
③ keep to move
④ to keep move
⑤ to keep moving

19 다음 우리말을 영어로 바르게 옮긴 것은?

> 그는 가족과 시간을 보내지 않은 것을 후회한다.

① He regrets not spend time with his family.
② He regrets not to spend time with his family.
③ He regrets not spending time with his family.
④ He does not regret spending time with his family.
⑤ He does not regret to spend time with his family.

20 다음 문장에서 어법상 틀린 부분을 바르게 고친 것은?

> The doctor told me to give up to smoke.

① The doctor told me to give up smoking.
② The doctor told me to give up smoke.
③ The doctor told me giving up to smoke.
④ The doctor told me give up to smoke.
⑤ The doctor told to me give up to smoke.

21 다음 대화의 빈칸에 들어갈 말로 알맞은 것은?

> **A** My phone froze! What should I do?
> **B** Have you tried _____ it off and on again?

① turn   ② to turn   ③ turning
④ to turning   ⑤ by turning

22 다음 빈칸에 공통으로 들어갈 말로 알맞은 것은?

> • When it comes _____ gardening, he has a green thumb.
> • I'm looking forward _____ hearing from you soon.

① in   ② on   ③ of
④ to   ⑤ for

서술형
[23-24] 다음 글을 읽고, 물음에 답하시오.

> Why ⓐ is keeping a diary important? By ⓑ reviewing the records, you will begin to better understand yourself. You might be afraid of ⓒ start to write things down. Sometimes ⓓ writing a diary may start to feel like a chore. 일주일에 7일을 쓰려고 애쓰지 마라. Just keep ⓔ going and carry on writing. You will be thankful when you read it later.

23 위 글의 밑줄 친 ⓐ~ⓔ 중 어법상 틀린 것을 골라 바르게 고치시오.

_____ ➡ _____

24 위 글의 밑줄 친 문장을 영어로 옮길 때 빈칸에 들어갈 write의 알맞은 형태를 쓰시오.

> 일주일에 7일을 쓰려고 애쓰지 마라.
> ➡ Don't try _____ seven days a week.

학교 시험 대비 문제

01 다음 우리말을 영어로 옮길 때 빈칸에 알맞은 것은?

미소는 일본에서 만들어진 상품들을 좋아하지 않는다.
➡ Miso doesn't like _____ in Japan.

① goods made
② made goods
③ goods making
④ making goods
⑤ to make goods

02 다음 빈칸에 들어갈 말로 바르게 짝지어진 것은?

I met a very _____ person at the meeting. He kept on talking. Everything he said was _____.

① interest — interested
② interested — interested
③ interested — interesting
④ interesting — interested
⑤ interesting — interesting

03 다음 빈칸에 들어갈 말로 바르게 짝지어진 것은?

A Are you _____ in your traditional cultures?
B Yes, I am. I think it's very _____.

① interest — excite
② interested — exciting
③ interesting — excited
④ interesting — exciting
⑤ interested — excited

04 다음 두 문장의 뜻이 일치하도록 빈칸에 들어갈 말로 알맞은 것은?

I watched the movie after I finished my homework.
= I watched the movie _____ my homework.

① finish
② finished
③ to finish
④ after finished
⑤ after finishing

05 다음 중 〈보기〉의 밑줄 친 부분과 쓰임이 다른 것은?

─〈보기〉─
Tom is <u>writing</u> a letter to his teacher.

① Seeing is <u>believing</u>.
② I know the boy <u>taking</u> pictures.
③ It looks like an <u>interesting</u> movie.
④ I saw my friend <u>lying</u> on the grass.
⑤ The houses are <u>floating</u> on the river.

06 다음 중 밑줄 친 부분의 쓰임이 나머지 넷과 다른 것은?

① I know the girl <u>sitting</u> under the tree.
② Look at the cat <u>sleeping</u> on the bed.
③ <u>Playing</u> cards with my friends is fun.
④ I felt the hut <u>shaking</u> in the morning.
⑤ The woman <u>calling</u> your name is my aunt.

07 다음 빈칸에 들어갈 말이 바르게 짝지어진 것은?

> • My boyfriend bought a ____(a)____ car last week.
> • She left without ____(b)____ goodbye.

     (a)   (b)

① used — say

② used — saying

③ using — saying

④ using — said

⑤ used — to say

서술형
08 다음 두 문장을 한 문장으로 만들 때 빈칸에 알맞은 말을 쓰시오.

> • I have a laptop computer.
> • It was made in Japan.
> ➡ I have a laptop computer _____ in Japan.

서술형
09 다음 문장을 분사구문을 사용하여 바꿔 쓰시오.

> After she had her lunch, she went out for a walk.
> ➡ _____, she went out for a walk.

[10-11] 다음을 읽고, 물음에 답하시오.

> **A** That was a(n) ⓐ _____ film.
> **B** Oh, do you think so? I'm surprised you liked it. I thought it was rather disappointing.
> **A** Well, I didn't understand the whole story. It was ⓑ puzzling a little. But the end was good.
> **B** I was ⓒ confusing most of the time. I didn't find it ⓓ interesting.

10 위 대화의 빈칸 ⓐ에 들어갈 말로 알맞은 것은?

① exciting   ② excited

③ to excite   ④ excite

⑤ being excited

서술형
11 위 대화의 밑줄 친 ⓑ, ⓒ, ⓓ 중에서 어법상 **틀린** 부분을 찾아 바르게 고쳐 쓰시오.

_____ ➡ _____

서술형
12 다음 밑줄 친 부분을 부사절로 바꿔 문장을 다시 쓰시오.

> Not feeling well, he stayed at home.
> ➡ _____
> _____

13 다음 중 밑줄 친 부분이 어법상 틀린 것은?

① We will keep you <u>updated</u>.
② He heard the phone <u>ringing</u>.
③ I saw her <u>crossing</u> the street.
④ She had the car <u>fixing</u> yesterday.
⑤ Can you smell something <u>burning</u>?

14 다음 빈칸에 들어갈 말로 바르게 짝지어진 것은?

• I heard someone _____ my name.
• I heard my name _____ by someone.

① call — calling
② called — called
③ called — calling
④ calling — called
⑤ calling — calling

[15-16] 다음 빈칸에 들어갈 말로 알맞은 것을 고르시오.

15

This is the letter _____ by my mother.

① write   ② written   ③ writing
④ to write   ⑤ to be written

16

_____ how to reach him, I could not send him the invitation.

① Knowing
② Knowing not
③ Not known
④ Not knowing
⑤ Don't knowing

17 다음 중 어법상 틀린 것은?

① She was embarrassed about her mistake.
② We were surprising when we checked the list.
③ Remodeling can be tiring and time consuming.
④ He was disappointed with the result of the game.
⑤ Science is never boring when you do it yourself.

18 다음 문장과 의미가 같은 것은?

Studying hard, he got a scholarship.

① If he studied hard, he got a scholarship.
② Because he got a scholarship, he studied hard.
③ Since he studied hard, he got a scholarship.
④ Although he studied hard, he got a scholarship.
⑤ Unless he studied hard, he got a scholarship.

19 다음 두 문장의 뜻이 일치하도록 빈칸에 들어갈 말로 알맞은 것은?

> Though he felt dizzy, he drove to work.
> = _____ dizzy, he drove to work.

① Being felt   ② Being feeling
③ Not feeling   ④ Though felt
⑤ Though feeling

20 다음 중 분사구문으로 바꾼 것이 옳지 <u>않은</u> 것은?

① Though Yuri is Korean, she does not like kimchi.
   ➡ Though Korean, Yuri does not like kimchi.
② If you have snacks at night, you will gain weight.
   ➡ Having snacks at night, you will gain weight.
③ When she cleaned the room, she found her lost earring.
   ➡ Cleaning the room, she found her lost earring.
④ Because I felt depressed, I stayed in bed all day.
   ➡ Feeling depressed, I stayed in bed all day.
⑤ While he was studying, he listened to the radio.
   ➡ While study, he listened to the radio.

21 다음 우리말과 일치하도록 주어진 단어를 배열할 때 다섯 번째 오는 단어는?

> 벤치에 앉아 있는 소년은 누구니?
> (bench, boy, is, who, on, the, sitting, the)
> ➡ _____

① sitting   ② boy   ③ the
④ bench   ⑤ is

22 다음 빈칸에 들어갈 말로 알맞은 것은?

> Social media is one of the ways to make your voice _____.

① hear   ② hearing   ③ heard
④ to hear   ⑤ be heard

[서술형]
23 다음 우리말과 일치하도록 주어진 단어를 배열하시오.

> 그는 'Contact'라는 제목의 책을 출판했다.
> (titled, a book, he, *Contact*, published)
> ➡ _____
> _____

[서술형]
24 다음 두 문장의 뜻이 일치하도록 빈칸에 알맞은 말을 한 단어로 쓰시오.

> She folded the paper, and she put it in the box.
> = She folded the paper, _____ it in the box.

01 다음 빈칸에 들어갈 말로 알맞은 것은?

Vegetables _____ my grandmother.

① grow
② grew
③ are grown
④ are grown to
⑤ are grown by

02 다음 주어진 문장을 수동태로 바꿔 쓸 때 빈칸에 알맞은 것은?

Did the waiter bring a big steak?
➡ _____ by the waiter?

① Did a big steak brought
② Did brought a big steak
③ Was a big steak bring
④ Was a big steak brought
⑤ Was brought a big steak

03 다음 빈칸에 공통으로 들어갈 말로 알맞은 것은?

· My mom is very satisfied _____ my behavior.
· The desk was covered _____ a white cloth.

① in
② at
③ with
④ to
⑤ by

04 다음 중 어법상 틀린 것은?

① The woman I saw was Ms. Smith.
② Have you ever done any volunteer work?
③ The dress which she is dumping is new.
④ This building built thirteen years ago.
⑤ The computer was invented by Americans.

05 다음 중 밑줄 친 부분이 어법상 어색한 것은?

① The town is covered with snow.
② The vase is filled with red roses.
③ The cottage is made of wood.
④ Ann is worried about her pimples.
⑤ Mark Twain is known to his interesting novels.

06 다음 빈칸에 들어갈 말이 나머지 넷과 다른 것은?

① The letter was written _____ Jane.
② The window was opened _____ Sean.
③ The light bulb was invented _____ Edison.
④ The picture was painted _____ my father.
⑤ The mayor was worried _____ her citizens.

07 다음 두 문장의 뜻이 일치하도록 빈칸에 들어갈 말로 알맞은 것은?

> My mom uses the washing machine every day.
> = The washing machine _____ by my mom every day.

① use
② used
③ is used
④ has used
⑤ was used

08 다음 밑줄 친 부분을 생략할 수 없는 것은?

① The moon is seen <u>by us</u> at night.
② The books were written <u>by Jake</u>.
③ One's word should be kept <u>by one</u>.
④ Japanese is spoken <u>by people</u> in Japan.
⑤ This bridge was built in 2007 <u>by someone</u>.

서술형
[09-10] 다음 문장을 능동태로 전환할 때 빈칸에 알맞은 말을 쓰시오.

09

> A question about an English word is asked of Clara by me.
> ➡ I _____ a question about an English word.

10

> Movie tickets were given to Lana by her brother.
> ➡ Lana's brother _____ movie tickets.

서술형
[11-12] 다음 문장을 수동태로 전환할 때 빈칸에 알맞은 말을 쓰시오.

11

> We saw a girl swimming in the sea.
> ➡ A girl _____ in the sea.

12

> She made my friend surprised.
> ➡ My friend _____ by her.

13 다음 빈칸에 들어갈 말이 <보기>와 같은 것은?

<보기>
He was known _____ the world as "The Red Baron."

① He is really scared _____ flying.
② Language is related _____ social class.
③ I am so excited _____ his new film.
④ Are you interested _____ playing soccer?
⑤ She was pleased _____ the test results.

14 다음 우리말과 일치하도록 빈칸에 들어갈 말로 알맞은 것은?

Obama는 2008년에 미국의 대통령으로 선출되었다.
➡ Obama _____ President of the United States in 2008.

① elected   ② is elected   ③ be elected
④ has elected   ⑤ was elected

[15-17] 다음 문장을 수동태로 바르게 바꾼 것을 고르시오.

15

Students will not use the facilities.

① Students will not be used by the facilities.
② Students will be not used by the facilities.
③ The facilities are not used by students.
④ The facilities will be not used by students.
⑤ The facilities will not be used by students.

16

She made me a cake.

① I was made a cake for her.
② I was made a cake by her.
③ She was made a cake by me.
④ A cake was made to me by her.
⑤ A cake was made for me by her.

17

Mom asked me to do the laundry.

① I was asked do the laundry by Mom.
② I was asked doing the laundry by Mom.
③ I was asked to do the laundry by Mom.
④ I asked to be done the laundry by Mom.
⑤ I asked Mom to be done the laundry.

18 다음 중 문장 전환이 바르지 않은 것은?

① His attitude made me angry.
➡ I was made angry by his attitude.
② Terrorists might hide bombs.
➡ Bombs might be hidden by terrorists.
③ When did you send the email?
➡ When the email was sent?
④ He named his son Ragnar.
➡ His son was named Ragnar by him.
⑤ She showed me many pictures.
➡ Many pictures were shown to me by her.

19 다음 우리말을 영어로 옮긴 것 중 <u>틀린</u> 것은?

① 에펠탑은 언제 지어졌습니까?
  ➡ When was the Eiffel Tower built?
② 이 교향곡은 베토벤에 의해 작곡되었다.
  ➡ This symphony was composed by Beethoven.
③ 질문 하나가 그 기자에 의해 나에게 질문되었다.
  ➡ A question was asked to me by the reporter.
④ 공연은 전염병 때문에 연기되었다.
  ➡ The concert was put off because of the pandemic.
⑤ 방들은 사용 전후에 청소되어야 한다.
  ➡ The rooms should be cleaned before and after use.

20 다음 문장을 수동태로 바꿀 때 빈칸에 들어갈 말로 바르게 짝지어진 것은?

Mr. Smith teaches us English.
➡ We are taught English _____ Mr. Smith.
➡ English is taught _____ us _____ Mr. Smith.

① by — to — by
② by — for — by
③ by — of — by
④ from — to — from
⑤ from — for — from

21 다음 질문에 대한 대답으로 알맞은 것은?

Who created the world's first vaccine?

① Jenner was created it.
② Jenner was created by it.
③ It was created by Jenner.
④ It was created Jenner.
⑤ It created Jenner.

22 다음 중 어법상 옳은 것으로만 짝지어진 것은?

ⓐ Does this book written by her?
ⓑ Kate was expected to pass the test.
ⓒ Many diseases can be prevent by exercising.
ⓓ These drugs should be not used for over a week.
ⓔ The museum was visited by 50 thousand foreigners.

① ⓐ, ⓑ   ② ⓐ, ⓒ   ③ ⓑ, ⓔ
④ ⓒ, ⓓ   ⑤ ⓓ, ⓔ

23 다음 문장을 수동태로 전환할 때 다섯 번째 오는 단어는?

She bought me a bookmark.

① by   ② me   ③ bought
④ for   ⑤ was

24 다음 문장을 수동태로 바꾸시오.

A motorcycle ran over a puppy.
➡ _____
  _____

01 다음 중 명사의 복수형이 바르게 짝지어지지 <u>않은</u> 것은?

① fish — fish

② goose — gooses

③ memo — memos

④ potato — potatoes

⑤ keyboard — keyboards

02 다음 우리말을 영어로 옮길 때 빈칸에 들어갈 말이 바르게 짝지어진 것은?

> 우리는 돈으로 사랑을 살 수 없다.
> ➡ We cannot buy _____ with _____.

① love — money

② a love — money

③ love — a money

④ a love — a money

⑤ loves — moneys

[03-04] 다음 중 어법상 올바른 것을 고르시오.

03

① I drink three cup of tea a day.

② She ate a piece cheese for lunch.

③ My sister drank two glass of milk.

④ Mom baked three loaf of chocolate bread.

⑤ He threw some pieces of chalk to his friend.

04

① I ate two piece of cakes.

② We shared two loafs of bread.

③ She bought two bottles of milk.

④ Would you like to have two cup of tea?

⑤ I'd like to have three glasses of orange juices.

05 다음 빈칸에 The(the)를 쓸 수 <u>없는</u> 것은?

① _____ hospital at the corner is very big.

② He was _____ first man to fly in the air.

③ We went to _____ bed at eleven last night.

④ Peter likes to play _____ drum in his free time.

⑤ _____ moon will rise at about seven tonight.

06 다음 중 <보기>의 밑줄 친 부분과 쓰임이 같은 것은?

> ─<보기>─
> They work only one or two days <u>a</u> month.

① Mike is <u>a</u> very wise man.

② <u>A</u> dog is a useful animal.

③ She can finish it in <u>a</u> day.

④ I met <u>a</u> student of mine there.

⑤ He plays tennis twice <u>a</u> week.

07 다음 중 어법상 틀린 것은?

① I don't put milks in coffee.
② I'll have some orange juice.
③ He bought two bottles of water.
④ My mother drinks water every morning.
⑤ There are two cups of flour on the table.

08 다음 중 빈칸에 the가 들어갈 수 없는 것은?

① Look at _____ sky.
② Can you play _____ tuba?
③ His office is on _____ third floor.
④ After _____ dinner, Michael does his homework.
⑤ Who is _____ best player in your basketball team?

09 다음 중 밑줄 친 단어의 성격이 〈보기〉와 같은 것은?

—〈보기〉—
How much sugar does she need?

① He needs a little peace and quiet.
② Few people live to the age of 100.
③ Barbara has very few friends.
④ I have a lot of questions for my teacher.
⑤ They need a lot of furniture for their new house.

서술형

10 다음 우리말과 일치하도록 빈칸에 알맞은 말을 쓰시오.

뜨거운 물을 한 잔 마시는 게 어때?
➡ Why don't you _____ ?

서술형

[11-12] 다음 문장에서 어법상 틀린 부분을 찾아 바르게 고쳐 쓰시오.

11

It is 12 dollars for eight slice of pizzas.

_____ ➡ _____

12

I'd like to learn how to play the table tennis.

_____ ➡ _____

13

> • Take this medicine three times _____ day.
> • I think $400 is too expensive for _____ pair of shoes.

① a   ② an   ③ the
④ any   ⑤ some

14

> • I need a _____ of paper to write on.
> • Let me give you a _____ of advice.

① loaf   ② pair   ③ slice
④ sheet   ⑤ piece

15 다음 짝지어진 단어의 관계가 틀린 것은?

① spy — spies
② leaf — leaves
③ hero — heroes
④ knife — knives
⑤ sheep — sheeps

16 다음 밑줄 친 부분 중 의미가 나머지 넷과 다른 것은?

① I didn't say <u>a</u> word today.
② She has <u>a</u> beautiful nose.
③ May I have <u>an</u> apple?
④ Rome was not built in <u>a</u> day.
⑤ I usually go fishing once <u>a</u> month.

17 다음 중 복수형이 아닌 것은?

① men   ② mice   ③ tooth
④ oxen   ⑤ children

18 다음 대화의 빈칸에 들어갈 말로 알맞지 않은 것은?

> **A** What are you going to buy Steve for his birthday?
> **B** I am going to buy him a _____.

① scarf   ② mug   ③ pants
④ pencil case   ⑤ table lamp

19 다음 중 명사의 종류가 <보기>의 밑줄 친 부분과 다른 것은?

─<보기>─
Regular exercise is good for your <u>health</u>.

① news
② class
③ wealth
④ furniture
⑤ information

20 다음 대화의 빈칸에 들어갈 말로 알맞은 것은?

A What do you think is the most important thing in your life?
B I think family _____ the most important thing in my life.

① be
② is
③ are
④ do
⑤ does

21 다음 중 빈칸에 the(The)가 들어가는 것으로만 짝 지어진 것은?

ⓐ Do you know how to play _____ guitar?
ⓑ We used to play _____ soccer after school.
ⓒ The event occurs on _____ Thursday.
ⓓ People are swimming in _____ sea.
ⓔ _____ wallet on the table is made of leather.

① ⓐ, ⓑ, ⓒ
② ⓐ, ⓒ, ⓓ
③ ⓐ, ⓓ, ⓔ
④ ⓑ, ⓒ, ⓔ
⑤ ⓑ, ⓓ, ⓔ

22 다음 중 어법상 틀린 문장의 개수는?

ⓐ Today was good day.
ⓑ It is the first day of school.
ⓒ All visitor to the school must sign in.
ⓓ Leafs turn red and yellow in autumn.
ⓔ Where did you get these glasses?

① 1개
② 2개
③ 3개
④ 4개
⑤ 5개

23 다음 대화를 읽고, 밑줄 친 부분을 영작하시오.

Waitress May I get you something to drink?
Johnny Yes, please. I would like a glass of lemonade.
Kate I will have the same, please.
Waitress Okay, <u>레모네이드 두 잔이요</u>. Here you are.

레모네이드 두 잔이요.
➡ _____ _____ _____ _____

24 다음 문장의 빈칸에 알맞은 관사를 쓰시오.

Neil Armstrong was (a) _____ American astronaut. In 1969, he became (b) _____ first person to walk on (c) _____ Moon.
*astronaut : 우주비행사

(a) _____ (b) _____ (c) _____

학교 시험 대비 문제

01 다음 밑줄 친 단어의 형태가 바르게 짝지어진 것은?

> This is I backpack, but that one over there is you.

① my — you
② me — your
③ my — yours
④ my — your
⑤ mine — yours

02 다음 빈칸에 들어갈 말이 바르게 짝지어진 것은?

> (a) This is my mother's scarf. She bought _____ last Sunday.
> (b) My backpack is too old. I want to buy a new _____.

① it — one
② it — ones
③ one — it
④ one — ones
⑤ one — they

03 다음 중 밑줄 친 부분이 어법상 올바른 것은?

① Take care of you.
② She is talking to herself.
③ I take this picture yourself.
④ She'll enjoy himself on her trip.
⑤ My father is looking at themselves in the mirror.

04 다음 빈칸에 들어갈 말로 알맞은 것은?

> Some walked through the market, but _____ lost their way.

① others
② another
③ anyone
④ the other
⑤ the others

05 다음 빈칸에 들어갈 말로 바르게 짝지어진 것은?

> I have two pens. _____ is red and _____ is blue.

① One — others
② Some — others
③ One — the other
④ Some — the other
⑤ The other — some

06 다음 중 밑줄 친 부분의 쓰임이 나머지 넷과 다른 것은?

① It is my wallet.
② What time is it?
③ It is very fine today.
④ It snows a lot in Tokyo.
⑤ It is getting hotter and hotter.

07 다음 우리말과 일치하도록 빈칸에 들어갈 알맞은 말이 바르게 짝지어진 것은?

> • She is looking at _____ in the mirror.
> (그녀는 거울 속 자신을 바라보고 있다.)
> • My son is proud of _____.
> (내 아들은 자신을 자랑스러워한다.)
> • We devoted _____ to the project.
> (우리는 그 프로젝트에 전념했다.)

① itself — myself — ourselves
② itself — himself — themselves
③ oneself — itself — themselves
④ herself — myself — ourselves
⑤ herself — himself — ourselves

08 다음 중 〈보기〉의 밑줄 친 부분과 쓰임이 같은 것을 모두 고르면?

> ─〈보기〉─
> A My mom told me many interesting stories.
> B Why don't you tell me one?

① My daughter is one year old.
② One must follow the traffic rules.
③ I lost my jacket. I want to buy a new one.
④ One should stand behind the yellow line.
⑤ This bag is too big. Please show me smaller one.

09 다음 〈보기〉의 밑줄 친 부분과 쓰임이 다른 것은?

> ─〈보기〉─
> It is getting colder and colder.

① It is ten twenty.
② It was spring then.
③ It was snowing heavily.
④ It was dark in the living room.
⑤ It is difficult to solve the problem.

10 다음 빈칸에 들어갈 말이 바르게 짝지어진 것은?

> (a) Some people eat with a fork and a knife, and _____ eat with a spoon.
> (b) Some of twenty members agreed to the plan, but _____ didn't.

① others — the other
② the other — others
③ the others — others
④ others — the others
⑤ the other — the others

서술형
11 다음 주어진 단어를 바르게 배열하시오.

> It was a very long trip, but _____
> _____ .
> (we, ourselves, enjoyed)

서술형
12 다음 두 문장의 빈칸에 공통으로 알맞은 말을 쓰시오.

> • I have four candies. One is cherry and the _____ are strawberry.
> • There are many people at the cafe. Some drink coffee and _____ drink juice.

13 다음 밑줄 친 재귀대명사의 쓰임이 <보기>와 같은 것은?

〈보기〉

She <u>herself</u> repaired the computer.

① Love <u>yourself</u>.
② I cut <u>myself</u> on a knife.
③ We need to dry <u>ourselves</u>.
④ I baked the cookies <u>myself</u>.
⑤ He talks about <u>himself</u> a lot.

14 다음 두 문장의 뜻이 일치하도록 빈칸에 들어갈 말로 알맞은 것은?

All _____ at this station.
= Every _____ at this station.

① train stops — train stops
② trains stop — trains stop
③ trains stop — train stops
④ train stops — trains stop
⑤ trains stop — trains stops

15 다음 중 어느 빈칸에도 들어갈 수 <u>없는</u> 것은?

ⓐ Are there any _____ questions?
ⓑ Would you like _____ cup of tea?
ⓒ Some people help the poor and _____ do not.
ⓓ One of the two uncles is a teacher and _____ is a doctor.

① ones   ② other   ③ others
④ another   ⑤ the other

16 다음 중 어법상 <u>틀린</u> 것은?

① All of the food has gone.
② Each answer is worth 5 points.
③ Every student has to participate.
④ Each of the children have a laptop.
⑤ All the books are in good condition.

17 다음 대화의 빈칸에 들어갈 말로 알맞은 것은?

A Which do you like better, tea or coffee?
B I like _____ of them. I like Coke.

① all   ② one   ③ both
④ either   ⑤ neither

18 다음 빈칸에 공통으로 들어갈 말로 알맞은 것은?

• I visit my grandparents _____ week.
• She woke up _____ two hours and cried.

① all   ② both   ③ each
④ some   ⑤ every

19 다음 우리말을 영어로 옮긴 것 중 **틀린** 것은?

① 나는 혼자 힘으로 그것을 끝낼 수 있다.
➡ I can finish it for myself.
② 그녀는 항상 혼잣말을 한다.
➡ She always talks to herself.
③ 너희들이 파티에서 즐거운 시간 보내길 바라.
➡ I hope you enjoy yourself at the party.
④ 컴퓨터가 갑자기 저절로 꺼졌다.
➡ The computer suddenly turned off by itself.
⑤ 우리 애들은 혼자서 학교에 걸어간다.
➡ Our children walk to school by themselves.

20 다음 빈칸에 들어갈 말로 알맞지 <u>않은</u> 것은?

_____ have the right to vote.

① People　　② We all　　③ All citizens
④ Each of us　　⑤ Some members

[21-22] 다음을 읽고, 물음에 답하시오.

A May I help you?
B Yes, I'm looking for a shirt.
A How about this blue ___ⓐ___?
B That's nice. Can I try it on?
A Certainly. How does it fit?
B It fits me well. ⓑ그런데 이거 다른 색으로도 있나요?
A Yes, it also comes in black. Here you are.
B Great. I'll take it.

21 위 대화의 빈칸 ⓐ에 들어갈 말로 알맞은 것은?

① it　　② them　　③ one
④ another　　⑤ some

서술형
22 위 대화의 밑줄 친 ⓑ의 우리말과 일치하도록 빈칸에 알맞은 말을 쓰시오.

ⓑ그런데 이거 다른 색으로도 있나요?
➡ But do you have this in _____ colors?

서술형
23 다음 밑줄 친 우리말을 <조건>에 맞게 영작하시오.

<조건>
1. (a)와 (b)에 모두 재귀대명사를 사용할 것
2. (a)는 4단어, (b)는 3단어로 쓸 것

A Thank you for inviting me.
B You're welcome. 편하게 있어 그리고 쿠키를 마음껏 먹으렴.
➡ Please ___(a)___ and ___(b)___ some cookies.

(a) _____
(b) _____

서술형
24 다음 밑줄 친 우리말을 영어로 옮길 때 빈칸에 알맞은 말을 <보기>에서 골라 쓰시오.

<보기>
one　　the　　another　　other

A Would you like one more cup of coffee?
B Sure, 한 잔 더 마실게요.
➡ I will have _____ _____.

01 다음 우리말을 영작할 때 네 번째에 위치하는 것은?

> Susan은 지금 해야 할 특별한 일이 없다.
>
> ➡ _____ now.

① Susan   ② to do

③ has   ④ special

⑤ nothing

02 다음 빈칸에 들어갈 말이 바르게 짝지어진 것은?

> (a) I brought _____ cookies to share with you.
> (b) Did you put _____ pepper in this soup?

① some — any   ② any — much

③ much — some   ④ some — many

⑤ much — any

03 다음 중 주어진 말을 영어로 잘못 읽은 것은?

① 3 4/5 : three and four-fifth

② 1991년 : nineteen ninety-one

③ 10시 45분 : a quarter to eleven

④ 8월 15일 : the fifteenth of August

⑤ 247-2289 : two four seven two two eight nine

04 다음 중 밑줄 친 부분이 어법상 <u>어색한</u> 것은?

> The planet (A) <u>looks</u> three (B) <u>time</u> (C) <u>as bright as</u> (D) <u>the brightest</u> star in the sky.

① 어색한 부분 없음   ② (A)

③ (B)   ④ (C)

⑤ (D)

05 다음을 영어로 읽은 것 중 틀린 것은?

① 버터 50그램 : fifty grams of butter

② 1½컵의 우유 : a half cup of milk

③ ⅓컵의 설탕 : one-third cup of sugar

④ 주 3회 : three times a week

⑤ 6배 : six times

06 다음 빈칸에 들어갈 말로 바르게 짝지어진 것은?

> _____ days ago, Sally found a very cute skirt. But she couldn't buy the skirt because she had _____ money.

① Little — little   ② Little — some

③ A few — little   ④ Few — a few

⑤ Some — few

07 다음 빈칸에 공통으로 들어갈 말로 알맞은 것은?

- Nancy started to exercise _____ to lose weight.
- It is _____ to earn much money.

① fast   ② long
③ hard   ④ much
⑤ enough

08 다음 우리말을 영어로 바르게 옮긴 것은?

Luke의 차는 내 것보다 훨씬 빠르다.

① Luke's car is very fast than mine.
② Luke's car is much faster to mine.
③ Luke's car is very faster than mine.
④ Luke's car is much faster than mine.
⑤ Luke's car is twice faster than mine.

09 다음 밑줄 친 부분이 어법상 틀린 것은?

① Bob has <u>few friends</u> at school.
② There is <u>a little salt</u> in the bowl.
③ How <u>much legs</u> does a fly have?
④ Are there <u>many shops</u> in New York?
⑤ <u>Many children</u> are making snowmen in the park.

10 다음 중 어법상 틀린 것은?

① Melanie is always happy.
② Jake will never see you again.
③ I sometimes take a nap in class.
④ We take often a walk in the park.
⑤ They usually watch TV after meals.

서술형
11 다음 우리말과 일치하도록 주어진 단어와 어구를 배열하여 문장을 완성하시오.

젊은 사람들이 외국어를 배우는 것은 쉽다.
(a foreign language, to learn, young, the)
➡ It is easy for _____
_____ .

서술형
12 다음 우리말을 영어로 옮길 때 빈칸에 알맞은 말을 쓰시오.

제게 차가운 마실 것을 주세요.
➡ Give me _____
to drink.

13 다음 중 두 단어의 관계가 나머지 넷과 <u>다른</u> 것은?

① true — truly
② cost — costly
③ cheap — cheaply
④ terrible — terribly
⑤ sincere — sincerely

14 다음 중 밑줄 친 부분이 어법상 <u>어색한</u> 것은?

① Do you have <u>some</u> pets?
② I do not have <u>any</u> money.
③ Would you like <u>some</u> more?
④ There is <u>some</u> milk in the bottle.
⑤ Please call me if you have <u>any</u> questions.

15 다음 빈칸에 공통으로 들어갈 말로 알맞은 것은?

> • She spent so _____ money on traveling.
> • The situation was _____ worse than I expected.

① very   ② little   ③ more
④ many   ⑤ much

16 다음 빈칸에 공통으로 들어갈 말로 알맞은 것은?
（단, 대소문자 구분 없음）

> • I don't drink. Jason doesn't drink, _____.
> • **A** Would you like green tea or black tea?
>   **B** _____ is fine. I like both.

① too   ② also   ③ both
④ either   ⑤ neither

17 다음 중 seldom이 들어갈 위치로 알맞은 곳은?

> (①) The Amur leopard (②) is (③) seen (④) in the wild (⑤).

18 다음 밑줄 친 부분을 괄호 안의 말과 바꿔 쓸 수 <u>없는</u> 것은?

① I think I made <u>a lot of</u> mistakes.
      (→ many)
② Drink <u>lots of</u> water and get some rest.
      (→ a lot of)
③ There is <u>some</u> furniture in the living room.
      (→ a few)
④ We have <u>plenty of</u> time to prepare for the test.
      (→ much)
⑤ I would like <u>some</u> information about the course.
      (→ a little)

19 다음 중 어법상 **틀린** 것을 모두 골라 바르게 짝지은 것은?

ⓐ Is there anything good on TV tonight?
ⓑ Two-third of the visitors were students.
ⓒ There must be wrong something with it.
ⓓ The elderly is more likely to get very sick.

① ⓐ, ⓑ   ② ⓑ, ⓒ   ③ ⓑ, ⓓ
④ ⓐ, ⓑ, ⓒ   ⑤ ⓑ, ⓒ, ⓓ

20 다음 대화의 빈칸에 들어갈 말로 알맞은 것은?

A Should I take my shoes off before entering the temple?
B Yes, _____.

① you should take off them
② you should take them off
③ you should take it off
④ you should take off it
⑤ you don't have to

21 다음 중 어법상 **틀린** 것은?

① Korean and Japanese are closely related.
② They are highly educated and intelligent.
③ She always gets up early in the morning.
④ He had to stay up lately at night to study.
⑤ It has been nearly three years since you left.

서술형

22 다음 두 문장의 뜻이 일치하도록 빈칸에 알맞은 말을 쓰시오.

We provide food and shelter for homeless people.
= We provide food and shelter for _____ _____.

서술형

23 다음 밑줄 친 우리말을 영어로 옮길 때 빈칸에 알맞은 말을 쓰시오.

A Don't forget to turn off the lights.
B Okay, 내가 그것들을 끌게 when I'm done.
➡ I _____ _____ _____ _____.

서술형

24 다음 우리말과 일치하도록 주어진 〈조건〉을 이용하여 영작하시오.

〈조건〉
1. never, tell a lie, tell the truth를 사용할 것
2. (a)는 6단어, (b)는 5단어로 쓸 것

(a) 그는 거짓말을 한 적이 없다.
➡ _____
(b) 그는 항상 진실을 말한다.
➡ _____

학교 시험 대비 문제

01 다음 주어진 문장과 의미가 같은 것은?

England isn't as big as the United States.

① England is as big as the United States.
② England is bigger than the United States.
③ The United States is as big as England.
④ The United States isn't as big as England.
⑤ The United States is bigger than England.

02 다음 빈칸에 들어갈 말로 알맞은 것은?

This apple looks _____ that one.

① two big
② twice big
③ twice as big as
④ two bigger than
⑤ twice bigger than

03 다음 빈칸에 들어갈 말로 알맞은 것은?

The red car isn't as fast as the black one.
= The black car is _____ the red one.

① as fast as   ② as faster as
③ faster than   ④ less fast than
⑤ the fastest

04 다음 빈칸에 공통으로 들어갈 말로 알맞은 것은?

• I made _____ of nice friends.
• Jim has _____ more sisters than me.
• My father is 46 years old. He is _____ older than me.

① far   ② still
③ very   ④ a lot
⑤ even

05 다음 빈칸에 들어갈 말로 알맞은 것은?

Who is _____, Timothy or Julia?

① tall   ② taller
③ tallest   ④ more tall
⑤ the tallest

06 다음 주어진 글의 내용과 일치하는 것은?

• Sean is a year older than Jason.
• Jason is the best soccer player in his team.
• Jason runs faster than Sean.

① Sean is as old as Jason.
② Sean is taller than Jason.
③ Jason is younger than Sean.
④ Sean plays soccer better than Jason.
⑤ Jason is the fastest player in his team.

07 다음 표의 내용과 일치하지 <u>않는</u> 것은?

	Mira	Jinu	Chanu
나이	13세	14세	17세
키	157 cm	176 cm	174 cm

① Jinu is taller than Chanu.
② Chanu is older than Mira.
③ Jinu is younger than Mira.
④ Mira is shorter than Chanu.
⑤ Jinu is younger than Chanu.

08 다음 우리말을 영어로 바르게 옮긴 것은?

> 우리 어머니는 우리 아버지와 동갑이시다.

① My mother is as old as my father.
② My mother is older than my father.
③ My mother is younger than my father.
④ My mother is not as old as my father.
⑤ My mother is not as young as my father.

09 다음 빈칸에 들어갈 말로 바르게 짝지어진 것은?

> • The harder we study, the _____ confident we will be.
> • My father is getting _____ and better.

① many — best
② more — good
③ much — good
④ more — better
⑤ much — better

10 다음 두 문장의 뜻이 일치하도록 빈칸에 알맞은 말을 쓰시오.

> As we go higher, we get more tired.
> = _____ _____ we go, _____
> _____ tired we get.

11 다음 우리말과 일치하도록 주어진 단어를 사용하여 문장을 완성하시오.

> 크리스마스는 세계에서 가장 큰 행사 중 하나이다.
> (big, event)
> ➡ Christmas is _____
> in the world.

12 다음 우리말과 일치하도록 빈칸에 알맞은 말을 쓰시오.

> 아마존 강은 세계에서 가장 긴 강이다.
> ➡ The Amazon is _____ _____
> _____ in the world.

13 다음 빈칸에 들어갈 말로 알맞지 <u>않은</u> 것은?

> Getting a job is _____ more difficult than it used to be.

① much ② a lot ③ far
④ very ⑤ even

14 다음 중 문장의 의미가 나머지 넷과 <u>다른</u> 것은?

① Jeju is South Korea's largest island.
② No other island in South Korea is as large as Jeju.
③ No other island in South Korea is larger than Jeju.
④ Jeju is as large as any other island in South Korea.
⑤ Jeju is larger than all the other islands in South Korea.

15 다음 중 어법상 옳은 것으로만 짝지어진 것은?

> ⓐ You are my the best friend in the world.
> ⓑ Who is the smartest student in your class?
> ⓒ Orange juice is the most popular of all the fruit juices.
> ⓓ Hallasan is the highest mountain in South Korea.
> ⓔ It was one of the worst earthquake in history.

① ⓐ, ⓑ, ⓓ ② ⓐ, ⓒ, ⓔ ③ ⓑ, ⓒ, ⓓ
④ ⓑ, ⓓ, ⓔ ⑤ ⓒ, ⓓ, ⓔ

16 다음 중 밑줄 친 부분이 어법상 <u>틀린</u> 것은?

① Study <u>harder</u> to achieve your goal.
② They are <u>thinner</u> than a human hair.
③ She is <u>more famous</u> than her brother.
④ Regular exercise makes you <u>more healthy</u>.
⑤ He is trying to make you feel <u>better</u>.

17 다음 중 두 문장의 의미가 서로 <u>다른</u> 것은?

① He makes twice as much money as his wife.
➡ She makes half as much money as her husband.
② The higher we climbed, the colder it became.
➡ As we climbed higher, it became colder.
③ Her bag is three times more expensive than mine.
➡ Her bag is three times as expensive as mine.
④ The second episode is not as good as the first one.
➡ The second episode is better than the first one.
⑤ We will contact you as soon as possible.
➡ We will contact you as soon as we can.

18 다음 우리말과 일치하도록 빈칸에 들어갈 말로 알맞은 것은?

> 나는 내가 기대했던 것만큼 점수를 잘 받지 못했다.
> ➡ I did not score as _____ as I expected.

① well ② good ③ better
④ best ⑤ the best

19 다음 중 밑줄 친 부분의 설명이 잘못된 것은?

> The world ⓐ is getting more and more competitive. People want ⓑ to be ⓒ better than everyone else. But you should ⓓ stop comparing yourself to ⓔ others.

① ⓐ는 '점점 더 경쟁이 심해지고 있다'는 뜻이다.
② ⓑ는 to부정사의 명사적 용법으로 쓰였다.
③ ⓒ는 「비교급+than+대명사」로 '~만큼 …한'이라는 의미이다.
④ ⓓ는 「stop+동명사」로 '~하는 것을 멈추다'는 뜻이다.
⑤ ⓔ는 막연한 다수의 사람들, 즉 '다른 사람들'을 의미한다.

20 다음 중 어법상 틀린 것은?

① Let me know as soon as possible.
② This winter was colder than usual.
③ This box is half heavier than that one.
④ He looks more handsome than before.
⑤ Nothing can go faster than the speed of light.

21 다음 빈칸에 들어갈 말로 알맞지 않은 것은?

> **A** Are you and Tom the same age?
> **B** No, _____.

① he is my younger brother
② he is as old as I am
③ I am younger than he is
④ he is my elder brother
⑤ I am a year older than he is

22 다음 빈칸에 들어갈 말로 바르게 짝지어진 것은?

> • The final exam was _____ than the midterm exam.
> • I answered the question _____ than before.

① easier — easier
② easilier — easier
③ easier — easilier
④ more easily — easier
⑤ easier — more easily

23 다음 밑줄 친 우리말에 맞는 영어 표현을 2개 쓰시오.

> He jumped up 가능한 한 높이 to catch the ball.
> ➡ _____ _____ _____ _____
> ➡ _____ _____ _____ _____
>   _____

24 다음 두 문장의 의미가 일치하도록 빈칸에 알맞은 말을 쓰시오.

> I've never seen anything more beautiful than your smile.
> = Your smile is _____ _____ _____ thing I've _____ _____.

01 다음 두 문장의 의미가 같도록 빈칸에 들어갈 말이 바르게 짝지어진 것은?

> (a) You'd better not eat sweets _____ you have a toothache.
> (b) You have a toothache, _____ you'd better not eat sweets.

① because — so
② so — because
③ though — because
④ because — though
⑤ because — while

02 다음 두 문장을 연결하여 한 문장으로 만들 때 빈칸에 알맞은 것은?

> Do you know? + Can frogs see colors?
> ➡ Do you know _____ colors?

① that can frogs see
② when can frogs see
③ if can frogs see
④ if frogs can see
⑤ whether can frogs see

03 다음 주어진 문장을 바꿔 쓸 때 빈칸에 알맞은 말은?

> Where did Kate buy the baseball cap?
> ➡ Do you know _____ the baseball cap?

① Kate bought
② Kate did buy
③ where did Kate buy
④ where Kate bought
⑤ Kate bought where

04 다음 빈칸에 공통으로 들어갈 말로 알맞은 것은?

> • I waited here _____ she came back.
> • My sister watched TV _____ she was sleepy.

① or
② that
③ too
④ so
⑤ until

05 다음 우리말과 일치하도록 빈칸에 들어갈 말이 바르게 짝지어진 것은?

> Susan은 너무 겁이 나서 잘 수 없었다.
> ➡ Susan was _____ scared _____ she couldn't sleep.

① both — and
② too — to
③ so — that
④ too — that
⑤ very — that

06 다음 빈칸에 들어갈 말로 바르게 짝지어진 것은?

> • I can't hear you _____ you speak loudly.
> • _____ my boss heard the news, she was very excited.
> • I want to stay at home _____ I have a headache.

① when — Because — if
② because — If — when
③ unless — Because — but
④ because — Unless — when
⑤ unless — When — because

07 다음 중 밑줄 친 부분을 생략할 수 있는 것은?

① I don't know what <u>that</u> is.

② I think <u>that</u> is frightening.

③ <u>That</u> might stay unsolved.

④ I think <u>that</u> he is not ugly.

⑤ <u>That</u> girl is my sister's friend.

08 다음 중 밑줄 친 부분의 쓰임이 나머지 넷과 <u>다른</u> 것은?

① <u>When</u> is your birthday?

② <u>When</u> will you meet her?

③ Tell us <u>when</u> you will go out.

④ <u>When</u> do you want me to finish this?

⑤ <u>When</u> you finish that, you can come here.

09 다음 빈칸에 공통으로 들어갈 말로 알맞은 것은?

- _____ we have problems, she gives us useful advice.
- _____ do I have to return the book?

① When   ② Where

③ What   ④ That

⑤ Which

10 다음 빈칸에 들어갈 말로 알맞은 것은?

A Where does your grandpa live?

B I don't know _____.

① where my grandpa live

② where my grandpa lives

③ where is my grandpa living

④ where lives my grandpa

⑤ where does my grandpa live

11 다음 빈칸에 들어갈 말로 알맞은 것은?

If you don't waste your time, you'll be happier.

➡ Don't waste your time, _____ you'll be happier.

① or   ② and

③ when   ④ but

⑤ because

서술형
12 다음 두 문장의 뜻이 일치하도록 빈칸에 알맞은 말을 쓰시오.

Because I was very sleepy, I couldn't open my eyes.

= I was _____ sleepy that I couldn't open my eyes.

13 다음 두 문장을 한 문장으로 바르게 연결한 것은?

> • Do you think?
> • How much does it cost to raise a child?

① Do you think how much it costs to raise a child?
② Do you think how much does it cost to raise a child?
③ How much you think does it cost to raise a child?
④ How much do you think does it cost to raise a child?
⑤ How much do you think it costs to raise a child?

14 다음 주어진 문장과 의미가 같은 것은?

> I like dogs as well as cats.

① I like either cats or dogs.
② I like neither cats nor dogs.
③ I don't like cats but dogs.
④ I don't like both cats and dogs.
⑤ I like not only cats but also dogs.

15 다음 빈칸에 공통으로 들어갈 말로 알맞은 것은?

> • I took a taxi _____ I had a lot of luggage.
> • I saw her _____ I was coming into the building.

① as   ② since   ③ until
④ while   ⑤ because

16 다음 중 밑줄 친 부분이 어법상 틀린 것은?

① Either you or he <u>is</u> an artist.
② Neither I nor you <u>are</u> innocent.
③ Not only he but also I <u>like</u> soccer.
④ Both Irene and I <u>am</u> from Chicago.
⑤ Not my husband but I <u>am</u> a lawyer.

17 다음 중 주어진 문장과 의미가 비슷한 것은?

> Although it was snowing, it was not cold.

① It was snowing since it was not cold.
② It was snowing, but it was not cold.
③ It was snowing, so it was not cold.
④ It was not only cold but also snowing.
⑤ It was not cold because it was snowing.

18 다음 밑줄 친 that의 쓰임이 나머지 넷과 다른 것은?

① It is true <u>that</u> we broke up.
② He told me <u>that</u> he was sleepy.
③ I don't believe <u>that</u> she is guilty.
④ He used to work for <u>that</u> company.
⑤ My point is <u>that</u> we need more tools.

19 다음 문장의 밑줄 친 while과 바꿔 쓸 수 있는 것은?

I fell asleep <u>while</u> I was waiting for Santa Claus.

① since ② until ③ after
④ when ⑤ before

20 다음 밑줄 친 if[If]의 쓰임이 나머지 넷과 다른 것은?

① Can I go home <u>if</u> I have a fever?
② She asked me <u>if</u> you finished the work.
③ You can bring your friends <u>if</u> you want.
④ <u>If</u> you stay up all night, you will be very tired.
⑤ The picnic will be canceled <u>if</u> it rains tomorrow.

서술형
21 다음 두 문장의 뜻이 일치하도록 빈칸에 알맞은 접속사를 쓰시오.

You can't buy the ticket if you are not a member.
= You can't buy the ticket _____ you are a member.

서술형
22 다음 우리말과 일치하도록 주어진 단어를 알맞게 배열하시오.

나는 그녀가 돌아올지 모르겠다.
(she, idea, will, have, I, whether, come back, no)
➡ _____

서술형
23 다음 우리말을 주어진 단어와 어구를 사용하여 영작하시오.

시험에서 누가 부정행위를 했는지 모두가 안다.
(everyone, cheat on the test)
➡ _____
_____

서술형
24 다음 두 문장을 한 문장으로 바꾼 문장에서 틀린 부분을 두 군데 찾아 바르게 고치시오.

· I have never been to Finland.
· She has never been to Finland, either.
➡ Neither I or she have been to Finland.

(a) _____ ➡ _____
(b) _____ ➡ _____

01 다음 빈칸에 공통으로 들어갈 말로 알맞은 것은?

- Peter is the student _____ I like.
- This is the dog _____ Jim gave to me.
- Minsu is wearing clothes _____ his mom bought for him.

① who
② that
③ which
④ what
⑤ whom

02 다음 빈칸에 들어갈 말이 바르게 짝지어진 것은?

- Please return the clothes _____ I borrowed to you.
- Someone _____ has a lot of money is called a millionaire.
- My brother _____ is a pilot moved to Finland.

① who — who — who
② which — who — who
③ who — which — which
④ which — which — who
⑤ which — which — which

03 다음 밑줄 친 부분의 쓰임이 나머지 넷과 다른 것은?

① I know that she is very nice.
② Jake is the dog that I bought.
③ I think that the meal is delicious.
④ I hope that your father will get better soon.
⑤ You should make it clear that she is reliable.

04 다음 두 문장을 한 문장으로 바르게 연결한 것은?

- This is the four-leaf clover.
- It gives us good luck.

① This is the four-leaf clover gives us good luck.
② This is gives us good luck the four-leaf clover.
③ This is the four-leaf clover given us good luck.
④ The four-leaf clover gives us good luck this is.
⑤ This is the four-leaf clover that gives us good luck.

05 다음 두 문장을 한 문장으로 바꿔 쓸 때 빈칸에 알맞은 것은?

I saw a dog. + Its hair is long and curly.
➡ I saw a dog _____ is long and curly.

① who hair
② whose hair
③ which hair
④ whose the hair
⑤ whom hair

06 다음 밑줄 친 what[What]의 쓰임이 나머지 넷과 다른 것은?

① This is what I wanted to know.
② What we really need is positive thinking.
③ What we had for lunch were gimbap and fruit.
④ I'm sorry, but I can't understand what you're saying.
⑤ What's the difference between an animal and a human being?

07 다음 빈칸에 들어갈 말이 바르게 짝지어진 것은?

> (a) Can you please describe the place
> _____ you live?
> (b) August is the month _____ most
> people go on vacation.

① how — why
② which — how
③ where — when
④ where — which
⑤ where — how

08 다음 중 어법상 어색한 것은?

① I got everything that we needed.
② She has the suitcase which I lost in my office.
③ Every boy and girl that I know likes idol stars.
④ Jessica was the first girl who arrived at the airport.
⑤ Monica is the only girl that is not wearing a skirt.

09 다음 중 밑줄 친 부분이 어법상 올바른 것은?

① I have a car, that is very expensive.
② I had dinner with Jason whose is my friend.
③ A handsome boy who name is Charles is standing there.
④ I want to talk to the people who love writing stories.
⑤ This is the first novel which he has ever written.

10 다음 중 밑줄 친 부분을 생략할 수 없는 것은?

① This is the song which he likes.
② I know a girl who is good at cooking.
③ This is the movie that I wanted to see.
④ The purse which she made is very useful.
⑤ Jina ate the pizza that her father made for her.

서술형
11 다음 두 문장을 관계대명사 which를 사용하여 한 문장으로 바꿔 쓰시오.

> • I have the letter.
> • You sent it to me last week.
> ➡ _____
> _____

서술형
12 다음 두 문장을 관계부사를 이용하여 한 문장으로 바꿔 쓰시오.

> • This is the hospital.
> • I gave birth to my son and daughter there.
> ➡ _____
> _____

13 다음 밑줄 친 부분의 쓰임이 나머지 넷과 다른 것은?

① All <u>that</u> glitters is not gold.

② Love is the only thing <u>that</u> matters.

③ This is the last book <u>that</u> she wrote.

④ Is there anyone <u>that</u> can speak Korean?

⑤ I will give away clothes <u>that</u> do not fit me.

14 다음 빈칸에 들어갈 말로 알맞은 것은?

> Do you know the old man and his dog _____ are across the street?

① who   ② which   ③ that

④ whose   ⑤ what

15 다음 밑줄 친 부분을 that으로 바꿔 쓸 수 없는 것은?

① I know a man <u>who</u> lives next door.

② I visited the house in <u>which</u> he was born.

③ She is the student <u>whom</u> I taught years ago.

④ I have lost my wallet <u>which</u> she bought for me.

⑤ I finally found a man <u>who</u> truly understands me.

16 다음 두 문장을 한 문장으로 바꿔 쓸 때 빈칸에 들어갈 말로 바르게 짝지어진 것은?

> The shop is closed. I bought my bike in the shop.
> ➡ The shop in _____ I bought my bike is closed.
> ➡ The shop _____ I bought my bike is closed.

① which — which   ② where — which

③ which — where   ④ where — where

⑤ which — when

17 다음 빈칸에 공통으로 들어갈 말로 알맞은 것은?

> • I can't believe _____ you said.
> • That's exactly _____ I wanted to hear from you.

① who   ② whose   ③ what

④ which   ⑤ that

18 다음 중 밑줄 친 부분을 생략할 수 없는 것은?

① He is the man <u>that</u> I told you about.

② This is <u>the place</u> where we stayed last year.

③ That is <u>the reason</u> why she was depressed.

④ I remember the day on <u>which</u> I first met her.

⑤ She bought me a toy <u>which was</u> made in China.

19 다음 밑줄 친 who의 쓰임이 나머지 넷과 다른 것은?

① This is the boy who is a pianist.
② I know the girl who lives in Canada.
③ He met a writer who won the Nobel Prize.
④ The man who I saw at the park was wearing a red cap.
⑤ The woman who called you yesterday wants to see you.

20 다음 중 어법상 틀린 것끼리 짝지어진 것은?

ⓐ I spent all the money I had in my pocket.
ⓑ Try to do something that you are interested.
ⓒ This is the very thing which I wanted to do.
ⓓ The following is a list of students passed the test.

① ⓐ, ⓒ   ② ⓑ, ⓒ   ③ ⓒ, ⓓ
④ ⓐ, ⓒ, ⓓ   ⑤ ⓑ, ⓒ, ⓓ

21 다음 우리말과 일치하도록 주어진 단어를 배열할 때 여섯 번째 오는 단어는?

내가 선택한 주제는 인공지능이다.
(that, chose, AI, topic, I, is, the)
➡ _____

① is   ② the   ③ that
④ topic   ⑤ chose

22 다음 우리말과 일치하도록 빈칸에 생략된 말을 쓰시오.

줄넘기를 하고 있는 소녀는 내 여동생이다.
➡ The girl _____ _____ jumping rope is my sister.

23 다음 우리말과 일치하도록 빈칸에 알맞은 관계사를 쓰시오.

네가 나에게 해 준 것들에 대해 고마워.
➡ Thank you for _____ you have done for me.

24 다음 대화의 빈칸에 들어갈 알맞은 관계부사를 쓰시오.

A Tell me about a time (a)_____ you were under stress. How did you overcome it?
B I go for a walk in the park. The park is (b)_____ I feel the most relaxed.

01 다음 빈칸에 들어갈 말로 바르게 짝지어진 것은?

> • You should exercise regularly _____ you want to live long.
> • _____ it rains tomorrow, we will go surfing.

① if — If
② and — If
③ if — Unless
④ and — When
⑤ unless — Unless

02 다음 문장을 가정법으로 바꿔 쓸 때 빈칸에 들어갈 말이 바르게 짝지어진 것은?

> As he doesn't have a robot, he won't make it do his homework.
> ➡ If he _____ a robot, he _____ it do his homework.

① have — make
② had — will make
③ have — would make
④ had — would make
⑤ doesn't have — will make

03 다음 우리말과 일치하도록 할 때, 밑줄 친 단어의 형태로 알맞은 것은?

> 내 아들이 너만큼 지혜로우면 좋을 텐데.
> ➡ I wish my son <u>be</u> as wise as you.

① is   ② are
③ were   ④ has been
⑤ had been

04 다음 빈칸에 들어갈 말로 알맞은 것은?

> This dictionary isn't hers. But she uses it as if it _____ hers.

① is   ② are
③ were   ④ had been
⑤ would have been

05 다음 주어진 문장과 의미가 같은 것은?

> As you were not quiet, the class couldn't be over on time.

① If you are quiet, the class can be over on time.
② If you were quiet, the class could be over on time.
③ If you had been quiet, the class have been over on time.
④ If you were not quiet, the class couldn't be over on time.
⑤ If you had been quiet, the class could have been over on time.

06 다음 빈칸에 들어갈 말로 알맞은 것은?

> If I lost my keys, I _____ able to lock my drawers.

① wouldn't
② won't be
③ wouldn't be
④ won't have been
⑤ wouldn't have been

07 다음 빈칸에 들어갈 말로 알맞은 것은?

I don't do daily exercises. I wish I _____ daily exercises.

① do
② doing
③ did
④ has done
⑤ would have done

08 다음 중 밑줄 친 부분이 어법상 틀린 것은?

I'm 32 years old, but Mr. Williams talks to me
① ② ③
as if I am his little son.
④ ⑤

서술형

09 다음 주어진 문장을 바꿔 쓸 때 빈칸에 알맞은 말을 쓰시오.

I'm sorry I didn't have more time to talk with my parents.
➡ I wish I _____ more time to talk with my parents.

서술형

10 다음 두 문장의 뜻이 일치하도록 빈칸에 알맞은 말을 쓰시오.

As he was careless, the accident happened.
= If he _____ _____ _____ careless, the accident _____ _____ _____ happened.

서술형

[11-12] 다음 우리말을 주어진 단어와 어구를 사용하여 영어로 옮기시오.

11

내가 시간이 더 있다면, 나는 더 잘할 수 있을 텐데.
(more time, better)
➡ _____
_____

12

우리가 방학 중이면 좋을 텐데.
(wish, on vacation)
➡ _____
_____

13 다음 중 가정법 문장이 <u>아닌</u> 것은?

① If I were a bird, I would fly to you.
② If I had some money, I could buy a new car.
③ If he played the guitar well, he could join our club.
④ What would you do if you were a superhero?
⑤ If you get good grades, I will buy you a new phone.

14 다음 주어진 문장과 의미가 같은 것은?

> I am sorry that our school doesn't have a swimming pool.

① I wish our school doesn't have a swimming pool.
② I wish our school didn't have a swimming pool.
③ I wish our school had a swimming pool.
④ I wish our school will have a swimming pool.
⑤ I wish our school won't have a swimming pool.

15 다음 두 문장의 뜻이 일치하도록 빈칸에 들어갈 말로 알맞은 것은?

> If you were not excited, you could sleep well.
> = As you are excited, _____.

① you can sleep well
② you cannot sleep well
③ you could not sleep well
④ you was able to sleep well
⑤ you will be able to sleep well

16 다음 우리말과 일치하도록 빈칸에 들어갈 말로 알맞은 것은?

> 사전이 있다면, 나는 그 문장의 의미를 알 텐데.
> ➡ _____, I would know the meaning of the sentence.

① There is a dictionary
② As I have a dictionary
③ If I have a dictionary
④ If I had a dictionary
⑤ If I had had a dictionary

17 다음 빈칸에 공통으로 들어갈 말로 알맞은 것은?

> • I wish I _____ be there with you.
> • Someone _____ get injured if we were not careful.
> • If I had studied harder, I _____ have gone to college.

① will   ② have   ③ had
④ can   ⑤ could

18 다음 빈칸에 들어갈 말이 나머지 넷과 <u>다른</u> 것은?

① If she _____ not tired, she could join us.
② If you _____ there, you could have met him.
③ If I _____ a millionaire, I would buy a private jet.
④ If there _____ no tests, students would be happier.
⑤ If I _____ in your shoes, I would do the same thing.

19 다음 우리말과 일치하도록 빈칸에 들어갈 말로 알맞은 것은?

> 그들은 마치 그것에 목숨이 달린 것처럼 싸웠다.
> ➡ They _____ as if their lives _____ on it.

① fight — depended
② fight — had depended
③ fought — depended
④ fought — had depended
⑤ had fought — had depended

20 다음 빈칸에 들어갈 말로 알맞은 것은?

> Her father wanted a son, but he got a girl. So, he decided to raise her as if she _____ a boy.

① is ② to be ③ were
④ has been ⑤ had been

21 다음 빈칸에 들어갈 말이 나머지 넷과 다른 것은?

① He talks as if he _____ there last night.
② I wish we _____ rich when I was young.
③ If I _____ free time, I would go on a trip.
④ She acts as if she _____ a teacher before.
⑤ If we _____ more careful, the accident would not have happened.

22 다음 우리말을 영어로 바르게 옮긴 것은?

> 내가 그의 전화번호를 알았다면, 나는 그에게 전화를 했을 것이다.

① If I knew his phone number, I would call him.
② If I had known his phone number, I would call him.
③ If I knew his phone number, I would have called him.
④ If I had known his phone number, I would have called him.
⑤ If I have known his phone number, I would have called him.

23 다음 중 어법상 틀린 것은?

① I wish I had passed the exam.
② He talks as if he were a doctor.
③ If I had a car, I will give you a ride.
④ I wish I had a second chance.
⑤ If he had studied harder, he would have succeeded.

서술형
24 다음 우리말과 일치하도록 주어진 단어를 사용하여 문장을 완성하시오.

> 네가 그녀에게 정중하게 부탁했다면, 그녀는 너를 도와줬을지도 모른다.
> (ask her nicely, might)
> ➡ If _____
> _____ .

01 다음 빈칸에 공통으로 들어갈 말로 알맞은 것은?

> (a) The first World Cup was held in Uruguay
> _____ 1930.
> (b) The fortune teller told me to be rich
> _____ five years.

① in   ② on
③ at   ④ to
⑤ from

02 다음 중 밑줄 친 부분이 어법상 틀린 것은?

① My computer lesson ends <u>at</u> six o'clock.
② She wears a thick woolen coat <u>in</u> winter.
③ Mom makes a very good dinner <u>on</u> Saturdays.
④ Bill is going to visit his grandparents <u>at</u> next week.
⑤ I will call you back <u>in</u> a few minutes.

[03-04] 다음 빈칸에 들어갈 말이 바르게 짝지어진 것을 고르시오.

03

> There are two teddy bears _____ the table and three books _____ the drawer.

① at — in   ② on — at
③ in — on   ④ on — in
⑤ at — on

04

> (a) I'm going to take a flute class _____ summer vacation.
> (b) They decided to postpone their vacation _____ next week.

① for — past
② for — until
③ during — past
④ during — until
⑤ around — since

05 다음 빈칸에 들어갈 말로 알맞은 것은?

> They began to play baseball and finished at 7:00.
> = They played baseball _____ 7:00.

① for   ② until
③ from   ④ after
⑤ around

06 다음을 영어로 읽은 것 중 옳은 것은?

① 7:20 — seven to two
② 5:30 — a half past six
③ 1:15 — a quarter to one
④ 3:45 — a quarter to four
⑤ 12:45 — a quarter past twelve

07 다음 중 밑줄 친 부분의 쓰임이 나머지 넷과 다른 것은?

① I like my brothers.

② He works like an ant.

③ I would like to see that movie.

④ How do you like this restaurant?

⑤ Which do you like better, water or tea?

08 다음 밑줄 친 부분을 영어로 바르게 옮긴 것은?

> He went to Singapore <u>2010년 11월 7일에</u>.

① in 2010, December 7

② in 2010, November 11

③ on December 7th, 2010

④ on November the 11th, 2010

⑤ on the 7th of November, 2010

09 다음 빈칸에 들어갈 말로 알맞은 것은?

> When I was a child, I often visited my grandparents.
> = _____ my childhood, I often visited my grandparents.

① If

② During

③ Before

④ Though

⑤ Because

10 다음 중 두 문장의 의미가 다른 것은?

① It's half past five.
  ➡ It's five thirty.

② It's ten to four.
  ➡ It's three fifty.

③ It's a quarter to seven.
  ➡ It's fifteen past six.

④ It's a quarter to eleven.
  ➡ It's ten forty-five.

⑤ It's a quarter past three.
  ➡ It's three fifteen.

11 다음 빈칸에 들어갈 말로 바르게 짝지어진 것은?

> A I'll go to a mountain _____ a week. Can you join me?
> B I'd like to, but I have to stay at home. My grandpa will be here _____ summer vacation.

① for — in

② in — for

③ to — during

④ for — during

⑤ during — but

서술형
12 다음 빈칸에 공통으로 들어갈 말을 쓰시오.

> • We arrived at Muju _____ 1 p.m.
> • She stayed up late _____ night.
> • Everybody got together _____ the campfire.

13 다음 빈칸에 들어갈 말이 나머지 넷과 <u>다른</u> 것은?

① We always have lunch _____ noon.

② He is out of town _____ present.

③ The first class begins _____ 9:10.

④ I drink coffee _____ the afternoon.

⑤ I heard the clock ring _____ midnight.

14 다음 우리말과 일치하도록 빈칸에 들어갈 말로 알맞은 것은?

> 30분 후에 저녁 식사가 준비될 것이다.
> ➡ Dinner will be ready _____ half an hour.

① at   ② in   ③ on

④ by   ⑤ about

15 다음 중 어법상 <u>틀린</u> 것은?

① I practice yoga on Sunday morning.

② You should hand in your essay by Friday.

③ Can you send me the file until tomorrow?

④ We have been friends for more than ten years.

⑤ The work will be finished before the end of the year.

16 다음 빈칸에 공통으로 들어갈 말로 알맞은 것은?

> • He is lying _____ the floor.
> • We will have a party _____ Christmas Eve.

① on   ② at   ③ in

④ for   ⑤ among

17 다음 글의 (A)~(C)에서 어법상 맞는 것을 골라 바르게 짝지은 것은?

> It took us two hours from Seoul (A) [for / to] Chuncheon. The return trip took longer (B) [because / because of] heavy traffic. We could not arrive (C) [until / by] night.

	(A)	(B)	(C)
①	for ·····	because ·····	until
②	for ·····	because of ·····	until
③	to ·····	because of ·····	until
④	to ·····	because ·····	by
⑤	for ·····	because ·····	by

18 다음 밑줄 친 부분의 쓰임이 나머지 넷과 <u>다른</u> 것은?

① Please leave the books <u>as</u> they are.

② <u>As</u> she grew older, she became wiser.

③ We are learning English <u>as</u> a second language.

④ <u>As</u> you know, Children's Day is around the corner.

⑤ You can get a discount <u>as</u> you are a student.

19 다음 우리말과 일치하도록 빈칸에 들어갈 말로 알맞은 것은?

> 우리는 공기 없이 살 수 없다.
> ➡ We can't live _____ air.

① with　　　② for　　　③ within
④ by　　　　⑤ without

20 다음 빈칸에 공통으로 들어갈 말로 알맞은 것은?

> • Cut your colored paper _____ scissors.
> • Why don't you come _____ me?

① by　　　　② like　　　③ for
④ with　　　⑤ within

서술형
21 다음 우리말과 일치하도록 빈칸에 알맞은 말을 쓰시오.

> **A** Excuse me. Do you know where the post office is?
> **B** Go past the traffic lights. You will see a bank (a) 오른쪽에. It is the building (b) 옆에 the bank.

(a) _____ _____ _____
(b) _____ _____

서술형
22 다음 문장에서 어법상 **틀린** 부분을 바르게 고쳐 문장을 다시 쓰시오.

> She graduated from middle school in last year.
> ➡ _____
> _____

서술형
23 다음 우리말과 일치하도록 주어진 단어를 배열하시오.

> 집에서 학교까지 얼마나 걸리니?
> (home, to, how, it, does, school, from, take, long)
> ➡ _____
> _____

서술형
24 다음 표의 내용과 일치하도록 빈칸에 알맞은 전치사를 쓰시오.

시각	한 일
8:30 ~ 9:00	아침 식사
9:00 ~ 10:30	숙제하기
12:00 ~ 1:00	점심 식사
3:00 ~ 4:00	개 산책시키기

> (a) I had breakfast _____ 8:30 _____ the morning.
> (b) _____ breakfast, I did my homework.
> (c) I ate lunch _____ noon.
> (d) I walked my dog _____ an hour.

적중! 중학영문법 3300제 Level 2

워크북
정답과 해설

서술형 대비 문장 연습

Chapter 01 문장의 형식 ▶▶ p.60~61

A

1 She looks like her father.
2 Let me introduce myself.
3 We heard the car come(coming) this way.
4 They call her Little Princess.
5 I felt my mom touch(touching) my shoulder.
6 She got her husband to wash the dishes.

B

1 That sounds like a good idea.
2 I had him fix the roof.
3 His talent made him a star.
4 They named the baby Jetty.
5 My sister made me cookies.
6 She showed us her photos.

C

1 He told me to be quiet.
2 His friends call him Danny.
3 Do you want me to help you?
4 Did you hear her play(playing) the piano?
5 Do your parents allow you to play games?
6 She found the movie boring.

D

1 sleeping(sleep) on the sofa
2 her singing(sing) a song
3 Lisa (to) cook dinner
4 my dog running(run) to me
5 a baby crying(cry) somewhere
6 my sister cleaning(clean) her room

Chapter 02 시제 ▶▶ p.62~63

A

1 I washed my hair last night.
2 Amy knows how to play the piano.
3 Jessica usually goes jogging in the morning.
4 He has kept a diary since he was ten.
5 They are watching TV in the living room now.
6 I'm going to join a book club next week.

B

1 We have just finished dinner.
2 He gets up at six every morning.
3 We are going to move next weekend.
4 David is fixing his computer
5 They watched a musical two days ago.
6 I have not met her since last year.

C

1 Are you doing your homework?
2 It will be cold
3 Have you ever seen the movie?
4 She has lived in Seoul for 5 years.
5 I have been to Japan before.
6 When I opened the door, my sister was reading a book.(My sister was reading a book when I opened the door.)

D

1 has gone to
2 has lost
3 have studied English
4 have been at the library
5 has lived in England
6 have known Alice

Chapter 03 조동사 ▶▶ p.64~65

A

1 You had better wash your hands.
2 I would like to eat pasta for lunch.
3 You ought not to drive too fast.
4 You had better not lie to me.
5 We will have to clean the table tomorrow.
6 She used to go to the park every weekend.

B

1 Could you open the door?

2 I won't call her again.

3 Would you like to have a cup of coffee?

4 Dan may be at his office.

5 You must not take photos here.

6 He used to go fishing every summer.

C

1 That cannot(can't) be true.

2 This building used to be a church.

3 You had better not watch TV.

4 She doesn't have to get up early.

5 I would like to study Chinese.

6 We must be quiet here.

D

1 She doesn't have to lose weight.

2 He had to send this letter.

3 The man cannot(can't) be Tony's father.

4 You had better not leave your bicycle here.

5 Should I go to the meeting?

6 We cannot(can't) finish the work by next week.

Chapter 04 부정사 ▶▶ p.66~67

A

1 To help sick people is her job.

2 He was careful not to drop the vase.

3 It is nice of you to remember my birthday.

4 It is impossible for him to win the game.

5 This is a good toy for children to play with.

6 The picture isn't clear enough to see.

B

1 I have a lot of homework to do.

2 It is not safe for him to drive.

3 We ran not to miss the bus.

4 She has many friends to talk to.

5 He was too busy to have breakfast.

6 Do you know how to play this game?

C

1 He needs a chair to sit on.

2 I promised not to be late.

3 She grew up to be a doctor.

4 I want Jenny to clean her room.

5 It is very kind of you to help me.

6 He was surprised to hear the news.

D

1 to eat with

2 to pass the test

3 to become a pilot

4 to help her mom

5 to write with

6 to get healthier

Chapter 05 동명사 ▶▶ p.68~69

A

1 I couldn't help laughing at that moment.

2 Reading many books is very helpful.

3 I'm sorry for not being on time.

4 He started playing(to play) the violin last year.

5 She had difficulty getting to sleep last night.

6 What do you say to going to a movie?

B

1 Not telling the truth is bad.

2 She stopped to take a picture.

3 It is no use apologizing now.

4 I couldn't help drinking coffee.

5 He gave up reading the book.

6 I remember sending an email to him.

C

1 The movie is worth watching.

2 I don't feel like having lunch.

3 Don't forget to bring your homework.

4 He regretted not studying hard.

5 Kelly is busy cleaning her room.

6 She spends much money (on) buying clothes.

D

1 being a teacher
2 playing tennis with Jenny
3 watching horror movies
4 missing the train
5 teaching English
6 washing his car

Chapter 06 분사 ▶▶ p.70~71

A

1 Tom had his computer fixed.
2 Don't wake up the sleeping baby.
3 Being tired, I went to bed early.
4 The news about her was very shocking.
5 Cindy is interested in playing the violin.
6 Not having enough money, I couldn't buy the house.

B

1 This is a watch made in Japan.
2 The boy drawing a picture is my son.
3 I felt someone touching my shoulder.
4 Climbing the mountain, I hurt my leg.
5 Reading the book, he fell asleep.
6 Not knowing her well

C

1 The result was very disappointing.
2 She has a cat called Happy.
3 I found the book interesting.
4 He tried to open the locked door.
5 Who is that boy dancing on the stage?
6 I saw my sister eating pizza.

D

1 Finishing dinner
2 Receiving the flower
3 Waiting for the bus
4 Being hungry
5 Not feeling well
6 Not having any time

Chapter 07 수동태 ▶▶ p.72~73

A

1 Was Billy bitten by a dog?
2 She wasn't(was not) invited to the party.
3 The World Cup is held every four years.
4 Dinner will be cooked by my father.
5 The class was taught by Mr. Lee last year.
6 The ring was given to her by her boyfriend.

B

1 The meeting was put off by us.
2 Was the picture taken by John?
3 Five cookies were eaten by Charles.
4 The novel is read by many people.
5 These fruits are grown in California.
6 The baby is taken care of by my sister.

C

1 Was this window broken by Kevin?
2 She isn't(is not) satisfied with her job.
3 The house was built by my father.
4 Your clothes will be delivered tomorrow.
5 The report should be finished
6 This letter was written by my old friend.

D

1 My dog was run over by a truck.
2 The work will be finished by her tomorrow.
3 This sweater was made for me by my grandmother.
4 The police caught the thieves.
5 Was the poster made by Peter?
6 The story wasn't(was not) written by a famous writer.

Chapter 08 명사와 관사 ▶▶ p.74~75

A

1 I visited Australia last year.
2 Those men are baseball players.
3 They saw two wolves in the forest.
4 We have a film festival once a year.
5 When did you go to bed yesterday?

6 We bought two bottles of water for our picnic.

B

1 Do you go to school by bus?

2 There are many leaves under the tree.

3 practice the piano once a week

4 goes to church on Sundays

5 The flowers in the garden were yellow.

6 ate two tomatoes in the morning

C

1 I lost my glasses

2 The cup on the table is mine.

3 She bought a pair of pants

4 They often play basketball after school.

5 When did you have lunch?

6 Can he play the violin?

D

1 She drinks two glasses of milk

2 Jenny bought a pair of socks

3 David put three slices of cheese

4 He wrote something on a sheet of paper.

5 We need four bottles of wine for the party.

Chapter 09 대명사 ▶▶ p.76~77

A

1 All the money was stolen.

2 He finished the report himself.

3 Every boy likes to play soccer.

4 Do you have another question?

5 It is important to practice every day.

6 One of their two children is a boy, and the other is a girl.

B

1 Neither of us saw the car.

2 It is not easy to exercise every day.

3 All of my friends like skiing.

4 Would you like another cup of tea?

5 Both of my sisters wear glasses.

6 Each of the children has a pet.

C

1 It is snowing now.

2 Every student was in the classroom.

3 Each team has five players.

4 These bags were not ours.

5 Both of us are interested in history.

6 The school holds a festival every two years.

D

1 He often talks to himself.

2 Do you love yourself?

3 My sister fixed the door by herself.

4 She cut herself

5 Did they enjoy themselves

6 We helped ourselves to

Chapter 10 형용사와 부사 ▶▶ p.78~79

A

1 Why do you eat so fast?

2 He took it off in the room.

3 There is a little sugar in my tea.

4 The bird flew high in the sky.

5 Would you like something cold?

6 She has helped the poor for three years.

B

1 She has much work to do.

2 There is little water in the bottle.

3 I have never been to France.

4 He could hardly read the letters.

5 Did you find anything interesting?

6 Do you have any plans for this weekend?

C

1 He came home late.

2 Did you study hard today?

3 There are few parks in this city.

4 Our boss is always kind to us.

5 There is little furniture in my room.

6 I didn't buy anything expensive.

D

1 I want to be someone important.

2 Today is much warmer than yesterday.

3 We seldom go to see a movie.

4 He is still waiting for the bus.

5 There is nothing special about the article.

6 I want to do something exciting for my birthday.

Chapter 11 비교   ▶▶ p.80~81

A

1 Mary is the tallest girl in her class.

2 He is the smartest person I've ever met.

3 Your report is better than his.

4 The more I eat, the hungrier I get.

5 My trip to China cost less than I expected.

6 Korean is one of the greatest languages in the world.

B

1 His bag is as heavy as mine.

2 Today is not as cold as yesterday.

3 He spoke as slowly as possible.

4 What is the largest city in the world?

5 The less you eat, the longer you live.

6 Their house is twice as big as ours.

C

1 The skirt is not as(so) comfortable as these pants.

2 Her room is far smaller than yours.

3 Jane is the kindest student in my class.

4 The situation is getting worse and worse.

5 This is one of the most beautiful buildings in the world.

6 runs twice as fast as

D

1 not as(so) expensive as

2 as fast as possible

3 as heavy as yours

4 more important than money

5 longer than any other

6 better than

Chapter 12 접속사   ▶▶ p.82~83

A

1 I want to know who she called.

2 Both my mother and father like this game.

3 Drive carefully, or you may have an accident.

4 We didn't win the game because of my mistake.

5 I was so busy that I couldn't have breakfast.

6 Can we talk for a minute unless you're busy?

B

1 Neither Amy nor Tim helped me.

2 I don't know why he called me.

3 He didn't know where the book was.

4 It is amazing that she won.

5 Although they were hungry

6 and you will not get wet

C

1 Do you know where she lives?

2 The room was so dark that I couldn't see anything.

3 Both Tom and Peter are good at English.

4 Study hard, or you will fail the exam.

5 Exercise every day, and you will be healthier.

6 We can order either chicken or pizza.

D

1 why she came late

2 what subject he taught

3 how much the bag costs

4 when you started playing the guitar

5 who your favorite actor is

6 whether(if) I locked the door

Chapter 13 관계사   ▶▶ p.84~85

A

1 We went to a library whose roof is red.

2 I miss the days when I was younger.

3 Man is the only animal that can use tools.

4 This is the greatest book that I've ever read.

5 Nobody knew the reason why he was sad.

6 Do you know the man who is talking to Amy?

B

1 She bought snacks that everyone likes.

2 I like women whose hair is long.

3 He fixed the computer which Kate broke.

4 I have a friend who plays soccer well.

5 What we made for lunch was pizza.

6 She saw a movie which was about Mars.

C

1 This is a bird that(which) can talk.

2 Seoul is the city where(in which) she lives. 또는
Seoul is the city that(which) she lives in.

3 This is the road which was built last year.

4 I have a friend whose father is a teacher.

5 This is what(the thing that/which) I ate yesterday.

6 The subject which I am(I'm) good at is English.

D

1 Look at those musicians who(that) are singing on the street.

2 I lost the pen which(that) was my sister's favorite.

3 The cake which(that) Jane made was delicious.

4 The woman who(m)(that) I met on the bus was friendly.

5 She helped a boy whose bike was stolen.

6 This is how I teach my students.

Chapter 14 가정법 ▶▶ p.86~87

A

1 I wish I could stop time.

2 If I were you, I wouldn't believe him.

3 If I had a car, I could lend it to you.

4 If I had had more money, I would have bought two bags.

5 If I were him, I would never let you go.

6 Harry failed the test, but he talks as if he had passed it.

B

1 I wish we were at the beach.

2 She acts as if she were the boss.

3 I wish I hadn't lied to her.

4 He looks as if he had been sick yesterday.

5 If I were you, I wouldn't buy the car.(I wouldn't buy the car if I were you.)

6 If I were rich, I could travel

C

1 I wish she were not busy.

2 He acts as if he were my best friend.

3 I wish he loved me.

4 If I were her, I would be angry.(I would be angry if I were her.)

5 If you had come early, you could have seen him.(You could have seen him if you had come early.)

6 If she had known it, she would have helped you.(She would have helped you if she had known it.)

D

1 If I didn't have a lot of things to do

2 If you hadn't emailed me last week

3 Tom were my boyfriend

4 I had stopped by the grocery store

5 they were his parents

6 she had finished her report on time

Chapter 15 전치사 ▶▶ p.88~89

A

1 Tim was sitting next to me.

2 Korea is between China and Japan.

3 He hung the picture on the wall.

4 Kate always exercises in the evening.

5 The festival will be held on July 4th.

6 Please submit your report by 3:00 p.m. today.

B

1 She cut the cake with a knife.

2 It stopped raining around ten o'clock.

3 A bird is flying over the tree.

4 We have been friends since 2010.

5 The class will begin in a few minutes.

6 He took some coins out of his pocket.

C

1 It's a quarter past ten.

2 I walked from home to school.

3 We can see many flowers in

4 He drove along the beautiful river.

5 Is there a library near your school?

6 My sister left for Europe

D

1 You should finish your homework by Friday.

2 I run for an hour every day.

3 I will stay here until Sunday.

4 He hasn't eaten anything since this morning.

5 She visited Canada during the summer vacation.

학교 시험 대비 문제

Chapter 01 문장의 형식 ▶▶ p.90~93

01 ④ 02 ④ 03 ③ 04 ③ 05 ① 06 ② 07 ⑤ 08 ④ 09 ⑤ 10 ⑤ 11 ① 12 (a) look (b) memorize 13 ① 14 ③ 15 ⑤ 16 ⑤ 17 ③ 18 ④ 19 ② 20 ⑤ 21 have 22 playing(play) 23 (a) staying, stay (b) get, to get 24 He wanted me to lend him some money.

01 ④

감각동사 feel은 뒤에 형용사 보어가 와야 하므로 sad and lonely로 고쳐야 한다.

02 ④

①, ②, ③, ⑤는 「주어 + 수여동사 + 간접목적어(사람) + 직접목적어(사물)」로 이루어진 4형식 문장이고, ④는 「주어 + 동사 + 목적어」의 3형식 문장이다.

03 ③

동사 tell과 advise는 목적격보어로 to부정사를 취한다.

04 ③

tell은 목적격보어로 to부정사를 사용하는 동사이다. 타동사 marry는 '~와 결혼하다'의 뜻으로 뒤에 전치사 없이 바로 목적어를 쓴다.

05 ①

목적격보어로 동사원형(decorate)이 온 것으로 보아 to부정사를 목적격보어로 취하는 wanted는 빈칸에 알맞지 않다.

06 ②

give는 4형식을 3형식으로 전환할 때 간접목적어 앞에 전치사 to를 쓴다.

07 ⑤

감각동사 feel, sound, taste, smell의 주격보어로 형용사만 쓸 수 있다.

08 ④

「want + 목적어」: ~을 원하다

「want + to부정사」: ~하기를 원하다

「want + 목적어 + to부정사」: 목적어가 ~하기를 원하다

09 ⑤

「want + 목적어 + to부정사」: 목적어가 ~하기를 원하다
studying을 to study로 고쳐야 한다.

10 ⑤
⑤는 4형식의 직접목적어로 쓰였고, 나머지는 모두 3형식의 목적어로 쓰였다.

11 ①
각각 지각동사(saw)와 사역동사(had)의 목적격보어 자리이므로 동사원형이 알맞다.

12 (a) look (b) memorize
사역동사 make는 목적격보어로 동사원형을 취한다.

13 ①
목적격보어로 to부정사(to clean)가 왔으므로, 목적격보어로 동사원형이 오는 사역동사 made는 빈칸에 알맞지 않다.

14 ③
4형식 문장의 동사 cook과 teach는 3형식 문장으로 전환할 때 간접목적어 앞에 각각 전치사 for와 to를 쓴다.

15 ⑤
<보기>와 ①, ②, ③, ④는 1형식 문장이고, ⑤는 「주어 + 동사 + 주격보어」로 이루어진 2형식 문장이다.

16 ⑤
⑤는 「주어 + 동사 + 목적어 + 목적격보어」의 5형식 문장이고, 나머지는 「주어 + 동사 + 목적어」의 3형식 문장이다.

17 ③
4형식 문장을 3형식으로 전환할 때, write, show, send, give는 간접목적어 앞에 전치사 to를 쓰며, buy는 for를 쓴다.

18 ④
④는 4형식의 직접목적어로 쓰였고, 나머지는 모두 5형식의 목적격보어로 쓰였다.

19 ②
ⓐ 감각동사 smell은 주격보어로 형용사를 쓴다. (badly → bad)
ⓒ 지각동사 see는 목적격보어로 동사원형이나 현재분사를 쓴다. (to enter → enter[entering])

20 ⑤
make가 사역동사로 쓰일 때 목적격보어로 동사원형이

온다.

21 have
사역동사 let은 목적격보어로 동사원형을 쓴다.

22 playing[play]
지각동사는 목적격보어로 동사원형을 쓰며, 진행 중인 행동을 강조할 때는 현재분사를 쓰기도 한다.

23 (a) staying, stay (b) get, to get
(a) 사역동사 have는 목적격보어로 동사원형을 쓴다.
(b) expect는 목적격보어로 to부정사를 쓴다.

24 He wanted me to lend him some money.
'~가 …하기를 원하다'는 「want + 목적어 + 목적격보어(to부정사)」의 형태로 쓰며, lend 뒤에는 「간접목적어 + 직접목적어」가 온다.

Chapter 02 시제
▶▶ p.94~97

01 ④ 02 ⑤ 03 ④ 04 ① 05 ④ 06 ② 07 ④ 08 ④ 09 ④ 10 ④ 11 was surfing, came 12 rained a lot last week 13 ② 14 ② 15 ⑤ 16 ③ 17 ③ 18 ④ 19 ① 20 ④ 21 ④ 22 has been 23 will wait until the rain stops 24 I am not going to leave you alone.

01 ④
과거부터 현재까지 계속되는 일이므로 현재완료시제(has volunteered)로 나타내며, 특정 시점을 나타내는 어구(last month)가 쓰였으므로 since를 사용한다.

02 ⑤
'시계를 팔아서 지금은 가지고 있지 않다'는 의미이므로 결과를 의미하는 현재완료시제(has sold)가 알맞다.

03 ④
(a) last night으로 보아 과거시제가 알맞다.
(b) for three months로 보아 현재완료시제가 알맞다.

04 ①
과거에 시작된 일이 현재까지 이어지고 있으므로 현재완료시제(has lived)가 알맞다.

05 ④

① yesterday로 보아 과거시제(watched)가 알맞다.

② two years ago로 보아 과거시제(visited)가 알맞다.

③ since로 보아 현재완료시제(has met)가 알맞다.

⑤ last year로 보아 과거시제(didn't meet)가 알맞다.

06 ②

〈보기〉와 ②는 ever, never로 보아 경험을 나타내는 현재완료로 쓰였다.

① 결과 ③ 계속 ④ 완료 ⑤ 계속

07 ④

현재진행시제로 물었는데 과거진행시제로 대답하는 것은 적절하지 않다.

08 ④

경험을 나타내는 현재완료로 표현한다. 부사 ago는 단독으로 쓸 수 없으며, 특정 과거 시점을 나타내므로 현재완료시제와 함께 사용할 수 없다.

09 ④

his graduation이 과거의 특정한 시점을 나타내므로 첫 번째 빈칸에는 since가 알맞다. 두 번째 문장은 과거시제로 쓰였으므로 과거를 나타내는 부사 last가 알맞다.

10 ④

Have로 시작하는 의문문이므로 첫 번째 빈칸에는 과거분사 형태(studied)가 알맞다. 주절이 현재완료시제일 때 since 뒤에는 과거시제가 오므로 두 번째 빈칸에는 graduated가 알맞다.

11 was surfing, came

과거의 진행 중인 동작을 나타내므로 과거진행시제인 was surfing이 알맞다. when절 빈칸에는 과거의 동작을 나타내는 과거시제 came이 알맞다.

12 rained a lot last week

과거를 나타내는 부사구 last week가 쓰였으므로 과거시제를 사용하여 문장을 완성한다.

13 ②

How long으로 시작하는, 기간을 묻는 질문에 대한 대답이다. 완료시제에서 '~ 동안'이라는 의미로 기간과 함께 쓰이는 전치사는 for이다. since 뒤에는 과거의 특정 시점을 나타내는 어구가 온다.

14 ②

소유를 나타내는 동사는 진행시제로 쓰지 않는다. (is

belonging → belongs)

15 ⑤

과거시제(got)가 쓰였으므로 (과거의) 특정 시점을 나타내는 부사(구)가 와야 한다. for는 주로 완료시제와 함께 쓰인다.

16 ③

시간의 부사절에서는 현재시제로 미래를 나타내므로 will go를 go로 고쳐야 한다.

17 ③

현재완료의 부정문은 「주어 + have〔has〕 not + p.p.」의 형태를 취하므로, hasn't buy를 hasn't bought로 고쳐야 한다.

18 ④

빈칸 뒤의 내용으로 보아 부정의 대답이 와야 한다. 현재완료시제의 의문사 없는 의문문에 대한 부정의 대답이므로 No, I haven't.가 알맞다.

19 ①

①은 just와 함께 쓰인 현재완료의 완료 용법이며, 나머지는 경험 용법이다.

20 ④

'그녀를 마지막으로 본 이후 2년이 되었다'는 말은 '2년 동안 그녀를 보지 못했다'는 의미이다. 따라서 현재완료의 부정형인 haven't seen이 알맞다.

21 ④

since는 과거의 특정 시점과 함께 쓰이고, for는 기간과 함께 쓰여 '~ 동안'이라는 의미를 나타낸다.

22 has been

과거부터 현재까지 계속되는 상태를 나타내므로 현재완료로 표현한다.

23 will wait until the rain stops

'기다릴 것이다'는 미래시제(will wait)로 쓰고, until로 시작하는 시간의 부사절에서는 현재시제로 미래를 나타내므로 the rain stops로 표현한다.

24 I am not going to leave you alone.

go가 주어졌으므로 '~할 것이다'는 「be going to + 동사원형」으로, '너를 혼자 두다'는 「leave + 목적어(you) + 목적격보어(alone)」로 표현한다.

01 ⑤   02 ⑤   03 ⑤   04 ④   05 ②   06 ①   07 ③
08 ①   09 ①   10 ⑤   11 You had better not buy
unnecessary things.   12 I used to take a walk after
school.   13 ②   14 ⑤   15 ①   16 ③   17 ⑤   18 ②   19
⑤   20 ④   21 ③   22 passed the English test   23 used
to   24 (a) guides, guide (b) playing, play

01 ⑤

빈칸 다음의 말로 보아 문맥상 부정의 대답이 와야 하며, Can cows fly?에 대한 부정의 대답은 No, they can't.이다.

02 ⑤

방과 후에 할 일에 대해 이야기하고 있으므로, '자전거를 탈 거야'라는 미래의 일은 will 또는 be going to를 이용하여 써야 한다. (D) ride → will ride 또는 am going to ride

03 ⑤

허락을 묻는 말에 Yes로 대답한 후에 해서는 안 된다는 말이 이어지므로 흐름이 어색하다.

04 ④

'~해야 한다'는 뜻의 충고를 나타내는 should가 알맞다.

05 ②

각각 '능력'을 의미하는 can의 과거형 could, '의무'를 나타내는 have to의 과거형 had to, '능력'을 나타내는 현재형의 부정 can't가 알맞다.

06 ①

앞에 과거시제(tried)가 쓰였으므로 can't를 과거형인 couldn't로 바꿔야 한다.

07 ③

'강한 추측'을 의미하는 must가 알맞다.

08 ①

don't have to(~할 필요가 없다)는 need not으로 바꿔 쓸 수 있다.

09 ①

② last year로 보아 are able to를 were able to로 고쳐야 한다.
③ don't going to → am not going to
④ had not better → had better not

⑤ next Sunday로 보아 is used to를 is going to 또는 will로 고쳐야 한다.

10 ⑤

may는 '~해야 한다'의 의미로 쓰이지 않는다.

11 You had better not buy unnecessary things.

「had better not + 동사원형」: ~하지 않는 것이 좋겠다

12 I used to take a walk after school.

「used to + 동사원형」: (과거의 습관) ~하곤 했다

13 ②

조동사 뒤에는 동사원형을 쓴다. (booked → book)

14 ⑤

〈보기〉와 ⑤는 동사를 강조하는 조동사로 쓰였다. ①, ③, ④는 일반동사의 부정문과 의문문을 만드는 조동사 do이며, ②는 '하다'라는 의미의 일반동사로 쓰였다.

15 ①

'~하는 게 좋겠다'라는 의미로 권유나 충고를 나타내는 표현은 had better이다.

16 ③

두 문장 모두 주어가 3인칭 단수이므로, 의문문을 만드는 조동사 do와 일반동사를 강조하는 조동사 do의 올바른 형태는 does이다.

17 ⑤

'예전에 ~이었다'라는 과거의 상태를 나타내는 표현은 used to이다.

18 ②

과거의 습관적인 동작을 나타내는 표현은 would 또는 used to를 쓴다. be used to -ing는 '~하는 데 익숙하다'라는 의미이다.

19 ⑤

능력, 가능을 의미하는 be able to는 can으로 바꿔 쓸 수 있다. 과거시제 부정형이므로 couldn't가 알맞다.

20 ④

각각의 부정형은 had better not(~하지 않는 게 좋겠다), ought not to(~하면 안 된다)이다.

21 ③

③은 허가의 의미로, 나머지는 모두 추측의 의미로 쓰였다.

22 passed the English test

did는 앞에 나온 동사(구)의 반복을 피하기 위해 쓰인

대동사로, 시제에 유의한다.

23 used to
'예전에 ~이었다'는 의미로, 지금은 그렇지 않은 과거의 상태를 나타내는 표현은 used to이다. would는 과거의 습관적인 동작을 나타내므로 쓸 수 없다.

24 (a) guides, guide (b) playing, play
(a) 조동사 뒤에는 동사원형이 온다.
(b) '~할 수 있다'는 의미의 be able to 뒤에는 동사원형이 온다.

Chapter 04 부정사

▶▶ p. 102~105

▶▶ p. 102~105

01 ② 02 ③ 03 ① 04 ③ 05 ③ 06 ④ 07 ⑤ 08 ③ 09 ④ 10 ⑤ 11 I went to Busan to see my grandparents. 12 My mom cleaned the oven to bake some cookies. 13 ⑤ 14 ③ 15 ② 16 ④ 17 ③ 18 ① 19 ④ 20 ③ 21 ② 22 so, that she can't wear them 23 I will get you something cold to drink. 24 She made me promise not to post a picture of her.

01 ②
decide는 목적어로 to부정사를 사용하며, to부정사의 부정은 to 앞에 not을 쓴다.

02 ③
③은 거리를 나타내는 비인칭 주어이며, 나머지는 모두 가주어이다.

03 ①
tell과 want는 목적격보어로 to부정사를 사용하는 동사이다.

04 ③
〈보기〉와 ③은 형용사적 용법으로 쓰였다.
① 명사적 용법(보어 역할)
② 명사적 용법(주어 역할)
④ 부사적 용법(목적)
⑤ 부사적 용법(결과)

05 ③
want와 decide는 to부정사를 목적어로 사용한다.

06 ④
friend를 꾸며주는 to부정사의 형용사적 용법을 사용한다. a new friend whom I play with의 줄임 형태이므로 전치사 with를 생략하지 않도록 주의한다.

07 ⑤
〈보기〉와 ⑤는 to부정사의 부사적 용법(목적)으로 쓰였다.
① 명사적 용법(목적어)
② 명사적 용법(주어)
③, ④ 형용사적 용법

08 ③
③은 to부정사의 부사적 용법(목적)으로 쓰였고, 나머지는 모두 (대)명사를 수식하는 형용사적 용법으로 쓰였다.

09 ④
decide는 목적어로 to부정사를 사용하는 동사이므로 studying을 to study로 고쳐야 한다.

10 ⑤
to bring의 의미상 주어가 「of + 목적격」이므로 빈칸에는 사람의 성격을 나타내는 형용사만 올 수 있다.

11 I went to Busan to see my grandparents.
목적을 나타내는 to부정사의 부사적 용법은 동사를 수식하며, '~하기 위해'라고 해석한다.

12 My mom cleaned the oven to bake some cookies.
목적을 나타내는 to부정사의 부사적 용법은 동사를 수식하며, '~하기 위해'라고 해석한다.

13 ⑤
⑤는 목적을 나타내는 부사적 용법, 나머지는 모두 형용사적 용법으로 쓰였다.

14 ③
to부정사의 의미상 주어는 보통 「for + 목적격」으로 쓰며, rude와 같이 사람의 성격이나 태도를 나타내는 형용사가 올 때는 「of + 목적격」으로 쓴다.

15 ②
ⓐ 명사적 용법(목적격보어 역할)
ⓑ 부사적 용법(감정의 원인)
ⓒ 부사적 용법(형용사 수식)
ⓓ 명사적 용법(주어 역할)
ⓔ 형용사적 용법(명사 수식)

16 ④
사역동사 make는 목적격보어로 원형부정사를 쓴다.

17 ③

tell은 목적격보어로 to부정사를 취한다.

18 ①

talk to/with someone이므로 someone을 꾸며주는 to talk 뒤에 전치사 to나 with가 와야 한다. help의 목적격보어로는 원형부정사 또는 to부정사가 온다.

19 ④

「의문사(which phone) + to부정사(to buy)」는 「의문사(which phone) + 주어(I) + should + 동사원형(buy)」으로 바꿔 쓸 수 있다.

20 ③

「too + 형용사 + to부정사」는 '너무 ~해서 …할 수 없는'의 의미로, 「so + 형용사 + that + 주어 + can't〔couldn't〕」로 바꿔 쓸 수 있다.

21 ②

'~하지만 (결국) …하다'는 결과를 나타내는 to부정사의 부사적 용법인 「only + to부정사」로 표현한다.

22 so, that she can't wear them

「too + 형용사 + to부정사」는 「so + 형용사 + that + 주어 + can't」로 바꿀 수 있다. 의미상의 주어 for her가 that절에서 주어가 되며, 문장의 주어(These pajamas)가 to부정사의 목적어일 경우, 절로 전환할 때 반드시 목적어(them)를 써 줘야 한다.

23 I will get you something cold to drink.

something을 수식하는 to부정사는 「something + 형용사 + to부정사」 어순으로 쓴다.

24 She made me promise not to post a picture of her.

'~하게 하다'라는 사역동사 make의 목적격보어로 동사원형인 promise를 쓴다. promise는 목적어로 to부정사가 오며, to부정사의 부정형은 to부정사 앞에 not을 붙인다.

Chapter 05 동명사

▶▶ p. 106~109

01 ④ 02 ③ 03 ④ 04 ② 05 ⑤ 06 ③ 07 ④ 08 ③ 09 ② **10** (a) making (b) going **11** sending **12** ③ to do, doing 13 ④ 14 ⑤ 15 ④ 16 ③ 17 ③ 18 ⑤ 19 ③ 20 ① 21 ③ 22 ④ **23** ⓒ start, starting **24** to write

01 ④

④는 진행의 의미를 나타내는 현재분사이고 나머지는 모두 동명사로 쓰였다.

02 ③

동명사가 주어로 쓰이면 단수 취급하므로 동사 make를 makes로 고쳐야 한다.

03 ④

decide는 to부정사를 목적어로 사용하는 동사이다.

04 ②

'~하기 위해 멈춰 서다'의 의미이므로 목적을 나타내는 to부정사 to buy가 알맞다.

05 ⑤

How about ~?은 '~하는 게 어때?'의 뜻으로 제안을 나타낸다.

06 ③

look forward to -ing : ~을 고대하다
① listen을 to listen으로 고쳐야 한다.
② clean을 to clean으로 고쳐야 한다.
④ coming을 to come으로 고쳐야 한다.
⑤ practiced를 to practice로 고쳐야 한다.

07 ④

want, hope, wish, expect는 to부정사를 목적어로 사용하는 동사이고, like는 to부정사와 동명사를 모두 목적어로 사용한다. enjoy는 동명사를 목적어로 사용하므로 want와 바꿔 쓸 수 없다.

08 ③

첫 번째 빈칸은 「stop + 동명사」로 '~하는 것을 그만두다'라는 뜻이고, 두 번째 빈칸은 「stop + to부정사」의 형태로 '~하기 위해 멈추다'의 의미이다.

09 ②

첫 번째 빈칸은 '~할 것을 잊다'라는 의미이므로 「forget + to부정사」로 쓰고, 두 번째 빈칸은 '~하는 것을 그만

두다'라는 의미로 쓰였으므로 「stop + 동명사」로 쓴다.

10 (a) making (b) going

(a) enjoy는 동명사를 목적어로 사용하는 동사이다.

(b) 전치사 of의 목적어 자리에는 동명사가 와야 한다.

11 sending

전치사의 목적어는 동명사 형태로 쓴다.

12 ③ to do, doing

mind는 동명사를 목적어로 사용하는 동사이다.

13 ④

is considering은 현재진행시제를 나타내며, consider 는 동명사를 목적어로 취하므로 move를 moving으로 고쳐야 한다.

14 ⑤

⑤는 진행형을 만드는 현재분사이고 나머지는 동명사이다.

15 ④

'방을 나갈 때 불을 끄는 것을 잊지 말라'는 의미이므로 forget 뒤에 to부정사가 와야 한다.

16 ③

'~하지 않을 수 없다'는 「cannot help -ing」 또는 「cannot but + 동사원형」으로 표현한다.

17 ③

'~한 것을 기억하다'라는 의미이므로 remember의 목적어로 동명사가 온다.

18 ⑤

order는 목적격보어로 to부정사를 쓰고, keep은 목적어로 동명사가 온다.

19 ③

'~한 것을 후회하다'의 의미일 때는 regret 뒤에 동명사가 온다. 동명사의 부정형은 동명사 앞에 not을 붙인다.

20 ①

「tell + 목적어(me) + 목적격보어(to부정사)」의 어순이며, give up 뒤에는 목적어로 동명사가 온다.

21 ③

'껐다가 다시 켜 보라'는 말은 '시험 삼아 (한번) ~해 보다'라는 의미이므로 「try + 동명사」로 쓴다.

22 ④

when it comes to -ing : ~에 관해서는

look forward to -ing : ~을 고대하다

23 ⓒ start, starting

전치사의 목적어로 동명사가 온다.

24 to write

'~하려고 애쓰다'의 의미이므로 「try + to부정사」로 쓴다.

Chapter 06 분사　　　▶▶ p.110~113

01 ①　**02** ⑤　**03** ②　**04** ⑤　**05** ①　**06** ③　**07** ②　**08** made　**09** Having her lunch　**10** ①　**11** ⓒ confusing, confused　**12** Because(As/Since) he didn't feel well, he stayed at home.　**13** ④　**14** ④　**15** ②　**16** ④　**17** ②　**18** ③　**19** ⑤　**20** ⑤　**21** ①　**22** ③　**23** He published a book titled *Contact*.　**24** putting

01 ①

'일본에서 만들어진'이라는 수동의 의미이므로 과거분사 (made)가 명사(goods) 뒤에서 수식하는 형태가 알맞다.

02 ⑤

글의 내용으로 보아 글쓴이는 상대방을 재미있게 하는 사람을 만났다. 그러므로 첫 번째 빈칸에는 재미있게 하는 사람이라는 의미로 interesting이, 두 번째 빈칸에도 그가 말한 모든 것이 재미있었다는 의미로 interesting이 알맞다.

03 ②

첫 번째 빈칸은 '(사람이) ~한 감정을 느끼는'의 의미이므로 과거분사 interested(관심 있는)가 알맞고, 두 번째 빈칸은 '(사물·사람·사건이) ~한 감정을 느끼게 하는'의 의미이므로 현재분사 exciting(흥미로운)이 알맞다.

04 ⑤

after가 전치사로 쓰였으므로 뒤에 동명사가 오는 것이 알맞다.

05 ①

<보기>와 ②, ③, ④, ⑤는 현재분사이다. ①은 주격보어로 쓰인 동명사이다.

06 ③

③은 주어 역할을 하는 동명사이고, 나머지는 모두 명사를 수식하거나 설명하는 현재분사로 쓰였다.

07 ②

(a) a used car : 중고차(이미 사용된 자동차)

(b) without saying goodbye : 작별 인사도 하지 않고 (전치사의 목적어로는 동명사가 온다.)

08 made

'만들어진'이라는 수동의 의미로 a laptop computer를 수식해 주는 과거분사 made가 알맞다.

09 Having her lunch

접속사와 주어를 생략하고, 동사를 「동사원형 + -ing」로 고쳐 분사구문을 만든다.

10 ①

excite의 의미는 '흥미롭게 하다'이다. 영화가 흥미를 느끼게 하는 것이므로 현재분사인 exciting이 알맞다.

11 ⓒ confusing, confused

confuse는 '혼란스럽게 만들다'라는 의미이다. ⓒ에서는 '혼란을 느끼는'의 의미로 쓰였으므로 confusing을 confused로 고쳐야 한다.

12 Because(As/Since) he didn't feel well, he stayed at home.

건강이 좋지 않아서 집에 머물렀다는 의미이므로 이유를 나타내는 접속사 Because나 As, Since를 사용하여 문장을 쓴다.

13 ④

목적어와 목적격보어의 관계가 수동이므로 목적격보어를 과거분사(fixed)로 써야 한다.

14 ④

첫 번째 빈칸은 누군가가 내 이름을 '부르는' 것이므로 calling 또는 call이 알맞고, 두 번째 빈칸은 내 이름이 '불리는' 것이므로 과거분사 called가 알맞다.

15 ②

'쓰여진'이라는 수동의 의미로 명사 the letter를 수식하므로 과거분사(written)가 와야 한다.

16 ④

문맥상 부정의 의미이며, 분사구문의 부정은 분사 앞에 부정어 not이나 never를 붙인다.

17 ②

사람이 놀란 감정을 '느끼는' 것이므로 surprising을 과거분사 surprised로 고쳐야 한다.

18 ③

열심히 공부해서 장학금을 받은 것이므로, 이유를 나타내는 접속사를 이용해 분사구문 Studying hard를 Because(Since/As) he studied hard로 바꿔 쓸 수 있다.

19 ⑤

부사절의 주어가 주절의 주어와 같으므로 접속사와 주어를 생략하고, 동사원형에 -ing를 붙여서 분사구문을 만든다. 의미를 정확하게 전달하기 위해서 접속사 (Though)를 생략하지 않을 수 있다.

20 ⑤

분사구문을 만들 때 부사절의 주어가 주절의 주어와 같으면 접속사와 주어를 생략하고, 동사원형에 -ing를 붙여서 분사구문을 만든다. ⑤는 분사구문의 의미를 명확하게 하기 위해 접속사를 생략하지 않은 경우로, While he was studying이 While being studying으로 바뀐 후 being이 생략된 상태이다. 따라서, study를 studying으로 고쳐야 한다.

21 ①

주어진 단어를 우리말에 맞게 배열하면 Who is the boy sitting on the bench?이다. 현재분사가 구를 이루어(sitting on the bench) 명사(the boy)를 뒤에서 수식한다.

22 ③

목적어와 목적격보어의 관계가 수동이므로 과거분사로 써야 한다.

make one's voice heard : 목소리를 내다, 의견을 표명하다

23 He published a book titled *Contact*.

'~라는 제목이 붙은'이라는 의미의 titled가 구를 이루므로, titled *Contact*가 명사 a book을 뒤에서 수식한다.

24 putting

연속동작을 나타내는 분사구문으로 바꿀 수 있다. 접속사 and와 주어 she를 생략하고 동사 put을 현재분사 putting으로 바꾼다.

Chapter 07 수동태

▶▶ p. 114~117

01 ⑤ 02 ④ 03 ③ 04 ④ 05 ⑤ 06 ⑤ 07 ③
08 ② 09 ask Clara 10 gave Lana 11 was seen
swimming (by us) 12 was made surprised 13 ②
14 ⑤ 15 ⑤ 16 ⑤ 17 ③ 18 ③ 19 ③ 20 ① 21
③ 22 ③ 23 ④ 24 A puppy was run over by a
motorcycle.

01 ⑤
수동태는 「be동사 + p.p. + by + 행위자」의 형태로 쓴다.

02 ④
수동태 의문문 : Be동사 + 주어 + p.p. ~?

03 ③
be satisfied with : ~에 만족하다
be covered with : ~으로 덮여 있다

04 ④
건물이 지어진 것이므로 built를 수동태 형태인 was built
로 고쳐 써야 한다.

05 ⑤
'그의 재미있는 소설들로 알려져 있다'는 의미이므로 is
known for가 되어야 한다. be known to는 '~에게 알려져
있다'는 의미이다.

06 ⑤
be worried about : ~에 대해 걱정하다 / 나머지는 모두
by를 쓴다. ①에는 전치사 to도 가능하다.

07 ③
능동태를 수동태로 바꾼 현재시제 문장이므로 is used가
알맞다.

08 ②
② by Jake를 제외한 나머지는 모두 일반인이므로 생략이
가능하다.

09 ask Clara
4형식 문장이므로 ask 뒤에 순서대로 간접목적어(Clara)
와 직접목적어가 온다.

10 gave Lana
4형식 문장이므로 gave 뒤에 순서대로 간접목적어(Lana)
와 직접목적어가 온다.

11 was seen swimming (by us)
5형식의 수동태이므로 목적격보어를 「be동사 + p.p.」 뒤

에 써 준다.

12 was made surprised
5형식의 수동태이므로 목적격보어를 「be동사 + p.p.」 뒤
에 써 준다.

13 ②
be known to : ~에게 알려지다
be related to : ~와 관련이 있다

14 ⑤
수동태는 「be동사 + 과거분사」로 나타내며, 주어가 단
수이고 과거시제이므로 was elected가 알맞다.

15 ⑤
미래시제의 수동태는 「will be + p.p. + by + 행위자」이다.
부정어 not은 조동사 will 뒤에 온다.

16 ⑤
주어진 4형식 문장의 동사가 made이므로 직접목적어(a
cake)만 수동태의 주어로 쓸 수 있다. make는 직접목적어
를 주어로 한 수동태 문장에서 간접목적어 앞에 전치사 for
를 쓴다.

17 ③
5형식 문장의 수동태는 목적격보어(to do the laundry)를
「be동사 + p.p.」 뒤에 그대로 써 준다.

18 ③
의문사가 있는 의문문의 수동태는 「의문사 + be동사 +
주어 + p.p. ~?」이므로, When was the email sent?로
고쳐야 한다.

19 ③
The reporter asked me a question.의 직접목적어(a
question)를 주어로 한 수동태 문장으로, ask는 간접목
적어(me) 앞에 전치사 of를 써야 한다.

20 ①
수동태는 능동태 문장의 주어를 「by + 목적격」으로 쓴
다. 4형식 동사 teach는 간접목적어와 직접목적어를 각
각 주어로 하여 두 가지 형태의 수동태 문장으로 만들
수 있는데, 직접목적어(English)를 주어로 한 수동태 문
장에서는 간접목적어(us) 앞에 전치사 to를 쓴다.

21 ③
대답에서 주어가 it(= the world's first vaccine)으로 시
작한다면, 백신은 사람에 의해 '만들어지는' 것이므로 수
동태 문장인 It was created by Jenner.가 되어야 한다.

또는 주어가 사람(Jenner)이라면 백신을 만든 주체이므로 능동태 문장인 Jenner created it.이 되어야 한다.

22 ③
ⓐ 의문사가 없는 의문문의 수동태는 「Be동사 + 주어 + p.p. ~?」의 형태를 취하므로 Does를 Is로 고쳐야 한다.
ⓒ 조동사가 있는 수동태의 형태는 「조동사 + be + p.p.」이므로 be prevented로 고쳐야 한다.
ⓓ 조동사가 있는 수동태 부정문은 「조동사 + not + be + p.p.」의 형태로 쓰므로 be not을 not be로 고쳐야 한다.

23 ④
주어진 문장을 수동태로 전환하면 A bookmark was bought for me by her.이다. 4형식 동사 buy는 직접목적어(a bookmark)만 수동태의 주어로 쓸 수 있다. buy는 직접목적어를 주어로 한 수동태 문장에서 간접목적어 앞에 전치사 for를 쓴다.

24 A puppy was run over by a motorcycle.
동사구 run over의 수동태는 be run over로 쓰고, 뒤에 by와 행위자를 쓴다. 주어의 수와 시제에 유의하여 was run over로 바꾼다.

Chapter 08 명사와 관사
▶▶ p. 118~121

01 ② 02 ① 03 ⑤ 04 ③ 05 ③ 06 ⑤ 07 ① 08 ④ 09 ⑤ 10 drink a glass(cup) of hot water 11 slice of pizzas, slices of pizza 12 the table tennis, table tennis 13 ① 14 ⑤ 15 ⑤ 16 ⑤ 17 ③ 18 ③ 19 ② 20 ② 21 ③ 22 ③ 23 two glasses of lemonade 24 (a) an (b) the (c) the

01 ②
goose(거위)의 복수형은 geese이다.

02 ①
love는 추상명사, money는 물질명사이므로 부정관사를 사용할 수 없고, 복수형도 없다.

03 ⑤
① cup을 cups로 고쳐야 한다.
② a piece를 a piece of로 고쳐야 한다.
③ two glass of를 two glasses of로 고쳐야 한다.
④ three loaf of를 three loaves of로 고쳐야 한다.

04 ③
① two piece of cakes를 two pieces of cake으로 고쳐야 한다.
② two loafs of를 two loaves of로 고쳐야 한다.
④ two cup of를 two cups of로 고쳐야 한다.
⑤ orange juices를 orange juice로 고쳐야 한다.

05 ③
본래의 목적을 나타내는 의미로 쓰인 명사 앞에는 the를 쓰지 않는다.

06 ⑤
〈보기〉와 ⑤의 a는 '~ 마다(per)'의 뜻으로 쓰였다.
①, ③ 하나의, ② 종족·종류 전체, ④ 어떤

07 ①
milk는 셀 수 없는 명사이므로 복수형으로 쓸 수 없다.

08 ④
식사 이름 앞에는 정관사 the를 쓰지 않는다.

09 ⑤
〈보기〉, ⑤ 물질명사
① 추상명사
② 집합명사
③ 고유명사
④ 보통명사

10 drink a glass(cup) of hot water
단위명사 a glass(cup) of를 사용하여 문장을 완성한다.

11 slice of pizzas, slices of pizza
8조각의 피자이므로 단위명사를 복수형으로 써야 한다.

12 the table tennis, table tennis
운동 이름 앞에는 정관사 the를 생략한다.

13 ①
첫 번째 빈칸은 '~마다, ~당'이라는 의미의 부정관사를, 두 번째 빈칸은 '신발 한 켤레'라는 의미로 단수형 pair 앞에 오는 부정관사를 쓴다. 둘 다 자음 앞이므로 a가 알맞다.

14 ⑤

종이를 세는 단위는 piece나 sheet를 쓰고, '충고 한 마디'는 a piece of advice로 표현한다.

15 ⑤

sheep의 복수형은 sheep이다.

16 ⑤

⑤는 '~당, ~마다'의 의미이고, 나머지는 모두 '하나'를 의미하는 부정관사이다.

17 ③

tooth는 단수형이고 teeth가 복수형이다.

18 ③

부정관사 a의 뒤이므로 셀 수 있는 명사의 단수형이 와야 한다. pants(바지)는 항상 복수 취급한다.

19 ②

class(수업)는 셀 수 있는 명사이고, 〈보기〉와 나머지 넷은 셀 수 없는 명사이다.

20 ②

집합명사 family를 하나의 단위로 보는 경우 단수로 취급한다.

21 ③

ⓐ 악기 이름, ⓓ 세상에서 유일한 것, ⓔ 구나 절의 수식을 받는 명사 앞에는 the를 쓴다.
ⓑ 운동 경기, ⓒ 요일 앞에는 관사를 쓰지 않는다.

22 ③

ⓐ day는 셀 수 있는 명사의 단수형이므로 a good day로 고쳐야 한다.
ⓒ visitor는 셀 수 있는 명사이므로 All 뒤에 복수형 (visitors)을 써야 한다.
ⓓ leaf의 복수형은 leaves이다.

23 two glasses of lemonade

셀 수 없는 명사(lemonade)의 복수형은 「숫자 + 단위명사(복수형) + of + 셀 수 없는 명사」로 나타낸다. 앞에서 a glass of lemonade라고 했고, 레모네이드는 일반적으로 유리잔에 담겨 나오므로 단위명사는 glass를 사용한다.

24 (a) an (b) the (c) the

(a) astronaut은 직업을 나타내는 보통명사로 셀 수 있는 명사이고, American이 모음으로 시작하므로 an을 쓴다.

(b) 서수, (c) 세상에서 하나 뿐인 것 앞에는 정관사 the를 쓴다.

Chapter 09 대명사

▶▶ p. 122~125

01 ③ 02 ① 03 ② 04 ① 05 ③ 06 ① 07 ⑤ 08
③, ⑤ 09 ⑤ 10 ④ 11 we enjoyed ourselves 12
others 13 ④ 14 ③ 15 ① 16 ④ 17 ⑤ 18 ⑤ 19
③ 20 ④ 21 ③ 22 other 23 (a) make yourself at
home (b) help yourself to 24 another one

01 ③

'나의 배낭', '너의 것'이라는 의미이므로 각각 소유격과 소유대명사를 사용하는 것이 알맞다.

02 ①

(a) 앞에 나온 사물과 동일한 것이고 단수형이므로 it이 알맞다.
(b) 앞에 나온 사물과 같은 종류이고 단수형이므로 one이 알맞다.

03 ②

① 생략된 주어 you와 목적어가 동일한 대상이므로 yourself가 알맞다.
③ 내가 직접 찍었다는 의미이므로 주어를 강조하는 myself가 알맞다.
④ 주어가 She이므로 herself로 고쳐야 한다.
⑤ 주어가 My father이므로 himself로 고쳐야 한다.

04 ①

의미상 불특정한 일부와 또 다른 일부를 나타내고 있으므로 some ~, others ...가 알맞다.

05 ③

2개 중 하나와 나머지 하나를 나타내므로 one ~, the other ...가 알맞다.

06 ①

①은 대명사로 쓰였고, 나머지는 모두 시간, 날씨를 나타내는 비인칭 주어로 쓰였다.

07 ⑤

주어와 전치사 at의 목적어가 일치하므로 herself가 알맞다. / 주어와 전치사 of의 목적어가 일치하므로 himself가 알맞다. / devote oneself to : ~에 전념하다, 헌신하다

08 ③, ⑤
〈보기〉와 ③, ⑤는 앞에서 언급한 불특정한 것을 가리키는 대명사로 쓰였다. ①은 '하나'를 의미하며, ②, ④는 '일반 사람'을 의미한다.

09 ⑤
⑤는 가주어 It이고, 〈보기〉와 나머지는 모두 날씨, 시간, 계절, 명암을 나타내는 비인칭 주어로 쓰였다.

10 ④
(a) (정해지지 않은 다수에서) '몇몇은 ~, (또 다른) 몇몇은 …'의 의미는 some ~, others …로 나타낸다.
(b) (정해진 다수에서) '몇몇은 ~, 나머지 모두는 …'의 의미는 some ~, the others …로 나타낸다.

11 we enjoyed ourselves
enjoy oneself : 즐거운 시간을 보내다

12 others
정해진 다수에서 나머지 전부 : the others
정해지지 않은 다수에서 '몇몇은 ~, (또 다른) 몇몇은 …' : some ~, others …

13 ④
〈보기〉와 ④는 재귀대명사의 강조 용법이고, 나머지는 재귀 용법이다.

14 ③
train은 셀 수 있는 명사이므로 all 뒤에 복수형(trains)을 쓰고 복수동사가 온다. every는 단수명사와 같이 쓰이고, 따라서 단수동사가 온다.

15 ①
ⓐ other ⓑ another ⓒ others ⓓ the other

16 ④
「each of + 복수명사 + 단수동사」이므로 have를 has로 고쳐야 한다.

17 ⑤
문맥상 '차나 커피 어느 쪽도 좋아하지 않는다'는 의미이므로 빈칸에는 neither가 와야 한다.

18 ⑤
every는 '매~, ~마다'의 의미로 쓰이며, 숫자가 둘 이상

일 경우에는 뒤에 복수명사를 사용한다.

19 ③
'너희들'이 복수이므로 yourself를 yourselves로 고쳐야 한다.

20 ④
빈칸 뒤에 동사가 have이므로 주어는 복수형이 와야 한다. 「each of + 복수(대)명사」는 단수 취급하므로 동사도 단수형(has)으로 써야 한다.

21 ③
앞에 나온 명사(shirt)와 같은 종류의 사물을 가리키는 대명사이므로 one이 알맞다.

22 other
'다른'의 의미로 뒤에 복수명사를 취하는 것은 other이다.

23 (a) make yourself at home (b) help yourself to
재귀대명사 관용 표현을 활용하여 영작하되, 대화에서 me라고 했으므로 재귀대명사는 단수형인 yourself를 쓴다.
make oneself at home : 편하게 지내다
help oneself to : ~을 마음껏 먹다

24 another one
'하나 더'를 의미하는 another에 같은 종류를 지칭하는 부정대명사 one을 쓴다.

Chapter 10 형용사와 부사　▶▶ p. 126~129

01 ④　02 ①　03 ①　04 ③　05 ②　06 ③　07 ③　08 ④　09 ③　10 ④　11 the young to learn a foreign language　12 something cold　13 ②　14 ①　15 ⑤　16 ④　17 ③　18 ③　19 ⑤　20 ②　21 ④　22 the homeless　23 will turn them off　24 (a) He has never told a lie. (b) He always tells the truth.

01 ④
Susan has nothing special to do의 어순이므로 네 번째에 오는 것은 special이다.

02 ①
'약간, 조금'의 의미를 나타낼 때 긍정문(a)에는 some을, 의문문(b)에는 any를 사용한다.

03 ①

분수를 읽을 때 분자가 2 이상일 때는 분모에 -s를 붙여야 하므로 three and four-fifths가 알맞다.

04 ③

3 이상의 배수 표현은 기수 뒤에 times를 붙이므로 (B) time을 times로 고쳐야 한다.

05 ②

$1\frac{1}{2}$은 one and a half로 써야 한다.

06 ③

첫 번째 빈칸은 days가 셀 수 있는 명사이므로 내용상 A few가 알맞다. 두 번째 빈칸은 money가 셀 수 없는 명사이므로 내용상 '거의 없는'의 뜻인 little이 알맞다.

07 ③

내용상 운동을 '열심히' 하고, 돈을 벌기 '어려운'이라는 의미가 되어야 하므로 두 가지 뜻을 모두 지닌 hard가 알맞다.

08 ④

비교급을 강조하는 부사는 much이다.

09 ③

legs는 셀 수 있는 명사의 복수형이므로 many legs로 고쳐야 한다.

10 ④

빈도부사 often은 일반동사 앞에 쓰이므로 often take로 고쳐야 한다.

11 the young to learn a foreign language

the young은 '젊은 사람들'이라는 표현이다.
It은 가주어이고 to learn ~이 진주어이다.

12 something cold

-thing으로 끝나는 대명사는 형용사가 뒤에서 수식한다.

13 ②

②는 명사 ― 형용사 관계이고, 나머지는 형용사 ― 부사 관계이다.

14 ①

일반적으로 의문문에는 some이 아니라 any를 쓴다.

15 ⑤

셀 수 없는 명사의 양을 나타내는 형용사, 비교급을 강조하는 부사로 공통으로 쓸 수 있는 것은 much이다.

16 ④

첫 번째 빈칸에는 부정문에서 '~도 또한'을 뜻하는 부사로 either가 알맞다. 두 번째 빈칸에는 문맥상 둘 중 어느 것도 괜찮다는 내용의 대답이므로 '둘 중 어느 하나'를 의미하는 대명사 either가 알맞다.

17 ③

seldom은 '거의 ~ 않는'이라는 부정의 의미를 가진 빈도부사이다. 빈도부사는 be동사나 조동사 뒤, 일반동사 앞에 위치한다.

18 ③

furniture는 셀 수 없는 명사이므로 a little로 바꿔 써야 한다.

19 ⑤

ⓑ 분자가 2 이상이므로 분모에 -s를 붙인다.
(Two-third → Two-thirds)
ⓒ -thing으로 끝나는 대명사는 형용사가 뒤에서 수식한다. (wrong something → something wrong)
ⓓ 「the + 형용사」는 복수명사의 의미를 가진다. (is → are)

20 ②

동사구(take off)의 목적어가 대명사일 때 목적어는 반드시 동사와 부사 사이에 위치해야 한다. shoes는 복수형이므로 대명사 them을 쓴다.

21 ④

'밤늦게까지 깨어 있다'는 의미는 stay up late at night으로 표현한다. 부사 lately는 '최근에'라는 뜻이다.

22 the homeless

「형용사 + people」 = 「the + 형용사」: ~한 사람들
*the homeless : 노숙자들

23 will turn them off

동사구의 목적어가 대명사일 때 목적어는 반드시 동사와 부사 사이에 위치해야 한다.

24 (a) He has never told a lie.
(b) He always tells the truth.
빈도부사는 be동사나 조동사 뒤, 일반동사 앞에 위치하며, 완료시제에서는 have(has)와 p.p. 사이에 위치한다.

Chapter 11 비교

▶▶ p.130~133

01 ⑤   02 ③   03 ③   04 ④   05 ②   06 ③   07 ③   08 ①   09 ④   10 The higher, the more   11 one of the biggest events   12 the longest river   13 ④   14 ④   15 ③   16 ④   17 ④   18 ①   19 ③   20 ③   21 ②   22 ⑤   23 as high as possible, as high as he could   24 the most beautiful, ever seen

01 ⑤

'영국은 미국만큼 크지 않다'는 것은 결국 '미국은 영국보다 크다'는 것을 의미한다.

02 ③

배수사 twice를 이용한 표현은 as ~ as 원급 비교만 사용한다.

03 ③

'빨간색 자동차가 검은색 자동차만큼 빠르지 않다'는 것은 '검은색 자동차가 빨간색 자동차보다 더 빠르다'는 말이므로 「비교급 + than」으로 바꿔 쓸 수 있다.

04 ④

a lot of : 많은
비교급을 강조하는 a lot : 훨씬

05 ②

Who ~ 비교급, A or B? : A와 B 중 누가 더 ~한가?

06 ③

Sean이 Jason보다 나이가 더 많다고 했으므로 ③은 내용과 일치한다.

07 ③

도표의 내용으로 보아 진우는 미라보다 나이가 더 많으므로 ③의 younger than은 older than으로 고쳐야 한다.

08 ①

as ~ as 원급 비교를 이용하여 '동갑'을 표현할 수 있다.

09 ④

첫 번째 빈칸은 「the + 비교급, the + 비교급」 (~하면 할수록, 더 …한) 표현이고, 두 번째 빈칸은 「비교급 + and + 비교급」 (점점 더 ~한) 표현이다.

10 The higher, the more
의미상 「the + 비교급, the + 비교급」 표현으로 '~하면 할수록, 더 ~한(하게)'이 알맞다.

11 one of the biggest events

「one of the + 최상급(biggest) + 복수명사(events)」 : 가장 ~한 …들 중 하나

12 the longest river
최상급 앞에는 정관사 the를 써야 한다.

13 ④

비교급을 강조하는 부사에는 much, even, still, far, a lot이 있으며, very는 형용사나 부사의 원급을 강조한다.

14 ④

'제주가 한국에서 가장 큰 섬이다'라는 의미가 되도록 ④의 원급을 비교급으로 바꿔야 한다. (Jeju is larger than any other island in South Korea.)

15 ③

ⓐ 최상급 앞에 소유격이 오는 경우 the를 쓰지 않는다. (my the best friend → my best friend)
ⓔ 「one of the + 최상급 + 복수명사」 : 가장 ~한 …들 중 하나 (earthquake → earthquakes)

16 ④

healthy의 비교급은 healthier이다.

17 ④

'두 번째 에피소드는 첫 번째 것만큼 좋지 않다'는 의미이므로, The second episode is less good than the first one. 또는 The first episode is better than the second one.이라고 해야 한다.

18 ①

원급 비교의 부정은 「not as(so) + 형용사(부사) 원급 + as」이다.

19 ③

비교급 비교는 '~보다 더 …한'이라는 의미이다.

20 ③

half를 이용한 표현은 원급 비교만 사용하며 비교급 비교로는 쓰지 않는다.(→ This box is half as heavy as that one.)

21 ②

동갑인지 여부를 묻는 질문에 부정으로 답했으므로, 나이가 같다는 의미의 as old as를 쓴 ②는 대답으로 알맞지 않다.

22 ⑤

첫 번째 빈칸에는 형용사 easy의 비교급 easier가 들

어가고, 두 번째 빈칸에는 부사 easily의 비교급 more easily가 와야 한다.

23 as high as possible, as high as he could
「as + 원급 + as possible」=「as + 원급 + as + 주어 + can(could)」: 가능한 한 ~하게

24 the most beautiful, ever seen
「the 최상급 + 명사 (+ that) + 주어 + 현재완료」: 이제까지 ~한 것 중에서 가장 …한

Chapter 12 접속사

▶▶ p.134~137

01 ① 02 ④ 03 ④ 04 ⑤ 05 ③ 06 ⑤ 07 ④ 08 ⑤ 09 ① 10 ② 11 ② 12 so 13 ⑤ 14 ⑤ 15 ① 16 ④ 17 ② 18 ④ 19 ④ 20 ② 21 unless 22 I have no idea whether she will come back. 23 Everyone knows who cheated on the test. 24 (a) or, nor (b) have, has

01 ①
(a) You'd better not eat sweets가 결과이고 뒤에 이유가 이어지고 있으므로 because가 알맞다.
(b) You have a toothache가 이유이고 뒤에 결과가 이어지고 있으므로 so가 알맞다.

02 ④
의문사가 없는 의문문을 간접의문문으로 만들 때 접속사 if나 whether를 사용한다.
의문사가 없는 간접의문문은 「if(whether) + 주어 + 동사」의 어순을 가진다.

03 ④
의문사가 있는 간접의문문의 어순은 「의문사(where) + 주어 + 동사」이다.

04 ⑤
의미상 '그녀가 돌아올 때까지', '그녀가 졸릴 때까지'이므로 until이 알맞다.

05 ③
「so ~ that + 주어 + can't(couldn't)」: 너무 ~해서 … 할 수 없는

06 ⑤
의미상 각각 '~하지 않으면', '~할 때', '~이기 때문에'를 나타내는 unless, When, because가 알맞다.

07 ④
④는 목적어 역할을 하는 절을 이끄는 접속사로 생략이 가능하다. ①, ②, ③ 지시대명사, ⑤ 지시형용사

08 ⑤
⑤는 '~할 때'라는 의미의 접속사로 쓰였고, 나머지는 '언제'라는 뜻의 의문사로 쓰였다.

09 ①
첫 번째 빈칸에는 의미상 '우리에게 문제가 있을 때'의 의미이므로 접속사 When이 알맞다. 두 번째 빈칸에는 '언제'의 의미로 의문사 When이 알맞다.

10 ②
간접의문문의 어순은 「의문사 + 주어 + 동사」이므로 where my grandpa lives가 알맞다.

11 ②
「If you + 동사」=「명령문, and」: ~해라, 그러면

12 so
because는 이유를 나타내는 접속사이다.
「so ~ that + 주어 + can't(couldn't)」: 너무 ~해서 … 할 수 없는

13 ⑤
의문사가 있는 간접의문문의 어순은 「의문사 + 주어 + 동사」인데, 간접의문문이 동사 think의 목적어이므로, 의문사(How much)가 문장 맨 앞에 온다.

14 ⑤
「B as well as A」=「not only A but also B」: A뿐만 아니라 B도

15 ①
이유(~하기 때문에)와 때(~할 때)를 모두 나타낼 수 있는 접속사는 as이다.

16 ④
「both A and B」는 항상 복수 취급하므로 am을 are로 고쳐야 한다.

17 ②
주어진 문장은 '눈이 오고 있었지만 춥지 않았다'는 양보의 의미를 나타낸다. 따라서 역접의 접속사 but을 사용한 ②와 의미가 가장 가깝다.

18 ④
④의 that은 명사(company)를 수식하는 지시형용사이

고, 나머지는 명사절을 이끄는 접속사로 쓰였다.

19 ④

'~하는 동안'이라는 뜻의 시간을 나타내는 접속사 while은 이 문장에서 '~할 때'라는 뜻의 when으로 바꿔 쓸 수 있다.

20 ②

②의 if는 '~인지 아닌지'라는 의미로 명사절을 이끄는 접속사로 쓰였으며, 나머지는 '만약 ~한다면'의 의미로 부사절을 이끄는 접속사로 쓰였다.

21 unless

「if ~ not」은 접속사 unless로 바꿔 쓸 수 있다.

22 I have no idea whether she will come back.

의문사가 없는 간접의문문은 접속사 whether나 if로 연결하여 「whether(if) + 주어 + 동사」의 순서로 쓴다.

23 Everyone knows who cheated on the test.

의문사가 있는 간접의문문에서 의문사가 문장의 주어일 때에는 「의문사 + 동사」의 어순이 된다.

24 (a) or, nor (b) have, has

둘 다 핀란드에 가 본 적이 없는 것이므로 「neither A nor B」를 이용한다. 이때 동사의 수는 B에 일치시킨다.

Chapter 13 관계사

▶▶ p.138~141

> **01** ② **02** ② **03** ② **04** ⑤ **05** ② **06** ⑤ **07** ③ **08** ④ **09** ④ **10** ② **11** I have the letter which you sent (to) me last week. **12** This is the hospital where I gave birth to my son and daughter. **13** ③ **14** ③ **15** ② **16** ③ **17** ③ **18** ④ **19** ④ **20** ⑤ **21** ① **22** who (that) is **23** what **24** (a) when (b) where

01 ②

선행사로 각각 사람, 동물, 사물을 모두 수식할 수 있는 관계대명사 that이 알맞다.

02 ②

첫 번째는 사물 선행사를 수식하며 목적어 역할을 하는 which, 두 번째와 세 번째는 사람 선행사를 수식하며 주어 역할을 하는 who가 알맞다.

03 ②

②는 목적격 관계대명사로 쓰였고 나머지는 모두 뒤에 완전한 문장 구조를 지닌 것으로 보아 명사절을 이끄는 접속사로 쓰였다. ⑤에서 it은 가목적어이다.

04 ⑤

네잎클로버(four-leaf clover)와 It이 동일한 대상이므로 주격 관계대명사 that을 사용한 ⑤가 알맞다.

05 ②

소유의 의미를 나타내므로 「소유격 관계대명사 + 명사」 형태인 whose hair가 알맞다.

06 ⑤

①~④는 '~것'의 의미로 쓰인 관계대명사이고, ⑤는 '무엇'을 뜻하는 의문사로 쓰였다.

07 ③

(a) 선행사가 장소(the place)이고, 빈칸 뒤가 완전한 문장 구조이므로 관계부사 where가 알맞다.
(b) 선행사가 시간(the month)이고, 빈칸 뒤가 완전한 문장 구조이므로 관계부사 when이 알맞다.

08 ④

선행사에 서수(first)가 있으므로 관계대명사 that을 써야 한다. (who → that)

09 ④

① 관계대명사 that은 계속적 용법으로 사용할 수 없으므로 which로 바꿔야 한다.
② 주격 관계대명사 who가 알맞다.
③ 소유격 관계대명사 whose가 알맞다.
⑤ 선행사에 서수가 있으므로 관계대명사 that을 써야 한다.

10 ②

주격 관계대명사는 생략할 수 없다. ①, ③, ④, ⑤에서 목적격 관계대명사는 생략할 수 있다.

11 I have the letter which you sent (to) me last week.

the letter와 it이 동일한 대상이므로 관계대명사 which 또는 that을 사용하여 한 문장으로 바꿔 쓸 수 있다.

12 This is the hospital where I gave birth to my son and daughter.

the hospital과 there가 동일한 대상이므로 관계부사 where를 사용하여 한 문장으로 바꿔 쓸 수 있다.

13 ③

③은 목적격 관계대명사로 쓰였고, 나머지 모두 주격 관계대명사로 쓰였다.

14 ③

선행사가 사람과 동물을 모두 포함할 때는 관계대명사 that을 쓴다.

15 ②

관계대명사 that은 주격 관계대명사 who와 which, 목적격 관계대명사 who(m)과 which를 대신해 쓸 수 있지만, 전치사 뒤에는 쓸 수 없다.

16 ③

첫 번째 빈칸에는 선행사가 사물이면서 전치사의 목적어 역할을 하는 관계대명사 which가 알맞다. 두 번째 빈칸에는 선행사가 장소를 나타내고 뒤에 완전한 문장이 이어지므로 관계부사 where가 알맞다. 「전치사+관계대명사」는 관계부사로 바꿔 쓸 수 있다.

17 ③

빈칸 앞에 선행사가 없고 뒤에 불완전한 문장이 이어지므로 선행사를 포함하는 관계대명사 what이 알맞다.

18 ④

관계대명사 앞에 전치사가 있는 경우 목적격 관계대명사는 생략할 수 없다.

19 ④

④는 목적격 관계대명사, 나머지는 모두 주격 관계대명사이다.

20 ⑤

ⓑ 관계대명사 that은 전치사 in의 목적어로 쓰였으므로(be interested in) 전치사 in은 생략할 수 없다.(→ Try to do something that you are interested in.)
ⓒ the very(바로 그)라는 표현이 선행사 앞에 있으므로 which를 that으로 고쳐야 한다.
ⓓ 주격 관계대명사는 생략할 수 없다.(→ The following is a list of students who passed the test.)

21 ①

주어진 단어를 우리말에 맞게 배열하면 The topic that I chose is AI.이므로 여섯 번째 오는 단어는 is이다.

22 who(that) is

「주격 관계대명사 + be동사」는 함께 생략할 수 있다. 선행사가 사람이므로 주격 관계대명사 who 또는 that을 쓰고, 시제와 수에 맞게 be동사는 is를 쓴다.

23 what

'~한 것(들)'이라는 의미로, 선행사를 포함하는 관계대명사 what을 전치사의 목적어로 쓴다.

24 (a) when (b) where

(a) 선행사가 a time이므로 시간의 관계부사 when을 쓴다.
(b) 장소를 나타내는 관계부사 where를 쓰며, 선행사 a place는 생략되어 있다.

Chapter 14 가정법　　　▶▶ p. 142~145

> 01 ③　02 ④　03 ③　04 ③　05 ⑤　06 ③　07 ③　08 ⑤　09 had had　10 had not been, would not have　11 If I had more time, I could do better.　12 I wish we were on vacation.　13 ⑤　14 ③　15 ②　16 ④　17 ⑤　18 ②　19 ③　20 ③　21 ③　22 ④　23 ③　24 you had asked her nicely, she might have helped you

01 ③

첫 번째 빈칸에는 일반적인 사실에 대한 내용이므로 조건절을 이끄는 if가 알맞다. 두 번째 빈칸에는 '만약 ~하지 않는다면'의 의미인 unless가 알맞다.

02 ④

직설법이 현재이므로 가정법은 과거가 되고, 부정의 내용은 긍정의 내용으로 바뀐다.

03 ③

현재의 이룰 수 없는 소망을 나타내므로 가정법 과거인 were가 알맞다.

04 ③

'마치 ~인 것처럼'의 뜻으로 실제와 다른 상황을 나타내는 「as if + 가정법 과거」는 「as if + 주어 + 동사(조동사)의 과거형」 형태로 쓴다. 가정법 과거에서 if절의 be동사는 주어의 인칭에 상관없이 항상 were를 쓴다.

05 ⑤

직설법 과거이므로 가정법 과거완료를 사용하여 「If + 주어 + had + p.p. ~, 주어 + 조동사의 과거형 + have + p.p. ...」 형태로 쓴다.

06 ③

현재 사실과 반대되는 상황을 나타내는 가정법 과거는 「If + 주어 + 동사의 과거형 ~, 주어 + 조동사의 과거형 + 동사원형 ...」 형태로 쓴다.

07 ③

'~라면 좋을 텐데'라는 뜻으로 현재 사실과 반대되는 소망을 나타내는 「I wish + 가정법 과거」는 「I wish + 주어 + 동사(조동사)의 과거형」 형태로 쓴다.

08 ⑤

현재와 다른 상황을 가정할 때 「as if + 가정법 과거」로 나타내므로 am을 were로 고쳐야 한다.

09 had had

「I'm sorry + 직설법 과거」는 「I wish + 가정법 과거완료」가 되며 부정의 내용은 긍정의 내용이 된다.

10 had not been, would not have

가정법 과거완료를 사용하여 「If + 주어 + had + p.p. ~, 주어 + 조동사의 과거형 + have + p.p. ....」 형태로 쓴다.

11 If I had more time, I could do better.

현재와 반대되는 상황을 가정하는 내용이므로 가정법 과거 「If + 주어 + 동사의 과거형 ~, 주어 + 조동사의 과거형 + 동사원형 ....」 형태로 쓴다.

12 I wish we were on vacation.

현재의 이룰 수 없는 소망을 나타내므로 「I wish + 주어 + 동사(조동사)의 과거형」 형태로 쓴다.

13 ⑤

⑤는 단순 조건절이고 나머지는 가정법 문장이다.

14 ③

「I am sorry (that) + 직설법 현재」는 「I wish + 가정법 과거」로 바꿔 쓸 수 있으며, 부정의 내용은 긍정의 내용으로 바뀐다.

15 ②

가정법 과거를 직설법으로 전환할 때 시제는 현재형이 되고, 긍정과 부정이 가정법과 반대가 되어야 한다.

16 ④

현재 사실과 반대되는 일을 가정하고 있으므로 가정법 과거 「If + 주어 + 동사의 과거형 ~, 주어 + would/should/could/might + 동사원형 ....」으로 쓴다.

17 ⑤

가정법 과거, 가정법 과거완료의 조동사 자리이므로 조동사의 과거형인 could가 알맞다.

18 ②

②는 주절에 「주어 + 조동사의 과거형 + have + p.p.」가 쓰였으므로 가정법 과거완료 문장임을 알 수 있다. 따라서 빈칸에는 had been이 들어가야 한다. 나머지는 주절이 「주어 + 조동사의 과거형 + 동사원형」인 가정법 과거 문장이므로 빈칸에 were가 들어간다.

19 ③

싸운 것은 과거이고(fought), 당시 목숨이 걸린 것처럼 싸운 것이므로 as if절은 주절의 시제와 같은 시점의 내용이다. 따라서 가정법 과거 문장으로 as if절의 동사는 과거형(depended)을 쓴다.

20 ③

주절과 같은 시점의 일을 반대로 가정할 때는 「as if + 주어 + 동사의 과거형」으로 나타낸다.

21 ③

③은 주절에 「주어 + 조동사의 과거형 + 동사원형」이 쓰였으므로 가정법 과거 문장임을 알 수 있다. 따라서 빈칸에는 동사의 과거형인 had가 들어가야 한다. 나머지는 가정법 과거완료 문장이므로 빈칸에는 had been이 와야 한다.

22 ④

과거 사실과 반대되는 일을 가정하는 가정법 과거완료는 「If + 주어 + had + p.p. ~, 주어 + would/should/could/might + have + p.p. ....」로 쓴다.

23 ③

가정법 과거는 「If + 주어 + 동사의 과거형 ~, 주어 +would/should/could/might + 동사원형 ....」의 형태로 쓴다. (will → would)

24 you had asked her nicely, she might have helped you

과거 사실과 반대되는 일을 가정하고 있으므로 가정법 과거완료 구문으로 쓴다.

Chapter 15 전치사 ▶▶ p.146~149

01 ① **02** ④ **03** ④ **04** ④ **05** ② **06** ④ **07** ② **08** ⑤ **09** ② **10** ③ **11** ④ **12** at **13** ④ **14** ② **15** ③ **16** ① **17** ③ **18** ③ **19** ⑤ **20** ④ **21** (a) on the(your) right (b) next to **22** She graduated from middle school last year. **23** How long does it take from home to school? **24** (a) at, in (b) After (c) at (d) for

01 ①

(a) 연도 앞에는 전치사 in을 쓴다.

(b) 시간의 경과를 나타내므로 전치사 in이 알맞다.

02 ④

시간을 나타내는 부사구 next week 앞에는 전치사를 쓰지 않는다.

03 ④

첫 번째 빈칸에는 '탁자 위에'라는 뜻이므로 on, 두 번째 빈칸에는 '서랍 안에'라는 뜻이어야 하므로 in이 알맞다.

04 ④

(a) 「during + 특정 기간」: ~ 동안에

(b) until : ~ 까지(계속)

05 ②

7시까지 계속 야구를 했다는 의미이므로 until이 알맞다.

06 ④

to는 '~가 되기 전에'의 의미이므로 ④가 알맞다.

① seven twenty

② a half past five

③ a quarter past(after) one

⑤ a quarter to one

07 ②

②는 '~처럼, ~ 같은'의 의미로 쓰인 전치사이고, 나머지는 모두 '~을 좋아하다'라는 의미의 동사로 쓰였다.

08 ⑤

특정한 날 앞에는 전치사 on을 쓴다. 연도와 날짜를 함께 읽을 때는 월과 일을 먼저 읽고 마지막에 연도를 읽는다.

the 7th of November = November (the) 7th : 11월 7일

09 ②

전치사 during(~ 동안) 뒤에는 특정한 기간이 온다.

10 ③

③은 각각 6시 45분과 6시 15분을 의미한다.

11 ④

for(~ 동안) 뒤에는 구체적인 숫자(시간)가 오고, during(~ 동안) 뒤에는 특정 기간이 온다.

12 at

특정 시각, 정확한 지점을 나타내는 전치사 at이 알맞다.

13 ④

④는 오후를 나타내므로 전치사 in을 쓰고 나머지는 특정 시각을 나타내므로 at을 써야 한다.

14 ②

in은 '~ 후에, ~만에'라는 뜻으로 시간의 경과를 나타낸다.

15 ③

행동이 내일까지 계속되는 것이 아니라 완료되는 것이므로 until을 by로 고쳐야 한다.

16 ①

접촉해 있는 장소나 표면, 특정한 날 앞에는 on을 쓴다.

17 ③

(A) from A to B: A에서 B까지

(B) 명사(구) 앞에는 because of를 쓰고, 접속사 because 뒤에는 절이 온다.

(C) 도착하지 못하는 상태가 계속되다가 밤이 되어서야 도착하는 것이므로 until을 쓴다.

18 ③

③은 명사 앞에 쓰인 전치사이고, 나머지는 절을 이끄는 접속사이다.

19 ⑤

without : ~ 없이

20 ④

with : ~으로(도구), ~와 함께

21 (a) on the(your) right (b) next to

(a) '오른쪽에', '왼쪽에'는 on으로 표현한다.

(b) next to : ~ 옆에

22 She graduated from middle school last year.

시간 부사구에 형용사 next, this, last 등을 쓰면 그 앞에는 전치사 in, on, at을 쓰지 않는다.

23 How long does it take from home to school?

from A to B : A에서 B까지

24 (a) at, in (b) After (c) at (d) for

(a) 구체적인 시각 앞에는 at을 쓰고, '아침에'는 in the morning으로 표현한다.

(b) '아침 식사 후에'라는 의미이므로 After가 알맞다.

(c) '정오에'는 at noon으로 표현한다.

(d) '~ 동안'이라는 의미로 시간 앞에 for를 쓴다.

MEMO

흥미로운 영어 책으로 독해 공부 제대로 하자!

중학 영어
독해 + 내신

READING
적중! 영어독해

110 ~ 130 words

대상: 초등 고학년, 중1

120 ~ 140 words

대상: 중1, 중2

130 ~ 150 words

대상: 중2, 중3

적중! 영어독해 특징

- 다양하고 재미있는 소재의 지문
- 다양한 어휘 테스트(사진, 뜻 찾기, 문장 완성하기, 영영풀이)
- 풍부한 독해 문제(다양한 유형, 영어 지시문, 서술형, 내신형)
- 전 지문 구문 분석 제공
- 꼭 필요한 학습 부가 자료(QR코드, MP3파일, WORKBOOK)

적중! 중학영문법

3300제 LEVEL 2

중학교 기본 영문법 + 학교 내신 완벽 대비

정답 + 워크북